学·知不足

曹杰旺◎主　编　　陈雍茹◎副主编

安徽师范大学出版社
·芜湖·

策划编辑:王一澜　责任编辑:舒贵波
责任校对:盛　夏　装帧设计:丁奕奕
责任印制:桑国磊

图书在版编目(CIP)数据

学·知不足 / 曹杰旺主编. — 芜湖:安徽师范大学出版社,2019.12
ISBN 978-7-5676-4028-3

Ⅰ. ①学… Ⅱ. ①曹… Ⅲ. ①中小学 - 乡村教育 - 师资培训 - 文集 Ⅳ. ①G635.12-53

中国版本图书馆CIP数据核字(2019)第059919号

XUE ZHI BUZU
学·知不足
曹杰旺◎主编　陈雍茹◎副主编

出版发行:安徽师范大学出版社
芜湖市九华南路189号安徽师范大学花津校区　邮政编码:241002
网　　址:http://www.ahnupress.com/
发 行 部:0553-3883578　5910327　5910310(传真)　E-mail:asdcbsfxb@126.com
印　　刷:江苏凤凰数码印务有限公司
版　　次:2019年12月第1版
印　　次:2019年12月第1次印刷
规　　格:700 mm ×1000 mm　1/16
印　　张:28.5
字　　数:484千字
书　　号:ISBN 978-7-5676-4028-3
定　　价:79.80元

编 委 会

主　编 曹杰旺

副主编 陈雍茹

成　员 （按姓氏笔画排序）

马建国	王　婷	卢长娥	代　红
朱广久	刘　东	刘义红	刘媛媛
汤　敏	安晓斌	孙　方	孙素荣
严加胜	李志勇	吴雪梅	张爱群
郑晓行	赵　平	侯纯珍	袁　彬
钱　刚	龚宝成	彭光品	董　文
程　敏	程龙军	鲍东升	蔡明兰
廖军和			

序　言

中小学教师国家级培训计划，简称“国培计划”，由教育部、财政部于2010年开始全面实施，其旨在发挥示范引领、“雪中送炭”和促进教师专业发展的作用，是提高中小学、幼儿园教师特别是农村教师队伍整体素质的重要举措。

淮南师范学院自建校以来，始终秉持“彰显教师教育特色”的办学定位和“服务地方基础教育”服务面向定位，把实施“国培计划”当作有效服务基础教育的一个特殊的窗口。自2010年承担“国培计划”项目以来，学校全面贯彻落实“国培计划”实施要求，组织强有力的管理团队和高水平的专家团队，在深入调研的基础上，紧紧围绕“国培计划”项目的宗旨和目标，科学设计培训课程，创新培训模式，优化管理机制，取得了显著的成效。截至2018年年底，学校连续9年累计培训中小学、幼儿园教师4700余人次，培训科目全覆盖，积累了大量行之有效的培训经验，也多次得到了省教育厅的肯定。

我校在实施“国培计划”项目的过程中，本着“面向基础教育、服务基础教育、研究基础教育”的目的，围绕“促进教师专业发展、提升教师队伍质量”这一核心目标，精心设计培训目标与课程，并组建了由高校培训专家、教研员、一线优秀教师组成的“三人行”导师组，形成以导师组为引领、网络技术为支撑、专家讲座为主导、小组研习为主体的教、学、研一体化培训模式，通过自主与合作、对话与交流、示范与引领、研究与反思、总结与提升的实践过程，汇集群体智慧，形成教学相长、互促共赢的教师专业发展共同体，促进每一位参训教师的专业可持续发展。参训教师们将学习所得总结提炼、撰写成文，形成了一篇篇有思想、有创新的优质教学成果。为进一步提升“国培计划”项目质量，总结交流培训经验，提炼固化研修成果，共享优质教学资源，我们将“国培计划”项目学员研修成果编辑成论文集出版。

本书是对“国培计划”项目宗旨“在学习中实践、在实践中反思”的检验，也是积极探索，创新思路，优化服务，完善机制，对接地气，狠抓落地，确保培训工作高起点开局、高标准推进、高满意评价、高成果辐射最终体现。

曹杰旺

2018年9月10日

目　录

浅谈多媒体在教学中的运用

淮南市潘集区祁集镇中心幼儿园　曹莉

一、引言

在科学技术快速发展和信息电子化的当代，多媒体的应用越来越多，涉及领域越来越广。比如我们的课堂教学，从以前的老师口述和黑板板书到现在的借助投影仪、电脑等多媒体设备教学，让学生们感受到了信息时代的魅力。新技术的使用不仅给我们的生活带来了便利，也改变了学生的学习方式，我们老师应该找到新颖、学生感兴趣的方式方法进行课堂教学（如多媒体教学）。

二、教学中常用的多媒体

（一）投影仪

投影仪，又叫投影机，通常和计算机结合使用。根据应用的环境不同，投影仪会有对应的使用类型，这里我们指的是用于教育、会议的投影仪（见图1）。该类型的投影仪重量和体积都不大，且操作简单。

图1　投影仪

(二)视频软件

视频软件是指能够提供播放和编辑功能的应用软件,但是大部分的需求是能够播放指定格式的视频文件或者音频文件。现在常用的视频和音频播放器有很多,比如“暴风影音”“百度影音”“迅雷看看”(见图2)等,老师有时候需要对这些文件进行取样编辑或视频合成,所以也会使用到“会声会影”软件(见图3)。

图2　“迅雷看看”软件

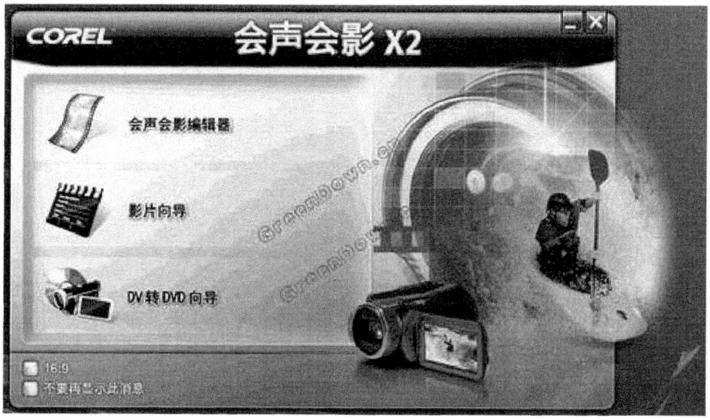

图3　“会声会影”软件

(三)PPT(PowerPoint演示文稿)(见图4)

PPT是微软办公软件中的一款演示文稿软件,也是我们在制作课件的时候常用的软件之一。在制作PPT的时候可以插入图片、音频、视频和flash动画等。

图4　PPT软件

三、多媒体在教学中的具体应用

(一)PPT课件

在现代课堂教学中,PPT作为课堂的辅助教学手段已经是一种趋势了。PPT课件具有形象性、多样性、新颖性、趣味性、直观性、丰富性等特点。因此,教师充分利用好PPT上课不仅能事半功倍地完成教学目标,还能让学生的学习效率有所提高。例如在给小学生上关于“十二生肖”的美术课的时候,可以利用PPT制作十二生肖的图片并展示,介绍其来历。按照十二生肖的顺序排列,从老鼠开始,逐一用幻灯片展示,其中包括该生肖的简短介绍和有关十二生肖的各种艺术形式表达的图片。也可以将文字介绍换成生动有趣的音频播放给学生们听,这又比简单的文字更能吸引学生们的注意力。还可以将音频介绍和图片做成视频来播放,甚至可以插入一些有关十二生肖的动画片片段,让学生们有种焕然一新的感觉,而且在观看动画片片段中去学习知识更符合学生的生活经验和兴趣。

PPT的使用不仅在以上这些方面,在不同的教学中还有很多其他的用处,希望老师们可以挖掘出更多的使用技巧,以提高课堂教学效率。

(二)网络课堂

网络课堂是为了解决硬件资源不足而衍生出来的共享精品教程,也是由于学生人数的不断增加和网络普及而被提出来的一种解决方法。它是通过网络将课堂实时地传递给其他的观看者，从而模拟一个虚拟的课堂，观看者也可以远程提问和回答问题等。它作为现代多媒体的一种，主要解决缺少老师和专用教室的问题，让更多的偏远地方的学生能够享受和其他资源丰富的同学一样的教育，从而缩小学生因为地域差别而造成的受教育程度的差别。

（三）网络考试

现在可以说考试考证盛行，从小学、初中、高中到大学都伴随着考试，而且每次考试的规模越来越大，纸张的使用越来越多，对场地的要求越来越高。不但在考完试后还需要老师们投入大量的时间来阅卷，而且在这一过程当中也有可能出现因老师疏忽而错评的情况。网络考试可以在一定程度上解决这些问题，可以分批次考试，减少纸张的使用，同一考场的考生也不会出现互相抄袭的情况，考试后系统能够自动地批阅试卷并给出考试成绩。网络考试不仅方便，还能够减少老师的工作量、提高工作效率和降低差错率。所以，网络考试是教育改革的一个新的切入点，相信它能够为教育发展和教育大变革注入新的推动力。当然，目前网络考试、自动阅卷评分还限于客观题。

四、现代多媒体教学与传统教学的差别

（一）传统教学

传统的教学指的是以口述、文字版面、挂图和模型等手段来向学生传授知识的教育方式。传统教学最为突出的特点就是围绕着教师、课堂和书本这三个中心，而且教学的构成要素也很简单——教师、学生和教学内容。书本为主导、教师为辅助的模式来给学生传授知识有时容易让学生处于被动的状态，进而有可能导致学生缺乏自主学习的欲望和探索学习的精神。传统教学比较突出的问题就是形式比较单一，呈现方式比较单调，无法充分地调动学生学习的积极性。

（二）多媒体教学

多媒体教学指的是在传统教学的基础上，通过运用数字技术来给学生传授知识。多媒体教学与传统教学最大的不同就是多媒体教学是通过多媒体技术将书本中的内容以更丰富的形式展现给学生们，从而提高课堂的授课效率和学

生学习知识和消化知识的效率。丰富的教学形式使得教师能够更好地吸引学生们的注意力,学生们注意力集中后就能更好地掌握知识;数字技术的多种表现方式也使得学生们可以从不同的方面去感受和理解知识,帮助学生们记忆,让学生们在感受中体会、在玩耍中学习、在欢乐中进步。

当然,多媒体教学也存在一些弊端,比如教师可能对其产生依赖心理,且并不是所有的课程都适用多媒体教学,等等。

五、总结

科技的快速发展为我们的生活带来了许许多多的便捷,也在时时刻刻地影响着我们的生活。它将我们从传统的教学模式拉到了现在的多媒体教学模式,虽然多媒体教学模式也存在着不足之处,但是它给我们带来的益处是显而易见的,所以希望作为老师的我们能紧跟教育发展潮流,利用高科技手段为学生提供更好的教育环境、更先进的教学方法,让他们更好地学习,更好地成为新一代社会主义接班人,长大后为我们祖国的蓬勃发展做出贡献。

参考文献

[1] 崔含鼎,梁仕云.现代教学系统工程模式论[M].南宁:广西教育出版社,2001.

[2] 蔡宪.关于多媒体教学的思考[J].外语电化教学,1998(2):63-65.

[3] 冯建玲,邢永昌.多媒体教学的困难与对策[J].江苏高教,1999(1):109-110.

[4] 冉东平.外国文学多媒体教学琐谈[J].广州师院学报,1998(3):100-103.

浅谈如何提高小学生数学学习兴趣

淮南市寿县堰口镇江黄民族希望小学　常盼盼

百年大计，教育为本。随着社会的快速发展，人民生活水平的不断提高，人们正处于知识经济时代，人民群众对知识和教育的需求越来越高。素质教育成为适应我国社会发展的教育新理念，在我国各个阶段的教育教学中普遍开展，而为推进素质教育展开的新课程改革也成为当前所有教育工作者学习、实践的新目标。数学作为小学的一门主要学科，数学课堂教学成为实施素质教育、践行新课程改革的主要阵地之一。新课程要求数学教师以新课程理念为指导，改变传统的教育教学方式，提高专业素养，增强教育技能，在和谐融洽的师生关系中，设计各类教学情境，组织丰富多彩的教学活动来提高小学生的学习兴趣，以实现提升数学课堂教学质量的目标。

一、我国小学生数学学习现状

早在我国推行素质教育以前，很多国外发达国家，比如美国、加拿大、英国等国家就已经开始关注学生学习兴趣的培养。这些国家采用启发式教学法，并将数字故事应用于数学教学，鼓励学生个性化发展。这让学生享受学习的过程，感到学习是件轻松愉快而且有意义的事，学习兴趣得到很大提高。

我国的教育改革一直提倡素质教育，中考、高考仍是检验学生成绩的一个重要标准，也是评估教师教学能力的指标之一。中考、高考对学生、老师都意义重大，这就导致了不少学校的数学教师对学生的教育大多采用题海战术。教师过分看重学生的文化课成绩，往往忽视了学生的心理教育，不了解学生的学习特点和需求，使得学生从小就养成了多听多练、少言少思的习惯。数学课堂上这些学生缺乏积极主动性，参与动机弱，觉得数学学习枯燥无趣，不想学，甚至觉得数学学习毫无意义。学生感受不到数学学习的乐趣所在，也就失去了学习数学的兴趣。都说“兴趣是最好的老师”,没有兴趣的数学学习枯燥无味、单调无趣,使得学生痛苦不堪。长期在这种状态下的数学教学,不仅削弱了数学素质在人的综合素质中应有的地位,也不利于学生全面发展。

二、小学生学习兴趣缺乏的原因

(一)传统的教育教学方式

传统的教学方式多为“填鸭式的教育”,即教师为课堂的主人,学生为观众。教师在课堂上教学方向明确,为了完成既定的教学任务,往往将书上的知识原封不动地呈现在课堂上,一节课多是教师不停地讲,学生竖着耳朵听,不准交头接耳,不准提出质疑。教学的主体是教师,学生只是接收知识的容器。很多学生把老师讲解的知识照单全收,并不能真正理解其中的含义。教师没有为学生提供合作探究、自主思考的环境,使得学生缺乏探索的精神和创新能力,学生不能体会到数学学习的乐趣,不能享受到自主学习解决困难的快乐。这种教学模式不仅使学生的思维被牢牢禁锢,扼杀了学生的思维能力,更打压了学生的学习兴趣。

(二)不和谐的师生关系

教师与学生的关系如何,会直接影响学生对教师所任教学科的喜爱程度。传统教学中教师是管理者,高高在上,控制和主导着学生,多数学生在教师的严格管理下被动学习。学生对教师不是喜爱和尊重,更多的是害怕和服从。教师与学生站在了教与学的对立面上。多数数学教师为了完成既定的教学内容,与学生的交流只局限于课堂短短的几十分钟。这样的不和谐关系,使得学生很难对数学学习产生好感,数学学习往往陷入了一种恶性循环:学生越是提不起兴趣,数学的成绩越差;成绩越差,兴趣就越低。

(三)落后的教育思想观念

当前一些偏远地区个别家长的教育思想观念落后:认为培养孩子上学所花费的金钱过多、精力过大,甚至认为一个村的大学生越多,该村的经济就会越落后;对于一户农村人家来说,孩子上学的时间越长,家庭的经济也就越困难。这种错误的认知极大地降低了学生的学习兴趣。此外,近些年农村小学留守儿童数量猛增,许多学生家长外出务工,将孩子留给家里的老人照顾,父母对孩子的学习情况不管不问,而家里的老人更是不懂如何配合教师教育孩子。他们只关心学生的生活,忽视了学生的学习。我们都知道家庭教育是学生的启蒙教育,对学生学习习惯的养成有着至关重要的作用,这样的家庭教育没有给学生正确的学习认知,学生又有什么学习兴趣可言呢?

(四)不科学的学习方法

当前很多学生学习数学时缺乏科学的学习方法,只知道认真听讲、死记硬背、多做题。要知道数学是一门以理解为基础的学科,不注意改善学习方法,就不能体会到数学知识的精髓,更体会不到数学学习的快乐。还有些学生认识不足,没有体会到数学学习的价值所在,数学课堂活动的参与度不高。我们不难发现,许多数学教师在课堂教学中都有设置问题情境的环节,但是学生的参与度极低。有些学生是因为不会,而有些学生却是害怕回答错误,怕被教师批评、同学嘲笑,从而不愿参与。长期如此的课堂氛围不仅打击了教师的教学热情,更降低了学生的学习兴趣。

三、提高小学生数学学习兴趣的对策

(一)改变传统的教学模式

新课改下的数学教学倡导"以人为本、全面发展"。数学教学课堂不仅是教师教授数学知识,培养学生数学能力的重要场所,更是学生接受素质教育的主阵地之一。在课堂上教师应改变传统教学模式,将课堂还给学生,努力为学生创造独立思考、合作探究的环境,培养学生的探索精神和创新能力,使学生真正成为课堂的主人,在自由和谐的氛围中,发现数学学习的乐趣,提高数学学习的兴趣。当然,由于不同的学生对数学的接受能力存在差异,教师需要根据学生的特点合理分层、因材施教。课堂教学中不能"一刀切""满堂灌"。教师要兼顾每一位学生,不断提高学生在数学课堂上的信心,提升其数学学习的兴趣。

(二)提高专业素养,增强教学技能

提高小学生的数学学习兴趣,需要教师认真学习新的专业知识,关注新课改下的数学教学要求,不断提高自身的专业素养。用先进的教育教学理论武装

自己的头脑，结合学生发展的特点，多方位提升数学课堂的趣味性。我们都知道课堂的开始阶段是学生注意力最集中的阶段，数学教师应该抓住这个黄金时期，结合教材，创设情境，设置问题，激发学生的学习兴趣。同时，教师要努力学习现代教育技术，将自己定位成现代数学教师，充分发挥信息技术的优点辅助教学，抓住学生的好奇心，使原本枯燥无味的数学课堂变得生动有趣、丰富多彩，从而增强学生学习数学的兴趣。

（三）构建和谐融洽的师生关系

常言道"亲其师，信其道"。教师应充分发挥个人的人格魅力，注重师生间感情的沟通和培养，建立和谐融洽、平等友好的师生关系。教师应努力成为学生的朋友，在生活上关心爱护学生，在学习上多些鼓励、多些指导、少些呵斥、少些指责，不断提升学生的学习信心，提高学生课堂参与的积极性。教师要真正亲近学生，了解学生的学习特点和需求，用真挚的爱呵护学生幼小的心灵，注重爱的教育，不断在心理上缩短距离，在情感上拉近距离，真正赢得学生的尊重和喜爱，使得教师与学生在情感上不再对立。只有这样，学生才会喜爱教师，并对其所任教的学科产生兴趣。

（四）更新教育理念，重视家庭教育

一方面，加大农村地区义务教育基础作用的宣传力度，改变农村落后的教育观念。另一方面，教师也要关注留守儿童的教育问题，要重视家庭教育对学生学习兴趣提升的作用。教师在关心留守学生心理健康的同时，也要及时与留守学生的父母沟通交流，反馈学习情况，建议父母与孩子勤通话、多交流，让父母鼓励孩子积极学习，提升学习兴趣。同时也要做好家里老人们的思想工作，让他们在照顾孩子生活的同时，也重视孩子的学习成绩，使得学校教育和家庭教育齐头并进、相辅相成。

（五）学以致用，体会数学学习的价值

数学知识与人类生产生活密切相关，这是数学学科的显著特征之一，更是学好数学的关键。随着新课改的不断深入，数学知识的生活化越来越明显。数学知识源于生活，生活中处处有数学。在数学课堂教学时，教师应努力打破书本世界与生活世界的界限，以学生熟悉的生活情景导入教学，使课堂回归现实

生活，让学生感受到数学与生活息息相关。数学不仅来源于生活，更为现实生活服务。学以致用，只有当所学的知识用于解决实际问题时，学生才能深刻感知数学的实用性。当学生意识到学习数学不是一种负担，而是一种需要，才能更加积极主动地学习，形成持久的兴趣和正确的学习观。

小学数学教学中对学生兴趣的激发和培养，是新课程对小学数学教学的必然要求，也是教学活动顺利开展的有力保障。只有培养并提高学生数学学习的兴趣，才能真正实现学生由被动参与者到主动探索者的转变，才能真正实现学生由"要我学"到"我要学"的转变。当学生真正参与数学教学，感受到了数学的魅力，才能真正掌握数学知识和技能，提升数学素养，从而体现我们教师教授数学知识的真正价值。

参考文献

[1] 梁巧灵.高中生数学学习兴趣低下的原因与对策[D].信阳：信阳师范学院，2015.

[2] 谢春容.小学数学教学中提高学生学习兴趣的策略探析[J].新课程(小学)，2016(6)：173.

[3] 房颖.农村小学数学如何激发学生学习兴趣[J].学周刊，2015(9)：190.

[4] 白珍.小学数学学习兴趣培养路径探讨[J].才智，2012(18)：62.

[5] 谭敏.浅议小学数学中学生学习兴趣的培养[J].学周刊，2011(2)：117-118.

把微笑带进课堂

淮南市潘集区贺疃中心学校　陈功金

当上课的预备铃声响起，身为老师的你，是否把微笑准备好了呢？也许你并不在意自己是否面带微笑，但是，你的学生们是在意的。当你把微笑带进课堂的时候，他们的心会被你的笑容感染，会与你产生情感的共鸣，为接下来课堂教学的顺利进行埋下一颗种子。微笑可以传递给学生爱的情感，是最具有感染力的一种交流方式。身为老师的我们，怎能忽视这种美好的情感教育方法呢？

把微笑带进课堂，把欢乐带给学生，这是身为教师的最基本的人格魅力，是一种能力，是一种良好的职业素养。学生思想品德的形成、知识的掌握、智力的发展与情感体验是紧密结合在一起的，而看似简单的微笑却能起到激活情感、滋润课堂的作用。华中师范大学的郭元祥教授说过：老师的微笑是课堂中一本无字的书，老师的微笑能使学生产生愉悦，并对学习产生兴趣，老师在课堂上教好有字的书的同时也要教好这本无字的书。所以，我认为，无论在课堂内外，教师都应该多给学生一些微笑，对学生真诚、和蔼，做学生的良师益友。

刚踏上工作岗位的时候，一些教学多年的老教师曾意味深长地对我说："对学生千万不要有好脾气，课堂上一定要严肃。他们是给点阳光就灿烂，给点河水就泛滥的。给他们点好脸色，他们就能撑杆子上天了。"我信以为真，奉为圭臬，开始了我注重"师道尊严"的教学生涯。一段时间之后，我在课下找来班里的几个学生交流，让他们谈谈这一段时间以来对我个人及我的教学方式的感受，可是他们个个都不敢开口和我说话，我怔住了：我很可怕吗？是什么原因导致我和学生之间如同相隔了千山万水，让我总到达不了他们心灵的彼岸？为了找到答案，我想到了一个方法——一节作文课上，我给学生布置了这样一篇作文《老师，我想对您说……》，让学生畅所欲言，写出自己真实的内心想法。作文交上来，我就迫不及待地打开看，有同学写道："老师，您总是不笑，让我们上课的时候好紧张，想回答问题也不敢举手”；“老师，您要是能笑一笑就好了，我们对学习也会更有热情的”。还有同学说：“老师，其实您笑起来挺好看的，像太阳一样，让人心里暖暖的。希望您以后能笑口常开。”……看着孩子们发自内心的肺腑之言，我的眼睛湿润了。原来，在他们的印象中，我是一个“不苟言笑”的现代“孔夫子”形象，我整天板着一张严肃的脸。孩子们是多么的纯真，善于观察老师的表情，老师的喜怒哀乐都深深影响着他们。他们对我寄予了微笑这一小小的期望，而我却如此吝啬，辜负了他们的心意，让他们一次次在冷峻严肃的气氛中度过了难熬的四十分钟学习时间。

经过这次特殊的师生交流之后，我深刻反思了自己：学生渴望老师能把微笑带进课堂，用微笑与他们交流，而我从教以来，为了让学生听话、服从，放下了爱笑的个性，整天绷着一张脸，让学生“怕”自己。殊不知，这样只能事倍功半，缺少了沟通交流的基础，我就不能真正把握学生学习、成长的心理活动，亲自切断了我与学生之间情感交流的桥梁。一个小小的微笑，会让学生感到温暖、喜悦，从而亲近老师，愿意与老师交流沟通，而不是敬畏疏远。课堂上，一个浅浅的微笑，一个鼓励的眼神，都会很好地牵动学生的情感和思绪，让他们积极参与课堂教学。回答问题错了没有关系，仍然会得到老师鼓励的微笑；作业写错了也没有关系，仍然会得到老师微笑的指导；做错了事情也没有关系，仍然能得到老师微笑的教育……在之后的教学实践中，我深深体会到：老师的微笑能实现与学生心灵的沟通，是师生情感交流的纽带和桥梁。老师教育学生、爱护学生，没有必要整天板着一张僵硬的面孔。相反，一个温柔的微笑，更能激起学生的学习热情，使学生始终随着老师教学内容的展开而不断进行思考、踊跃发言。课下，学生也更爱与这些面带微笑的老师沟通交流，袒露自己的心灵世界，使老师真正成为自己的良师益友。学生从老师的微笑中感受到了信任、关爱和鼓励，从而增强自信心，激发创造性和学习的动力。

新课程改革下的语文课堂是一个特殊的课堂，需要在一个轻松活泼的气氛和欢快愉悦的环境中让学生保持一种良好的、积极向上的心态，在有趣的教学活动中让学生掌握那些看似枯燥的知识内容。因此，这就要求我们教师在上课时不仅要面带微笑，而且要用生动的语言、形象的动作、丰富的表情融入教学活动之中，使学生动之以情、晓之以理，只有这样，才能让语文课堂更加充满知识性、趣味性，学生也更加乐于学习、自主学习。

微笑是人们表达情感的方式之一，学生喜爱面带微笑的老师，他们相信微笑着的老师不会是高高在上的“老夫子”，不会让讲台的高度成为老师和学生的距离，不会让黑板成为老师和学生情感交流的一堵墙。老师们，请学会微笑，把微笑带进课堂，用微笑温暖每一个学生的心，使他们能怀着愉快和向往的心情学习。请微笑着来到他们中间，你就会发现他们的可爱，倾听他们的心里话，分享他们的快乐和忧思。有微笑的课堂是充满生机和活力的课堂，是师生保持和谐关系、共同进步的课堂。让微笑成为我们每一位老师的自觉行为。

参考文献

[1] 曹育伟.让微笑滋润英语课堂[J].希望月报，2006(22)：53.

[2] 张轶.优化英语课堂教学　提高学生学习兴趣[J].中学教学参考，2013(4)：104.

农村地区初中历史教学探究

合肥市肥东县石塘中学　陈慧水

一、农村地区初中历史教学现状

目前，农村地区学生对于历史课的重视程度普遍偏低，这主要表现在学生普遍没有良好的历史课程学习习惯，课堂上听课不够专心，课前对历史课进行预习的学生少之又少。造成这种现象的主要原因是大部分学生错误地认为历史是副科，不重视，也有部分学生偏科，重理轻文，轻视对历史学科的学习。除此之外，对历史课程缺乏兴趣使得大部分学生在历史课堂上只是被动地接受老师的讲课，而无法与任课老师相互交流，形成互动的教学环境，课堂教学气氛沉闷，教学效果极为低下，这也在一定程度上造成学生历史成绩较差。在许多农村学校，历史老师看到学生历史成绩不好，想方设法提高学生成绩，让学生大量购买历史练习册、历史辅导书，选择辅导书时过分注重题量及难度，过多的练习占用学生大量的课余时间，使得历史课程练习与其他科目的课后作业产生冲突，而一些辅导书的习题难度设置明显偏高，这完全超出了一些学生的学习水平。为了及时完成作业，许多学生选择抄袭来应付老师。这种不正确的教育方法不但不能提高历史成绩，反而加重了学生厌学的情绪。

从历史学科的特点出发，课外学习应该成为历史课程学习的一个重要环节，适当的课外学习可以拓宽学生的视野，增强他们对特殊历史事件的认识。课外历史学习的形式有很多，主要包括观看历史题材的影视作品以及阅读相关的历史文献。而现实的情况是，在课外学生们比较乐于接受的是有关历史题材的影视作品。目前有的影视作品往往为了满足不同观众的喜好而随意歪曲历史事实，对历史人物的形象也做了过度的修饰，这对学生形成正确严谨的历史观没有帮助，甚至是有害的。而对于课外阅读，农村初中阶段的学生对于历史文献的阅读不够到位，一是由于学生课业负担过重没有充足的时间来阅读；二是由于学校的图书馆馆藏书籍不够，无法满足学生的阅读需要。

教师教学活动是初中学生学习环节的主要组成部分。历史教学活动与其他科目的教学活动一样，也包括课前备课、课堂教学以及课后练习等环节。经过调查了解，农村地区大多数教师的教案都能够完成基本内容，但是也有一些薄弱的环节需要进一步改进。这些薄弱环节主要是忽视教学过程中的教学反思以及教学过程中与学生互动所需的问题设置，整个课堂成了教师一人表演的课堂，忽视了学生的主体地位，教师只备自己的授课，忽视课堂的生成。在课堂教学方面，大多数历史教师都能够完成基本的教学任务。笔者从调查中发现，现在农村多数学校有专业的历史教师，年轻的历史教师往往富有活力，在教学方法等方面敢于创新，大胆设计教学环节，在这种教学环境下，学生的历史课程学习往往效果良好。但也有一部分学校没有专业历史教师或专业历史教师不足，历史课有的是班主任兼任或语文老师兼任。一些非历史专业教师在教学过程中显得比较拘谨，课堂气氛比较沉闷，课堂教学往往是低效的，学生的历史素养得不到提高。在课外辅导方面，主要包括对学生历史作业的批改以及检查学生对历史知识识记的情况。作业批改是检查学生对历史学习的掌握情况从而改进教学的主要手段，其重要性不言而喻。在广大农村地区，初中历史课程的作业批改环节还有待进一步加强。目前主要暴露出来的问题是，教师用在作业批改上的时间明显偏少。作业批改的结果往往通过一个“阅”字来进行评价，这种评价过于简单，学生作业中出现的问题往往得不到有效解决，教师无法掌握学生的学习情况，也不利于调动学生的积极性。在对学生历史知识识记的掌握情况的检查上，教师的高要求往往使得学生为了应付检查而囫囵吞枣，勉强背下相关历史史实，却无法对这些知识进行深入了解与消化。

二、加强农村地区初中历史教学的对策

根据国家新时期教育改革的新理念与新要求，新时期素质教育改革在全国正如火如荼地开展。在这种大背景下，初中历史教学改革特别是农村中学的历史教学改革就显得势在必行。改革的方向是全面提高学生素质，培养创新型人才，促进人的全面发展。这要求历史课堂教学活动要有利于学生的全面发展，要求历史教师，特别是偏远农村地区的教师，必须认真学习新课程改革的理念与精神，积极开展课堂教学改革，努力探索促进学生全面发展的最优课堂教学

模式,向四十五钟的课堂要质量。

从农村初中历史教学现状中所暴露出的问题来看,兴趣不足是导致历史教学无法深入开展的关键因素之一。因此,在历史教学中应该注重调动学生的学习积极性,使学生对历史课程产生兴趣。这就要求在教学活动中要以学生作为主体来进行教学。教师在备课时要以学定教,把学习的主动权交给学生,教师无论采取什么教学方法,都必须以学生为出发点,以学生对教材的接受能力为主要依据,以发展学生思维、提高课堂实效为主要目的,使其真正进入历史课程中。让学生成为课堂教学的主体,我们就要创造条件,引导学生积极参与课堂教学。巧妙地设计问题、设置悬念是引导学生积极参与课堂教学的有效手段,设置悬念可以激发学生的学习兴趣。"知之者不如好之者,好之者不如乐之者",启发质疑,学生有疑,质疑问难,是学生参与活动的推动力,教师应启发学生把自己的问题提出来和大家共同探究,提高学生参与学习的积极性,学生认真阅读、积极思考,提出问题的过程就是主动参与学习的过程。学生提出问题后就要鼓励学生释疑,质疑是吸引大家注意力,让学生主动参与课堂的手段,而释疑才是真正的目的,只有学会分析问题、解决问题,学生的思维能力、学习能力才能真正得到提高。教师要把解疑权交给学生,发动学生讨论,在合作讨论的过程中学生必然要参与阅读、思考、发言的主体活动中,其阅读能力、语言表达能力和思维能力就能得到锻炼和培养。让学生做课堂的主人,让学生都动起来,这是加强农村初中历史教学的主要手段。除此之外,教学手段要现代化,目前许多学校都配备了多媒体设备,可以创造一个生动有趣的教学环境,以其独特的形、声、景扣动学生心弦,化无声为有声,化静为动,使学生进入一种喜闻乐见的、生动活泼的学习氛围,从而使他们对学习产生极大的兴趣。运用多媒体网络将丰富有趣的课外知识引进课堂,拓宽学生视野。教学内容丰富了,学生学到了书本上学不到的知识,教学质量也会随之提高。多媒体网络为学生提供了更为广阔的自主学习的空间,学生主动探索未知世界,独立地发现问题,在丰富自己知识的过程中,对教师的依赖性相对减少,逐渐形成正确阅读、分析、运用知识的能力,也会经常感受到成功的喜悦。历史课程任课教师应该充分利用现有的资源,让多媒体教学成为常态。

农村偏远地区专业教师短缺,学校应积极开展校本培训,加大投入,鼓励教师积极参加各种形式的继续教育和学历培训,努力促进教师的专业化发展。总之,在新课程理念指导下,我们广大教师都应该从本学科特点出发,不断地探索、实践、反思，走出一条适合本校校情，能够让学生主动参与课堂教学的新路子。

参考文献

[1] 丁璐.合理利用课程资源　构建高效历史课堂[J].中学时代，2014(18)：139.

[2] 茹建峰.注重多媒体运用，构建高效信息技术课堂[J].小学生，2012(3)：53.

[3] 汪与晴.对多媒体辅助英语教学的几点看法[J].剑南文学(下半月)，2012(4)：356，358.

农村初中生英语口语交际障碍的成因与有效解决方法的探索

淮南市段湾初级中学　程龙光

英语是一种交际语言,学习英语的最终目的就是为了与人交际。随着国际往来的日益频繁,学习英语并使用英语进行口头交际已成为社会的需要。英语课程改革的重点就是要改变英语课程过分重视语法和词汇知识的讲解与传授,忽视对学生实际语言运用能力的培养。在类似我校这样的农村中学英语的课堂中,由于课时少,而教学任务相对又重,专业英语教师少,教师口语水平相对较弱,而且只顾完成教学任务,忽视了对学生口语的训练,学生开口说英语、用英语与同伴交流的机会较少。这与《义务教育英语课程标准(2011年版)》对学生口语表达能力的要求还有一定的差距。据分析,我校学生英语口语交际障碍的成因主要有:①轻视英语口语。由于中考不测试英语口语,而在我校大部分学生家长眼中,认为学习英语只是为了应付考试,初中英语只是为中考做准备,以笔试的成绩来衡量英语学得好坏,甚至有的家长说“反正不出国,口语好不好无所谓”,家长根本不重视孩子的英语口语学习。学生在课堂上虽然习得了一定的语言知识,但普遍只是进行机械的操练,不会将已学过的英语知识应用到口语交际上。②英语语言环境匮乏。在我校刚开设英语课的最初几年里,由于师资缺乏,学生基本没有什么英语课外活动,听英语的机会很少,用英语进行交际的机会就更少了。在2007年之前,我校的多媒体教学设施仍不完善,这势必对培养学生的英语口语有一定的影响,而农村的家长普遍不懂英语,也不能给学生提供良好的英语语言环境。③教师口语水平偏低。目前不少中学英语教师的口语水平偏低,语音语调不准确,不能流利自如地用英语教学,这对培养学生听说能力是很不利的。我校现任的6位专职英语教师中,只有一名是英语专业毕业的,教师自身素质不够高,口语水平更有待提高。④班级学生人数过多。农村中学由于师资和学校设施种种问题,班级人数相对多,我校每班学生数平均为45人，某些班级达55人，课堂在这样的大班额下运作，增加了教师管理的难度，学生在课堂上口头表达的机会也相对较少。⑤心理障碍。我校的学生很多比较胆小，羞于说英语。由于英语基本功不够扎实，平时说的机会也少，很多学生怕开口说错，受到老师的责备、同学的嘲笑，这种恐惧心理常导致学生口语表达时显得焦虑和紧张，影响他们正常的思维和顺利的表达，说话时吞吞吐吐，结结巴巴，越怕越不敢说，越不说就越不会说。⑥学生的“惰性心理”。英语学习不同于其他学科，它需要学生花时间去听、去说、去练，光靠课堂上40分钟时间是远远不够的。但我校有部分学生懒于学习英语，课后对英语不闻不问，连掌握课本上的知识都很困难，更难进行一些课外的口语练习，口语训练受到了严重的限制。综上所述，在英语教学中，认真地分析口语交际障碍的成因，并制定改进的具体有效措施非常重要。

一、创设和谐的交际氛围，让学生敢于交际

（一）在课堂中建立平等、信任、和谐的师生关系

教师和学生之间应该互相尊重，平等相处，努力营造一种和谐、宽松的教学环境，不能一味地要求学生适应教师的教。教师应即时进行角色转换，配合学生的学，当好引导者的角色。多给学生一些鼓励，用一颗宽容的心去对待学生的错误，让每一个学生都经常能得到老师的鼓励，从而使他们能坚持说英语。现在我校的英语教师都是年轻教师，平时我们经常与学生进行交流，拉近师生之间的距离，师生之间有了亲切感，有利于更好地创设和谐的课堂交际氛围。在新学期的第一天，我们用一句“Welcome back to school”让学生就像回到了家；我们还特意了解了班里每个学生的生日，在某位学生生日当天，教师会带领全班学生送上真诚的祝福，并为他唱生日歌“Happy birthday”，让每个学生都感受到老师和同学对他的关心；面对犯错的学生，我们给他的是微笑与原谅，让他感受到老师的温暖。只有师生之间关系和谐，学生有话才愿意与你说，才会喜欢你所教的学科。我校有一部分基础较差且性格内向的学生，这些学生大都很自卑，不敢开口说英语，要让这些学生勇敢地开口说英语，需要我们教师付出更多的耐心、细心与爱心。在英语教学中，我们要善于把握学生的心理特征，扫除学生的心理障碍，充分调动每一位学生的积极性，让他们都有开口说英语的机会。我班的何同学是一个性格内向、胆小怕羞的孩子，即使知道问题的答案，她也是

畏畏缩缩，想回答又怕说错，一副犹豫不决的样子。对于这类学生，我采用如下方法：所提问题由易到难，让她回答的次数由少到多，并给予适当的表扬和鼓励。慢慢地，她在英语学习上越来越要求上进，课堂上主动回答问题的次数也多了，在上学期的口语测试中取得了优异的成绩。总之，在英语教学中，教师应多用“Good”“Great”“Excellent”“How clever”等话语表扬和鼓励学生，多给学生一些赞许的微笑，使学生感受到老师的鼓励与关爱，进而在学习中不断地增强自信。

（二）在班级中建立互助、轻松、积极的生生关系

学生之间的相互作用不可忽视。在课堂中，可能存在这样的现象：当一个学生在回答问题时，其他学生会窃窃私语，不予理会，觉得这和自己一点关系都没有。在这样的课堂中，有几个学生能顺利、轻松地进行口语交际呢？所以，要鼓励学生学会交往、学会合作，更要让他们学会尊重他人，学会倾听、补充和帮助，形成一个轻松、积极的班级口语交际环境，学生自然敢于用英语交际。在我任教的班级中，我把学生分成四个小组，每个小组都有一个组长，学生每天都要在组长的带领下进行英语口语交际，每个人都要开口说英语，组长负责帮助基础差的学生，学生之间的口语交际氛围很浓。

（三）尽可能地建立积极、配合默契的家校关系

家长是孩子的启蒙老师，学生在学校的时间毕竟有限，和家长在一起的时间最长，一定要充分利用家庭这一阵地。所以，要培养学生的口语交际能力，需要家长的积极配合，因此教师应和家长保持密切的联系，将家庭学习英语的环境变成学校学习英语环境的延伸。我校的大部分家长自身文化素质不高，不懂英语，也不重视孩子英语的学习，所以在每次开学初，我们都会发一份《告家长书》，向家长讲述当今社会学习英语口语的重要性和英语在初中阶段的重要地位，要求他们支持并督促子女学习英语，为子女学习英语创造必要的条件，在家庭中形成浓厚的学习氛围。平时，我们经常利用家访、电话、家校联系本、家校通等方式与家长取得联系，告诉家长要提供条件让孩子每天听与课本配套的磁带和英文童谣歌曲，看有关少儿英语电视节目，等等。尤其是对近期表现欠佳的学生，我们会及时与家长商量对策，帮助学生更好地学习。我们还利用家长会，向家长们宣传英语口语交际的重要性，希望引起家长的重视，学生能在家里

也得到一个良好的练习口语的环境。

此外,学校还举行了一些简单易操作的英语“亲子互动”游戏,颇受家长喜欢。如:制作英语卡片送给父母,孩子教家长学习简单的英语,让家长与孩子一起参加英语歌曲、歌谣比赛,邀请家长来校观看学生的各类英语比赛,等等。

二、创设适宜的交际场景,让学生善于交际

(一)利用教室环境布置场景

教室是主要的口语交际场地。教师可以有意识地把教室里的物品贴上英语标签,经常在教室播放英语歌曲,把学生的英语作品展示出来,让学生一进教室就能感受英语学习氛围,在视觉和听觉上都能受到大量刺激;教师还可以根据教学的需要,合理利用这些图片和单词。我们还与班级的班主任老师协调,在班级黑板右上角和宣传栏里为“英语角”争得了一席之地,交给专人负责。英语角主要内容有:

1.单词标签

我们和学生一起为班级的每样物品都贴上英语标签。门上写着DOOR,窗户上粘着WINDOW,墙上贴着WALL,讲台上贴着TEACHER'S DESK……让学生在班级的任何一个角落里都能看到英语单词,感受到英语的存在,时间久了,学生对于这些单词自然牢记在心。

2.英语座右铭

我们班的每位学生都有一句自己喜欢的英语座右铭,贴在课桌的右上角,用于鼓励自己。

A good book is a good friend.(好书如知己)

A good beginning makes a good ending.(良好的开端是成功的一半)

Art is long,ife is short.(人生有限,学海无涯)

Nothing seek,nothing find.(无所求则无所获)

这些座右铭一般都是简单的英语句子,大部分学生不仅会背自己的座右铭,还会背同桌的、好朋友的座右铭,记的英语句子多了,说的自然也多了,对于提高学生说英语的能力有一定的帮助。

3.英语乐园

英语乐园栏目上面写着简单易记、朗朗上口的英语儿歌、绕口令、谜语等,

由每个学生自己从英语杂志上摘录后写在黑板上。课后,我会领着学生读读记记,有能力的同学还可以试着背一背。

4.天天值日表

黑板的右上角是值日表,上面用英语写着日期和值日学生的姓名。在上课之前,师生可进行如下对话:

T: Who's on duty today ?

S:(　)is on duty today.

S:I'm on duty today. Today is (　).It's (sunny,rainy…) today.

虽然只是短短的几句话,但每个同学都有轮到的机会,简单的值周汇报和日期的读法能烂熟于心,流利地进行表达。

(二)利用课堂环境创设场景

口语交际训练要从生活中来,到生活中去。创设一定的交际情境,模拟现实生活是进行口语交际教学的关键,也是培养学生口语交际能力的途径之一。如把课堂模拟成商场、车站、饭店、马路、医院等场所,创设购物、出行、就餐、问路、就诊等情景,让学生有身临其境之感,较好地进入学习状态,从而激起学生交际的欲望。我们也可以利用实物、图片、简笔画、模型等直观教具,将抽象的文字变成有形的具体的事物,给学生以直观的刺激,使学生更易接受。如我在教食物类单词时,把讲台设计成食物柜台,教师扮演售货员,在柜台上摆上果汁(juice)、牛奶(milk)、蛋糕(cake)等食物,然后与学生进行口语交流。

T: A glass of milk, please.

S: Thank you.

教师把一杯牛奶递给学生,学生喝了一口,其他学生看到后,就会争先恐后地抢着要来表演,整堂课就能在此情景中进行,学生在真实的情景中学到了语言,印象自然就深刻了。

(三)利用校园环境模拟场景

校园是学生朝夕相处的地方,对校园内的各个角落加以适当布置,优化校园英语环境,对学生口语交际的培养很有帮助。

1.宣传板

学校为英语组特意设置了一块展板,每星期五放学前,我们会把下一周的内容展示出来,内容是一些简单、易学的英语口语,供师生学习、朗读。精美的插图、简单易学的句子吸引了不少师生。那块展板的所在地也成了英语爱好者们的聚集地。

2.英语标识

学校的每个角落都是我们展示英语的舞台,电脑房的门牌上标着“电脑室(COMPUTER ROOM)”,教师的办公室上标着“TEACHER'S OFFICE”,每间教室门的上方标着“CLASS( ),GRADE( )”,每个水龙头附近贴着“请节约用水(Save water,please)”,绿化带边上标着“爱护花草(Care plants)”,垃圾箱上标着“不要随地扔东西(Don't litter on the floor)”……这样的标识到处可见,学生能时时刻刻感受到英语的存在,体会到英语也是生活的一部分,从而重视英语。

3.校园英语广播

我们利用学校的“红领巾广播站”,在课间播放一些学生喜欢的欧美儿童经典名曲、迪斯尼制作的动画片原声带等,还设置了英语小故事、英语绕口令等栏目,用征稿的方式让全校学生参与。同学们搜集的英语小故事多种多样,而且只要口语说得好,通过面试后,学生还能成为英语节目的小主持人。这样的活动,学生积极性很高,不断有学生来英语办公室要求面试,我们也忙得不亦乐乎,且在校园里营造出了浓厚的学习英语的氛围。

三、运用丰富的交际手段,让学生乐于交际

(一)丰富课堂交际手段

1.师生英语交流

用英语组织课堂教学有利于提高学生的听说水平,有利于向学生提供英语表达示范,也有利于学生口头模仿。教师要尽可能地用英语组织教学。开始时,由于词汇量有限等问题,学生可能听不懂,教师可以借助实物、图片、模型、手势、表情等手段来帮助学生理解。教师坚持说英语,学生能在平时学到很多日常用语,积累更多的词汇量,口语表达就有了基础。没有足够的实践是不可能开口说英语的,所以教师一定要坚持用英语教学。但由于一部分农村中学英语教师自身的口语水平低,无法用流利、正确的英语进行教学,所以英语教师必须提高自身的口语水平。我校英语教师给自己规定,每天必须看1小时左右的英语节目,如动感英语、英语新闻等,平时多听些提高口语的语音材料,英语教

师之间尽量用简单的口语进行交流，努力提高自身的口语水平。我们鼓励学生坚持每天说英语，运用所学英语与其他同学和老师进行一些交流，开始时可采用“中西合璧”的方式，尔后逐渐转为纯英文，比如说：“这是我的尺子。”开始时可以先说“这是我的ruler”；当他会说“my”时，再说成“这是my ruler”；以至最后的“This is my ruler”。经常做这样的练习，学生久而久之就会习惯用英语来交流了。

2.设计有趣活动

(1)歌曲导趣。中学生活泼好动，爱唱爱跳，每堂课前几分钟，教师可选一些活泼欢快的英文歌曲让他们唱，使他们能以饱满的精神状态进入学习。“Project English Book”中有很多与教学相关的内容，对提高学生的口语很有帮助。通过这样的歌曲引出新知识，能很好地将学生的注意力集中到课堂上来，激发学生的学习兴趣，营造欢快的学习氛围。

(2)游戏寻趣。根据中学生爱玩的天性，在课堂中适当组织游戏活动，让学生能在喜闻乐见的形式中充分锻炼自己的口语表达能力和交际能力。农村的中学生有些比较害羞，胆子不够大，但在游戏中，大部分学生能全身心地投入，会在轻松愉悦的环境里摆脱英语的生涩感，从而自然大方地讲英语，逐渐提高语言的组织能力。在学习人体的五官这一课中，我利用“贴一贴”的游戏首先让学生自画hair，eye，nose，mouth，ear等，然后在黑板上画一个没有五官的头，教他们读hair，eye，nose，mouth，ear，让他们边读边把这些五官贴到黑板上，再把这些五官取下来，让他们蒙住眼睛贴一贴，在一次次的捧腹大笑中，学生迅速熟练地掌握了这几个单词。

在教学“What would you like?I’d like…”句型时，我设计了小猪pig看着食物直流口水的动画，而食物只呈现了部分形状，然后要求学生一边猜一边说“I’d like…”。猜对的话，食物就会出来跳舞；猜错的话，学生们好奇心更强，纷纷又说其他食物。这样一个有趣味性的环节，不仅发展了学生的思维，更让学生有了想说的冲动和欲望，有效地锻炼了学生的口语表达能力。

(3)合作激趣。用小组合作的形式培养和激发学生的口语交际能力，通过与他人的交流让学生感受到用英语交际的快乐。课堂上用小组分工合作还能克服农村小学班级人数多，学生练习的机会少的问题，在教学反馈时，教师可让学生一组一组进行，这样既节省了时间，又能让每个学生都有说的机会。利用课外时间，以小组的形式有序开展各类形式活泼、操作简单、确有实效的英语课外活动，为提高学生的英语口语交际能力提供活动的载体。

第一，发动英语爱好者，建立课外活动小组。

根据自愿的原则，组建若干个英语课外活动小组：英语资料搜集小组、英语广播宣传小组、英语书面宣传小组、英语故事演讲小组……每一小组根据自己小组的类别，有明确的任务分工，定期开展活动。

第二，制定小组活动计划，推选课外活动组长。

每个小组由学生推选组长，由组长负责，组员共同讨论后制定本学期的活动计划。以下是英语资料搜集小组制定的计划，虽然内容简单，但分工明确，可见是学生认真商讨才制定出来的。

英语资料搜集小组工作计划

周次	资料主要内容
一	生活中的英语口语
二	英语名言警句（至少6条）
三	英语谚语（至少8条）
四	英语小故事
五	英语幽默（至少6篇）
六	英语文化
七	少儿英语歌曲大收集
八	英语谜语大家猜
九	英语绕口令
十	迪士尼英语动画片原声带

第三，自主有序开展活动，总结交流经验。

每一个小组根据自己小组的不同任务，确定自己每一周的英语课外活动日和活动内容，根据自己制定的活动计划，由组长负责，和老师共同商讨，定期开展相关活动，并在学期结束前总结交流，用各种活跃有趣的形式展示出来，进一步锻炼学生的口语表达能力。

第四，表演展趣。某些中学生有表现的欲望，教师可抓住学生这一心理特点，尽量给学生创造机会，让他们去施展自己的才能。如在上完对话课之前或之后，都可让学生自己创设一个场景，自编对话进行表演。这种形式不仅生动形象,而且是同学们对课文理解体验后的一种感情的自然流露,既调动了学生学习的积极性,也培养了学生的表演能力、交际能力,还激发了学生的创造力。我们还根据学生特点,引入竞争机制,组织学生参加各类竞赛活动,让每个人都有表现自己、检验自己学习成果的机会,学生的英语素质得以提高。活动的形式一般有英语演讲比赛、英语文明用语标语设计比赛、英语故事比赛、英语歌曲卡拉OK大奖赛等。

3.转换学习空间

语言教学不应该只把学生关在室内学习,要把学生带到生活中去,让他们在实践中自然有序地学习。在实际的教学中,我们尽可能地将语言和生活联系起来,做到语言源于生活又服务于生活。

如对着水果摊上的水果学习水果类的单词,另外还可以学习句型"What's this""What's that""What are these""What are those"。由于可以亲身感受到、摸到、闻到、尝到这些水果,学生学习兴趣浓厚、情绪高涨,都想努力表现自己,自然会对交际产生渴望。又如教学了"A football match"一课后,我带领学生去踢一场足球,让他们真实感受到"shoot""give""pass""tick""throw"等时的愉悦和兴奋,增强他们常说英语的意识。

(二)补充课外交际知识

1.多让学生唱英文歌曲,朗读、背诵英文诗

这些补充内容能让学生接触到地道、生动的交际用语。学生在听、唱的过程中,会不自觉地模仿其中的语音语调,等熟练后便会自然地运用到日常生活中去,日积月累,语言材料多了,能为口语交际打下扎实的基础。我校学生这方面的积累特别欠缺,我们就在平时适当为学生提供一些英语报刊等读物,给学生看些原版的英语动画片等,定期为学生提供一定的英语演讲和朗诵材料,先在班级中开展演讲、朗诵比赛,再全校性地开展比赛,让学生积累丰富的交际经验。

2.多让学生听英语材料

多听才能听懂,听懂才会表达,口语教学应和听力教学紧密结合。我们根据学生已有的英语水平,选择从易到难逐步深入的系列材料,选择口语多、语言规范、交际性强的材料,使学生学习实用的交际语言。在听的过程中,我们要求学生按照以下四个步骤进行口语训练:①模仿。这是提高英语口语水平的第一步。②朗读。只有大声朗读，学生才能找出与所听录音的差距，发现自己的弱点。③复述。在没有人对话的情况下，复述是提高口语最有效的途径之一。对于基础较差的学生，可以只要求复述原文的中心思想，用一两句话概括即可，再逐渐增多。④背诵。不一定要全篇背诵，只要求学生能背诵一些常用的句型和表达方式即可。

在选择听说材料时，我们要求学生要选择语言地道、内容新颖的教材，模仿、朗读和复述时要响亮，这样才能从中学到许多日常用语的句型。

3. 多让学生进行话题讨论

针对我校学生的英语知识面相对城市学生要狭窄，我们每周有计划地给学生准备一个讨论的话题，要求学生根据此话题找资料准备，在课后展开口语交际，帮学生丰富口语交际的内容。

四、建立多元的评价体系，让交际得到保障

（一）平时积累

1. 教师评价，设立各种奖项

为了激发学生的口语交际的兴趣，可利用中小学生争强好胜的心理特点，在教学的各个环节引入竞争机制，设计各种奖项。如在听录音时，设“模仿秀”奖；在对话表演时，设“最佳表演奖”“最佳创意奖”；在课外的英语交际活动中设“积极参与奖”等。教师可以设计一张表格，期末进行汇总，看谁得到的奖最多，给予优秀的学生以奖励，如期末口语可以免试。

2. 学生自评，建立档案袋

档案袋评价也可称之为“学习档案评价”或“学生成长记录袋评价”，是展示每个学生在学习过程中所做的努力、取得的进步以及反映学习成果的一个集合体。我们给每个学生都准备了口语交际方面的档案袋，学生可以把自己的口语录音，平时收集的语音材料，教师给予的奖励，参加口语交际活动的照片等放入档案袋，记录自己取得的成绩。

（二）期末口试

期末进行口语测试是必要的，可以让学生对英语口语交际更加重视。

1. 评价形式多样化

我校口语测试的形式多种多样，如“Free talk”“Ask and answer”“Work in pairs”“Songs or rhymes”等，这些形式可以从不同角度考察学生的综合语言运用能力和应变能力。

2. 评价内容自主化

我们让学生通过抽签的方式或自愿选择口语评价的内容和表现形式，充分尊重学生的主体性，更有利于激发学生口语表达的积极性。

3. 评价主体多元化

在评价过程中，我们还请学生自己、同伴和学生家长对学生进行评价，自我评价、同伴评价、教师评价、家长评价等形式相结合。特别是学生自评与小组互评相结合，不仅能培养学生正确评价自己和他人的能力，而且有助于保护学生的自尊心和提高其自信心。

4. 评价成绩等级化

我校以星级记录学生的成绩，这样充分考虑了学生的个体差异，重视学生的个人纵向比较，以鼓励为主。

口语交际是初中英语教学的重点，也是教师需要花大力气的难点。尤其是面对农村初中生由于环境和条件等方面的原因，平时开口说英语的机会相对少，学生往往存在着不同程度的怕开口、羞于开口的现象。因此，在教学活动过程中，教师需要通过各种手段，创设各种场景，让学生乐于交际，培养学生交际的兴趣，同时也能为学生的书面表达打下坚实的基础，学生的英语成绩也会较大幅度提高。

参考文献

[1] 吴悦. 浅议小学低年级英语口语交际能力的培养[J]. 好家长，2015(15)：89.

[2] 杭骏. 乡镇小学生英语口语交流困难成因及对策的个案研究[J]. 新教师，2012(C1)：111-112.

浅谈小学“科学”课堂中的合作学习

肥东县教体局教研室　丁祖全

合作学习指学生为了完成共同的任务，有明确的责任分工的互助性学习。合作学习鼓励学生为集体的利益和个人的利益而一起工作，在完成共同任务的过程中实现自己的目标。就科学课而言，小组合作学习有重要的意义，组内成员可取长补短，获得充分发展。合作学习体现了将课堂的主体还给学生的教学理念，是当下教育过程中教师必须去探究其有效实施的一个重要课题。

在实际的课堂中，几乎每一节课都会通过小组合作去完成重点内容的探究，但实际效果往往不尽如人意。一节失败的科学课，往往也是小组合作探究未达到效果造成的。第一种是形式主义合作学习，表面上一节课大家都在小组内合作探究，但是合作既没有目标，也没有具体的过程，更谈不上合作探究的成果了。第二种是高难度系数的合作学习，教师一股脑儿地将问题抛给学生，没有指导，没有步骤，没有计划，最后还是由教师自己总结完成。这种合作学习也是浮于表面，没有实际效果。第三种是组内分工不明确，一团乱麻式的合作学习。虽然教师进行了合作前的必要指导，理清了合作步骤和方法，但是由于小组内分工不明确，大家你争我抢，课堂上虽然热热闹闹，但是学生其实也没有通过合作学习有所收获，有所成长。

合作学习是科学课堂中重要的学习方式，作为课堂的引导者，教师一定要组织好学生的合作学习，让合作学习最大限度地发挥其优势作用。对于合作学习，我们必须有效地使用它，合理地安排好整个过程。

一、自由分组，合理分工

1. 自由分组，合理调配

小组合作学习一般以4～6人为宜，在分组时，我强调自由组合，因为只有学生愿意在一起合作，才可能达到合作的效果，否则课堂上就会出现“沉寂小组”，组员之间分工不明确，缺乏互助与互信，难以取得实验的效果。当各个小组基本成型之后，老师再根据各组的人数和组内成员的特点，给予微调。比如有的同学特别好动，如果有几个特别好动的分在一组就会影响本组的实验效果，这时候就需要教师进行适当的调整。

2.合理分工，毛遂自荐

(1)尊重学生的自由选择。

有的学生爱动手，就让他当操作员；有的同学爱发言，就让他当记录员和发言人；有的同学组织能力较强，就让他当组长，整体控制本组实验过程。对于其他的同学，可以让他们当计时员、观察员、器材整理员等。

(2)教师要合理调配。

根据每个学生的实际特点来判断他们是否适合各自的角色，对于明显不适合的要给予及时调整。有时，组内会因为一个成员没有很好地完成自己的任务而耽误本组的实验进程，所以教师要充分了解自己的学生。“寸有所长，尺有所短”，合理地分组和分工，会让组内的合作学习效果呈几何式增长，让每个学生都能学有所获，体现出自身的价值，激发他们进一步学习的欲望和信心。

二、合作前指导到位，明晰路径

1.教师示范，降低合作的难度

作为小学生，他们的动手能力确实有限。据我班的调查统计，有20%的学生不会擦实验用火柴，30%的同学不会将绳子系到铁架台上，60%的同学不会用回形针做钩子。针对这样的学情，就要求教师在做实验之前对于实验中的重要仪器的使用必须予以清晰示范。在教学“摆”一课时，我亲自动手做了一个简单的摆，利用实物告诉孩子们摆的各部分名称，并且清晰地演示系绳子、做钩子的过程及动手释放摆的规范动作。有了这样的实验前的示范准备，为学生课堂中的合作探究扫除了障碍。

2.整体指导，理清要领

合作学习不能将所预见的和未预见的难度全部让各组去承担，教师必须对实验中学生可能出现的操作性错误、认识性错误给予必要的指导。要让各小组摒弃错误的操作和认知，提高合作的效率，尽快探寻到真理。如“摆”一课实验前，教师要告诉学生在释放摆时，摆线和量角器平面要保持平行，计时员和操作员要喊“一、二、三”，然后同时进行，其他同学要认真计数，记录员要如实记录，等等。

总之，合作前的指导十分必要，合理的指导让学生能在合作学习的过程中少走弯路、少摔跤。同时，合理的指导并不是直接告诉孩子们结果，他们还得经历必要的探究过程，这一点是合作学习的前提。

三、合作内容的设定科学而明确

一节课的时间是有限的，所以我们一定要把每节课重点作为合作探究的内容。

1. 抽丝剥茧，牵一发而动全身

有时，一节课看上去你得面对好多项实验，但学生的精力、注意力以及课堂的时间都是有限的，所以我们必须抓住重点，教学苏教版四年级下册“一切都在运动中”一课，有这几项实验：观察图中哪些物体在运动，观察电梯上的人是否在运动，观察动车内外的人的运动状态，观察江中的小船的运动状态，观察地球的运动状态。实验纷繁复杂，如果让学生一一观察，学生会感觉到枯燥而厌烦。其实这些实验都在告诉我们同一个道理：物体是否运动，一定要有参照物。根据这一点，我设计了一个简单的实验，用两支笔在黑板上演示小车的相对运动状态，让学生去观察哪支笔在运动，从而很简洁地让学生明白了这个道理。学生明白了运动离不开参照物后，很轻易地就解决了书上的问题。

2. 拨云见日，化繁为简

有时，一节科学课上需要进行几项重要的实验，我们必须要让学生经历知识形成的过程，所以又不得不做这样的实验。这时小组合作的优势也就体现了出来。让不同的小组承担不同的实验，最后各小组汇总研究结果，得出结论。在教学“摆”这一课时，研究摆的快慢和什么有关系时，学生猜想摆的快慢可能与摆线长短、摆角大小及摆锤重量有关，因此就得设计实验进行验证。由于这样的操作性实验耗时长，因此本节课要想完成这三项实验难度较大。因此我果断调整实验方案，把这三项实验分配给各小组完成，为了确保实验的准确性，每三组承担一项实验任务。这样，各组虽然减少了实验的项目，但是实验的准确性大为提高。各小组均能很好地完成指定实验，得出较为科学的结论。

抓住了一节课的重点，并且在合作过程中采取重点突破、分工协作的方式进行合作探究，课堂就显得重点突出、合作有目标、研讨有效率。

四、合作中个别指导，疏通难点

1.教师巡视的重要作用

课堂是学生的课堂，科学课堂也应该还给学生。科学课应该是让孩子们“玩”的课，孩子们在玩玩做做当中学到了科学知识，老师只起一个指导者的作用。科学课就应该放手让学生去玩、去尝试。在各组合作过程当中，老师只需要走到学生中去，为他们的成功之处点赞，引导他们摆脱实验的困境。有的时候，学生在探究知识的道路上会因为一块小石头而停滞，这时只要老师的一点点指导，学生就能迅速从困境中走出，所以教师的组间巡视指导是必要的。

2.记录单要简洁

在科学实验合作活动中，同学们往往会被复杂的实验纪录单难倒。几乎每一个同学都愿意走进实验室，但几乎每一个同学都害怕填写实验记录单。实验记录是将零碎的知识按照一定的理论逻辑联系在一起的显性的思维成果。小学生是感性的、好动的，他们的思维方式处在从感性思维到理性思维的过渡阶段，因此，我们不能过于理性地要求他们。所以，在设计实验记录单的时候，要力求简洁。

以下是我执教“摆”的时候设计的实验记录单。

摆的快慢与摆角大小的关系

摆角大小	结果			
	第一次	第二次	第三次	平均次数
30°				
50°				

表1明确了摆角的大小，学生在合作学习时目标明确，增强了学生实验的信心。

五、合作后指导汇报，反馈组内研究成果

小组合作探究完成后，组织好各小组的汇报显得尤为重要。这不光是尊重学生的劳动成果，而且可以通过各组的汇报，评价一下他们的合作效果。通过汇报、评价，肯定了学生合作研究的成功之处，也可以给他们以某些方面的指点。总之，这样的汇报会大大调动孩子们参与合作学习的积极性，提升他们参与合作的动力。汇报的方式也有多种，可根据实际选择。

1.总结陈述式汇报

每个小组可由其发言人陈述本组合作的结果。这种汇报可以让全班同学迅速了解该组的合作成果,也可以让指导者判断他们的合作效果,并且给予指导。

2.展示性汇报

学生通过学到的科学知识指导自己的动手操作,将操作的结果呈现在全班。各组能展示自己的劳动成果,说明他们的小组合作取得了一定的成果。这种汇报方式,注重锻炼孩子们的动手动脑能力,激发了他们动手操作的热情和兴趣,是课堂有效评价体系的重要体现。

教师应鼓励学生进行合作学习,利用小组成员之间的合作形式开展探究活动,小组里的每一个学生可以分别承担不同的角色,小组成员在探究中可以取长补短、互相学习,通过这些活动培养学生的合作精神。在合作学习的整个过程中,教师看上去只是学习的参与者,可实际上需要花费很大的心思去设计一堂合作学习的科学课。只有对合作前、合作中、合作后进行精心设计,才能使科学课上的合作学习有效乃至高效。我也将在“科学”课堂讲台上不断地摸索合作学习的方法策略,不断地总结合作学习的经验,只有这样,孩子们才能从合作学习中受益更多。

参考文献

[1] 张行涛,郭东岐.新世纪教师素养(修订本)[M].2版.北京:首都师范大学出版社,2003.

浅析历史教学中的素质教育

肥东县教体局　费广玲

当前,我们国家非常重视素质教育,拨出大量经费用于发展素质教育,培养技能型人才、综合素质人才。我们应该如何开展素质教育呢? 我从事历史教学已经30个年头,通过多年的历史教学实践,深知在提倡素质教育的今天,对学生进行素质教育的重要性、迫切性,更了解学生对素质教育的渴望。在历史教学中如何进行素质教育,我有如下思考:

一、历史教学中实施素质教育的必要性

素质教育的提出是我国教育的历史性进步,它对充分肯定教育的功能,明确教育的任务,克服基础教育的种种弊端,可谓意义深远。它是以提高公民的思想品德、科学文化、身心素质,培养能力、发展个性为目的的基础教育。其根本思想是基础教育必须培养为适应时代发展要求的高素质公民。传统的应试教育远不能适应当前社会发展的要求,向素质教育的转轨势在必行。

二、历史教学中实施素质教育的途径

1.更新教育观念

更新教育观念是实施素质教育的关键。作为教师要摒弃过去的“满堂灌”“题海战”的教学方法,采用一些适合中学生心理特征的、灵活的方法,帮助学生正确、高效的学习。教师在教学中要注意对学生进行启发、点拨、开导,让学生参与课堂教学,学会思考,掌握多种能力,提高自身素质,彻底改变过去那种为考试而学习的应试观念,让学生在积极、愉快的环境中积极、主动地接受知识,培养创造性思维。

2.营造实施素质教育的环境

实施素质教育的关键在于尽力开发学生的潜力和创造力,其主渠道是课堂。在教学中要特别抓好教学内容和课堂流程改革,改变单一、呆板的课堂流程结构,建立系列化、多样化的结构体系。同时,根据历史学科特点,采用开展历史知识竞赛、组织学习历史人物报告会等多种形式,开展素质教育。也可以让学生走出教室,参加社会实践活动,开辟第二课堂。鼓励学生参与一些有益的活动,让学生用双眼去观察,用身心去体会,变被动的教师传授为主动的自我探究,让学生在实践中有所得,有所感,培养其独立思考、不断探索的科学精神,营造良好的学习氛围,让学生得到全身心的发展。

3.注重非智力因素的渗透

历史教学可以设法选择合理的教学策略和媒体来体现素质教育思想,激发学生兴趣,启迪学生思维。将辩证唯物主义思想寓于教学之中,培养学生正确的思维,树立正确的人生观。通过向学生介绍我国的历史,以及历史上科学家的生平事迹及成就,激励学生自觉培养坚强的科学意志以及献身科学的精神,同时激发学生的学习热情,激励学生树立为振兴中华而奋斗的志向,培养学生的爱国主义情操。

4.教师自身素质的提高是实施素质教育的保证

历史教学中,教师自身素质的高低,对素质教育的实施起着举足轻重的作用,其主要表现在两个方面。一是教师的言行举止,学生的学习兴趣是从教师开始的,教师的仪表、语言和行为都将给学生留下深刻的印象。得体的举止、优雅的语言都能活跃课堂气氛。渊博的知识,勤奋的工作作风,精益求精、一丝不苟的求实态度,对学生人生观的形成有很大的影响。二是教师较高的科学素质,教师自身的业务知识、教学能力影响着素质教育的开展。当前的素质教育要求教师具有改革意识,富有创新精神,树立现代的教育观念,适应教育新形势的发展。因此,教师要不断学习,刻苦钻研,总结教法,大胆尝试教改,完善知识结构,不断丰富和发展自我,以适应素质教育的需要。

三、实施素质教育应注意的问题

素质教育对于充分肯定教育机能,明确教学任务,克服基础教育的种种弊端可谓裨益良多,意义重大,但在实施中也存在一些问题。

1.注意师生主体性的协作

素质教育应该弘扬学生的主体性,注重能力培养,但片面夸大学生的主体性则不是务本求实的科学态度。教学活动是师生的互动活动,学生的主体性是在教师正确指导下获得的。师生之间应相互合作,在协调共振中求发展。

2.正确认识考试,弘扬创新意识

考试是检验学生学习效果的手段之一,是检查教师教学质量和学生学习效果的一种方法。实施素质教育是一场教育革命。"高质量、轻负担"是其提出的要求,但创业精神、求新意识仍然重要,要求学生去拼搏、进取。我们应把它作为一种动力,激励学生去创新,发扬开拓创新精神。

素质教育是一个不断完善、不断探索和创新的过程。实际教学中,要正确引导,重视良好学习习惯的养成,培养学习兴趣,不断创新进取。要正确树立以学生为主体的指导思想,尽力去开发学生的潜能和创造力,扎扎实实培养出高素质的人才。

参考文献

[1]王晓华,张红梅.数学"探究式"教学模式初探[J].山东教育,2001(C5):48-50.

当前农村幼儿园管理者培训的现状调查与思考

合肥市肥东县实验幼儿园　付　晓

近些年,中国不论是经济、社会还是文化教育都经历了翻天覆地的变化,学前教育也不例外,在教育改革的实施中也经历了一系列的变化。随着整个社会对教育的普遍关注,学前教育作为最基础的教育阶段,越来越多地得到政府和社会的重视和支持。现阶段的学前教育正在向多元化方向发展,学前教育的决策者和管理者也在努力使其与中国不断开放和多元的社会同步发展。这其中,农村学前教育扮演了重要角色,农村幼儿园管理者能力直接影响甚至决定着农村幼儿园的教育水平,所以农村幼儿园管理者素质的提高管理水平的提高对于提升教学质量至关重要。管理者培训,作为管理者学习新知识、新技能的最直接渠道,已经在教育改革中多次提及,其重要性可见一斑。不得不说,现在的培训体系相较于十几年前已经提升了很多,然而仍存在一些问题,且不容忽视。当然,也正因为这些问题的存在,针对幼儿园管理者的培训才有更多的提升空间。

在笔者已读的文献中,大部分的研究对象都是欧美、日本等国的大型企业的管理者培训问题,对于发展中国家的研究少之又少,而教育领域的研究就更是罕见,少有的研究也都是量化研究,用数据去说明现象。然而,培训需求问题是难以用量表准确衡量和表现的,因为它受到社会、经济、政策、地域等多方面的综合影响。本文采用采访和调查问卷结合的研究方式,对12名管理者进行人均时长50分钟的采访,全方位地了解管理者的自身感受,针对他们的回答结合相关文献,对农村幼儿园管理者培训的现状做出分析和反思,希望为以后的研究和管理者培训的开展提供一些经验。

一、被调查幼儿园及管理者现状

本次调查研究选取了地处县城、建园已30多年的一所公办园。近年来，在当地政府的支持下，该园规模不断扩大，设备不断更新，教师队伍也逐渐完善。该园目前拥有两个园所，26个班级共900多名幼儿。该园有112名教职员工，其中有12名人员是管理者，包括一名园长、两名副园长、三名园长助理。83.3%的管理者都是在该园工作10年后提至管理岗位的，管理者中拥有小学高级教师职称的人数占总人数的75.0%，学前教育专业毕业的教师占总人数的91.7%。无论是从设备设施投入上，还是从教师队伍建设上，可以说该园见证了学前教育，特别是农村学前教育几十年的变迁。该园尽管是县城少有的规模较大的公办园之一，但是毕竟位于欠发达地区，师资力量薄弱，而且存在教育理念落后等问题，这给该园的管理带来很多困难。该园面临的很多问题和挑战在广大的农村公立幼儿园普遍存在。因此，以该园作为质性研究的对象是具有一定代表性和实际研究意义的。

二、农村幼儿园管理者培训的现状

学前教育越来越被重视，人们对幼儿园管理者的要求也就相应提高了，而农村幼儿园的管理者却普遍缺乏科学、系统的教育理念和专业的管理知识。由教育部、财政部2010年全面实施的国家级培训计划——“国培计划”，是提高中小学教师特别是农村教师队伍整体素质的重要举措之一，该计划旨在通过培训一批“种子”教师，使他们在推进素质教育和教师培训方面发挥骨干、示范作用。学前教育“三年行动计划”以来，管理者培训从“游学”项目变成了实打实的课程学习和校园观摩。同时，各级各类的培训也一下子多了起来，这使得以前很少有培训机会的农村幼儿园老师有点应接不暇，工学矛盾开始凸显。

尽管在该园中有超过半数的管理者是学前专业本科毕业，但是她们也表示自己仍然缺乏管理方面的知识。他们大多从事多年的幼教活动，作为老师，他们经验丰富，然而在教学多年后升职到管理者的岗位，他们没有系统地学习如何成为一名合格的管理者，处理问题、开展活动的方式很多都是依赖于自己的经验。也就是说，他们是在摸索中管理，在摸索中实现从教师到管理者的角色转换。虽然教育部开始规范管理针对幼儿园管理者的培训项目，并且出台了评测其有效性的系统，也就是管理学中所提到的需求评价体系，其中包括培训前的需求调查和培训后的测评，但本调查收集到的数据表明并没有这些测评结果后续的提炼、分析和落实，也没能影响到管理者培训的内容设置。本研究发现，管理者培训，作为他们获得管理者技能、提升管理能力的唯一系统渠道并没能很好地发挥其作用。

三、农村幼儿园管理者培训的几点思考

（一）从管理者角度来看

从管理者自身角度出发，他们当中的很多人并没有认识到培训课程的重要性，很多人只是把它当作任务的一部分来完成。还有一些人表示，可以利用培训暂时“逃离”平常劳累的工作，具体能学到什么，学到的知识是否有用对这些人来说并不是那么重要。除此之外，管理者本身虽然知道要提高自身的管理技能，然而由于农村幼儿园资源有限，这些幼儿园多附属于中心校，由小学校长管理，管理者们事无巨细都要向小学校长汇报、请示，缺乏实际的管理权和经济权，这不仅影响了管理任务的完成，也严重影响了管理者的工作主动性。同时，管理者还需要继续履行自己作为一线教师的教学职责，这种双重身份的压力使得他们很难有额外的精力和时间去思考和消化培训内容，更难将学到的东西应用于实践。

（二）从所处位置来看

与城市幼儿园相比，农村幼儿园在管理培训方面面临更多的挑战和问题。在这里先阐述一个在农村幼儿园比较突出的问题：幼儿园的孩子为一般3至7岁，这个年龄段的孩子需要更多时间和空间去发展和形成自己的品行，而不是去学习某些技能或者知识。然而，在整个社会大环境的影响下，家长都希望自己的孩子可以赢在“起跑线”上，特别是欠发达地区的家长的这种愿望就更加迫切，他们认为自己的孩子只有从小比别人学得多，比别人学得早，才能弥补资源和地域的局限。正因如此，虽然农村幼儿园管理者也许很愿意顺应孩子的天性，去开发他们更多的潜能，却因为很多家长的要求，而不得不开设所谓的“兴趣班”，教拼音、识汉字、做算术题等，因此很多孩子在幼儿园阶段就会有作业甚至考试的压力，提前进入了小学的学习状态，很多幼儿园“小学化”倾向比较严重。本研究调查对象是省一类园，办园行为规范，几乎不存在“小学化现象”，这

引发了家长的不满,家长曾联名写信要求老师"教知识",让孩子"学文化",甚至有家长为了让孩子学拼音而转入其他园。管理者在这样的背景下难以很好地开展工作。

(三)从培训的内容及形式来看

面对新挑战,幼儿园管理者需要学会如何应对长期的"情绪工作",如何与下属进行沟通,如何激励他人等"软技能"。然而,采访调查中,管理者普遍表示他们对于培训中的很多课程都已经了解,甚至有不少是重复培训,课程本身针对管理技能的内容很有限,所以培训后他们很难对自己的管理模式等做出修正。

根据本次研究调查收集到的数据,拥有超过五年以上工作经验的管理者和五年以下工作经验的管理者呈现出对管理课程的不同需求。管理年限较长的管理者希望可以学习更多的家长管理、矛盾管理和先进的班级管理办法,而较为年轻的管理者则希望学习更多关于沟通技巧、如何构建教育平台等知识。此外,他们都将计算机技术列在需要技能的前几项中,这和多媒体教学和网络化宣传的广泛应用是分不开的。这也就启示我们,"软技能"虽然重要,但是一些"硬技能"也需要与时俱进。

然而,和需求不同,采访中大多数管理者表示现在的管理者培训都着重传授一些先进教学模式和理念,受农村园自身资源和教学理念的限制,很多根本没有实践的可能性。农村幼儿园,特别是公办园数量非常有限,入园的适龄幼儿却因进城务工人数的增多而不断增加,这就导致幼儿园班级数多且大班额的现状,在这种情况下,很多教学管理活动难以开展。

很明显,管理者需要通过培训项目同步提高自身的"软技能"和"硬技能",现在的管理者培训项目仍然较为僵化地一味传播先进管理模式和理念,并没有与农村幼儿园的实际需求相结合。同时,现在的培训项目也难以解决农村幼儿园资源有限的问题。

(四)从职业倦怠和情绪劳动来看

在采访中,管理者提到最多的一个词就是"职业倦怠"。很多教学活动难以达到理想效果,这不仅和农村幼儿园的自身情况有关,也和老师的工作积极性有关。有些老师是被迫去组织或者参与活动,他们很多时候是抱着完成任务的心态。所谓“职业倦怠”，不同年龄的管理者有不同的解读。一些较为年长的管理者在退休前已经没有晋升的机会了，所以他们觉得就做好必须做的工作就好了，其他的能不做就不做，管理上也从不考虑要改进或者提高，只要幼儿园正常运转就行。年轻的管理者本应很有工作激情，也有很好的工作前景，但是在农村幼儿园，管理者首先要完成一线教师的工作，其次才是辅助高一级的管理者完成管理任务，两种角色对他们有完全不同的要求，他们需要在工作中转换两种角色，这种长期的情绪劳动使得他们容易产生倦怠心理。因为他们需要长期压抑自己的真实感受，去完成被要求的角色任务。例如作为一线教师，需要有耐心、有爱心，要轻声细语，要充满正能量；而作为管理者，他需要严肃、谨慎、以身作则。他们比普通教师的情绪压力要大，因为两个角色的转换与自身性格的冲突会更加明显。与此同时，很多农村家长从心底里还是把幼儿园老师定位在“高级保姆”的角色上，幼儿园教师的专业性得不到社会的承认和尊敬，以至于他们的工作难以得到家长支持和肯定时，工作压力就会更大，这也直接降低他们的工作满意度，影响他们的工作积极性。

那么为什么工作年限较长的管理者很少提及情绪劳动呢？他们并非没有因为长期的情绪劳动而感到工作压力，只是他们中的很多人在长期的工作中学会了学术上所说的“角色分离”，可以很好地把工作中的自我和生活中的自我分割开来，而且在长期的工作磨合中学会了如何更好地控制自己的情绪，如何在适当的时候释放自己的压力。甚至他们中的一小部分人在长期工作经验中学会了“角色认知”，也就是说，他们从内心认可这种角色要求，他们不需要勉强自己去扮演，而是主动地去完成。对于这部分人来说，情绪劳动产生的压力是很容易被调节、消化的。尽管对于工作经验丰富的管理者来说，情绪劳动不是一个很大的挑战，调查中他们同样提到需要专业的课程来教他们如何更好地应对长期的情绪劳动。管理者不仅需要学习自己如何解决工作倦怠问题，也需要学习如何激励教师，如何让他们更加积极地工作。相关文献研究显示，比较推荐的办法是给教师们提供专门的心理咨询服务，帮助管理者和老师们学会聆听，学会“角色分割”，学会降低自我的情绪需求，等等。但是，农村幼儿园可能缺乏条件提供这样的服务，那么在管理培训的内容上就需要加强这方面的学习，提高管理者自身的能力，从而辐射到全园。

（五）从政策着力点和社会参与度来看

改革开放以来，国家颁布了很多相关法案和条例等来规范学前教育，如《幼儿园管理条例》《幼儿园教育指导纲要（试行）》《幼儿园教师专业标准（试行）》《3—6岁儿童学习与发展指南》等。学前教育在整个教育系统扮演着基石的角色，并且对幼儿的终身发展起到至关重要的作用。社会越来越重视学前教育，幼儿园的规模和数量都在不断扩大，从发达地区向落后地区辐射开来。不断提高的学前教育质量有利于社会转型，实现经济和文化双发展。

随着政府的投入加大，针对幼儿园管理者的培训也日渐规范和合理，培训的方式也从纯理论教学向多种学习模型转换。然而，由于现有的培训多是自上而下进行的，这种模式就很难真正做到从管理者需求本身出发去制定培训内容，很多时候是与中小学老师、校长一起培训，缺乏专业性和针对性。这就会打击管理者本身的参与积极性，缺乏一个可以表达自我提升需求的平台。因此，现阶段的管理者培训从根本上说更像是满足社会的要求，而非管理者自身的需求。

尽管“软技能”开始引起关注，但是管理培训的重点仍然放在先进教育理念和模式的输入上，农村幼儿园可能受自身的资源限制而难以应用于实际。农村幼儿园资源有限，却承担着更大的教育责任。缺乏对农村幼儿园管理者需求的调查和理解，培训就会缺乏针对性，浮于书本，难以解决实际问题。

这里也应该考虑到社会和文化因素对管理者培训的影响，特别是公办园的管理者，他们享有更多的资源，相对于私立幼儿园却面临较少的竞争压力，同时又缺少独立的话语权和决策权。所以，在缺乏适当的激励机制的情况下，很多时候农村幼儿园管理者参加培训的积极性并不高。还需要提到的是，各地对学前教育的经济支持也是有倾向性的，这种不平衡的支持会拉大园与园之间的差距，也会影响弱势地区管理者的工作激情。幼儿园教师是一个高频率从事情绪劳动的职业，然而大多数老师和管理者并没有意识到自己的工作压力是由于长时间的情绪劳动所致，像这样的一些问题都是培训需要去思考和解决的问题，管理者培训的发展在农村幼儿园还有一段很长的路要走。

参考文献

[1] 杨婕.幼儿园管理者培训的重点和难点浅析[J].东方教育，2015(4)：

445–446.

[2] 杨爱娟.夏竹筠.对幼儿园教师进行教师管理培训的价值研究[J].家庭与家教(现代幼教),2008(10):15–17.

[3] 丁蓓.浅论幼儿园管理者的领导作用[J].考试周刊,2011(86):229.

[4] 赵晟.农村幼儿园园长培训问题及改进策略研究:以某“幼师国培”短期集中研修班为例[D].长春:东北师范大学,2014.

[5] 许放.培训助力教师专业成长[J].文理导航(教育研究与实践),2014(10):242.

轻松学Word

淮南市寿县第三中学　高安

作为处理电子文档的办公软件，最常用的是office系列，Word又是office中使用率最高的，也是处理文本文档的好帮手，所以各个版本的信息技术教材中都有它。

Word的历史比较长，被大部分中国人认识和接受是在20世纪90年代末，讲解学习Word的使用时，大多以Word2003版为例。

Word的功能比较多，作为初学者的初中生，只要能掌握其中一部分常用功能就达到要求了。学习思路应是一个初学者能独立输入一篇完整的文章（包括表格及图片），并能对文章进行简单的修饰。

1. 了解Word界面

了解一下“菜单栏”和“工具栏”（工具栏因需要可以拖动为两部分），知道“水平标尺”“垂直标尺”“任务窗格”，了解一下“绘图”工具栏（默认绘图工具栏不显示，在“工具”—“自定义”里勾选即可）。

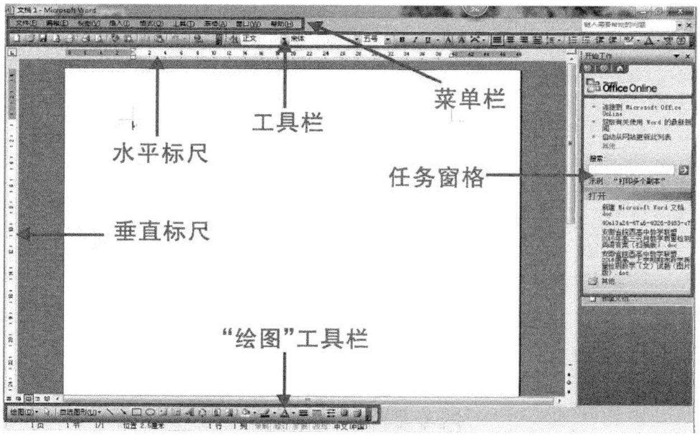

图1

图2

2. 了解显示比例

这是个容易被忽视的环节，在现实中也常遇到电脑里的文档和打印出来的所得非所见。

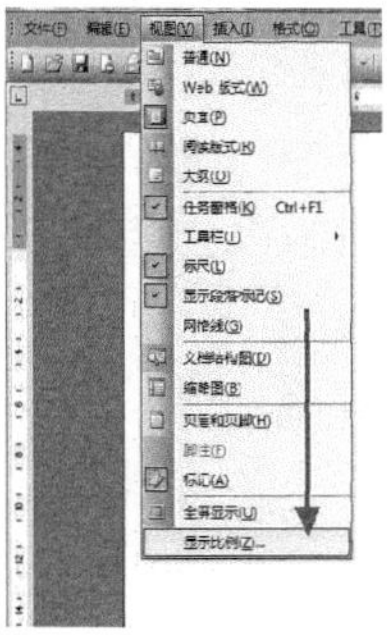

图3

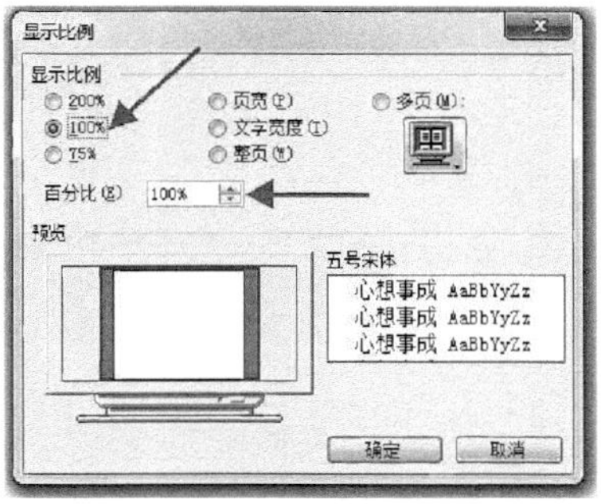

图4

3. 会页面设置

现实中A4纸的使用率最高，知道了A4纸的设置，A3、A5等的设置自然就明白了。

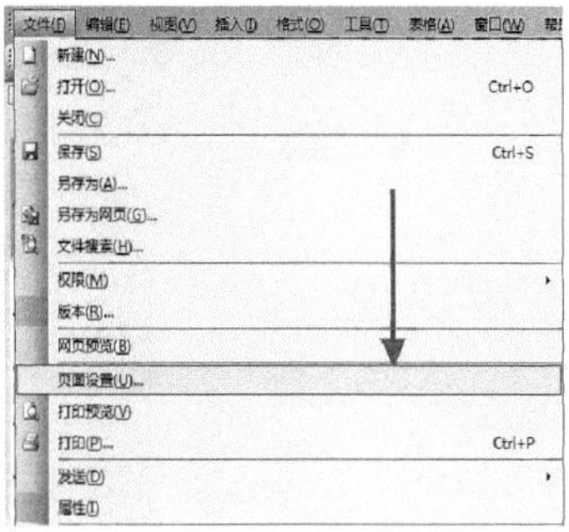

图5

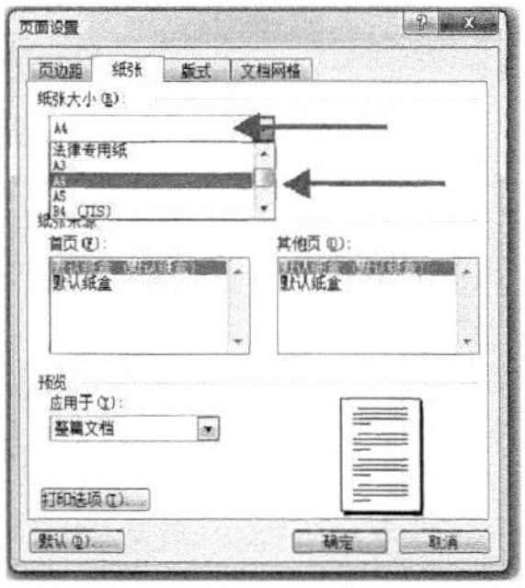

图6

4.了解字号、字体的设置

这方面的知识学生学得非常快，我只演示一遍，他们就大都清楚了。

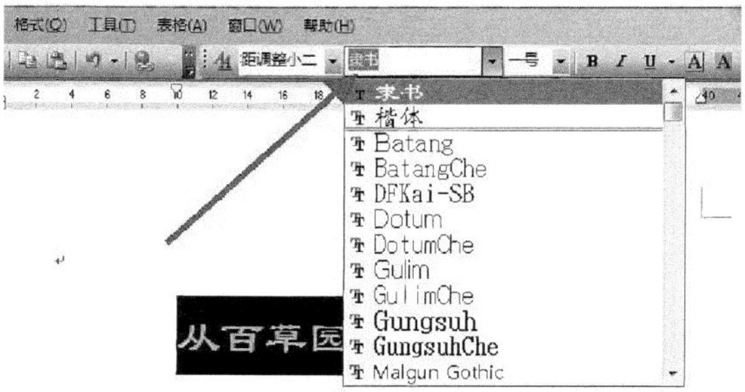

图7

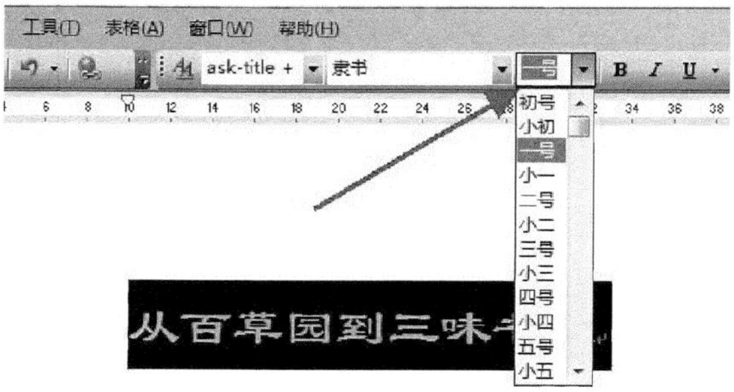

图8

5.知道居中对齐

知道了“居中”对齐，也就知道了其他对齐。若工具栏里没有“左对齐”，在“工具”—“自定义”—“命令”的左侧找到“格式”，右侧找到“左对齐”拖放到工具栏上即可。

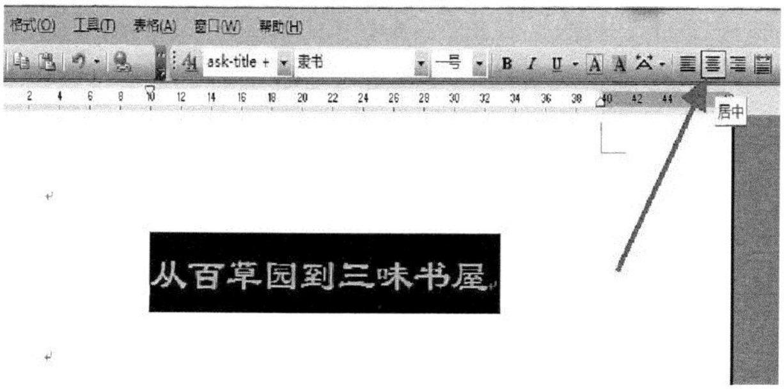

图9

6. 掌握段落设置

一篇文章可能有很多段，掌握段落设置比在每段开头打两个空格要好。段落设置的好处远不止这一点。

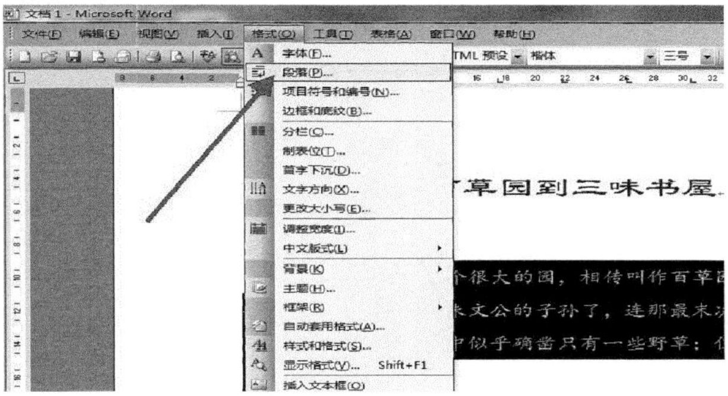

图 10

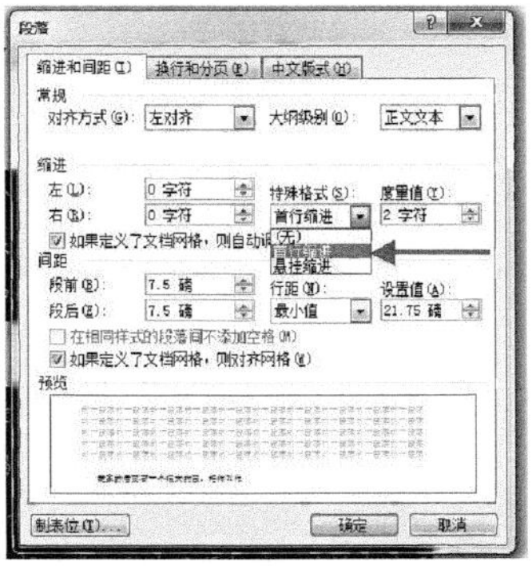

图 11

7. 知道落款设置

文章的落款基本在右下方，先“右对齐”，当然还可以微调。

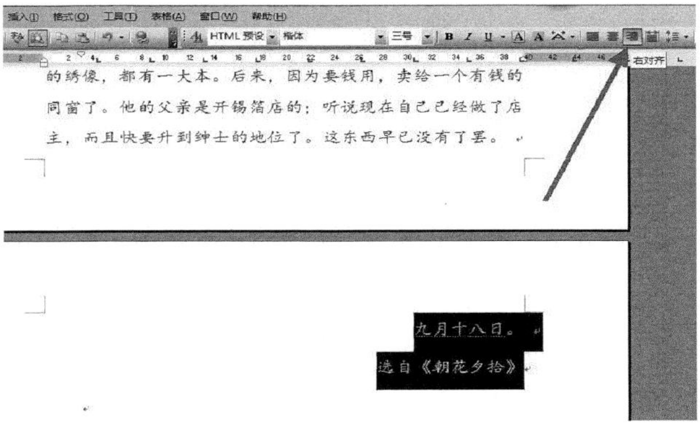

图 12

8. 会撤消

在对文档的编辑时难免出错，所以“撤消”必须会，甚至可以“撤消”上几步的编辑。

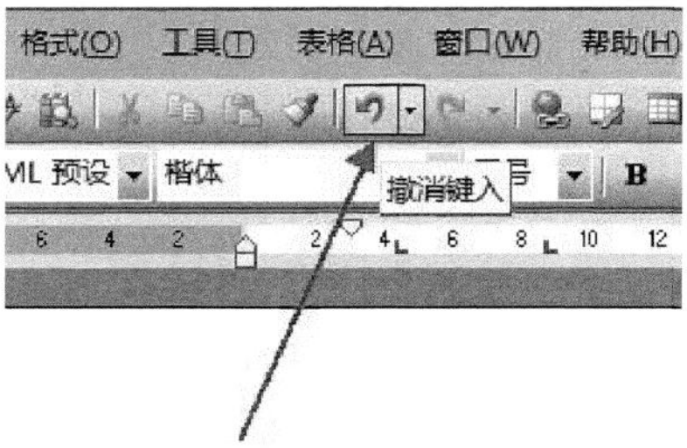

图 13

9. 掌握插入表格

现实中表格会常用到，大多不需要计算的表格尽量用Word处理。

图 14

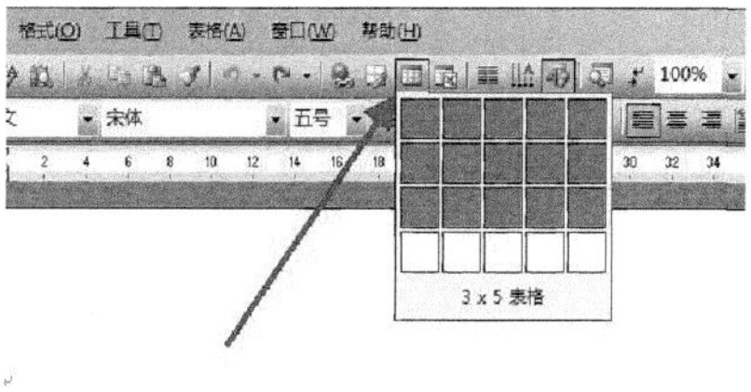

图 15

10. 会插入行、插入列

我们需要的表格是多种多样的，所以对于行和列的增加也较为常见。

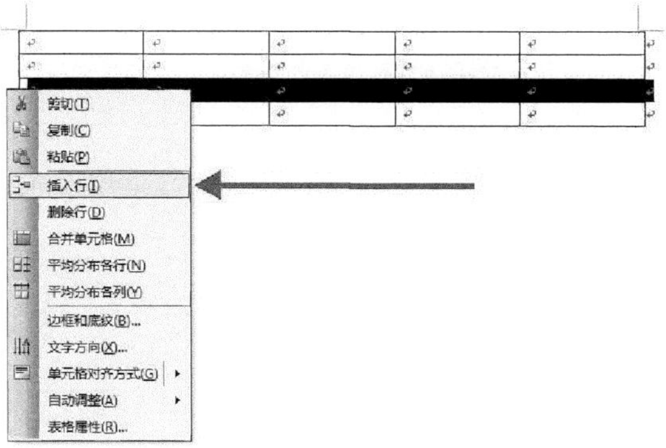

图 16

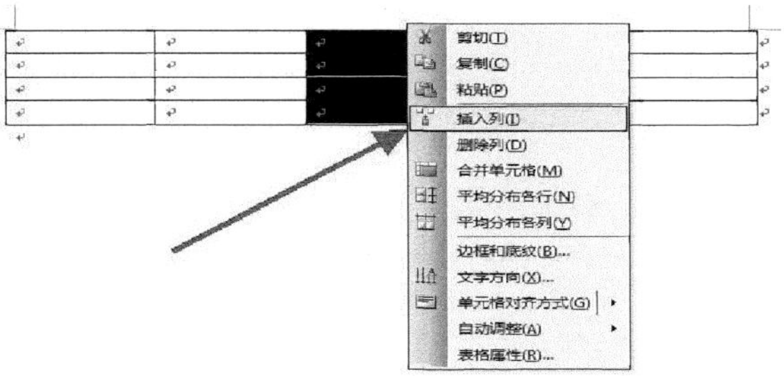

图 17

11. 会合并单元格

“单元格”好理解，因实际的需要，“单元格”常被合并。

图 18

12. 了解分隔符

在文档内容较多时常需要分隔一下，我们用到“分页符”较多一点。

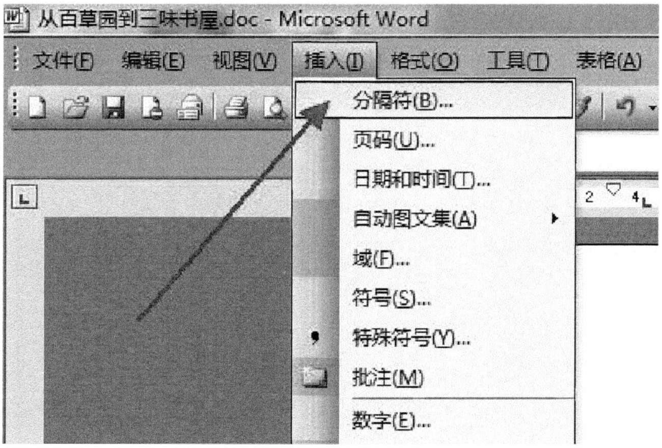

图 19

13. 会插入分页符

当我们写了多篇文章，想整理成一个文集，就可以在开头插入一个空白页当封面，当然也可以在需要的某两页之间插入一个空白页（快捷键 Ctrl+Enter）。

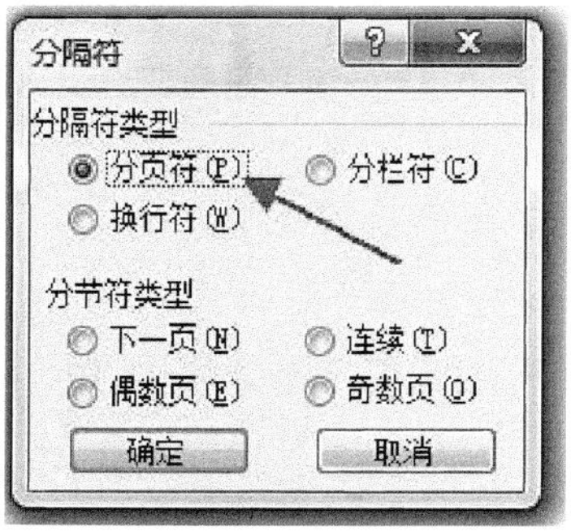

图 20

14. 掌握插入图片

在文集的封面或文章中插入合适的图片，可提升整个文集或文章的意蕴。

插入的图片大都是事先处理好的图片，因为 Word 只能对图片素材进行简单的处理。

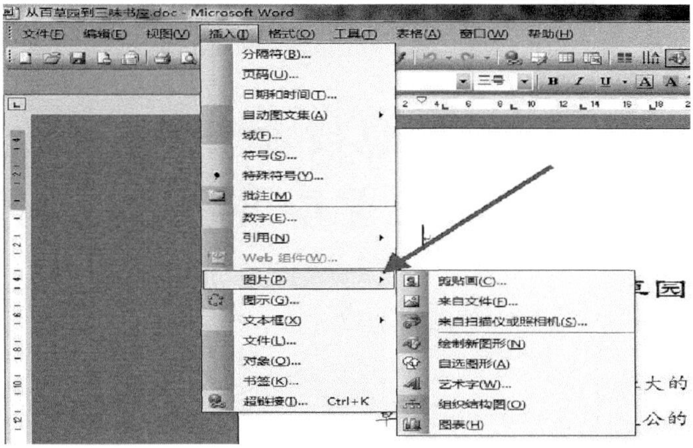

图21

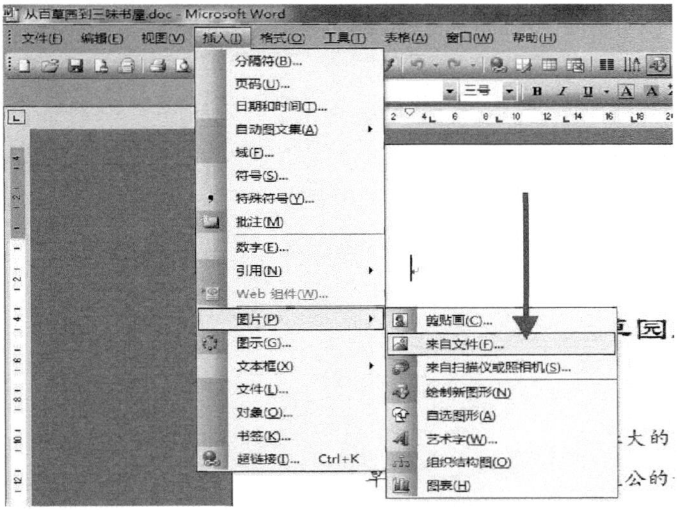

图22

如果以上的内容都理解了,那么作为一个初中生或一个初学者,你就已经成功入门 Word 了。

参考文献

[1] 彭万波,王春梅,白雁钧.教你轻松学 Word2002[M].北京:人民邮电出版社,2002.

浅谈信息技术手段在农村中小学教学中的困惑及对策

淮南市寿县堰口镇新店小学　戈仁赞

随着社会化信息程度的不断提高,新一轮课程改革的全面推广,信息技术这一现代化教学手段已经进入课堂,以此来推动教学方法和手段的改革。信息技术教学的基本特征之一就是直观性。它在教学中能够丰富学生的感性认识,并在此基础上得出正确的结论,使教学取得最佳的效果,创造愉悦、轻松的教学氛围,激发学生的学习兴趣,调动他们学习的积极性。这也是未来教育发展的总趋势。然而由于实际条件的限制,农村中小学信息技术的推广还处于起步阶段,还存在着不少的困难和问题,直接限制了学生和老师对信息技术的学习和发展。这不利于信息技术的均衡发展与普及,也不利于农村中小学教育的现代化的推进。

一、面临的困惑

(一)农村中小学信息技术设备差

农村中小学的教学设施较差。虽然部分学校配备了班班通、远程教育设施等,但由于缺乏技术力量的保障,这些设施可能流于形式,不能充分利用,成了摆设。这也是导致农村中小学教师教学手段落后的客观因素之一。教学方法守旧,教学效果达不到要求,严重制约了农村教育的发展。教学方法老套,教学形式单一,学生的素养和水平自然受到很大的影响。

(二)信息技术手段在教学中受重视程度不够

农村中小学受人员编制、教育经费等的限制,专业教师力量不足,绝大多数学校几乎没有信息技术专业教师。任课教师大多没经过正规信息技术专业的培训，仅有基本的电脑常识，还不具备使用信息技术手段的能力，再加上应试教育的影响，教师根本无暇顾及这一能力的学习。同时，长期以来传统的教学方法一直在农村中小学教学中占主导地位。教学内容已经烂熟于心，什么内容用什么方法，得到什么效果已经信手拈来，运用自如，而且在应试教育中效果还不错，信息技术手段不如传统的方法轻松、方便、快捷。所以，这部分教师也不愿意花费精力去学习。偶尔一些教师掌握一点信息技术也只为了应付公开课、观摩课等。即使部分教师想学，但可能因学校领导不重视、经费不足等因素的影响，这些念头很快就被扼杀。

（三）农村中小学信息技术师资力量严重不足

我国现在农村中小学教师的骨干力量大多是20世纪八九十年代毕业的师范生，他们挑起了义务教育阶段的大梁。随着中等师范院校的撤并，近些年毕业的师范生越来越少，分配到农村中小学的年轻教师更是少之又少。这些老师对信息技术手段的掌握程度一般不高。虽然经过多轮、多种方式的培训，但那也只是流于形式。对这部分教师来说，学习新事物已不是简单的事。首先，许多农村老师经过岁月的洗礼，已经失去了学习的热情和动力。其次，要熟练掌握和运用信息化手段还是有难度的，且大部分教师认为虽然教学中能恰当地运用信息化手段确实给教学带来了很好的效果，但一节课花那么多的时间和精力用在信息化手段上，有点得不偿失的感觉。同时，信息化手段的运用也有它的弊端，比如几何图形的教学忽略了学生动手动脑能力，影响了学生实际操作的能力，所以这也是影响推广信息技术手段的重要因素之一。

二、解决对策

（一）转变观念，领悟新课标

随着第二轮课改的推进，迫切需要掌握信息技术手段，信息技术教学需要各级教育主管部门的大力支持，吸取先进经验，制定相关的政策和措施。举行一些公开的教育教学活动，让校领导意识到信息技术教育手段的重要意义和长远影响，让他们有紧迫感和压力感，能够为信息技术手段创设良好的学习环境。让学校的每一位教师都学信息技术、用信息技术，把信息技术转变为学习工具、教学工具，使其真正成为提高教育质量的一个重要载体。

（二）加强师资培训，提高教师专业素养

兴趣是最好的老师。心理学研究表明，当人对某一事物感兴趣时，认识和接受就快；毫无兴趣时，认识就慢或者不能接受，甚至极力排斥。因此，要提高信息技术手段在教学中的应用，必须提高教师学习兴趣。实践证明，高素质的教师队伍才是教学质量的关键，用现代教育观念冲洗头脑，摒弃守旧的思想，要与时俱进，学习信息技术不能急功近利，要静下心来剖析自己、发掘自己，孜孜不倦地学习知识。在教学上下功夫，虚心求教，向优秀教师请教，善于阅读，提高能力。同时，教师要根据农村的基础条件，在实际教学中充分利用“农村远程教育项目工程”提供的资源和计算机网络资源，激发自己的求知欲，自主学习，增强和提高利用信息化手段的能力。当然，我们的教育主管部门要利用现有的教育资源来培训我们的老师，培训的方式可以多种多样、灵活多变。比如根据农村现有的实际采用校本培训的方式或请进来与走出去相结合的方式，分层推进。对年轻教师和基础较好的教师进行专业培训，让他们成为专业骨干和带头人。其次，用最简单、最基本的信息技术知识对教师进行培训，让他们意识到信息技术与教材的整合在教学中所起到的不可忽视的作用。最后，重新认识学与教的关系。作为认知主体的学生在教学活动中自始至终处于被灌输的被动地位，难以发挥其主动性和积极性，不利于培养学生的发散思维、批判思维和创新能力。这种教学方式与当前教育理念是相违背的，不符合新课标要求。而信息技术手段的渗透正是解决这一问题的有效措施之一。因此，教师要主动掌握和学习这一手段。教育主管部门应从实际出发，合理配置信息技术教学设施。

（三）加大资金投入，配置相应设施

资金是制约学校信息技术教育发展的瓶颈。因此，加大资金投入是提高信息技术发展的有力保障之一，但是我们也一定要从实际出发，让有限的资源发挥最大的效用，建立相应规模的机房，配备相应数量的电脑，以满足教师的教学。为普及农村信息技术教育，国家投入了大量的资金建立农村远程教育项目工程。各校应抓住时机，补充信息技术的硬件设备。同时，充分利用原有的资源，挖掘其最大的潜能，有了硬件，还要有相关的教育教学软件，鼓励教师通过网络搜集素材，开展信息技术教育工作。各校之间可相互交流，相互学习，实现资源共享，促进信息技术与教材教学的整合。

总之，当前农村中小学信息技术手段在教学中存在着不少问题。除了要解决软、硬件问题外，还要加强对专业教师的培训，不断学习，及时掌握先进的教学方法。自觉地研究信息技术，掌握信息技术手段，并从中寻求新的教学方法和教学手段，提高教学效率，从而有效推进信息技术手段在农村教学中的应用和发展。

参考文献

[1] 姜昌国，丁建玲.浅析在农村中小学信息技术教育教学中存在的主要问题及对策[J].电化教育研究，2003(7)：76-77.

[2] 陈福林.郭金花.浅谈农村中小学信息技术教育存在的问题与对策[J].科技资讯，2007(25)：126.

[3] 宁苗苗.农村中小学数学教师信息技术素养存在的问题及对策研究[D].济南：山东师范大学，2009.

有效激发学生学习兴趣
是提高教育教学质量的关键

潘集区泥河镇大圩小学　耿耀

教育教学的根本目标是培养合格人才,而只有提高教学质量才能实现这一目标。多年的教学实践让我对此深有感触:要想提高教学质量,教师不仅要有扎实的专业知识、灵活多变的教学方法、丰富多彩的表达技巧,还要有活跃课堂气氛的能力。无论采取哪种手段,最为关键的是培养学生对学习的兴趣。兴趣是最好的老师,是学生探求知识的内驱力。浓厚的学习兴趣可以诱发学生的求知欲望,使其积极主动地探求知识。培养学生学习兴趣是提高教学质量的关键。

一、以浓浓师爱激发学生的学习兴趣

小学生低年龄段的学生孩子气比较重,辨别是非能力差,容易感情用事,行为极易受情感影响。与老师关系融洽的学生,就会“爱屋及乌”,偏爱所喜欢的老师教的课,讨厌不喜欢的老师教的课。根据这一特点,教师应注重营造和谐的气氛,与学生建立平等、和睦的关系。师生关系融洽、和谐,学生在课堂上才能消除紧张感,心情轻松愉快,思维才能敏捷,课堂气氛才能活跃。这样才能让学生勤思、多想、敢问,才能让学生乐意接受教师的严格管理和教育,从而激发学生的学习兴趣。我从多年的教学经验中得知:能感染学生的老师,必须工作认真、治学严谨、和蔼可亲以及能够主动了解学生、关爱学生、在生活和学习上给予学生帮助和鼓励,这样的老师才可以让学生信任你、尊敬你、喜欢你。反过来,学生听课认真的态度、渴望的眼神、信任的表情,又能促进老师更好地去施教,师生之间在教与学上达成默契,产生共鸣,使单一的教与学变成双方的精神享受。

一位爱学生的老师,不会出现只顾优秀生、不管后进生甚至歧视后进生的现象，反而会不断鞭策优秀生，因为一些优秀生存在容易骄傲、自满的心理，教师不仅要指出他们存在的问题，还要对他们提出更高的要求。设置一些难度较高的问题让优秀生去解决，让他们看到自己的不足，以便严格要求自己。对后进生采取“晓之以理、动之以情”的策略去关心、爱护他们，帮助他们树立自信心，以自信战胜自卑，从各个方面给他们提供成功的机会，这样才能让全班学生都得到成长。

二、用灵活多样的教学模式培养学生的学习兴趣

心理学研究表明：儿童易被具体形象、色彩鲜艳、生动的物体所吸引，并且喜新爱奇，对新颖的事物感兴趣，具有强烈的好奇心和表现欲，喜欢听取别人的表扬，特别是老师的表扬。教师应抓住学生这一特点，用学生喜欢的形式、灵活多变的教学方法，来激励学生的学习兴趣。如果学生对学习产生兴趣，就能积极主动地与老师配合，愉快地接受老师传授的知识。例如，教“数字1—10的序数概念”时，我以故事贯穿整个教学，深深吸引学生，让学生不知不觉地参与教学活动：“今天天气真好啊，花园里开满了花，美丽极了，几位数字宝宝在花园里玩，可是回家的时候，数字宝宝③找不到家了。哪位小朋友愿意把他送回家呢”？（□①②□④□□⑦⑧□）。小朋友爱表现，一听教师的话情绪马上高涨起来，争着抢答：“第四个门”。教师又问：“数字宝宝⑤⑥⑨又住在第几个门呢？”学生很轻松地掌握了新知，取得了较好的教学效果。

学生接受能力各异，采取“一刀切”的教学方法会影响学生的学习进展，部分学生因此对学习不感兴趣，产生厌倦心理。针对这种情况，教师应该研究学生、了解学生，根据学生的不同情况，帮助学生树立良好的学习心态，增强学生学习兴趣。在教学实践中，我根据班级学生情况，从不同学生的实际情况出发，采用“分层教学、分类指导”的方法，给予他们不同层次的辅导，较好地解决了“吃不饱”和“吃不了”的矛盾，使各类学生对学习产生兴趣，较好地完成教学任务。在课堂教学中我还常常有意设置悬念，旨在时时集中学生的注意力，使他们开动脑筋，积极思考问题，学会发散思维。

教学过程的设计要注意由浅入深、循序渐进，教学与训练梯级推进，既注重学生打好坚实的基础，又注重学生的个性差异，使不同层次的学生获得了自己能掌握的知识，并且得到了老师的表扬与认可，有效地培养学生的学习兴趣，同时又增进了后进生的自信心。

三、精心设计新课导入，提高学生的学习兴趣

针对学生好奇心理，在讲课开始巧妙地设计悬念，能充分调动学生学习的积极性，使学生进入“心求通而未通、口欲言而未能”的境界，诱发学生对新知的渴望。例如，教“圆的认识”时，教师讲：“今天带大家去看小动物们的自行车比赛。”（播放动态课件）教师问：“小动物们的自行车有什么不同？”学生答：“车轮不一样，有长方形、正方形、三角形、圆形。”教师问：“谁骑得快？”学生回答：“小猴骑得快。”教师问：“为什么小猴骑得快？”学生回答：“小猴的车轮是圆形的，其他小动物的车轮都不是圆形的。”教师问：“小狗的车轮不也是圆形嘛，为什么它骑得不快呢？”（车轴不在圆心）学生哑口无言。教师讲：“今天我们就来解决这些问题。”通过设置悬念，让学生感到困惑，学生有急于弄清问题的心理，求知探索的欲望被激发出来，起到了事半功倍的效果。

四、注重学生主体作用，激发学生的学习兴趣

在整个教学过程中，应把学生“放”在教学中心位置，体现他们的主体地位，从而进一步提高学生的学习热情。比如我在教“圆锥体积公式推导”时，先准备一杯水、一个圆柱体玻璃杯和三个圆锥玻璃杯（等底等高）。教师说明操作规则与方法，提出要求，放手让学生操作。学生通过操作发现，三个圆锥杯中的水与一个圆柱杯中的水体积是相等的，也就是说，一个圆锥杯的水等于圆柱杯中水的三分之一，从而发现圆柱与圆锥的体积之间的关系，推导出圆锥的体积公式。通过实践，学生获得了知识，提高了学生对学习的兴趣。

五、设计开放式练习，提高学生的学习兴趣

对活泼、好动的小学生来说，机械、重复地做课本上的练习题会使他们对学习产生厌烦情绪。我在教学习题课时，注意设计一些变式题，让学生广开思路，积极去探索，从而培养学生的逻辑思维能力，同时还要注意引导学生分析一题多问、一题多解及一题多变的题目，激发学习兴趣。趣味性的练习，更好地帮助学生掌握已学知识。

总之，要想不断提高教育的质量，就必须使教与学能够密切地结合起来。首先便是让学生对学习感兴趣，这就要求教师真正做到以学为基础，激起学生的学习兴趣。同时，注意采取灵活多变的教学方法进行教学，并注意搞好课内

外的结合,有意识地诱发和培养学生浓厚的学习兴趣,以收到事半功倍之效。培养学生的学习兴趣,是提高教育教学质量的关键所在。

参考文献

[1] 姚艳玲.浅谈提高高职院校学生学习兴趣和效果的方法路径[J].新课程研究,2015(12):103-104.

[2] 王莉颖.双语教育比较研究[D].上海:华东师范大学,2004.

如何激发学生的学习兴趣

淮南市寿县堰口镇大光小学　韩　梅

学习是一种独特的大脑活动,需要适宜的气氛。良好的气氛是保证孩子形成主动学习状态的重要条件。“兴趣”是孩子各种创造力、求知欲的原动力,只要孩子对某种事物产生兴趣,就会去追求、去实践、去发展。在教学中,我体会到,凡是能积极、主动地参与获取知识过程的学生,学习兴趣浓厚,求知愿望强烈,素质会得到较快发展。因此,教学必须从转变学生的学习态度、学习情感入手,使学生由机械、被动学习转变为创造、主动学习。

一、情境导趣,以趣激学

兴趣是最好的老师。实践证明,学习语言的最佳期是在儿童期。教师要根据儿童的好奇心与模仿能力强的特点,在起始阶段充分调动他们学习英语的积极性与主动性,激起他们浓厚的学习兴趣,强烈的求知欲望。

小学生是否对学习产生兴趣,教师起着关键的作用。教师要努力使课堂教学形式多样化,让学生在课堂中感到新鲜、轻松,使学生喜欢学习。摸摸学生的耳朵,使学生感受到教师的亲切、和蔼,并置身于一种轻松、愉快的学习环境中。教师在课堂教学中应满怀激情,以丰富的体态语言与面部表情调动学生学习的热情。

二、用“爱”去保护学生学习的兴趣

心理学家指出:胆怯和过分自我批评的心理状态是创造的最大敌人,而勇敢和自信是创造个性中最重要的特征。在教学中,教师首先要转变观念,以学习活动的组织者、引导者、参与者的角色参与学生的学习活动之中,营造宽松、和谐的课堂氛围,给学生以心理上的安全感。教师要充分尊重和信任学生,把他们看成对知识的主动探索者，创设和谐的氛围，帮助学生树立自信心，促进学生积极主动地学习。我认为给学生关爱，就是增强他们的学习兴趣、学习信心，从而提高学习效率。因此，在教学中我努力做到尊重学生的意见、包容学生的误见、鼓励学生的创见，鼓励他们独立思考，善于以赞赏的眼光客观地评价学生，在教学过程中以表扬、鼓励为主，使学生感觉到如沐春风。“教学之中无小事”，我们在课堂上的一句不经意的话，一个不经意的眼神都可能直接影响学生的心理。

三、创造适宜学生学习的家庭氛围

（一）切忌说教，注重养成良好家庭气氛

有家长认为，要求孩子好好学习必须喋喋不休地说很多道理，其实不是这样，家庭教育要注意潜移默化，孩子良好的学习习惯依靠一次次的重复以成自然，浓厚的学习兴趣依靠一点一滴培养，令人乏味的说教会破坏学习的气氛，所以家长要学会说短话，形成良好的家庭气氛，让孩子感到平和、宁静、有安全感。

（二）切忌“轰轰烈烈”，注重循序渐进

由于对孩子寄予很大希望，家长喜欢制定许多教育计划，抓住一切机会和空闲让孩子学这学那，把家庭教育弄得“轰轰烈烈”，这是没有必要的。孩子的学校教育一般长达十几年，短时间内“轰轰烈烈”的气氛会破坏正常学习进程。

（三）切忌严厉气氛，注重营造宽松的家庭氛围

严厉的气氛并不适宜大脑思考。学习是大脑的活动，大脑如果处于恐惧和惊惶之中，是不可能出现积极状态的，用脑需要宽松的环境。有的家长在孩子做作业时，守在一旁，孩子稍稍做错了一点就厉声训斥，甚至一耳光打过去。这种紧张的气氛使孩子恐惧，大脑的思考被严重抑制、扰乱，严重妨碍孩子的学习。

（四）切忌支配气氛，注意让孩子主动

家长要用心创造一种气氛，就是让孩子自己主动学习，而不是每天放学回到家就听从家长的安排，什么时候做作业，什么时候玩，形成一种绝对支配和被

支配的气氛,这对孩子的学习是不利的。比如一年级孩子刚上学,回家肯定要问家长:“妈妈,现在可以玩吗?”这时家长要指导孩子学会自己安排学习和玩耍时间,家长可以说:“你能自己安排吗? 不会的问题,妈妈帮你。”这样可以发展孩子的主动性,让孩子自己学着安排学习和生活。

四、以“情境”培养学习数学的兴趣

我们都知道,应试教育使得很多孩子认为数学是枯燥无味的。一提起数学课,仿佛就是无休止的计算。其实,数学应该是小学阶段最容易吸引学生的学科。因为它不仅具有工具性,而且还有较强的人文性,与生活实际密切相关。在教学中,我灵活运用各种手段,如形体语言、课件、录音录像、简笔画、故事表演等等,再现教学内容。引导学生涉境体味,都收到了较好的教学效果。如在教学时我借助教学课件,分别以生动的小故事、有趣的小游戏导入新课,孩子们在娱乐的同时复习了旧知识,产生了新问题,接下来便主动地投入探究学习中,教师和学生很自然地找到了自己的角色,学生的学习效率很高。

五、以“争论”激发学生学习数学的兴趣

每个学生是独一无二的个体,一千个读者有一千个读者心中的《红楼梦》。我们教师不应用“唯我独尊”的威严压抑学生的学习积极性、主动性,而应创造一个能让学生百家争鸣、各抒己见的宽松的学习环境,在“争论”之中寻求自我价值的体现,从而激发他们的学习的内驱动力,培养开拓创新精神。

在教学中,我注意抓住契机,适时点燃争论的“导火索”,尽量给学生一些表现自己的机会,尽好引导者的职责。如教学除数是两位数除法时,简算“1200÷500”一题,我让学生先自己在本上试着做一做。由于刚学完商不变的性质,在计算方法上不存在问题,所以学生们兴趣十足、信心百倍地做了起来。之后我组织同学交流结果:“商2余2。”“不对! 应该商2余200。”班里一阵骚乱,而且同意第一种答案的学生居多。这时,我让学生开展讨论,双方各自阐述自己的观点,可以向对方提问。于是,双方同学马上就展开了论战,一开始学生都有各自的道理,但渐渐地,同意第一种答案的同学就意识到自己错了,并且对那些反驳他们的同学表示心悦诚服。在这个过程中,完全是学生们自己在讨论、交流。事实证明,学习效果是极好的,因为他们是在主动学习。所以,鼓励争辩是激发学生学习兴趣的内心需要。

六、结语

著名教育家陶行知先生说：教学艺术就在于设法引起学生的兴味，有了兴味就肯用全部的精力去做事情。情境教学就是一种促使教学过程变成一种能引起学生极大的兴趣，能激发学生向知识领域不断探索的教育方法。正如布鲁姆所说，成功的课堂教学应在课内创设更多的情境，让学生有机会运用已学到的语言材料。在教学过程中，教师要充分创设情境调动学生的思维，使学生会探索、会学习、会运用。

参考文献

[1] 何秀贤. 掌握课堂提问技巧　提高课堂教学效果[J]. 中国职业技术教育，2007(13)：52-53.

[2] 戴亭. 语文课堂提问的有效设计[J]. 教育理论与实践，2009(7)：43-44.

个别中学生德育存在的问题与对策

淮南市寿县炎刘镇谢墩小学　郝士甫

未成年人的识别能力差，分辨是非的能力不强，自我约束能力不强，道德意志不坚定，加之良莠不齐的媒体渲染，在这多元碰撞的社会里，极个别学生经不住不良风气的诱惑与侵蚀，导致了思想道德的不良变化，他们我行我素，甚至藐视法律的存在，打架斗殴，他们不再“比道德、比成绩”，而是“比阔、比酷、比消费”。

一、社会因素

社会是人生存的大环境，也是施展个人才能的大舞台，它确实为人的发展提供了广阔的天地。但是，环境对人的影响作用也是巨大的，它既可以炼钢，也可产渣。当今的社会主流是积极的、健康的、向上的，但不容否认，也有一些不良的风气、不和谐的音符，甚至腐败的、腐朽的东西，它们的影响不容忽视，不能低估。

（一）文化市场的影响

我们在问卷调查时，有这样一道题——你最崇拜的“星”是什么？A.科学之星；B.影视之星；C.企业之星；D.文学之星；E.其他。结果，有84%选择B，选A的为3%。这样的结果说明了什么呢？再看他们的理由：影视之星，人气旺；科学之星要吃苦，要有毅力。这种回答不能不让我们吃惊。他们贪图的是享受，怕吃苦，走捷径。我们不是否定明星，他们的确靠自己的奋斗才出人头地的。但是学生往往看不到这一点，也不屑于了解他们的过去，只重今日的辉煌。而科学之星就不同了，很少有人为之宣传，他们大多默默无闻地进行科研工作。文化市场本身是净化人心灵、给人以陶冶、催人奋发向上的地方，但现在的文化市场却对学生造成了一定的负面影响。

（二）社会人的影响

这里的社会人指的是成年人。市场经济，改革开放，解放了人们的思想，更新了人们的观念，这本是好事，但无可讳言，也使一部分人的思想道德、行为发生了改变，他们的价值观念发生了变化，趋利倾向，功利化、世俗化倾向严重。如果是通过正当手段获利，“君之爱财，取之有道”，无可厚非，而有的人尔虞我诈，不择手段，投机倒把，败坏自己不说，还败坏了社会风气，影响着下一代的成长。

二、家庭因素

家庭，是青少年的栖息地；家庭，是青少年接受启蒙教育、修养品性的一个重要场所。随着生活水平的不断提高，“孟母三迁”的情形也屡屡出现（土墙到楼房，农村到城镇），但却少了其精华，一些家庭教育的问题也逐渐显现出来，主要表现在：

（一）家长的溺爱

改革开放以来，人们的生活水平有了大幅度的提高，家庭收入也增多了。生活的提高带来了思想的解放，许多家长都有一颗“再苦也不能苦孩子”之心，抱着“苦了什么也别苦了孩子”的心态，对孩子大施“富教”，饭来张口、衣来伸手尚不用说，不少青少年学会了享受，穿名牌、比吃喝成了他们不衰的话题。殊不知，这样的教育，使孩子们艰苦奋斗的观念淡漠了，盲目追求高消费、高享受，把艰苦朴素、勤俭节约的美德置于脑后。超前消费意识浓了，自食其力的能力丧失了，心理又出现了问题。同时，当今的不少家庭父母把自己的孩子视为“掌上明珠”，对待子女是娇生惯养，“爸爸疼，妈妈抱，爷爷奶奶顶在头上还不照”。一味宠爱，过分偏袒纵容，迁就多，批评教育少，致使他们很容易产生“娇”和“骄”的恶习，我行我素，自以为是，以我为中心，唯我独尊，不顾及他人及社会利益，不懂得尊重体谅别人，缺乏社会责任感。

（二）家长的粗暴野蛮教育

有些家长恰好和前面的相反，不是采取正向的引导和说教，而是用近乎粗暴野蛮的教育方法。表现在:①要求过分严厉,容不得半点差错,孩子一旦有错,缺乏耐心引导和细心的教育,轻则批评,重则训斥,甚至动武,在这种氛围的长期压抑下,致使孩子形成冷酷、孤独,不诚实,缺乏自信心等不良性格。②期望值过高,不切合孩子实际。有些家长"望子成龙、望女成凤"的心情迫切,特别是当前的形势使他们意识到成才的重要,于是不对孩子的特质做任何分析,就盲目地要求孩子达到这、得到那,给孩子带来巨大的压力,甚至有的孩子近似疯狂,"唯学是图",不顾及其他方面的成长发展,家长不顾及孩子的感受,让孩子在自己设置的模式里钻,分高则喜,分低则怒,而又缺乏沟通引导。家长所谓的引导,只是精神的加压,孩子失去了欢乐,变得越来越不活泼。长期的压抑也使他们的心理发生异变,心理不健康,甚至会走上极端。③另有一些家长,开始没有很好地引导,纵容溺爱孩子,孩子大了发觉苗头不对,这时慌了手脚,不是去寻找原因,帮助改正,而是来了个一百八十度的转变,施以严厉的管教,这不仅不利于改正,甚至会把他推向深渊。

(三)缺乏对孩子的教育

随着社会主义市场经济体制的不断深入和发展,人才、物力资源得到重新组合,于是外出打工的队伍日益庞大,很多家长"比翼双飞",没有承担起教育的义务和责任。据统计,我校学生中,家长外出打工的占了76.3%,父母双出的占31.6%,甚至有的家长在孩子刚出生后就离家了。发展家庭经济,提高收入无可非议,但你走了孩子怎么办?孩子缺少家庭的管教,成了"自由人",品德养成不足,不要说传统美德的继承、发扬,就连最基本的做人道理、做人原则都不具备。有些孩子逃学外出,几天不见踪影,虽有爷爷奶奶在家,但不能很好地约束管教他们。父母外出使他们不能对孩子进行应有的管教,助长了孩子坏习惯的养成。不少家长照顾不上孩子,只好每月寄一笔不菲的生活费,孩子有了钱干什么呢?自制力弱的孩子,往往禁不住社会上的种种诱惑,容易迷失自我。长此以往,再好的孩子也会发生变化,当前父母外出的学生教育问题已成了普遍关注的社会问题了。

三、学校因素

学校,是学生道德品德形成的主阵地,学校教育是有目的、有计划、有组织地对学生进行系统的影响。它不仅是求知的场所,也是育人的园圃,而当前的学校道德教育也存在一些不足，主要表现为：德育目标抽象划一，缺少具体的层递性，有些目标学生难以理解；缺少生动形象的教学内容，脱离社会实际，不贴近学生的生活；只讲道理，不讲现实；只讲共性，不讲个性；只讲正确，不讲错误。当代的学生不像以前那样“孤陋寡闻”，他们见得多，看得多，教条的东西已难以激发他们的兴趣。途径单一，关起门说教，缺少与社会和家庭的沟通；认识不高，措施不力，道德教育成了班主任或政治教师的专利，教、育分离；评价体系缺少导向性，片面认知评价多，行为方面评价少；教学方式单一，课堂传授多，相关课外活动少；教学方法单调，照本宣科，一味地说教，缺少情境，使知与情、意、行脱节等。这些不足使得道德教育难以收到很好的结果。

综上所述，社会、家庭、学校三环之中都存在一定问题，如何提高道德教育成效，采取什么样的途径扭转这个局面，是摆在我们面前亟待解决的。笔者认为，要提高成效，扭转局面，必须全方位着手，齐抓共管，家、校、社会三位一体，缺一不可。

首先，净化社会道德环境。

集中整治文化市场中一些不健康、不文明的游戏厅、网吧、音像室、书店等，加大检查的力度，而且形成检查监督制度，为下一代的成长营造一个健康的和谐环境。应用正确的舆论来引导，通过典型的示范，动人的事迹来诱发，让学生从身边的听、闻中受到感染。加大对新闻媒体的监督，杜绝低级、不文明甚至不健康的宣传，多播放一些积极向上的公益广告，像“妈妈，我帮你洗洗脚”，就是很好的一例。

在社会上要大力弘扬社会道德、传统美德，努力提高公民的道德品质，消除、淡化世人的功利之心、唯利之念，制止不良行为，遏制不良行为的滋生和蔓延；打击不法之徒，肃清腐改之风，创造一个风清气正的环境，把“讲文明、讲道德、讲奉献”体现在生活中。帮助公民增强道德意识，引导人们自觉对生活中不文明、不道德的行为进行抵制，营造“讲文明高尚、不文明可耻”的氛围。这样，就能使青少年在生活上能找到自己的行为规范和正确的价值追求。

其次，营造一个好的家庭教育环境。

社会有义务和责任教育引导学生家长，要其明白现在我们的生活水平提高了，但不能一味地“富养”，讲清一味“富养”的危害：这种教育方式可能会让孩子不懂珍惜、怕吃苦、无毅力等。对于家庭不幸的孩子，给予更多的关怀和爱心，营造一个有利于其成长的家庭环境；而对那些外出打工的父母，则要增加他们的责任感，一定要他们把子女妥善地安排好，要委托好监护人，并和学校建立沟通机制，以便随时关注孩子的成长。

最后，加大德育改革步伐，构建新的德育体系。

在新形势下，学校的德育教育，应做到以下几点：①要重新审视德育目标，针对纷繁复杂的现实，要有新的目标与之适应，以体现道德教育的针对性。②拓宽思想道德教育的内容。环境变化了，内容要更新，应增加或删除部分内容，做到与时俱进，增强道德教育的时代性。③要提高认识，转变观念，始终把德育放在教育首位，树立“以人为本、着眼发展”的新理念，要本着“一切服务于孩子成长需要”为宗旨。④要因地制宜，开展活动，把知与行联系起来，培养学生的实践能力，在实践中培养学生认识和鉴赏能力。⑤改进德育方法，拓展德育渠道，变抽象为生动，变深奥为简易，贴近学生；针对内容的特点，选教法，达到寓教于乐；要建立以班主任、政治课为主阵地，形成“校园无闲人，人人都育人”的德育网络，丰富拓展道德教育的有效载体。⑥增强环境的育人功能，营造良好的道德教育氛围。搞好文明创建，提升办学内涵，抓好文化建设，优化育人氛围。

未成年思想道德教育是“家庭、学校、社会”三方面结合的系统教育工程，犹如循环链，缺一不可。如今，家庭、社会的育人功能显得越来越重要了，如果学生在学校接受的教育得不到家庭和社会的配合，那么就是失败的。

参考文献

[1] 钟启泉，崔允漷，张华.为了中华民族的复兴 为了每位学生的发展基础教育课程改革纲要(试行)解读[M].上海：华东师范大学出版社，2001.

[2] 邢宇飞.中小学德育存在问题及对策[J].新乡教育学院学报，2007(4)：132-133.

[3] 郭晓青.论当前中小学德育存在的问题及对策[J].凯里学院学报，2007(2)：81-82.

班主任工作小议

淮南市寿县板桥镇沙涧小学　胡家余

班主任是班级工作的领导者、组织者和管理者，在实际工作中既是学生的安全保卫者、宣传员，又是心理医生，还是环保的劝说员……因而有人说，班主任是集社会各种职业为一体的劳动者。事实正如此，班级是学校教育教学的最基本单位，是培养青少年身心健康的重要场所，是学生成长、发展的基地。班级在学校的地位至关重要，因此班主任的工作责任之重、意义之大就不言而喻了。班主任必须严格按照新时期班主任工作的基本规范开展工作，应做到以下两点：

一、扮演好各种角色

由于班主任工作是多元化的，对全班学生实行全方位的教育管理，所涉及的范围极广，既有硬性的、表面的，又有软性的、内在的，既要传授科学知识，更要树人、育人。随着新课标理念的深入影响，班主任所担当的角色还要不断转换。为此，新时期的班主任要扮演好以下几个角色：

（一）当好安全宣传员

"安全工作重于泰山"，没有安全，班级工作无从谈起。学生在校，班主任就是其安全保护者，因此班主任必须把安全摆在班级工作的首位，始终以"重中之重"的态度对待。安全工作要天天抓、时时抓，任何时候都不能有丝毫松懈，具体做法如下：

①制定班级安全工作计划、方案，与家长、学生签订"安全责任状"，营造学校、家庭、社会齐抓共管的氛围，不断增强学生的安全防范意识。

②班主任可利用班会和晨会，甚至挤点上课时间对学生进行安全教育，同

时还要运用“黑板报”“学习生活园地”等宣传阵地，以图文并茂的方式向学生进行安全教育。

③班主任要成为安全知识的传播者，教给学生如何防火、防溺水、防雷电、防地震、防交通意外等的方法，直观地进行演示演练，让每个学生都具有防范安全事故的能力，使学生在面临危险、灾难时从容镇定、胸有成竹地应对。

④班主任要定期或不定期地进行安全检查，开展小组间、同学与同学间的安全知识竞赛，表扬、鼓励在安全方面做得好的学生；也可通过座谈的形式不断增强学生的安全防范意识，把各种安全隐患都消灭在萌发之中，把安全风险降到最低程度。

（二）当好心理医生

班主任要想管理好班级，首先得当好学生的心理医生。因青少年正处在长身体、长知识的时期，班主任对学生的精神关怀和健康心理的培养、疏导十分重要，要认真落实《中共中央关于进一步加强和改进学校德育工作的若干意见》中提出的要求：“通过多种方式对不同年龄层次的学生进行心理健康教育和指导，帮助学生提高心理素质，健全人格，增强承受挫折、适应环境的能力。”学生的精神状态、心理状态会直接影响其生活和学习。俗话说“一只老鼠坏一锅汤”，一人出现情况可能影响全班。因此，班主任在班级管理中要及时了解每个学生的心理状态，让学生敞开心扉、说出心声，帮助学生解开心结，放下思想上的各种包袱；对有心理障碍的学生应分析原因、对症下药，使他们“病除痊愈”，形成积极进取、奋发向上的心理。“动之以情、晓之以理”，这是增进师生间理解和信任的法宝。班主任要想增强班级管理的时效性，首先必须增强情感性。这就要求班主任多与学生交谈、嘘寒问暖，放下架子，以长辈、朋友的身份去关心、体贴他们，帮助他们解决实际问题和困难。面对学生的错误，即使是非常严重的错误，班主任切忌用严厉、粗暴的行为，讥笑、嘲讽的言语对待学生，而应以宽广的胸怀容纳、体谅他们，采用诱导教育、说服的办法解决。这样，班主任才能赢得学生的尊重和支持，学生才会乐于参与管理和接受管理。

班主任“心理医生”角色的有效发挥需要班主任平时多阅读有关青少年心理的书籍，多学习心理学知识，多摄取有益于学生思想品德修养、拓展知识面的书籍并及时传授给学生，以理论指导实践、以情感滋润心田，通过多种途径来增强班主任的亲和力，建立起一种和谐、民主、平等、互助的朋友关系。

(三)当好设计师

班主任是班级管理活动的核心领导、中流砥柱,肩负着对班级管理规划、设计安排的重任。俗话说"好的设计便预示着好的结局"。班主任的设计方案须双重兼顾(学生的学习、生活外部环境和促进学生健康发展的内在环境),这就要求班主任需根据班级实际情况,因"情"制宜设计和规划班级管理工作方案。其内容包括确立班级管理的指导思想,提出奋斗目标,制定切实可行的计划,拟定采取措施等。班主任作为设计师要体现"以人为本、以学生为主体"的新理念,以重视学生的"德智体美劳"全面发展为前提,以充分调动和发挥集体力量为主导,集思广益、群策群力,让学生在班级管理工作中的潜能充分展现。班主任还要针对学生的个性特征,采取务实、科学的态度,采用激励机制激发学生关心集体、共同搞好班级工作。

(四)当好灵魂工程师

"教师是人类灵魂的工程师",班主任则更要当好这个工程师。由于班主任和学生每天接触的时间长,其言谈举止直接呈现在学生的眼前,其思想表现、性格表现、情感表现及态度表现无时不在影响着学生,对学生潜移默化的作用很明显。因此,班主任必须做到言出必行。在处事的风格上,一定要雷厉风行、当机立断,凡事都处理得干净利落;在与人相处的情感态度上,一定要真诚友善、不虚情假意。总之,班主任应时时做学生的表率、处处以身作则、事事率先垂范,在学生心目中树立起榜样的形象,使学生不仅乐于接受所传授的科学知识和各种技能,还乐于以班主任为榜样,主动积极地参与班级管理活动。当然,班主任还要及时"充电",因为要给学生一杯水,教师就要有一桶水;要给学生一桶水,教师就要有一缸水;要给学生一缸水,教师就要有长流水。班主任只有不断学习、及时更新自己,才能当好学生所期盼的合格班主任。

(五)当好沟通家、校、社会的"红娘"

教育是一项综合性工程,需要家、校、社会三位一体通力协作、共同完成,"众人拾柴火焰高"。因此,班主任要帮助学生家长树立新的教育观念,把家庭教育和社会教育同学校教育有机地结合起来,形成强大合力。新课改要求班主任重点关注学生的人性化教育和综合素质的培养,班主任完成这项任务需要有较强的交际能力，能根据不同环境协调各种关系、勇于探索、大胆实践，变学校的单一教育为“家庭化”“社会化”，充分发挥三体合一的积极作用。如通过家访、开家长会、电话联系等形式与家长互相沟通，广泛听取家长的反馈，共同探讨搞好教育学生、搞好班级工作的方式方法。

二、做学生最喜欢的班主任

班主任扮演的角色多种多样，究竟怎样做才能使学生满意呢？我认为主要体现在以下几个方面：

（一）班主任应给学生尊严和自信

学生和成年人一样，有自己的尊严和自信，如何对待学生是班主任应慎重的事，我觉得及时发现学生的闪光点十分必要。俗话说“金无足赤，人无完人”，不论是什么样的学生都会有闪光点，主要问题在于班主任是否注意观察、发现和充分利用了。一位平时表现不突出的学生在班主任对其闪光点进行肯定并予以赞赏时会倍感兴奋、信心骤增，会因此改变自己以往的状态，变得像另一个人，会把自己个性特长转化为积极进取的动力。因此，班主任要学会用慧眼捕捉学生表现出来的优势或未表现出来的潜能，及时传递正能量，让其找回自尊、自信，扬长避短，不断进步。一句话，班主任要采用多表扬、少批评的方式教育学生。表扬和批评两种不同的方式对其产生的结果是不同的，前者能让学生干劲十足，向更好的方向发展；而后者会让学生悲观颓废，失去前进的信心和勇气。因此，班主任千万不可忽视学生点点滴滴的进步。

（二）班主任要给学生快乐感

人生在世都追求快乐，快乐使人精神抖擞、让人干劲百倍，快乐是学生学习、生活的动力。因此，班主任要管理好班级必须让学生产生快乐感。具体做法可以从下面几点入手：

①营造快乐的班级环境。学生每天都在班级学习、生活，班主任必须想方设法让班级的气氛活跃起来，使学生整天在愉悦的氛围里开心学习、快乐生活，使他们能充分表露自己的情感、释放自己的激情。这就需要班主任多说鼓励的，多带灿烂的笑容，多送赞赏的目光，多展现令人愉悦的动作……另外，常和学生一起唱歌、跳舞、做游戏、说笑话都能取得意想不到的效果。

②自身先做快乐人。要想使学生学会感受快乐、享受快乐，班主任得从自身做起：放宽心态，不因家庭琐事而忧愁，不以与他人间的摩擦而精神萎靡，不以不称心的杂事而烦恼……应每天面带笑容，不在学生面前表现内心的痛苦，不把私下的情感带到课堂中。

③设法保护学生的快乐。要使学生每天都有好心情，都能在快乐中健康成长，班主任就要时刻注意自己的言行，不能有意或无意地用言语伤害他们，更不能用粗暴的手段体罚他们，给他们的学习和生活造成心理障碍。对于影响、干预学生快乐的情况，班主任应当挺身而出，及时纠正，使学生每天都在充满希望和享受愉悦的状态下快乐成长。

（三）班主任应对学生一视同仁

偏见和偏爱是班主任最应该注意的，它不仅影响学生的生活和学习积极性，还严重影响师生关系，是破坏班级管理的罪魁祸首。因此，班主任在处理班级问题时必须做到公平、公正，一碗水端平。班主任对待每位学生的态度，学生都心知肚明，不能以个人的好恶去偏爱、疏远学生，更不能以学科成绩的好坏去对待学生、武断处理学生的问题，要按照“只有差异，没有差生”的观念来评价学生。

（四）班主任应给学生温暖感

不论是家庭还是集体，每个人都希望得到温暖。现在有很多农村学生是留守儿童，有的来自单亲家庭，他们缺乏必要的家庭温暖，内心有些孤独，因此，他们特别希望有个温暖的集体。如果他们既得不到家庭的温暖，又得不到学校的温暖，就会到社会上去寻找“温暖”，很容易误入歧途，后果不堪设想。因此，班主任必须保持和蔼可亲的态度，真心实意地与他们交朋友，多谈心、多沟通，体贴入微、关心备至，时时滋润着他们的心田，使他们感受到集体的温暖。

总之，班主任的工作千头万绪，需在实践中不断探索、改进和开拓。

参考文献

[1] 梅娟.关于中等职业学校挫折教育的调查与分析——以苏州市某中等职业学校为例[J].中等职业教育（理论），2011(2)：11-13.

当今中学生依赖心理浅析

淮南市寿县枸杞初级中学　胡明林

当今中学生中，普遍存在依赖性心理，自我管理能力和自我行动能力较差，潜意识里依赖他人。依赖性人格对亲近与归属有过分的渴求，这种渴求是强迫的、盲目的、非理性的，表现为缺少自我，缺少主见，独立能力差，决策能力几乎为零。这类人中独生子女的比例较高，由于特殊的家庭成长环境，这些独生子女家庭的孩子心理依赖性很强，处处寻求依赖。如用钱买通同学，让别人为自己做作业等。这种行为表面看来是厌学、偷懒，久而久之，会使孩子养成事事依赖他人的习惯，特别是受家庭和传统教育的影响，缺乏必要的独立和自信，习惯在成人的安排下学习和生活。有调查结果表明，独生子女认为自己有“责任心”的仅占45%，认为自己“做事有独立性不依赖他人”的仅占40%。

孩子的依赖性从哪里来？原因是多方面的，主要有如下几点：

其一，与父母、长辈的迁就有关。依赖人格容易产生于过分溺爱、娇宠孩子的家庭。现实生活中，父母、长辈把孩子视为“宝贝疙瘩”，走在路上怕碰了，坐在凳上怕摔了，放在手里怕掉了，含在嘴里怕化了。特别是独生子女，在家是“小皇帝”“小公主”，衣来伸手，饭来张口。父母、长辈的包办代替越多，孩子的依赖性就越强，逐渐形成自私、任性、放肆、易发脾气、好夸口的性格。他们往往缺乏同情心、爱心、责任感、集体观念和大局意识，失去对是非、善恶、正义与邪恶等观念的正确判断等。

某村老两口辛辛苦苦供养自己的儿子梁某上三年大学，花了七八万，可梁某嫌妈妈没有及时做饭给他吃，竟烧毁自家房屋。梁某在押期间不思己过，竟说父母做得过分，他甚至问记者：“我啥时候能出去？我又没犯罪，烧的是自家屋。”

在世界上所有的爱中，父母之爱的酒杯是盛得最满的。有人说，爱的缺失造就了罪恶，然而“超载的爱”又打造出什么样的孩子呢？——众星捧月“宠”出的孩子，百依百顺“娇”出的孩子，忍让迁就“惯”出的孩子，只管智育、事事加压“逼”出的孩子，这样的孩子的心理怎会不出毛病呢？

父母要做好对孩子的心理启蒙教育。1—2周岁的幼儿父母就要告诉孩子，事物的对与错和该做的与不该做的；要鼓励孩子去探索，做对的要给予鼓励，做错的要讲明道理，重新做好；对不合理的东西讲明道理，坚决拒绝。一切顺从孩子的意思或是溺爱以及粗暴苛求，对孩子的心理发育都会产生不良的影响。

自立是孩子的首要能力。多少孩子在家庭“安全网”的庇护下，自立能力缺失、弱化。例如，在合肥某大学读硕士研究生的小陈，他没有按学校的要求住校，因为他妈妈为了他能专心学习，辞了工作，特意在学校附近租房专门照顾他的饮食起居。妈妈对他的要求是“其他什么事都不用你管，你只管读好书，争取毕业后找到好工作”。

其二，“应试教育模式”，填鸭式课堂教学方法，容易让学生产生依赖心理。不愿多动脑子，学习上寻求老师的灌输，对知识不求甚解，习惯于记现成答案，高分低能。一旦离开教师与书本，碰到难题、新题，就束手无策，缺少灵活性、变通性、创新性、耐挫性。

因此，培养中学生的独立自主意识，克服依赖心理，很有必要。

第一，让孩子依靠自己。中国的父母对孩子的溺爱和禁锢使孩子普遍缺乏独立性。因此，年轻的父母应多加注意，尽量鼓励孩子形成独立意识，培养孩子的独立性，给孩子以充分自由实践的机会。一位家长对此深有体会。他对我说，他的女儿上小学时，习惯睡懒觉，每天早晨都要催她起床，他觉得不能再这样下去了，就告诉女儿，上学是你自己的事情，从明天开始，该几点起床你定好闹钟，没人叫你起床，一切责任自己负！果然第二天早晨，闹钟一响，女儿“腾”地跳下床。从那以后，女儿很少再让大人催了。孩子的潜力很大，可以做很多事情，只是父母的溺爱剥夺了他们的能力。譬如，孩子的学习是他们自己的事情，大人陪读陪写帮计算，常常是帮倒忙，是辛辛苦苦培养懒孩子，让孩子依靠自己才是明智父母的明智选择。

第二，让孩子正确认识自己的长和短，博采众长，扬长避短，只有自强不息，才能自立。学好功课，提高素质，为培养竞争意识奠定基础，否则，有时即使蒙混过关，到头来终究会在竞争中被淘汰出局。多给孩子鼓励和诱导，鼓励他们做事要有主见，要能做出自己的判断。而对他们的缺点、错误，能准确地指出，提升他们经受批评、经受压力、独立处事的能力。为此，我们应该有意识地让孩子在精神和物质上吃点苦，培养他们的抗挫力和承耐力。多让孩子参加诸如“学军”“学农”“野营”活动，适当找点“苦”来尝一尝，为今后战胜“苦”和“难”热热身。在人生顺境中放声高歌的人算不了什么，而在人生逆境中笑到最后的人才会令人肃然起敬。饱尝酸甜苦辣，才能真正品味、理解人生的真谛。让他们由此学会做人，学会做事，学会与人相处，学会求知，学会面对各种困难，这才是素质教育之意义所在。

第三，教育要着眼于铸造孩子的一生。教育承载着民族的希望和未来，教育传承人类的文明与进步。倡导教育回归本质，教育学生必须掌握真本领，造就学有所长、高素质、能力强，具有开拓创新精神的一代新人。总之，教育教学观念要与时俱进：从重知识累积性灌输，转到更重知识形成过程；从重知识识记型储存，转到更重能力型转换；从时间追加、数量至上的拼搏策略，转到更重科研追加、效益至上的智巧策略。

学校教育应是开放式的。封闭的环境常常控制学生的活动空间和时间，也导致了他们的思维偏狭、心理空间的窘迫。而让学生置身社会生活环境中，情形则就大不同了。在生活场景中，没有任何依赖，只有靠自身的能力和“搜肠刮肚”激活自身已有的知识去解决问题、克服困难，方能达到所认定的目标。

第四，练就生活的多面手。家长要多让孩子学做力所能及的家务，学习一些基本生活技能。同时还要学会在夹缝中求生，多掌握一些求生的本领，还需要学习一些逃生的本领，不至于危急之时，束手无策或听天由命。

总之，中学生通过学校教育、家庭教育以及参加各种集体活动、公益活动、社会服务等来找到自我，认识自己的潜能，发现自己的价值，增强做事能力和办事信心，提高社会适应能力和抗挫能力，就能克服依赖心理，建立自信、独立的性格取向，从而在学习、交往及对待未来的态度上体现出更好的积极性、主动性和适应性。

参考文献

[1] 郭振霞.中学生网络依赖心理的疏导与矫治[J].中国信息技术教育，2018(15):59-60,88.

[2] 区文凤.中学生心理健康问题与教育对策的研究[J].文存阅刊，2017(22):191.

[3] 贺风景.中学生依赖心理初探[J].内蒙古教育,1998(3):10-11.

[4] 邓松涛,潘清玉.中学生手机依赖的心理调控短板与介入引导[J].湖南科技学院学报,2015(4):146-148.

[5] 孟茁.自我效能与中学生依赖型人格障碍倾向的关系——心理弹性的中介作用[D].北京:北京林业大学,2015.

[6] 韩彬,王晓英,王旭峰.中学生网络依赖产生的心理因素及对策[J].中国科技信息,2012(23):153.

[7] 黄林娟,林丹华.中学生手机心理需求与手机依赖的关系[J].中国青年政治学院学报,2011(5):35-40.

[8] 李卉,王福兴.中学生网络依赖状况调查[J].中国健康心理学杂志,2008(6):66-67.

[9] 白羽,樊富珉.大学生网络依赖及其团体干预方法[J].青年研究,2005(5):42-49,19.

农村语文教学中的普通话教学

淮南市寿县瓦埠镇国吕小学　胡业群

我从自己所从教的农村小学的实际情况入手,分析普通话普及的现状和存在的问题,并提出切实可行的解决办法,希望能够提高农村孩子的普通话水平。

一、农村语文教学中普通话教学的现状

我所在的学校是一所农村小学,老师多为本地人,且年龄偏大的老师较多。这些老师由于在家乡上班,教学中常常使用自己所熟悉的方言,忽略普通话的训练。学生从小就生活在特有的方言环境下,深受方言的影响,有的同学在学校不说普通话,回家就更不用说了。即使在语文课上,用普通话朗读、回答问题对学生来说也很困难。

二、普通话训练的意义

(一)农村小学语文教学加强普通话训练的必要性与迫切性

1.加强普通话教学是新课标的要求

《义务教育语文课程标准(2011年版)》总目标指出:“学会汉语拼音,能说普通话。”“具有日常口语交际的能力,学会倾听与交流,初步学会运用口头语言文明地进行人际沟通和社会交往。”《义务教育语文课程标准(2011年版)》还从学段目标中提出对普通话教学的要求:“学说普通话,逐步养成说普通话的习惯。”第二学段目标、第三段目标对普通话教学都有明确的要求。

2.加强普通话教学是对学生自身发展的要求

农村孩子在很多方面已经落后于城市的孩子。他们很少有学习音乐、舞蹈等的机会,一方面是农村家长不重视,另一方面也是囿于经济原因。说普通话

是不需要经济投入的,所以为了孩子以后走上社会能很好地与他人交流,并展示自己的才华,普通话教学非常迫切。

(二)农村小学语文教学加强普通话训练的重要性

语言文字是人类最重要的交流工具和信息载体,是人类文化的重要组成部分。语言文字的运用存在于包括生活、工作和学习的各种活动中,存在于人类生活的各个领域。当今世界,经济全球化趋势日渐增强,现代科学技术迅猛发展,新的交流媒介不断出现,给人类语言带来巨大变化,也对语言文字的运用带来新的挑战。加强普通话教学有利于开阔学生的视野,有利于培养学生的创新思维,有利于提升学生的综合素养,更为他们适应时代要求、顺应社会发展打下基础。

因此,在语文教学中加强普通话训练是很有必要的,也是非常迫切的任务。这是社会对新时代人才的要求,也是学生自身发展的需要,更是全面实施素质教育必不可少的一环。

三、小学语文教学中加强普通话训练的措施

(一)发挥教师的模范带头作用

教师应主动改变自己的语言习惯,自觉地说普通话。学生都有向师性,老师说普通话,他们会不自觉地跟老师学。教师也应该多向学生说明说好普通话的重要性,让学生自觉、主动地说普通话。学校的每位老师都应该行动起来,不要让"学好普通话"永远停留在学校的宣传墙上,让学校的每个人都说好普通话。再让我们的孩子带动我们的家长,形成人人说普通话的好习惯。

(二)在语文教学中注重学生的普通话训练

1.注意学生的语音的矫正与训练

很多农村的孩子从小就在方言环境中长大,深受方言的影响。有的孩子在课堂上根本就不用普通话读书、回答问题。部分学生自以为自己说的是普通话,其实发音并不准确。我在教学中对学生易读错的字,让学生反复读、对比读,让学生亲身感受正确的发音。例如,寿县方言中"h""f"不分,我先教会他们正确的发音方法,然后让学生反复练习,鼓励他们大胆说普通话,找到正确的发

音。另外,寿县方言中去声调大部分归为阴平,如"作业"两个字都是去声,孩子们大多都读成第一声,针对学生的方言习惯加强训练,就会事半功倍。

2.在阅读教学中加强普通话训练

阅读教学中的普通话训练,除了朗读、背诵以外,还可以运用描述画面、问答、续编故事、续编课文、复述等形式进行。阅读教学中给学生充分的时间进行读说训练是新课标要求。我们可以充分利用这些资源来训练学生说好普通话。

例如,教学《秦兵马俑》一课时,在学生的情感被调动起来之后,我要求学生结合多媒体上的各种类型的兵马俑图片说说自己的阅读感受;教学《公仪休拒收礼物》一课时,我先让学生分角色表演,然后在表演的基础上复述课文大意。接着我又设置这样一个情境——"如果你是公仪休,你会怎么做?"鼓励学生发挥想象,畅所欲言地发表自己的见解;学习《海伦·凯勒》时,我提出:"你一定非常敬佩海伦·凯勒,闭上眼睛几分钟,在这几分钟的黑暗中你有什么感受?"孩子们畅所欲言,并进行故事编写"假如我只有三天光明"。如此种种,既提高了学生的语言表达能力,更为他们提供了普通话训练的机会。

3.利用语文课本上的"口语交际"开展普通话教学

"口语交际"为学生训练普通话提供了良好的平台,也是学生学习普通话的主要阵地。如让学生自己选择自己喜欢的话题,做好准备,上台演讲,评出好的,还让学生将没有获奖的作品说出来与大家一起交流,二次创作过后再进行演讲。通过对课本中说话资源的扩展训练,让学生的语言表达能力得到充分训练,交际能力也获得了较大的提高。还有练习中的"语文与生活""诵读与积累",这都是系统的说话训练项目,事先要学生做好准备,课堂上做到教师少讲学生多练,让每个学生都有机会去说,都愿意说,都会说。

同时可以根据实际情况创设情境,让学生在特定的环境中达到练好普通话的目的。

(三)在社会实践中加强普通话训练

《义务教育语文课程标准(2011年版)》指出:"语文课程是一门学习语言文字运用的综合性、实践性课程。义务教育阶段的语文课程,应使学生初步学会运用祖国语言文字进行交流沟通,吸收古今中外优秀文化,提高思想文化修养,促进自身精神成长。工具性与人文性的统一,是语文课程的基本特点。"语文老师应善于通过专题学习等方式,沟通课堂内外,充分利用学校、家庭和社会等教育资源，开展综合性实践活动，为普通话训练创造机会。

如在学雷锋宣传月活动中，我带着学生们来到老楼村敬老院，陪老人们说话，帮老人们打扫卫生，亲身体验做好事的乐趣。我让孩子们回家以后把自己做的好事说给家长听，学生受到家长的表扬，又激发了他们做好事的兴趣。我布置他们做一些力所能及的好事，再让他们在班会上交流，学生们有了亲身的实践，就有了说的热情，老师再指导用普通话表述，收到很好的效果。

其实，训练学生普通话水平的机会还有许多，只要多给学生创造说的机会，扫除障碍，激发他们说的欲望，把握契机，有步骤地进行指导，学生的普通话水平就一定会得到很大的提高。更重要的是，在这一过程中培养了他们想说、敢说的态度和良好的语言适应能力，形成了良好的口语表达习惯，为今后学生的语文素养的形成与发展奠定了良好的基础。

参考文献

[1] 黄晓燕.农村语文教学中的朗读训练分析[J].知音励志，2016(22)：71.

[2] 于喜艳.浅谈农村小学语文教学中普通话的重要性[J].新课程(小学)，2013(10)：116.

[3] 伍名.小学语文口语交际教学中活动教学法应用调查[D].漳州：闽南师范大学，2018.

[4] 祝强辉.青海省门源回族自治县小学高年级口语交际教学策略研究[D].赣州：赣南师范大学，2017.

[5] 杨琳.农村小学语文课堂中的普通话教学现状及对策——以行唐县农村教学点为例[J].课外语文，2017(12)：68.

[6] 靳小英.加强普通话教学大有必要[J].雅安教育学院学报，1998(3)：62.

[7] 罗璇.浅谈小学普通话教学[J].读与写(教育教学刊)，2008(5)：115.

[8] 罗钊.试析普通话教学中的美育渗透[J].云南教育，2003(14)：22-24.

关于中小学校园网站建设的思考

淮南市寿县刘岗中心学校　黄大春

随着信息技术的飞速发展和“校校通”工程的实施，已有相当数量的中小学建设了自己的校园网站，还有很多学校也正在筹建中。经过近几年的建设，我校校园网站栏目和内容逐步完善，在教育教学中正发挥着越来越重要的作用，并受到来我校指导交流的兄弟学校领导和专家的好评。

本文对学校网站在教育教学中的作用进行分析，并对网站建设过程中遇到的问题进行探讨、交流，以期为学校教育信息化做出自己的贡献。

一、校园网站在教育教学中的作用

校园网是建设信息化教学环境的基础设施，是实施素质教育的重要手段。建设一个先进、实用的校园网，实现教学管理信息的快速传递，可以促进学校提高办学水平和办学效益。

（一）校园网站是学校对外宣传的重要窗口

我校校园网站设置有学校概况、教学管理、教育科研、德育之窗等栏目，校园新闻信息更新及时。在学校概况栏目中，我们可以了解到学校的概况、校园环境以及学校所获得的荣誉。在教学管理栏目中，教导处将教学管理的各项信息及时传送到校园网，师生和家长能及时了解学校教学动态，可以及时看到我校师生在各级竞赛中获奖的喜报，等等。有不少家长几乎每天登录学校网站，了解学校的教育教学动态。

（二）提供了丰富的教学资源

通过校内局域网，教师可以在办公室随时观看各地优秀教师的示范课录像,有利于帮助教师(尤其是青年教师)领会新课改精神,改进教学方法,提高课堂教学水平。为充分发挥校园网的作用,学校要求各个教研组根据学科特点,建设学科的教育资源站点。我校有一批能主动运用现代教育技术开展教学活动的骨干教师,语文教研组建设的大语文教育网站成为校内学生发表习作和与校外教师交流教学的园地。物理组李鹏老师在各级课件制作比赛中多次获奖,他将自己开发的物理教学课件无偿地放到校园网上,学生在家只要登录校园网网站,就可以使用这些课件自主学习。学校会定期对学科网站进行评比,并作为评选优秀教研组的必备条件。

(三)促进学校管理系统的信息化

依托校园网,我校构建了部分交互式应用软件平台,网络办公系统、学校教务管理系统正在由单机版向网络版过渡,为实现教学和管理的信息化提供了基础。

(四)为信息技术与课程整合提供信息化环境

在工作中根据各科教师的需要,我们不断将已有的VCD光盘转成流媒体文件,并收集有关的视频资料,方便各学科教师使用。如历史学科经常在教学中利用校园网播放《火烧圆明园》《甲午风云》等教学片,对学生进行爱国主义教育;生物学科播放《863计划》,帮助学生了解学科前沿知识,以开阔学生的眼界。为使校园网真正深入教育教学第一线,我们开展了多种途径的教师现代教育技术能力培训,并定期进行考核和比赛。学校信息中心加强对有现代教育技术专长的骨干教师进行深入培训和指导,帮助他们解决信息的使用和维护问题,推荐他们参加各级论文、课件、优质课比赛。

二、校园网站建设中常见的一些问题

(一)信息更新不及时

一些学校花了大量的人力和物力建好了校园网,但网站信息更新不及时,访问者一周甚至一个月几次登录,看到的内容都没有多大变化,也就很难保持访问者对学校网站的兴趣。

（二）互动性较差

学校网站一方面是给访问者提供学校近期的教育教学信息，另一方面，网站也可以通过留言板和论坛，让访问者向学校提出各种意见和建议，从而对改进学校的教学和管理工作有所帮助。一些学校网站由于各种原因，有的没有设置相应的师生互动、家校互动的模块，有的对提出的问题未能及时做出回复。

（三）安全性差

由于学校经费限制以及网络管理人员时间的限制，多数学校都没有安装硬件防火墙，容易受到黑客的攻击。另一方面，网络上有许多现成的黑客软件，了解一些计算机和网络知识的人利用这些工具，就可能对我们的网站造成较大的危害。如果出现了问题未能及时采取对策，访问者输入网址发现不能正常访问（打不开页面或网站页面被篡改），也会造成访问量的下降。

三、学校网站建设的一些体会

（一）争取领导重视

学校领导是学校教育信息化的决策者，要建设好校园网站，仅靠网络管理人员的工作是远远不够的，需要各级领导的大力支持和鼓励。在平时工作中，我们要经常向学校领导汇报信息技术的一些最新发展动态，向领导提出好的建议，当好领导进行学校信息化建设的助手，在工作中遇到问题和困难，要积极寻求领导的帮助。

（二）建立较为完备的网络管理规章制度

为规范校园网的使用，应分别建立《校园网络管理规章制度》《教师办公室计算机使用管理规定》《网络教室管理规章制度》等，对教师和学生使用校园网络进行引导。根据《互联网信息服务管理办法》（中华人民共和国国务院令第292号）、《非经营性互联网信息服务备案管理办法》（中华人民共和国信息产业部令第33号）规定，学校网站经过教育主管部门的审核后，必须通过信息产业部ICP/IP地址信息备案管理系统备案。

(三)网站信息实现动态管理

建议新建校园网站一定要采取数据库结合ASP、PHP、JSP等动态网站技术。学校各部门可以在任何一台能够联网的计算机上及时上传各类信息,而且可以生成统一风格的网页,这样大大减轻了网络管理人员的工作量,同时又可以保证网站信息的及时更新。这种动态网站技术同时也可能会带来一些问题,上传的信息需要经过审核才能正式发布,通常采用设置分级管理权限的方式来解决这个问题。校办公室和网络管理中心具有超级管理员权限,可以对网站的总体栏目进行设置,分配其他管理员的权限。党总支(工会)、教导处、教科室、政教处(团委)、总务处领导具有大类管理员的权限,可以对本部门需要上传到校园网的信息进行审核、发布。不少人认为,学校网站没有很多信息可以发布。根据我们在工作中的体会,校办公室可以发布校历、作息时间安排、每周工作安排、校行政会议纪要及各项通知,教导处可以发布期中、期末教学安排、教师公开课、校内外教学比赛安排、学生第二课堂安排、讲座、活动课表、学生参加各类比赛获奖喜报等。这样,学校每个部门都有很多信息可以在校园网上发布。学校每年举行的军训、运动会、艺术节等活动,都可以在校园网上及时看到图文并茂的报道,这样每周校园网上都可以有新闻发布,而这些信息又是师生和家长所关心的。

校园网上应设置留言板和校园论坛模块,以实现远程家校互联和师生互动。但对此也需要有较为严格的管理,留言板要具备审核功能。

学校论坛是学生较为感兴趣的内容,在校学生现在多为独生子女,平时学习任务重,他们渴望与同学、老师进行沟通,利用网络,他们可以在一个较为轻松的、没有窘迫感的环境中与人交流。建议使用动网论坛,安装一些插件后,可以实现版主评价功能,版主负责本栏目的帖子管理,及时清理一些无用的水帖,保证校园论坛的健康发展。

(四)保证校园网络的安全

在条件允许的情况下,最好能安装硬件防火墙。平时要注意及时打上微软的官方补丁,打开版本自动更新功能。也可以自己安装瑞星或天网的软件防火墙,关闭不用的端口。对上传文件和SQL注入攻击特别要加以防范,要定期做好学校网站的备份。

在当前学校经费普遍紧张的情况下,我们在建设校园网的过程中深深体会到,不能一味赶时髦追求最先进的技术,因为先进性是要用大量的经费做支撑的。如果学校暂时无法一次性投入大量的财力来建设校园网,就要求我们将现有的资金用到实处,真正做到少花钱、办好事。只有在现有条件下尽力做好,才能争取到更多的资金和人力的投入,从而形成一个良性循环。我相信,在各级领导的关心和支持下,经过努力,校园网在学校教育信息化进程中将会起到越来越重要的作用。

参考文献

[1] 朱华.浅析中小学校园网站建设现状及前景展望[J].电脑知识与技术2015(26):47-48,51.

[2] 赵光辉.中小学校园网站建设的问题及建议[J].中国教育信息化:高教职教,2013(3):88-89.

[3] 徐寅波.中小学校园网站建设过程中存在的问题分析及对策[J].现代教育技术,2008(6):50-52.

[4] 王春龙.我国中小学学校网站建设问题及改进策略[D].长春:东北师范大学,2017.

[5] 孙志浩.面向内容管理的校园网站设计与实现[D].成都:电子科技大学,2018.

[6] 张攀.中学校园网站建设研究——以湘潭地区为例[D].湘潭:湖南科技大学,2012.

[7] 丁晓.区小学校园网站平台整合系统的设计与实现[D].青岛:中国海洋大学,2013.

[8] 张帆.基于JSP的校园网站的设计与实现[D].长春:吉林大学,2013.

[9] 张超.高校校园网站设计中的交互性研究[D].济南:山东艺术学院,2012.

[10] 张健.重庆市高校体育网站建设的现状与对策研究[D].重庆:西南大学,2012.

让朗读教学更有利于学生朗读

合肥市肥东县教研室　黄雯卿

朗读对学生语感的培养有着重要影响。朗读教学在语文教学中有着至关重要的作用。朗读是阅读教学中最经常、最重要的训练，各年级要重视朗读，充分发挥朗读对理解课文内容、发展语言、陶冶情感的作用。我观察当前小学语文课堂上的一些朗读教学现象后有如下几点思考：

一、朗读指导要有利于学生朗读

第一，看似科学的技巧指导，剥夺了孩子的个性化感情朗读。在课堂上，我们经常见到老师这样指导学生有感情地朗读："同学们，这段话中的哪几个词应该读得重一些呢？""我听出来了，你把某某词读得重……读得真有感情！"还有的老师干脆标出文段的重音，让学生按照重音读。"这句话应该读得慢一些。""请同学们按照大屏幕提示的停顿朗读"……结果我们就在课堂上听到了孩子们生硬地突然加重某个词的读音，拖腔拉调放慢语速的所谓"有感情"朗读。这种忽视自然、真实情感表达的朗读指导是不利于学生的朗读能力提高的。有感情的朗读应该重在"情"上。指导小学生朗读时，停顿、重音等朗读技巧的指导应有机融入对文本的理解，对于小学生而言，比技巧更应强调的是让学生把自己的理解读出来。况且对于某一文段，哪些词读重音、在哪里停顿，并不是固定的，每个人有自己独立的理解，每个人对朗读的处理也是不完全一样的。试想，同一段文章，老年节目主持人和少儿节目主持人的朗读，停顿、重音会是完全一样吗？朗读本身就是一种个性化的体验，有感情朗读就是把这种个性化的体验用声音表达出来，那种机械、固定的朗读指导其实是老师把一个人的朗读表达方式强加给学生，这种朗读指导只会束缚了孩子的个性化朗读。这样指导出来的孩子们未来还会有富有个性的表达吗？把握好停顿、重音确实是朗读的技巧,但是,就朗读技巧而言,还有很多对小学生来说不便指导的技巧,比如气息的运用,而无论哪一种技巧都是为了表达文本的情感服务的,需要综合运用,所以,对小学生的朗读不宜过分指导技巧。

第二,指导孩子把自己的理解表达出来就是最好的朗读。一位老师执教《黄河的主人》,指导学生朗读"再定睛一瞧,啊,上面还有人哩!"

师:请同学们带着自己的感受读读这一句。

生1将"啊"读成第四声,音拖得较长。

师:你把作者看到羊皮筏子后那种惊叹的感觉读出来了。还有其他读法吗?

生2将"啊"读成第二声,怀疑追问的语气。

生3觉得这个"啊"读第一声。

师:请你试试。

生3将"啊"第一声,音短促而有力。

师:能说说你为什么这样读吗?

生3:作者看到这么小的羊皮筏子在波浪滚滚的黄河上,可能惊吓得说不出话,气卡在喉咙了。

师:嗯,同学们读出了各自的感受……

就这样,每个孩子带着自己的理解去表达,老师没有给定该怎么读,而是鼓励"还有其他读法吗""能说说你为什么这样读吗"。试想:如果老师离开学生的理解和感受去指导什么重音、语调,孩子们各自独特的理解和身临其境般的语言表现就很难展现出来。

第三,拿腔捏调的示范朗读会把孩子的感情朗读引向歧途。指导学生有感情地朗读,教师的范读是一种很好的形式。学生朗读水平的提高,模仿是一条便捷的路径,它可以省略枯燥的技巧指导,尤其是对低年级的孩子,教师的范读有着重要的作用。自然的、有感情的示范朗读,能给学生提供直接的模仿范例。孩子的模仿能力很强,教师的朗读水平会直接影响整个班级的孩子。但是有些老师无论是范读还是教学语言,总是喜欢用表演式的语调语气,范读不自然,误以为那种做作的、拿腔捏调的语调才是有感情地朗读,孩子们潜移默化地模仿,有感情朗读变成了端着腔调表达,把孩子的感情朗读引向了歧途。一位省"教坛新星"送培送教,配合她上课的那个班学生一齐读就唱读,个别读就拿腔捏调,这位老师察觉后启发学生:"孩子们,你们能把这一段像说话一样读出来吗?”这位有经验的老师把感情朗读的标准引向自然。后半堂课孩子们的朗读明显更真实、自然了。朗读和语感相互影响,教师的示范朗读水平直接影响着所教孩子们的语感,语文老师尤其是奠定孩子语感基础的小学语文老师,应该确立正确的感情朗读观点,才能有效指导学生朗读。

二、朗读要求要有利于学生朗读

课堂上学生朗读的形式有多种:自由读、指名个别读、齐读,轻声读、大声读,分角色读、配乐朗读、表演读……每种形式的朗读都有其独有的作用。在教学具体实施中,要求学生采用哪种形式朗读不应是随意的,教师应当综合考虑朗读的内容、教学的具体阶段、教学对象的年龄、学段等。教师提出的朗读要求要有利于学生的朗读。在我们目前的小学语文课堂上,经常会见到一些不利于学生朗读的朗读要求。

老师们经常抱怨学生唱读,其实,孩子们的唱读和我们教学中齐读的滥用有着直接的关系。有些老师觉得齐读能够让课堂气氛热烈,公开课上利于营造氛围,常态课上每个孩子都参与读,有利于组织教学。于是,齐读成了法宝。一位老师教学《跨越百年的美丽》第三自然段:①课文的哪一自然段写了发现镭的事。请你默读第三自然段,画出最能体现居里夫人美丽的句子,抓住重点词语,细细品读,在旁边写下批注。②学生自学课文。③交流。④小结:同学们请看,这段话抓住了提炼镭这一具体事例,用了对比、列数字、抓住环境、衣着等写出了提炼镭的艰辛和居里夫人的执着,让我们通过朗读来表达,请大家齐读这一段。齐读的效果可想而知——平淡,听不出学生的理解。其实,像这样的文段是不适合有感情齐读的。叙述性的、说明性的内容,表现忧伤的、欢快的内容等,每个学生理解后朗读的表达是不一样的,有的语速慢、有的语速略快,每个人表现的语调也是不同的,这样的文字要求学生齐读,每个学生为了和大家的节奏保持一致就导致平淡朗读;为了和别人的表现相同,久而久之就形成唱读。教师应选择那些气势磅礴、情感热烈的文字让学生有感情地齐读,因为这样的文字要求学生齐读,有利于学生用朗读表现对文章的理解,有利于学生朗读水平的发挥。

再如,低年级词语朗读,有些老师喜欢让孩子一个词语全班齐读两遍或三遍,甚至给出固定节奏,听起来好像是朗朗上口,殊不知学生在不知不觉中就养成了唱读的习惯。

三、朗读评价要有利于学生朗读

学生朗读后，评读是必不可少的环节。有时是教师评价，有时是学生互评。一位学生朗读之后，我们经常会听到老师这样引导大家评读："他读得怎么样？"而孩子们往往是首先盯着缺点来评价：读得结结巴巴，哪里添了字、丢了字，声音不够响亮，没有感情……教师设身处地想一想朗读学生的感受，这样的朗读带给他的更多的是沉重的打击，长此以往学生怎能体验到朗读的快乐，以后他还会举手当众朗读吗？教育的艺术不在传授，而在唤醒和鼓励。如果老师这样引导："你觉得他哪儿读得好，还有哪些不足的地方？"朗读者听到同学和老师的赞扬，就会发扬优点，改正缺点，朗读也会越来越有信心。朗读教学要让孩子爱上朗读，而不是起反作用。

朗读评价要实事求是、恰如其分，给学生以正确的导向。有些公开课教学，老师为了不影响下一个环节进行，学生明明没有读出感情，老师也避实就虚说："嗯，你读得很好，声音很响亮。"这样的评价也许省出了时间，保证了这节课教学任务的完成，却误导了全班孩子的朗读。有智慧的老师会在赏识鼓励的同时指出问题、指明方向："你读得清楚，不过要是能把你的感受读出来就更好了。""这段话太美了，你能不能再读一遍，带着大家一起走进这美景？"或者评价的同时范读学生没有读好的某一句，像是模仿又像是范读，实际是在强调朗读要领。教学是艺术，教师要善于正确引导。朗读评价要起到鼓励学生乐读，启发学生善读，教会学生美读的作用。

怎样的朗读教学更有利于学生的朗读水平提高，作为小学语文老师，是我们在教学实践中应该不断反思和总结的。

参考文献

[1] 王玲玲．朗读教学与语感构建[J]．语言教学与研究，2003(5)：75-80.

[2] 李功连．有感情朗读：教学困境及其突破[J]．课程·教材·教法，2015(6)：58-63.

[3] 张子静．简析小学语文朗读教学存在的问题和应对策略[J]．科技创新导报，2015(1)：112-114.

[4] 李慧玲．浅议如何指导小学生朗读[J]．学周刊，2018(6)：77-78.

[5] 鲁嘉萱．提高小学低年级语文朗读水平的评价策略初探[J]．读与写(教育教学刊)，2018(03).

如何指导小学生正确画几何图形

淮南市潘集区第二小学　计同侠

一名合格的教师，教学过程中要研究学生、研究教材、设计适合学生和自己的教法。“知己知彼，方能百战不殆”。明白了我要教什么、怎么教，才能顺利完成教学任务，真正让学生学得轻松，又能扎实地掌握知识。

在全市小学数学五年级试卷的抽考阅卷工作中，我负责的是第五大项作图题。题目如下：

①在表格中分别画出和已知正方形面积相等的三角形、平行四边形。

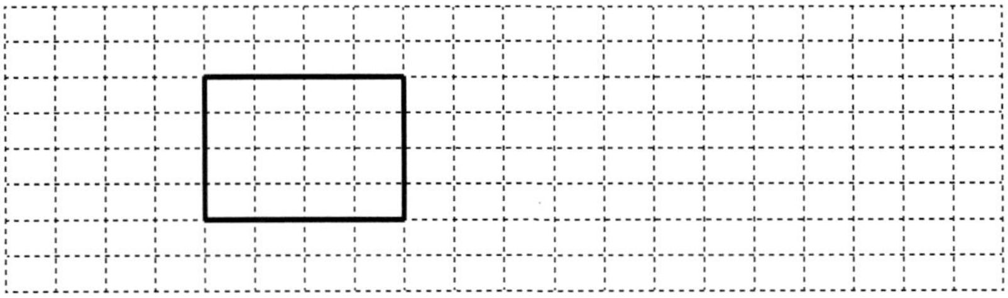

图1

②在方格图中画出周长为16平方厘米的不同长方形。(假定小正方形的边长为1 cm)

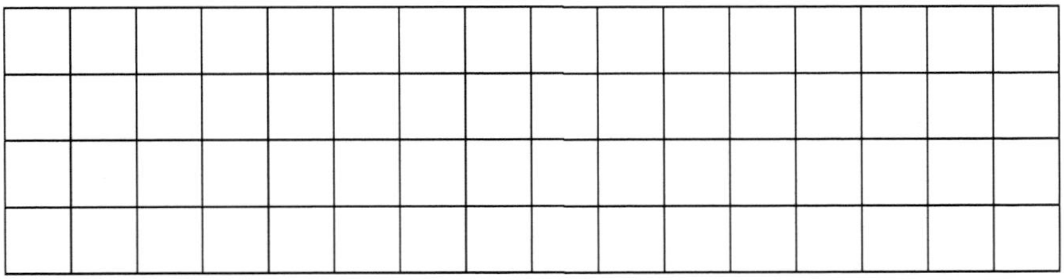

图2

本以为很简单的题目，可是将近有一半的孩子丢了分，不是画得不规范，就是画得不全，再有就是根本不知该如何去画，真的很可惜呀！结合多年的教学实践,我想就如何指导小学生正确作图谈谈自己的教学感悟。

小学生爱动、好玩或喜欢画画,可对于数学教学中的按要求画图来说却不是那么容易了。每个几何图形都有自己的特点,不是简笔画,更不是漫画,不能随心所欲,只有符合图形的特点才是正确的。刚学习平面图形后,其定义、特点学生们可能会背得头头是道,但真正到了操作运用的时候却不知该如何下笔了。比如说长方形的特点,学过的孩子都知道长方形有两条长,两条宽,四个直角,认一认、分一分绝对没问题,可要是让他们按一定的要求画一个长方形就错误百出,不是长短不一,就是直角度数不对。学过长方形和正方形的周长和面积后,一问公式大家都知道,可要是让他们按要求画几个面积一定的长方形或周长一定的长方形,他们却失分很多……诸如此类问题,都是因为学生认识了图形的外表,记住了它们的公式却并没有真正理解图形的特点和内在含义,不能举一反三,所以看到作图题就不知如何下手,即使很简单的作图题也失分很多。结合多年的教学实践,我觉得指导小学生正确作图应从以下几方面进行:

一、指导学生一步步学会看图

小学生要掌握初步的测量、识图和画图的技能。为了让学生能够掌握这项技能,作为启蒙教师的我们在数学课堂上就不能让学生只停留在认一认、分一分上了,要让学生去分辨、去发现、去掌握每种图形独有的特点。要想使学生很熟练地画出所学图形,并能举一反三,就要先教会学生看图。比如说认一认方格图中的长方形(单位:米),说说它的长是多少,宽是多少。通过此类活动让学生明确在方格中画图,方格数就是图形的单位数,长占5格就是长为5米,宽占3格就是宽为3米,不能用自己的尺子去量。

学习任何知识的最佳途径是由自己去发现,因为这种发现理解最深,也最容易掌握其中的内在规律、性质、联系。因此教学中,我们要充分利用课堂开展实践,将静态的知识结论变为动态的探索过程,为学生提供"再创造"的机会,让学生自己实地操作,亲自去看一看、量一量、画一画、比一比。从直观到抽象,从感知到内化,主动构建自己的认知和画图经验,从而激发学生探索知识的欲望,使他们乐学、善学,逐步学会看、学会画。

二、指导学生在方格中或点阵中画图

小学生的理解能力有限,作图水平更有限,要想让学生轻松地画图,首先要从方格中画图开始引导，因为有了方格做依托，小学生利用直尺就可以画出很漂亮的平面图形。先试着让学生画简单的长方形、正方形，并说说自己所画图形长为多少、宽为多少、画直角时应注意什么等。

抽象概念的形成与学生以具体形象思维为主的认识水平之间有一定的矛盾，真正的动手操作是解决这一矛盾的重要手段。抽象概念的理解对于小学生来说是很难的，但是教师若通过组织学生进行实践操作活动，促使学生动手、动眼、动脑、动口，多种感官相互配合，有利于学生从感性认识上升到理性认识，让学生通过操作形成数学概念、发展抽象思维和空间思维。周长和面积的教学就是如此，长方形的周长=(长+宽)×2，知道了它的周长是12，就可以算出周长的一半是6，我就能画出长为5、宽为1，长为4、宽为2的长方形，因为只要长加宽等于6就行了。再比如说，知道了长方形的面积等于长乘宽，我们就能画出面积是12的几种不同的长方形：可以是长为12、宽为1，可以是长为6、宽为2，也可以是长为4、宽为3——面积一定但长方形的形状可以不同。如果孩子们能看到题目中隐含的条件含义：面积是12，只要长和宽的积是12就行了，长和宽可以有变化，只要数好长和宽相对应的格数，我想他们就一定能做好这道题。只要能根据要求画出图形，长方形的周长、面积的计算也应当能顺利掌握了。方格中会作图了，点阵中作图也就不算是难事了，这样逐步地一一指导，学生就能掌握好各种平面图形的方法。

三、指导学生正确利用工具尺独立作图

学生能正确认识方格中的图形，并能在方格中正确按要求画图，只是教学的基础，学生能独立做简单的图形，按要求画图才是更高的要求。为了达到这一点，我们应当在指导好前两点的基础上，指导学生正确利用尺子等作图：先教会学生认识“0”刻度和其他刻度所表示的意义，然后独立做一些简单的线段、三角形、长方形等平面图形，再按要求教会学生画一些复杂的图。

比如说：三角形高的教学，除了等边三角形，三角形不同边上的高的位置是不同的，长度也可能是不同的。要想让学生真正理解这个教学难点，我们就要通过作图让学生有明确、直观的感受。学生通过反复实践，能画出锐角三角形三条边上对应的三条高，再接着指导他们画钝角三角形的三条高；同时引导学生明白直角三角形的两条直角边互为底和高。如此一步步引导，一步步练习，学生自然也就能轻松画出三角形指定底边上的高，为以后的三角形面积教学做

好铺垫。

在教学中,我通过让学生动手操作,边学边画,化静为动,将抽象的数学问题具体化,从而有效地解决了数学知识的抽象性与儿童思维形象性之间的问题。通过操作活动,让每个学生都能从简单地认识平面图形,到能够轻松地画出符合要求的平面图形,进而真正理解和掌握了每种图形的特点,一通百通。这样可以激发孩子们学习数学的兴趣,发展学生的逻辑思维和空间思维能力,有效地提高了课堂数学教学的质量。

小学生的作图能力不是一朝一夕就能培养出来的,特别是对于空间思维能力较差的后进生。我们一定要在教学前准备好材料,比如说方格纸、点阵图等,让学生多练,老师多看;学生多改,老师多提些要求;既不能太容易,使他们丧失兴趣,也不能太难让他们无从下手。只要耐心指导、训练到位,我想孩子们一定可以要求做出漂亮的几何图形。

参考文献

[1] 曾翠彬.如何利用画图解决数学问题[J].西部素质教育,2018(16):244.

[2] 马平.浅谈数学学习兴趣的激发和培养[N].朔州日报,2018-09-27.

“三心二意”转化调皮学生

淮南市潘集区芦集中心学校　贾玉华

很多老师参加工作之后热情十足、信心十足，但很快这种热情和信心就被挫败感渐渐磨灭了。而教师的挫败感无非来自学生，特别是那些不甘心受老师“摆布”的“调皮生”。老师都希望自己的学生成绩优异、懂事听话，但是每一个班级里总有几个让人头疼的调皮学生。面对调皮学生，教师不能一味地批评训斥，不能体罚或变相体罚，更不能放弃或“抵制”，教师必须具体分析学生调皮的原因，然后再采取相应的教育措施。

调皮的含义有以下几个：①戏弄，嘲弄；②机灵，狡黠；③不驯顺，难对付；④要小聪明，要花招；⑤顽皮。从这些解释中可以看出，“调皮”一词有“机灵”“聪明”的意思。调皮是孩子的天性，对于调皮的学生，我们不能把他们简单定义为“问题学生”或者“差学生”“坏学生”等。作为老师我们不仅要看到他们的机灵、聪明，更要放大他们的这种优点，通过这些方法让这些“调皮生”信服我们，这样我们才能走进他们的内心，从而寻觅到合适的方法来转化他们。

一、调皮学生的外在表现

有人这样定义“调皮学生”：有的学生总是违反纪律，目中无人，要多加留意他们蔑视你的权威性，使你感到压力、挫败和愤怒。这样的学生大多数有情感或者行为方面的问题，家长不太能或者根本不能影响或控制他们的行为。难以应付的学生并不是那些偶尔调皮一下的学生，他们也不是那些偶尔使你发脾气的学生。难以应付的学生总是有破坏性和不守纪律的行为，而且发生的频率非常高。

从上述描述以及一些教师的一般看法，我们可以这样给“调皮生”下定义：他们普遍精力过剩、活动量大，爱提问题，好动，爱搞“恶作剧”，“鬼点子”多，尤其是在课堂教学中，虽然教师多次批评、教育，但他们仍以各种各样的方式破坏课堂纪律和秩序，影响教学活动顺利进行。

二、调皮学生的转化策略

仅了解了调皮学生的外在表现，并不代表教师对调皮学生的转化准备工作完成了，还应该更细致地深入调查，了解他们、走进他们。谁爱孩子，孩子就爱谁，只有爱孩子的人，他才可以教育孩子。然而现在有一些老师开始时是热情十足、信心十足，可又有几个是真正坚持下来的呢？一次次的付出，一次次的转化，一次次的失败，导致老师的热情消退、实践搁浅、信心动摇。因此作为一线老师，在教育教学和日常班级管理中，我认为对待调皮学生要具有“细心、恒心、公心”三心以及“诚意、乐意”二意。只要做到这“三心二意”，我们在调皮学生的转化上就一定会有所收获。

（一）“细心”了解情况

班级里总有一些孩子是“特殊”的，他们有的是因为学习成绩差，课堂上听不懂而交头接耳；有的是因为老师的习惯性漠视，希望引起老师和同学的关注，故意洋相百出、哗众取宠；有的是因为想彰显个性，随意“插嘴”，显示自己的“小聪明”……面对这些现象，如果老师简单、粗暴地把学生定义为“差生”“捣蛋鬼”“坏学生”，那么我们可能就会“扼杀”他们的天性。

我班有一位同学虽然平时对集体漠不关心，对同学特别冷淡，但是对于自己所承担的卫生班长的工作却极其认真、负责；另一位同学虽然学习成绩较差，平时“阴阳怪气”，但劳动特别积极，集体荣誉感特别强。只要我们细心观察，就会发现每一位这样的同学其实都有自身的闪光之处，我们应将此作为优化他们自我意识的契机，一句表扬或赞美的作用是不可低估的，也许就是因为一句赞美的话，改变了他们的一生。

所以，在日常班级教学与管理中，就要求老师“细心”地做好准备工作，以期全面了解学生的生活、学习等，挖掘他们潜藏在表象背后深层次最真实的目的、愿望，发现问题，针对性地解决问题。

（二）“恒心”坚持转化

2010年新学期，校领导任命我教授四年级语文兼班主任。从开学的第一天起，我就担心不能胜任这个工作。我知道班主任的工作比科任老师的工作多，而且我第一次当班主任，我能做好吗？开学后，我和搭档孔老师经常在一起聊学生的情况，这个班的数学一直是他教的，他对学生情况比较了解，和他交谈后，我更担心了：班级学生基础差，有十几个从其他学校转来的学困生，更有几名调皮的学生上课不听讲、插话、爱捣蛋。因为以前没有形成良好的学习习惯，所以学生们的纪律性很差。一周后我大致了解了学生的状况：他们每天早晨来到学校后，教室里没有自觉读书的学生，全在操场上玩耍，四年级的小学生，在学校也算大哥哥、大姐姐了，但操场上到处是他们活跃的身影，丢沙包、踢毽子、打乒乓球、踢足球……这样下去，可怎么好呢？我决心改变这种状况，于是从一点一滴抓起：每天早晨是一个人最清醒的时候，可以朗读、背诵很多句子、文章等，从第二周开始，我在早晨七点之前就来到班级，在黑板上板书：“从第一课开始朗读，一直读到第三课，反复读。”（当时就学到第三课）由于是农村学校，孩子们到校比较早，不一会，就有很多学生陆续走进教室，他们有的想像往常一样出去，但都被我堵在教室，有的看到我在讲桌前坐着，不好意思出去，再看看黑板上的字，再看看有的同学已经开始按要求朗读了，也就坐在座位上，开始读书了。第一天，在我的“注目”之下，早读完成得比较好。下课后我和王老师商议，下午可以让学生多做一些数学题。我建议他针对班级学生数学基础比较薄弱的特点，多布置一些简单的口算题、计算题等。下午，我像早上一样，一点就坐在讲桌旁批改作业，黑板上写着：“完成数学作业。”学生们和早上一样，安静地做数学作业。总体而言，第一天的“看守”行为完成得很好。第二天，有几个同学就使出“阴谋诡计”——来到学校，不进教室，先到操场上玩耍，不过有其他的学生看到了，跑来告诉我，我到操场上把他们一一“揪”回来。有的学生看在操场上玩不行，就到学校外面的村部小广场上玩耍，我只要知道，就跑去把他们找来。我还联系家长，询问清楚孩子几点从家出发、几点到校，有的是家长接送到校的，就直接送到大门口。有的家长更配合，把孩子送到班级，还有的家长估算孩子到了学校就打电话询问我小孩到学校没有。我这样和学生“斗智斗勇”，逐渐改变了学生以前那种散漫的状态，他们变得有序和自律。一个月下来，在早读上的成果最先显露出来——语文课本上所有要求背诵的课文，所有学生都能背诵出来，有的学生甚至把没要求背诵的课文也背诵下来了。在学校举行的第一次月检测中，我班学生的语文和数学成绩均有提高。同学们看到自己的进步，更积极参与早读了。

在班级管理中，尤其是对调皮学生的转化中，在他们进步不明显，或者转化过程中出现反复时，如果老师对他们失去耐心，不再对该学生投入时间和精力，甚至听之任之，就会使有了一点进步的学生退步，而老师之前的努力也就功亏一篑。我班学生王某，在以前对她的转变过程中，我总感觉到她的进步缓慢，一段时间后我便不愿意再花时间去教育她，从而导致她恢复了以前的样子。后来我总结了教训，坚持不懈地鼓励她、帮助她，让她常常感受到我对她的关注。经过一个多学期的努力，她终于有了明显的进步，我的努力没有白费。

（三）“公心”一视同仁

在日常教学和班级管理中，学生最讨厌老师的“偏心”，一着不慎，老师的“公正公平”的形象就毁于一旦。对全体学生进行全面教育，关心每一个学生，平等对待每一个学生是教师应具备的基本素质，不能因为某个学生成绩差或其他方面的表现差就不关心、不爱护他。

我在一个新学年接手了一个新的班级——五年级一班，班级的“明星”小乐同学，典型的调皮生，打架大王，班内出现什么违纪的事一定有他的份。

第一周，同学们还是给我这个新班主任几分薄面，学习比较认真，那几个调皮的学生暂时偃旗息鼓，可好景不长，不久他们就恢复了以前的老样子：上课讲话，打断教学秩序，欺负新同学等。“尤其是小乐（化名）同学，特别调皮。”科任老师和学生向我告状时，都会说这样一句话。我仔细分析了他的性格：活跃、好动、热爱班级、关心同学、爱好体育运动，而且还写一手非常漂亮的字。所以，一方面，我经常找他谈话，做他的思想工作，和他沟通；另一方面，我给他各种机会发挥他的特长，让他参加体育比赛、书法比赛等，他也在比赛中获得了较好的名次。只要他取得成绩，我都会给予表扬；同样，只要他犯了错误，我也一定会严厉指出、进行批评。有一天，我正在上课，突然一个声音传来：“老师，小乐乱扔垃圾！”我就质问小乐，小乐就是不承认，并大声争辩，严重影响了教学秩序。鉴于他以前的“斑斑劣迹”，我一怒之下就让他到办公室反省了。后来，我经过调查才知道，原来这次小乐挺冤枉的，是班级另一个调皮的学生恶作剧，把废纸扔到他座位下，可是我没有了解真实情况，就草率处理了。于是，我与小乐进行了一次长谈，指出我这次虽然冤枉了他，但他在课堂上一直顶撞老师也是不对的。同时，我指出他的缺点：思想简单，思考问题盲目、任性、不计后果。因为他平时的“事迹”，让老师自然而然认为就是他扔的垃圾。事后，我在班上郑重向他道歉，他倒不好意思地笑了。从那之后，他再也没有犯过类似的错误。所以，无论是对成绩好的还是差的学生，老师都应一视同仁，而不是戴“有色眼镜”看待学生。

在所有学生眼里，“公正公平”被视为理想教师最优秀的品质之一。他们最希望教师对所有学生一视同仁，不厚此薄彼；他们最不满意教师凭个人好恶、偏爱，偏袒某些学生或冷落、歧视某些学生，特别是学习成绩不好的学生。公正，是学生信赖教师的基础。

（四）“诚意”走进心里

孟子说：“诚者，天之道也；诚之者，人之道也。”在教育教学和班级管理中，老师要以诚交心、以诚育人、以诚感人，让学生感受到老师的诚意。

我曾经读过一个故事：在英国南部的一所小学里，一位教师调任到一个较差的班担任班主任，该班孩子大都很调皮、爱捣蛋。老师说：“孩子们，你们要是能把学习成绩搞上去，我就去吻校外牧场里的一头猪。”从那天起，他们的课堂纪律好了，学习积极性提高了，即使有贪玩的孩子，其他的孩子也会提醒他“难道你不希望看到老师去吻那头大猪吗？”半年后，孩子们的学习成绩有了很大的进步。于是，老师带着这群孩子穿过公路，来到牧场。孩子们在猪圈里看到一头特大、特肥的猪。老师走近那头大猪，轻轻地吻了它。孩子们在猪圈外笑得前仰后合，老师也和他们一样笑了。

从这个故事中，我们不会看到这位英国教师的滑稽、可笑，而是看到了这位英国教师平易近人的态度和师生平等的意识，看到了教育所追求的亲近自然的境界，看到了教育所拥有的和谐、欢愉的氛围，同时也看了这位教师诚实守信的一面。读完之后我很受感动，同时默默告诉自己：无论在教育教学中，还是在班级日常管理中，无论事情的大小，都要时刻让学生感受到老师的诚意。

（五）“乐意”奉献教育

“春蚕到死丝方尽，蜡炬成灰泪始干。”这是人们对奉献者的赞美。花的事业是尊贵的，果实的事业是甜美的，让我们做叶的事业吧，因为叶的事业是平凡而谦逊的。教师就像那默默奉献的绿叶，时时刻刻衬托着鲜花的娇艳。对老师而言，你热爱教师这一职业，才有可能成为合格的教师，乃至优秀的教师。当时代选择了我们，我们也就选择了一种付出，一种无私和崇高。投身教坛，手扶时代的犁，耕耘那“三尺”讲坛，我们就在这平凡中奉献着。正如老一辈教育家夏丏尊先生说过这样一句话，教育不能没有情感，没有爱；没有情感，没有爱，就如同池塘里没有水一样，也就没有教育。学生虽不是老师的亲骨肉，但家长把孩子送到学校，交到了老师手中，也就把责任放到了我们的肩上。

我曾经有一个学生，他父母离异，奶奶很溺爱他，但他的性格倔强而又脆弱，受不了别人的半点批评。有一次，他因为不守纪律被数学老师批评，打那以后变得消沉。后来，他说他要转学了，家人已经给他找好了学校，我从他的日记里读出了他的心事，觉得自己有义务去帮助他，用爱心去感化他，帮助他清醒地面对现实，面对自己的心灵。那段时间，我俩常常在教室里、花坛旁、操场上促膝谈心。终于，他留下了，以成熟的姿态飞翔在属于他的那片天空。

在这一平凡而又神圣的教育殿堂，我愿做一架人梯，让学生踩着我的双肩向上攀登；我愿做一块铺路石，为学生的成功之路铺设坚实的路基！

老师们，让我们在平凡中奉献吧！

三、调皮学生的转化意义

每个人都希望被理解和尊重，调皮的学生也不例外。所以，老师不能一味地批评和训斥学生，而是要用一颗爱心去接近他们，与他们亲近、交谈，了解他们的所需、所感，与他们交朋友，增强彼此间的信任。理解学生特定年龄的言谈举止特点，理解他们的烦恼和痛苦，理解他们的想法和观点，理解他们的无奈，理解他们的爱好和兴趣。每个人都需要被理解，学生更需要。作为老师，要给学生一定的思维空间和行动范围。只有老师理解学生、宽容学生、爱护学生、关心学生、帮助学生、平等对待学生，把学生看作有价值的、独一无二的个体，并具有自我发展、自我完善的能力，师生之间的关系才能和谐。老师在平时应多注意调皮的学生，多观察他们，多发现他们身上的“闪光点”，并及时在全班同学面前给予表扬和鼓励，让他们建立自信心，让他们觉得“我能行”。学生在诚挚而又恰如其分的表扬、扶持和鼓励中就会逐渐消除自卑，增强自信，在荣誉感与成功体验中发现自我价值，产生前进的动力。

对于多数教师来说，“问题学生”的教育确实是一个难题，他们既要面向全班学生，又要时时关注这些“问题学生”，有时苦口婆心、使尽浑身解数也收效甚微。但教师的职业道德和教师的良知告诉我们，决不能漠视和舍弃“问题学生”，应当千方百计地教育、转化他们。因为转化“调皮学生”和教育优秀学生具有同等重要的意义。

参考文献

[1] 韦雪艳.教育学生:班主任最需要的工作艺术[M].北京:世界图书出版公司,2013.

[2] 钟杰.这样做班主任才高效[M].北京:中国人民大学出版社,2015.

[3] 杨志军.方法总比问题多——名师转变棘手学生的施教艺术[M].重庆:西南师范大学出版社,2007.

提高智力障碍幼儿综合能力的个案研究

合肥市肥东县店埠学区中心幼儿园　江红云

一、走近孩子，用“耐心”提高生活自理能力

2014年9月1日，我们小一班来了一名小女孩郑好（化名），她2011年5月21日出生，皮肤白净，不爱说话，很文静，走路不稳，容易跌倒。每次上学、放学是由奶奶用推车送、接。经了解：郑好的父母都有智力残疾，没有工作，父亲是小时候因病造成了智力残疾，母亲有先天的智力残疾。郑好平时由奶奶监护，奶奶是典型的农村家庭妇女，平时忙着做家务，很少与郑好沟通、交流。郑好没有养成良好的生活习惯，自理能力差，很少听到她说话，也不跟小朋友玩耍。

对于智力障碍幼儿，我最开始的想法是只要照顾好她的生活、不出意外就行了。可是，通过智力障碍幼儿郑好在我班就读的契机，我发现智力障碍幼儿和普通幼儿一样，其发展是一个持续、渐进的过程。教育智力障碍幼儿是一项艰苦、费时、周期性较长的工作，教师必须有极大的耐心，我没有放弃，听之任之，而是及时抓住这个机会，时时处处给予她关心，使她得到温暖，从而让她愿意接近老师、愿意接受教育，这也是“有教无类”的具体体现吧。

郑好平时行动笨拙，在生活上惰性较大，依赖性强，而奶奶图省心，只是一味地包办，不去教孩子简单的生活技能。记得2014年小班新学期刚开学不久，我正在班级上课，走到活动室中间，闻到一股大便的臭味，问是谁不小心把大便解在身上，没人吭声，寻着气味，只见郑好裤子湿了，我赶忙带她去清洗，同时告诉她：以后想要大小便要跟老师说，别把裤子弄脏了。她不吭声。没过几天，我正在上课，只听见一声大喊：“好臭！”我循声望去，只见一个小朋友捂着鼻子在叫。我的心“咯噔”一下：不会是郑好吧？走近一看，只见郑好把裤子拉下来，蹲在地上，我拉她起来，帮她擦干净，拿起一叠卫生纸，伸手把地上一摊大便抓起

来扔掉。这次郑好没把大便解在身上，说明她记住了我的话，这样的事出现好几次，不是大便就是小便。我和她奶奶沟通，要她在家也要注意培养其习惯，我们老师在园也多加关注，随时提醒、询问。经过几个月的耐心教育，郑好基本上不在班级大小便了。可是她在家养病一周后，再来上学时，毛病又犯了。我一了解，原来郑好的老太叫她在哪解大小便都行，我进行了家访，真诚地和家长交流，告诉她们一些育儿方法。就这样，家长也是从开始不信任我们到后来热情配合，有时还主动跟我们交谈。

智力障碍幼儿基础差，理解能力、接受能力也差。作为教师，我们不能嫌弃，不能开口训斥、闭口责备，更不能动手体罚，尤其是当他们出现反复时，必须耐心说服、教育。不能伤害其自尊心，要通过耐心诱导，给她一个思考和再认识的机会，急于求成则适得其反。

我们还耐心教她一些生活技能，从自理能力着手，手把手地教，一次次地练习。在我和配班教师不厌其烦的教育下，郑好具有了基本的生活自理能力和卫生习惯。如学会自己用毛巾擦手，学会收拾玩具，进园、离园时会自己搬、收小椅子，等等。通过反复、耐心的教导，现在进入大班的郑好能够独立如厕、盥洗，能管理和收拾好自己的学习用品等，已经基本适应了幼儿园生活，自理能力与普通幼儿没有太大的差别。

自理能力的培养，不仅对智力障碍幼儿郑好自身具有深远的意义，对其抚养者和教育者而言也具有十分重要的作用。自理能力的形成不仅锻炼了她的能力，增加了她对生活的信心，也减轻了家庭和教育机构的负担。

二、加强个训，用“爱心”培养人际交往能力

郑好上小班时不怎么说话，特别内向，在班级里几乎看不到她与其他孩子交流。不管是在班级上课还是户外活动，郑好都是不和别人交流的。一个人最大的幸福在于与他人交往，智力有缺陷的孩子也一样。为了使郑好能和正常的孩子一样得到幸福和快乐，我们引导她学会和同伴交往。

首先，从来园、离园入手。每次我都主动笑眯眯地和她打招呼，刚开始她不作声，有的时候连一个眼神都不会给，径直走到自己的座位上去，连续两周都是如此。我不气馁，继续跟她打招呼，有时还夸她衣服好看。一天她离园时，我主动说：“郑好，再见！”她抬头腼腆地笑笑，我开心极了，激动得把她抱了起来，她奶奶也很高兴地亲了她。渐渐地，在晨检的时候，她会小声地和老师打招呼了。

其次，集体教学活动时，不仅面向全体幼儿，更兼顾对郑好的个别辅导。我让郑好坐在我的正前方，便于活动时提问或讲解，给她一些优先活动的机会，还经常用肢体语言与她交流。如摸摸她的头，拉拉她的手，以此增进我们之间的感情。还让热心且善于帮助同伴的小朋友坐在郑好身边，促进了孩子间的互相帮助，形成了良好的学习氛围和交往能力。在上课的时候，郑好渐渐地会用眼神和老师交流，并且在小组交流讨论时，她有时也会主动和小朋友说话了。

最后，在开展丰富多彩的课内外活动时，我也特别关注郑好。如利用情景游戏“大家一起玩真快乐”让她在游戏中担任角色，身临其境，使她从中感受到和同伴一起玩比独自一个人玩快乐。又如，小班、中班小朋友为庆祝大班的哥哥姐姐毕业，也排练节目参加演出，我安排郑好参加了舞蹈《飞得更高》，她开心极了，认真排练，当我在班级播放演出视频时，她看到自己后兴奋地叫“我……我……”。教师在活动中的点滴呵护，倾注无私的关爱，也能唤起班级小朋友对郑好的关爱，以集体的温暖来化解她在生活、游戏、学习中的孤独感，使她勇敢地面对身边的人和事，具有一定的交往能力。

现在进入大班，郑好相对之前进步了很多，她会主动和老师交流，每次针对她的问题，我都慎重处理，因为她好不容易突破自我，需要我们给予适当的、正向的回应，这样有助于她人际交往能力的培养。

智力障碍幼儿交往能力的培养是帮助他们适应社会、走向社会，今后立足于社会的基本途径，有着极其重要的作用。所以必须从小培养他们交往的意识、交往的习惯，只有具备了这些能力，才是他们走向社会的开始。只要我们老师付出爱，让他们生活在有爱、温暖的环境中，他们就有希望提高交往能力、融入集体。

三、家园携手，用“真心”训练语言表达能力

家庭、学校语言环境的好坏对智力障碍幼儿言语发展起着重要的作用，特别是家庭环境，孩子是在家庭语言环境的熏陶下，逐步学会说话的。我通过调查发现，由于郑好在家庭里得不到良好的言语刺激，爸妈智力障碍，奶奶自身素质较低，忙着做事，很少跟郑好交流，更不用说为孩子提供良好的言语示范了。我跟郑好奶奶真诚沟通，奶奶看到我们老师真心待郑好，加之看到郑好的进步，想着郑好将来要自立，所以，尽管家务多，自身不懂教育，可还是非常支持、配合我们的工作。我们要求她在日常生活中经常带郑好到公共场所或亲友家里走

动，并和左邻右舍的小朋友一起玩，与孩子一起看一些动画片，反复对孩子说话，进行言语刺激，平时多让郑好用语言表达自己的意愿。由于郑好平时很少用声，他的发音器官已经有点僵化。于是，我先教会郑好奶奶学做舌操、唇操、呼吸操，然后坚持每天训练郑好；我在幼儿园时只要有时间，就训练郑好，使她各个发音器官逐渐灵活。

我们在幼儿园也尽力为她提供良好的语言环境，让郑好更好地掌握语言。为让郑好打开“金口”，我尽可能地给她创造说话的机会，平时注意引导她正确发音，恰当用词，语句符合语法规则。比如，我平时用普通话和她聊天，聊天内容很多：“郑好，今天早饭吃了什么？”“好吃吗？”“这件新衣服是谁给你买的？”“在哪里买的？”“喜欢奶奶吗？”我通过聊天让郑好说话，纠正她的发音。

另外，我还用心抓教育契机。如，一次吃点心时，郑好最后一个洗完手，她看看其他小朋友，再看看我，我就装作没看见她，继续提着篮子等着，过一会儿，她慢慢地走过来了，我就主动问她：“这是什么？”然后教她说“面包”，她就模仿着说“面包”，我当着全班小朋友的面表扬了她，郑好拿着面包开心又有点害羞地回到座位上去了。这是一个良好的开始，以后每次吃点心时，我都教她说话，丰富她的词汇量。

通过教师和家长的共同努力，到了大班，郑好有了明显的进步，基本上克服了自卑心理，能够认真听老师上课，能与同伴进行简单的交流，说话的积极性有了很大的提高，且发音比以前清楚许多，点名能大声喊“到”，能说“老师，我要喝水”“奶奶，再见”等简单的语句。看到郑好的进步，我们老师和家长的心情是一样欣喜的，相信只要家园继续努力配合，郑好会越来越好的。

总之，对智力障碍幼儿的教育是一个艰辛、漫长、复杂的过程，耐心、爱心、真心是开启他们心灵的钥匙。智力有缺陷的孩子将来发展会更加困难，但他们依然是家长的希望。作为教师千万不能忽视他们，要相信他们，真心实意地爱他们，绝不能有“放弃”的思想。幼儿园教育应充分照顾幼儿的个体差异，为每一个幼儿提供发挥潜能的机会，促使他们在已有水平上得到应有的发展。所以，只有真心对待幼儿，才能有的放矢地及时给予他们指导和帮助。

参考文献

[1] 熊灿灿，杨诗英．智力障碍儿童与普通幼儿情绪调节策略的比较研究[J]．绵阳师范学院学报，2015(7)：6-10.

延续的留守之痛

淮南市寿县张李中心学校　江家娥

有这么一群孩子，我们管他们叫“留守儿童”，这是一个特殊而又庞大的群体，他们的成长过程让人看着心痛。我是一名特岗教师，在偏远的农村已经工作了七年，在我们学校，有98%的孩子是留守儿童。

在这儿，车辆少，交通非常不便，白天很少有客运车辆外出，所以要想出门办事你得起得比鸡早！这里地处偏远农村，沙土地、自然灾害多，在我的记忆里每年的夏天都要防汛，淠河的堤坝一旦决堤，整个乡都会被淹。这里没有特色农业、畜牧业，更没有工业。百姓们很穷，为了摆脱贫困，青壮年大都外出打工了，留下来的多是老人和孩子。留守儿童早就引起了社会各界的关注，为此有关主管部门出台了一些政策，取得了一定的效果，但是留守儿童的数量仍然庞大，留守儿童的问题依然严峻。

如今“90后”也长大了，很多已经结婚生子，他们中的一些曾经是留守儿童，一些人早早进入了城市。大部分的“90后”不愿留在农村，不喜欢农村的生活。这群人中，很多生过孩子不久就外出打工，孩子留给父母照看。老人带孩子总是会出现这样或那样的问题，观念落后、思想封建，年龄大了照顾幼小的孩子力不从心，生活上照顾不周全，学习上无法辅导，有的太过溺爱，等等。孩子与老人生活在一起，很多方面都格格不入，老人不知道他们的叛逆期，更不知道如何应对，留守儿童大都不爱呆在家里，面对家里的冷冷清清，面对老人的念念叨叨，再加上外界的诱惑，他们对外面的世界充满了向往，但又无力融入。破旧的老房子，跟不上时代的爷爷奶奶，再加上对父母的思念，他们有时会感到迷茫。

孩子是成长中的人，在成长的过程中必然会出现很多问题，他们明辨是非的能力和自控能力较差，加之身边没有父母的引导和保护，所以容易出现问题。孩子在成长的过程中受父母的影响最大，尤其是父母的品行和言行举止。孩子能否成人、成才与学校和家庭都有很大的关系，父母的影响对孩子的成长极为重要。

每学期的开学，最让人心酸的场景就是校园内外摆放的三轮车，它们都是老人的代步车。老人们拖着年迈的身躯，辛苦地带着孩子来报到，而我却总会在孩子的脸上察觉到嫌弃和无助的表情。每次开家长会的时候，也都是老人过来，我很难和他们沟通，而且我也担心他们来回路上的安全，所以我们开家长会的次数越来越少。

教育孩子必须是学校与家庭的联手，老师和家长配合，任何一方的缺席可能都会影响孩子的成长，留守儿童最缺失的就是家庭教育。

留守儿童是一群可怜的孩子，他们缺少亲子感受，很少能得到父母的关爱，每当受到委屈或遇到困难时得不到父母的保护和支持，不能拥有父母温暖的怀抱，他们可能向往外界，但又对外界充满恐惧和排斥。同时，他们可能内心非常自卑，少有自信。

对于留守儿童，他们也是家庭和民族的希望，是需要呵护的苗子，全社会都要给予他们关爱和适当的心理辅导。然而，目前很多关爱留守儿童的政策在一定程度上存在执行难的问题。离开了父母的留守儿童，教师不仅要做他们知识的传递者，还要做他们的“父母”，在学习、生活上给予他们照顾和关心，尽可能弥补他们缺失的关爱，让他们跟其他孩子一样健康地成长。如果留守无法避免，那么我们的政府和学校就该担起相应的职责，给留守儿童营造一个家一样的学习、生活环境。爱和生命同行，不让留守之痛延续……

参考文献

[1] 杜旭东.农村小学留守儿童教育教学现状及对策研究[J].中华少年，2018(22):37.

[2] 李姣姣，彭冬梅，彭丽，等.浅谈留守儿童之家庭教育[J].新西部，2018(21):143-144.

[3] 王艳霞.农村留守儿童心理健康现状及策略[J].考试周刊，2018(71):195.

小学信息技术课堂游戏化教学模式探究

淮南市寿县瓦埠方兴学校　江　楠

一、小学信息技术课堂游戏化教学模式构建方法

游戏化教学模式为开展游戏教学提供了重要的基础框架。除此之外,还应该在这基础之上制定有效的教学计划,方能实现教学目标,取得教学成果。

第一,挑选对应课题。所有的教学都是有计划和安排的,并且都是按照既定的教学大纲来开展的。所以,在开展游戏化教学前必须结合实际状况选择对应的课题,并且做好课前研究。

第二,对学生的学习任务、学习环境、学习现状进行深度分析。在这个环节中必须充分认识到开展游戏化教学是十分必要的。因为授课对象的年龄偏小,所以教师在授课之前需要对学生的基本情况进行了解,掌握每一位学生的基本状况,再结合学生实际情况选择合适的软件,才能收到良好的教学效果,实现教学目标。

第三,选择并设计匹配的游戏。信息技术教师必须结合授课目标和内容,还有学生的实际情况和软件的操作环境等诸多因素综合考虑教学软件的选择。在选择教学软件之前必须坚持做到以下基本要求:游戏软件必须简单易懂,且容易操作,能够传授有用的知识给学生;软件要有趣,这样更能激发学生学习信息技术课程的兴趣。

第四,做好游戏准备,并且给学生提供相关材料。开展游戏必须创设有效的条件和环境,所以教师应该为游戏的开展提供相关条件。比如,在教学开展之前,信息技术老师应该事先了解游戏,预测在游戏的过程中可能出现的诸多问题,并且设想有效的解决对策。假如在游戏的过程中需要准备特殊的材料或者道具,这些都需要老师在游戏前做好准备。

第五，带领学生一起复习之前所学的内容，为新课教学做好准备。部分小学生未养成良好的预习和复习习惯，也很难主动地去学习新知识和复习已经学过的知识。通过复习能够加深学生对以往所学知识的理解和记忆，同时还能够为学习新知识奠定良好的基础。这样能够让老师在讲述新知识的时候，学生不至于一问三不知。因此，在复习的过程中，老师应该带领学生一起复习基本概念，通过游戏的形式进行复习，有助于学生集中注意力。

第六，创设有关情境可以起到激发学生学习兴趣的目的。培养学生的学习兴趣是收获良好教学效果的重要保证，因此在教学的过程中，教师应该想尽办法通过不同的形式激发学生的学习兴趣，有效促进学生发展。只有激起了学生对于信息技术知识渴求的兴趣，才有可能开展更深层次的教学。因此，教师可以采取播放动画片、角色扮演等不同的形式达到激发学生学习兴趣的目的，让学生对接下来学习的信息技术课程知识充满期待。

第七，实施教学。在整个教学的过程中，通过展开游戏的形式把信息技术科学内容展现出来。尤其是教学期间，教师应该采取不同的形式激发学生的学习兴趣，帮助学生实现整体发展。

第八，进一步巩固教学过程。课堂之外，教师应该密切观察学生的学习动态，找到学生身上的优缺点，尤其是对学习困难的学生，应当纠正他们错误的学习态度以及学习行为，教会他们如何认真对待每一次课堂学习。

二、小学信息技术课堂游戏化教学中必须注意的问题

第一，教师应合理安排时间，区分教学重难点。由于小学生年纪较小，天性爱玩，自我约束力较差，因此，在开展游戏教学时极有可能出现难以控制游戏时间的问题，进而影响课堂教学进程。所以，在设计游戏阶段，教师应该事先预测可能出现的诸多问题。在教学之前必须先制定好教学大纲，在游戏的过程中仔细观察每一位学生的反应，尤其是观察学生在开展游戏过程中的表现，做到灵活应对突发情况。此外，还应该充分借助游戏教学达到提升学生学习兴趣的目的，切实帮助学生更好地理解课堂所教内容，让学生在游戏的过程中不自觉地学习到信息技术知识。但是必须要注意，教学不应该完全依赖于游戏化教学模式，无度游戏也会导致课堂效率低下。所以，在平时的课堂教学中，教师必须合理安排教学时间，事先预设好各个游戏环节的时间，把握课堂教学重难点，把游戏当作课堂教学十分重要的补充，实施素质教育，提升教学水平。

第二,培养学生的自我约束力。虽然通过游戏化教学有诸多好处,对于提升教学效果也起到了巨大的促进作用,然而使用不当势必会带来诸多问题。比如,很多学生因为沉迷于游戏无法自拔,最终耽误了学业。所以,游戏化教学切不可为滋生“网虫”提供条件。开展游戏化教学对于提升学生的信息技术能力有着十分重要的作用,但是学生可能会对游戏痴迷,这就要求老师必须把握好“度”,以免让学生沉迷于网络,耽误正常的学习、生活。基于此,信息技术老师应该及时观察学生对课堂游戏的态度,一旦发现学生有网瘾就要及时阻止,以免学生在错误的道路上越走越远。

第三,游戏教学应和德育教学紧密相连。学生学习不单单是学习书本上的知识,更要学习做人的道理,学校教育也不只是教授知识,还有德育教育。社会的发展也需要德才兼备的学生,因此学生不单单要掌握技能,更应该具备正确的价值观和人生观。开展游戏化教学必须和德育教学紧密相连,应该让学生树立良好的信息技术软件使用观以及网络道德观。比如,教师通过游戏化教学提升学生的理解能力,帮助学生学习相关信息技术知识,深入挖掘各种游戏软件中蕴含的教育元素,切实实现“在玩中育人”。

三、总结

游戏化教学模式作为现代化教育中十分重要的一种教学手段,通过游戏化教学能够让学生变被动学习为主动学习,游戏化教学模式有助于教师了解每位学生的学习情况,了解学生是否掌握了课堂知识,同时有利于培养学生的合作能力以及创造能力。因此,小学信息技术老师应该掌握游戏化教学基本技能,认识游戏化教学的重要性,并且结合实际情况开展教学,将游戏教学充分融入平时的教学中,激发学生的学习兴趣,提升教学效果。

参考文献

[1] 童江.新课程理念下小学信息技术课堂游戏化教学模式探究[D].西安:陕西师范大学,2011.

[2] 马丽君.新课程理念下小学信息技术课堂游戏化教学模式探究[J].小学科学(教师版),2016(7):13.

[3] 张静.新课程理念下小学信息技术课堂游戏化教学模式探究[J].好家长,2016(4):65.

[4] 邹建伟.新课程理念下小学信息技术课堂游戏化教学模式探究[J].新课程(小学),2015(7):123.

[5] 杨福华.游戏化学习下的小学教学案例设计与应用——以小学五年级数学教学为例[D].昆明:云南大学,2015.

[6] 赵艳.关于农村小学信息技术课“合作—探究”课堂教学模式构建的思考[J].长春教育学院学报,2011(4):12-13.

浅析标志中的汉字设计

淮南市古沟民族中学　蒋道山

汉字是中国文化的代表之一，提到汉字，很容易让人联想到中国书法，书法是中华民族的传统艺术之一，书法中的点、线、面具有独立的审美特性，以黑白的奇妙组合形成了变化万千的形态。随着中国国际地位的提高，汉字的艺术表现无疑具有重要的意义。汉字作为一种设计元素，已越来越多地被运用于设计中，成为一种独特的设计语言，具有强大的生命力和感染力，有着其他设计元素不可替代的设计效应。在视觉传达设计中，以汉字为主要要素的设计有多种表现形式。汉字设计与标志联系非常紧密，中国古代的钱币上的"姓氏"与酒店门口的"酒"字从某种意义上说就是一种标志，是一种具有特殊意义的视觉传达符号，在一定程度上代表着一个社会群体的地位与文化。现代汉字字体设计融合了图形设计、构成设计、抽象绘画等多种元素。标志作为一种特殊的图形符号，起着传达特定信息的功能。美国哲学家查尔斯·桑德斯·皮尔斯为"标志"做了这样的定义："一个符号就是对某人、企业来讲在某方面具备某种资格，能够代表某一事物的东西。"在现代企业中，标志的作用是显而易见的，标志是企业的象征，代表着企业的经营理念、文化内涵。标志又是企业视觉设计系统中的最基础部分，是形象识别系统的灵魂与核心。人们通过标志认识企业，标志传递着企业的文化理念。

一、中国汉字在标志设计中的优势

中国汉字是图形与字义的巧妙结合，汉字的象形文字起源于图画，经过不断发展，字形、字意、字音结合于一体，概念的表达更加准确。文字的出现是人类文明的一大进步，汉字是文字中的优秀字体之一，是东方字体的典型代表之一，汉字的象形性，在识别、传达信息方面有独到之处。传统书法中有篆书、隶书、草书、行书、楷书等多种字体，结合图形将这些字体应用到标志设计中，既有时代感又能准确地传达信息。

二、中国汉字在标志设计中的主要形式

（一）汉字的形状设计

汉字的结构为方块形态，根据每个汉字的外形构成，进行不同变体设计，在设计中可视具体的汉字外形特点加以强调，提高视觉张力。

（二）汉字的笔画设计

汉字的各种字体有其特定的笔画规律，形成了字体与字体间的不同构成形式，设计中把握特定笔画进行夸张变形处理，可增强汉字本来的特征，同时增添装饰的趣味。

（三）汉字的结构设计

每个汉字都有优美的结构方式，设计中把握字体本身的结构，取舍有度、或多或少地改变特征，是视觉再认识的有效形式之一。

（四）汉字的意象构成设计

意象构成设计方法，其特点是把握特定文字个性化的意象品质，将文字的内涵特点通过视觉化的方式构成自身的趣味，通过内在意蕴与外在形式的融合展示其感染力。意象化字体图形渗透了现代设计意识，通过丰富的联想别出心裁地展示其视觉效果，将具体的“形”提炼成抽象的“意”，从而获得形神兼备的效果。

在这几个方面有许多典范作品。

中国银行标志。该标志的设计采用中国的“中”字与中国古代钱币进行变形，将铜钱的方孔变成长方形，上下垂直线连接形成一个意象性的“中”字，上下贯通与圆形结合起来充分表达了行业特点，圆形又是地球的形状，中字与圆形和方孔钱联系起来表达中国银行与世界经济的联系，该标志简洁、醒目、易识别、寓意深刻，具有时代气息，体现了汉字设计的魅力和文化底蕴，是汉字运用到标志设计的经典作品之一。

中国工商银行标志。该标志以中国古代方孔圆币和汉字“工”字为主体形象，圆形中间用工字取代方孔，“形简意赅”地表达了中国工商银行的企业理念和文化内涵，视觉信息传达准确。标志造型统一中有变化，“工”字上下断开，形成上下贯通，打破了单调与刻板，表达了深层的含义，左右对称的形式，形成一种聚合的关系，有互动的感觉，体现客户与银行的平等关系，准确地传达了工商银行的理念。标志的空间处理恰到好处，外形的圆形与工字和底形成的工字形成了三个层次，字体与图形紧密结合，直线与曲线对比强烈，严谨有序，充分反映了银行的特点。标志以汉字和古代钱币为造型元素，运用现代构成手法，形成了强烈的视觉效果，具有很高的审美品位和鲜明的特点。

中国人民银行标志。该标志以三个古代钱币对应形成一个“人”字基本形，表达了人民银行的基本概念。标志的整体造型近似一个“人”形，三个古代钱币的对应构成也近似“人”形，中间的形状也是近似“人”形，准确地表达了人民银行的概念，三个钱币对应给人以凝聚力，具有鲜明的形象个性和装饰性。这个标志将我国的传统文化和人民银行的特征结合起来，在视觉传达上具有强烈的识别力和渗透力，是一个富有生命力的作品。

图1 中国银行标志　　图2 中国工商银行标志　　图3 中国人民银行标志

以上所列标志设计，将汉字进行了一次又一次的象形性、图形化的处理，是运用已有的元素进行再创造，从而达到一个新的水平，进一步推动汉字的设计与发展。汉字的图形化处理易识别、易记忆，超越国界，具有感染力和渗透力，可与观者直接沟通。现代图形设计以传播为目的，是信息传播时代对字体与图形的基本要求，同样也是标志设计的基本要求，汉字在标志中的设计也应以此为基础。用图形去说话，更直观、更准确、更深刻、更广泛地传递信息。点、线、面的不同组合构成不同的图形，汉字的象形性，同样也是一种点、线、面的不同构成，这也为汉字的图形化处理提供了方便。点、线、面的不同构成有几何形态、有机形态、偶然形态。由几何点、线、面所构成的形态，给人以明快感、次序感。直线与曲线一起表现，可以产生许多富有表现力与个性的形态。以上标志就是几何形态运用成功的典范。有机形态与偶然形态给人以人性化的感觉，具有不规则性和偶然性。汉字书法中的行书、草书大多是有机形态与偶然形态，书法也是一门字体艺术，中国书法就是汉字的字体艺术，汉字的特殊性产生了中国书法别具一格的形式意味。中国最早的文字中，相当一部分是象形字，象形是描摹实物形状的造字法，这就形成了“以形示意”的突出特点。书法中的结字法是一个字的点、画安排与形式布置的方法；在我们的标志设计中同样需要“以形示意”，需要书法中的结字法。现代构成中的点、线、面布置与版面安排，我想与中国书法是有相同之处的。书法中的“计白当黑”“知白守黑”实质上就是版面的一种均衡与对比，是一种形态的安排。汉字艺术设计作为一个整体概念有着丰富的蕴涵和视觉形式。在平面设计中，汉字艺术设计承担着汉字信息传达的视觉化作用，是一种富有感染力的媒介设计。汉字作为设计中的主要元素，越来越成为一种有效的形式语言。在标志设计中，汉字的点、线、面的均衡与对比构成了标志的外在形态，形与意的结合构成了标志的特定意义。例如，第十届国际大学群英辩论会标志，该标志采用汉字“辩”字作为标志主体进行设计，中间的部分用红色的“草书”设计，表达了中国文化的底蕴和活力，以凹凸的图形表现正反两方面的辩论和对抗，标志中的黑白分割体现了正方与负方的概念。这是传统书法与现代图形的巧妙结合。中国福利彩票标志，该标志将中国的“中”字进行变形，倾斜字体，富有活力，给人以动感。同时，“中”字又代表着国家。“C”“P”两个字母是彩票的汉语拼音的首字母，这两个字母与“中”紧密结合，中间错位的形状表示三者为众的概念，同时向大家传达了中国福利彩票的存在的广泛性。此标志在文字排列的方向上恰到好处，倾斜的字体增强了视觉传播力度。

图4 第十届国际大学群英辩论会

图5 中国福利彩票标志

三、目前标志设计中汉字艺术设计的片面性

标志中的汉字几何形态运用较为常见，有机形态与偶然形态的运用不多

见。目前国内的标志大多以拉丁字母和汉语拼音的结合为主,以此为切入点进行设计,这是目前标志设计的时尚,我想这是汉字艺术设计的不足造成的。标志中的汉字设计应注意所用文字是否有定位的代表性,是否具有较强的个性,是否会影响视觉识别。同时,也应注意形态的变化,不要强行曲解,改变形态,以免影响视觉的传达或造成误导。

标志设计中,以汉字为主体的标志设计,应根据主题和创意点选择合理的字体进行设计,艺术夸张以字形、字意为基础,寻求合乎逻辑的发展与变化,遵循设计规律,使主题思想深化,进而达到以少胜多、以小见大的视觉效果。借鉴西方设计中先进的设计理念,东西方文化的交流与融合会推动汉字设计的进一步发展。要在有限的空间内充分体现标志的艺术性,需要达到功能性与审美性的统一,以汉字为主体的标志设计,要注重挖掘汉字本身的美感,并以各种手法处理,这样,标志中的汉字艺术设计将会达到一个新的水平。

浅谈信息技术对培养农村学生自学能力的影响

合肥市肥东县费集学区中心学校　焦云逸

信息技术代表着当今先进生产力的发展方向，信息技术的广泛应用使信息的重要生产要素和战略资源的作用得以发挥，使人们更高效地进行资源优化配置，从而推动传统产业不断升级，提高社会劳动生产率和运行效率。信息技术的发展和普及使得许多领域受益于它的方便、快捷，尤其是当信息技术运用在教育领域时，其为教师和学生带来的便捷更是难以想象。我国农村在教育上有时面临着资源稀缺的困境，尤其当农村学生在进行自学时，可能无从下手。信息的闭塞给农村学生的自学带来了一定的困难。然而，随着信息技术的普及，越来越多的农村学生开始借助信息技术学习，并取得了一定的效果。

一、信息技术在农村学生学习中的存在方式

（一）以网络为载体的学习信息收集

随着信息技术的发展日趋成熟，信息技术也改变着农村学生的学习、生活。信息技术凭借着资源众多、渠道广泛的特点，为农村学生自学提供了许多的相关资源和信息，从而解决了农村学生在自学过程中面临的最基本的问题——资源匮乏、信息稀缺。随着信息技术在其中的运用，农村学生可以通过网络收集更多的学习信息，从而提高学习效率。例如，通过信息技术课程中的打字课程、网上冲浪课程，学生可以通过信息检索接触到更多的信息，通过信息的处理，又进一步锻炼了自己分析信息、处理信息的能力，进而给农村学生在自学过程中遇到的疑惑提供一条便捷而有效的途径。农村学生在学习过程中大部分只能接触到表现形态中的软技术，工作流程中的信息获取，传递和存储技术，使用的信息设备中的电脑、电话、广播、电视等一般性技术，以及技术功能层次中的基

础层次技术。不同于城市学生对信息技术的使用,农村学生往往只能接触到最基本的信息技术,即利用网络进行基本信息的收集、存储和交流,以及接触简单的信息设备,如电脑、电视等,城市学生所接触的信息技术往往比较全面,也更加复杂和高级,因此能获取更多的信息以及资源。

(二)创建多对多学习平台,直观进行学习交流

随着信息技术在农村的普及,农村学生开始利用信息技术在网络上寻求学习、交流平台,农村信息技术课程的开展和网络的普及,使得这种交流变得更容易实现,BBS、微博、百度论坛、豆瓣、知乎等都为他们提供了交流平台,而QQ、微信等即时通信软件更为他们提供了交流的便利。有钻研精神的学生甚至可以自己做一个网站,通过信息技术向大家展示自己的生活、学习,并找到相同学习进度的人交流。信息技术的运用让他们更多地了解了外面的世界,让他们了解了更多同龄人的生活。

二、信息技术对农村学生自学能力的影响

(一)信息技术有助于激发农村学生的自学兴趣

事实上,对于大部分学生来说,自学是枯燥和艰难的,尤其是一堆理论让人感觉枯燥乏味、难以坚持的时候。然而,信息技术的存在在一定程度上缓解了这一问题。之前,农村的信息相对闭塞,学生接触到的知识较为单一,当信息技术出现后,往往能激发出农村学生浓厚的自学兴趣。借助于信息技术手段,学生可以在任何时候、任何地方对老师提出的问题进行深入的分析和研究,然后开展讨论、交流,从而更好地把握和理解所学知识。农村学生在借助信息技术的自学过程中还可以根据自身的基础以及兴趣、爱好来选择自己要学习些什么,学习难度如何以及相应的方式。形式多样的学习方式能够给农村学生的自学带来耳目一新的感觉,从而将他们从枯燥无聊的传统教育模式中“解救”出来,激发他们自学的浓厚兴趣。

“合肥市教育云平台”在我校的深入使用,为学生增添了一种新的学习方式。网站提供了大量的资源,学生可以在家观看教师录制的微课,观看不同老师上的同一节课,阅读大量的相关资料,从而形成自己的见解,带着自己的收获和疑问,和同学们探讨、在平台上给老师留言或在课堂上跟老师讨论,这极大地

丰富了学生的学习方式，也给了学生极大的自由，可以激发学生的学习兴趣。

（二）信息技术优化了农村学生的自学方式

伴随着信息技术在教育领域的应用，学生的自学方式也不仅仅局限于“抱着书本啃”，信息技术的发展为农村学生的自学提供了一种全新的、更加优化的自学方式。例如，枯燥的理、化、生实验，如果引入信息技术的使用，虚拟实验和实验的模拟演示就能辅助学生加深对这部分知识的理解，以此弥补学校在实验器材经费投入有限或任课教师没有足够的时间让学生做出完美的实验的不足。

信息技术课程的常态化开展为学生应用信息技术提供了保障。就我们学校而言，我们学校地处肥东县的一个偏僻乡镇，而大多数老师住在合肥市区，每天开车来回近两个小时。所以，老师可能没有办法及时对学生课后学习中遇到的问题给予指导。但是有了信息技术，学生可以通过互联网搜索问题的答案。如果依然无法解答，可以通过网络平台与其他有同样需求的人对话，做到直接问答、讨论、沟通、指导和学习等，形成协作学习。也可以通过QQ群、微信群向同学、老师寻求帮助（我校每个班级的学生和老师会建自己的班级群）。通过这样双向甚至多向的学习、交流，优化了农村学生的自学方式，为他们带来了更好的自学效果。通过这样的学习方式能够培养农村学生的协作意识和能力，学生们也能在学习过程中获取更多、更全面的知识，从而拓宽其知识面，增强其自学能力。

（三）信息技术提高了农村学生的自学效率

农村资源和信息的匮乏是农村学生在自学过程中面临的问题之一，而信息技术的存在很好地解决了农村学生自学过程中遇到的学习问题。其一，信息技术的存在便于农村学生在自学过程中通过信息技术进行信息的采集和浏览，增强其信息取舍的能力和信息收集的能力，通过信息技术的使用从而培养农村学生的自学能力，提升自学效率。其二，信息技术在农村学生自学过程中的使用使得他们能够融入整个信息交流和采集的过程，由于需要自己摘取信息、识别信息，这一过程加强了他们对信息的识别能力，并逼迫他们去了解不懂的信息。长期利用信息技术进行课后自学，农村学生的识别力和阅读能力会增强，这种主动式的、交互式的学习，使得农村学生的自学能力得到显著提高，从而获得良好的自学效益。

例如,我校的张同学,在学校进行信息技术教学时,可以自己动手操作而非如传统课程一样被动接收信息,该学生显得格外积极,他开始倾向于利用Excel等办公软件整理信息。通过搜索资源,他整理出到黄山旅游费用的相关信息,并向老师提出带领大家去黄山游玩的建议。虽然最后没有去成黄山,但是,张同学这种将所学知识应用到现实生活中的精神十分值得称赞。还有,一些男生害怕学英语,因为一些游戏的存在,男生在玩游戏的过程中主动学习了英语。学生的反应告诉我们,这类游戏的存在使得他们原本认为枯燥、无味的学习变得特别有趣,并且更容易记住相关内容,思维也会更加敏捷。

如今,信息技术已然成了人类生活中必不可缺的技术与手段,在如今这个信息爆炸的时代,学生掌握和运用信息技术已经成为一种必然。信息技术对于农村学生更是学生学习丰富知识的来源,农村学生在主动学习信息技术的同时,培养了学习兴趣,调动了积极性,也掌握了其他学科的相关内容,让学生学得轻松、学得扎实,充分体现了信息技术的教学优势,让学生感受到学习信息技术给生活、学习带来的无穷的乐趣和精彩。

参考文献

[1] 马健.农村中学数学教师专业发展需求研究[D].兰州:西北师范大学,2006.

[2] 明坤仙.中学生综合能力发展的现状调查[D].济南:山东师范大学,2005.

[3] 刘元国.多元视域下高校篮球专修课教学创新研究[D].大连:辽宁师范大学,2014.

[4] 张竹慧.初中学生信息技术学科自学能力培养策略的研究[D].苏州:苏州大学,2010.

[5] 潘利嫔.新课改背景下农村高中信息技术高效课堂的实践研究[D].桂林:广西师范大学,2014.

“鸡兔同笼”问题教学探究

淮南市潘集区古沟中心学校　李贵玉

人民教育出版社六年级上册的“数学广角”中安排了“鸡兔同笼”问题，题目是源自古代数学名著《孙子算经》：今有雉、兔同笼，上有三十五头，下有九十四足，问雉、兔各几何？课本借此情境，对学生进行了爱国主义教育，同时也激发了学生的求知欲。因为原题所牵涉的数字比较大，不利于学生进行探究性学习，所以教材的编者改编了这道题目，把其中的数字“小”化了，变为“笼子里有若干只鸡和兔。从上面数，有8个头，从下面数，有26只脚。鸡和兔各有几只？”教材中主要介绍了列表法、假设法、方程法等，但是如何引导学生用这几种方法去解决问题，如果学生预习了有可能会说出这几种方法，如果学生事先没有预习，让学生想出这些方法可能会存在一定的困难，同时这几种方法是不是就一定要按照教材所呈现的顺序，先介绍列表法，再介绍假设法、方程法，这几种方法如何联系在一起，如何由一种方法自然过渡到另一种方法，解决“鸡兔同笼”问题有哪些需要注意的地方，我通过课前研究、课堂教学实施及课后学生作业反馈，特总结如下：

一、精心准备，化难为易，灵活处理教材

在教这部分内容时，一部分教师上课只重视介绍假设法与方程法，忽略其他方法，并且让学生死记硬背。学生运用此方法，的确可以解决这一类题目，但学生还不能说清楚解题思路。另有一部分教师采用看起来比较开放的教学方法，让学生自己想方法解决此题，然后对学生想到的方法进行点拨。但学生很难想到多种方法，并且学生表达起来也不十分清楚，最后只有教师本人加以总结后介绍。在处理这部分知识时，我认真地阅读了教材，根据以往教师教学情况及本班学生学习实际情况（学生分析、解决问题能力比较差），发现如果是采

用教材中所安排的流程，我班学生的学习效果不会很好。所以在处理教材时，我根据小学生爱玩的特点，让学生用简笔画将题意画出图来，有很多同学能利用画图的方法，方便、快捷地找到问题的答案，但我问到底要画几只鸡、几只兔，你是如何想的，很多学生都说是试了几次找到的答案。那么有没有更为快捷的方法呢？我找了5位同学到讲台上来做一个游戏，问他们可以看成几只什么？有几只脚？生：可以看成5只鸡，有10只脚。那么让他们全趴下，可以看成什么？有几只脚？生：看成5只兔，有20只脚。如果此时一共只有16只脚，那么应该有几只兔要变成鸡？你是怎样想的？生：我认为应该把其中的两只变为鸡，因为现在比刚才少了4只脚，而每只兔比每只鸡多2只脚，现在只有把2只兔变为2只鸡，才能少4只脚，所以……然后我和学生们对他所说的结果进行验证，发现他的结果是正确的，道理说得也比较充分，接着我又找了几个同学，说了下自己的想法。然后让学生在纸上画，如果全部是鸡，该如何画？生画图（见图1）。

图1

这时一共有多少只脚呢？生：2×8＝16（只），那么比题目给出的脚多了还是少了？多（少）了多少只脚？26－16＝10（只），那现在应怎么办？生：把其中的小鸡加脚变成小兔。一只小鸡想变成小兔要加几只脚？共要为几只小鸡加脚呢？生边说边动手操作，每只小鸡只能加两只脚，多一只少一只都不行，那样就不是小兔了（见图2）。

图2

那么谁能够把刚才画图、改图的过程，用算式表示一下呢？学生思考后，举手板演。生：2×8＝16（只）

26－16＝10（只）

4－2＝2（只）

10÷2＝5（只）

8－5＝3（只）

我让学生说清每一道算式是求什么的，再让其他学生评价他说得对不对。

刚才我们是把这些动物全设想成小鸡，那么大家能不能把这些动物都设想成小兔呢？这样又应该如何画图？怎样修改图？如何列式呢？学生动手操作，明白要把其中的几只小兔擦去两只脚，变为小鸡。学生根据刚才的方法自然而然列出算式：4×8 = 32（只）

32 − 26 = 6（只）

4 − 2 = 2（只）

6÷2 = 3（只）

8 − 3 = 5（只）

其实这里的方法就是教材上所介绍的假设法，我是根据画图法来帮助学生建立模型，引导学生分析，自然而然列出算式，让学生掌握了假设法。接下来，我让学生看下面的表格：

鸡									
兔									
脚									

我引导学生把上面假设的过程先填入第一列，如果全是鸡，对着“鸡”填“8”，那么对着“兔”应填几呢？因为鸡和兔共有8只，所以对着兔只能填“0”，这时一共多少只脚呢？学生列式：2×8+0 = 16（只），并将数据填入表中。这个数据与题目所给的条件不吻合。我就引导学生思考如何保证填表时既不重复又不遗漏？要按顺序填。这时让学生把小鸡变为“7”，小兔为“1”，共有脚：2×7+1×4 = 18（只），仍不符合条件。让学生按顺序填完表格，找出符合条件的一组，圈出来。当然学生找出结果后，不继续填也可以。我告诉他们这种方法叫“列表法”，很多问题可以用这种方法找到答案，只不过对于数字较大的问题用起来比较麻烦。

师：除了刚才介绍的几种方法，大家还可以用什么方法解答此题吗？

生：用方程法。

师：这里要求的问题中有几个未知的量？

生：两个。

师：那么我们应该把谁用未知数表示呢？

我引导学生，可以把其中的鸡或兔用x表示，另外一个用$8-x$来表示。然后，我让学生说出等量关系式并列出方程、解方程。教师这时要注意巡视，给予有困难的学生适当的帮助。

师:今天我们研究鸡兔同笼问题,你掌握了几种方法?

生:画图法、假设法、列表法、方程法。

师:现在让大家解答《孙子算经》上的原题,你能解答吗?你打算用什么方法呢?

很多学生都说用假设法或方程法,我问他们为什么。他们说用另外两种方法需用很多时间,比较麻烦,用假设法或方程法能够很轻松地完成此题。

师:大家刚才用我们所介绍的方法,做出"鸡兔同笼"问题的答案,大家想不想看看古人是如何做出此题的?请大家自学教材第114页的"阅读资料",不明白的地方大家一起来讨论。

学生通过阅读又掌握了一种方法,也感受到了古人的聪明才智。这节课上学生画着、写着、说着,在玩中掌握了"鸡兔同笼"问题的解决办法,增强了学习数学的信心。

二、抓住重点,以说带动学生分析理解,提高学生解题能力

在学生用画图法找出问题答案时,我重点让学生思考修改图的过程,如何快速找出应该要修改几只鸡(兔)?为什么要如此改?在学生用假设法列出算式后,重点是学生能说清列出每一步算式的依据,通过不断追问、回答,我们先假设全是什么,先求出了什么,再求了什么;为什么假设全是鸡,先求的不是鸡,而是兔?让学生联系图去说这里的每一步"为什么",让学生反复说,用不同的方法说,说清来龙去脉。对于课后的习题,可以让学生对照题目,说一说可以把什么看作"鸡",什么看作"兔",什么看作"头",什么看作"脚",把它们全看作什么,先求什么……在说的过程中明白解题的思路,培养学生的语言表达能力及分析解决问题的能力。

三、注意题目的难度引申,进一步提升学生思维能力

对于教材中的"做一做"习题及练习二十六中的大部分题目,学生已经能够根据课堂上所学的方法,独立分析、解决了。但对于教材中的第4题,因为题中"答对一题加10分,答错一题扣6分",学生在解答时,部分学生出现了错误,学生列式:$10-6=4$(分),方程出现:$10x+6\times(8-x)=64$,可见学生思维出现了定势倾向,这时我引导学生弄明白:这里一只兔到底比一只鸡多几只脚?也就是答

对一道题比答错一道题会多得多少分？答错一道题比答对一道题会少得多少分？通过引导，学生明白了答错一题该得的10分没了，又从答对的分里扣了6分，这样就损失了10+6＝16(分)，这时学生豁然开朗，顺利解决了问题。

四、"鸡兔同笼"问题在教学中的问题及对策

1.单位名称使用不正确

可能是教材例题中鸡兔同笼问题，鸡、兔的只数与脚的只数都使用了单位名称"只"，有少数学生可能在做题时，不细心或是不理解某一步是求什么，五个算式都使用相同的单位名称。对于这种情况，我把学生找来谈话，问清每一步解题依据，学生在我的帮助下能够正确使用单位名称了。

2.假设与计算时使用数字不对应

在做题时，有学生明明假设了全是鸡，而在算总脚数时却去用一只兔的脚数去乘，或者明明先假设了全是鸡后算出结果，写答案时又把答案中的鸡与兔的只数数字弄颠倒。面对这种情况我要求学生如果选择假设法，不可以使用综合算式，分步时要写清每一步的解题步骤或是小标题。

3.审题不细致、程序化

有部分学生在遇到类似的题时，不去认真分析要求的是什么，往往把鸡与兔的只数都求出来，而题目只求鸡或兔的只数；还有一部分学生不去看是要求的是什么，随便假设一种，不考虑假设什么可以使过程更简化一些。面对这种情况我进行强化练习，不用最简方法的同学用最简的方法再做一遍，这样更利于培养学生的审题能力及良好学习习惯的养成。

4.具体每一份多(少)几，使用方法不正确。

就是如同前面所说的，有的同学面对不同题时，如倒扣分、蜗牛下滑等，每一只鸡比一只兔少几只脚，该用什么方法，有同学出错，还不能正确理解。我通过让学生画一画、说一说、比一比、算出结果验一验来帮助学生正确分析数量，弄清方法来正确解答问题。

5.解方程过程出错而结果正确

在鸡兔同笼问题中，有些学生用方程法根据数量关系能正确列出方程，因为学生列出的某些方程在以往的教学中没有学习过类似方程的解法，一次两次练习后学生仍不能掌握，如：$10x-6(8-x)=64$，$10x-48-6x=64$。

面对以上出现的问题，我首先向学生讲清，每一步变化的依据，尽可能让学

生列出自己能独立解决的方程，对于学生难于接受的方程解法，让学生明白每步变形依据后，再多加练习，掌握复杂方程的正确解法。

6. 习惯模仿，不肯动脑

在教学中发现，学生遇到类似“鸡兔同笼”问题时，学生往往使用假设法去解答，而不喜欢选用方程法，因为用方程法步骤比较多，解起来又容易出错，所以学生多就仿照例题的方法，模仿解决有关问题，但是从课后练习发现，较简单的题目学生可以解决，但稍复杂一点的题目，学生用假设法不能解决而用方程解决问题的能力又比较差，就不能正确分析题目并列出方程，如“百僧问题”“九头一尾九尾一头”问题等。所以在平时练习时我也注意了这一方面，有些题目就让学生用假设法和方程法两种去解决，这样既训练了学生用方程法解题的能力，也培养了学生从多角度解决问题的思维，帮助学生更扎实地掌握这个问题。

参考文献

[1] 童启辉. 新课改下的小学数学启发式教育[J]. 中华少年，2018(30):298.

[2] 黄雄莉. 浅谈“鸡兔同笼”问题对学生数学思维的培养[J]. 教师，2018(24):42-43.

[3] 杨群英. 小学数学教学中如何培养学生良好的学习习惯[J]. 中华少年，2018(30):34.

[4] 陆乐. 新课改背景下小学生数学思维能力的培养研究[J]. 科学咨询(教育科研)，2018(37):26.

多彩活动　助力课堂

合肥市肥东县梁园镇路口学区中心学校　李怀霞

我们许多教师对如何让数学课堂教学更有效研究颇深，这些研究多集中于对数学教学中的教学理念、教学方法、教学措施等方面的探索，为我们提供了丰富的理论指导和坚实的实践基础。但我们的小学课堂教学时间只有40分钟，而且受小学生的生活经验、知识特点和认知规律等的限制，打造有效课堂的教学目标需要我们在课堂教学前和课堂教学后的有效配合才能更好地实现。下面我就课堂教学之前的准备性活动和课堂教学之后的实践性活动谈谈自己的一些认识和尝试。

一、做足课前准备，为打造高效课堂铺路

对于低年级学生而言，通过具体的活动让学生学习数学非常重要。包括我在内的数学老师们力求创设贴近学生生活实际的数学情境，让课堂教学更具实效性。但是受时间、空间和学生已有生活经验等条件的限制，有些活动很难在课堂上展开。这就需要我们教师合理安排，充分利用课外的生活资源让学生获得必要的活动经验和感性认识。

《义务教育数学课程标准（2011年版）》指出：数学教学活动必须建立在学生的认知发展水平和已有的知识经验基础之上。儿童认知的数学起点并不是科学，而是他们在自己生活实践中形成的经验。对低年级学生来说，一些较大的数（如千、万）、长度单位（千米）、重量单位（吨）等教学内容难以理解，因为他们在平时的生活中很少直接接触，缺乏最直观的感性认识，这就需要我们在课堂教学之前有针对性地设计一些因地制宜的感知活动。

[案例一]：二年级下册的“1000以内数的认识”这一课，既是大数认识和计算的基础，也是数感培养的基础。一份调查显示此时学生对1000已经有的认

识，而且获取知识的渠道比较丰富；对相邻两个计数单位之间的进率也有超过一半的同学已经大致掌握。从调查中还可以发现多数的学生有不错的数数能力。

苏霍姆林斯基说过："儿童的智慧在他们的手指尖上。"动手操作可以帮助学生获得大量的感性认知。而数(shù)来源于数(shǔ)，学生对数的认识离不开数数的过程。鉴于此，我设计了一个"数1000粒粮食大挑战"的活动。但是这次活动在课堂上完成难度很大，于是我就在课程前两周做了布置。活动要求：①可以数大米、绿豆、花生米等身边常见的实物；②从一开始，一个一个地数到1000；③每100粒分装一袋。遇到困难时，可请教家人。其间，我每天询问学生的进展情况，不断地鼓励他们。两周后，学生都把自己的"战果"带来了，大袋小袋堆满了讲台。同学们纷纷畅谈自己的数数感受，相互交流：有的觉得胳膊酸手疼，有的说原来1000并没有想象中的那么多，有数到"拐弯处"遇到困难的，有的说知道了原来1000里面有10个100，有的说终于完成了一件大事感到很自豪……经过这次活动，学生们对1000有了初步的认识，体会到了完成挑战后的成就感，同时也锻炼了他们的毅力。

[案例二]：在教授人教版数学三年级上册"千米的认识"，由于"千米"是一个较大的长度单位，对学生来说比较抽象，我就设计了一个课前"走一走"的活动。在课前让学生在家长陪同下利用公路边的里程碑，走完一千米或两千米的路程，记录下大约用了多长时间，写一写自己行走过程中的感受。让抽象的概念变得具体化。

学生经历了"数一数""走一走""摆一摆"等形式多样的感知活动，在动手操作中体验数学，在数学游戏中感知数学，积累了丰富的感性材料和活动经验，为课堂教学目标顺利完成开启了"一扇窗"。需要注意的是：在此类活动中不要让生活元素冲淡了数学元素，教师要预留目标性的数学问题，引导学生积极地进行数学思考。

二、课后实践活动，为课堂教学添彩

学习任何知识的最佳途径是通过自己的实践活动去发现，因为这样发现理解最深，也最容易掌握内在的规律、性质和联系。课后实践活动最好能留给学生足够的时间和空间，让每一位学生都有机会参与到活动中去。教师可放手让学生去探索和实践，充分发挥学生的想象力和创造力，学生自己去思考、去合作、去发现，让数学知识在活动中得到进一步的内化和提升。

实际教学中我发现学生对一些抽象且集中出现的概念以及他们之间的相互关系掌握起来相对较难，比如像长度单位千米、米、分米、厘米、毫米以及它们之间的进率关系，面积单位平方厘米、平方米、平方千米、公顷以及它们之间的进率关系，时间单位时、分、秒等。针对这些内容，教师可以利用课后时间设计一些针对性强的、有现实意义和挑战性的实践活动。

[案例三]：在人教版数学三年级上册“测量”这一单元中，长度单位间的进率关系及换算是空间与图形方面的教学难点。由于呈现的长度单位比较集中，学生在实际使用中容易出错。针对这一现象，我便让学生利用兴趣小组活动时间自由创作和出演以长度单位为内容的“数学课本剧”。学生们已经参加过几次“语文课本剧”的表演，第一次创作“数学课本剧”，积极性很高。小组展示的时候，同学们的想象力和创造力让我惊叹，演出收到了很好的效果。现列举两例：

剧情一：以评选长度单位家族最佳成员为活动主题，参演学生分别戴上写有长度单位名称的头饰，展现各自的优势。如老大千米说：“我在家中排行最大，我一个能当老二1000个用。测量远近都靠我，我就是最佳。”老三分米说：“我有十个就能当老二（米），我是老四（厘米）的10倍，老五（毫米）的100倍，不长不短就靠我。”……最后长度爷爷说：“大家都很重要，我们是一家人，要团结起来。”

剧情二：以长度单位知识竞答为主题，分必答和抢答两个环节。一名学生当主持，其余成员分成两队，答对多者为胜。学生的竞争意识很强，抢答环节异常激烈。

整场表演下来，同学们对长度单位的进率关系有了深刻的认识。长度单位之间的数量关系在创作和表演中得到了内化和提升。

[案例四]：在教学面积单位认识及其进率关系时，我发现有些学生容易受长度单位进率关系的影响。于是结合我班学生爱画画的特点，我举办了一场以长度单位和面积单位为主题的“数学漫画”展演活动。学生在评选和欣赏漫画作品的同时，原本不清晰的数量关系渐渐明了了。

当然，像这种在课后展开的教学内容“再创造”活动，活动内容可以更多元化，形式可以更多样化。此类实践活动是以解决某一具体实际的数学问题为目标，让学生在解决具体问题的过程中理解、掌握和应用数学。学生在活动中培养了创新能力和合作交流能力,促进了学生的全面发展。需要注意在课后实践活动中引导学生进行探索性学习,尝试从数学角度分析和解决问题。

当然,课前准备性活动要想取得实际的效果,为课堂教学搬走前进道路上的绊脚石,需要我们教师切实做好备教材、备学生,从整体上把握教材,了解学生的认知发展水平,这样才能有的放矢,收到实效。在课堂教学后我们也应加强反思总结,找到教学中的不足之处,针对性地开展实践活动,为课堂教学查缺补漏。

如果把打造高效课堂教学看成是一个设计理念先进、规模宏大的工程,那我们教师既是设计师,又是建造者。我们中的每一个人都在为之努力,为之奋斗!

参考文献

[1] 杨豫晖.论课堂活动的有效性[J].教育研究与实验(新课程研究),2006(3):8-10.

[2] 敬菊华,张珂.关于学生课外活动的类型及其作用分析[J].重庆工学院学报(自然科学版),2007(3):122-124.

区域游戏中教师的指导策略研究

合肥市肥东县实验幼儿园(御景部)　刘思敏

一、区域游戏的指导现状

(一)区域游戏前的指导现状

幼儿园区域游戏的种类繁多,不同的区域游戏有着不同的特点,满足着不同幼儿的不同需求。在进行区域游戏前,通常有教师安排和幼儿自主选择两种方法。

表1　关于教师对区域活动选择的安排

选择形式	次数
教师安排	40
幼儿自主选择	28

通过上表可以发现,教师直接安排孩子进区域的情况较多,孩子自主选择的次数较少。当教师直接安排孩子进区域游戏时,会使幼儿自主选择性减少,经常会出现孩子在某一区域玩得不高兴或直接没兴趣而跑到其他区域去玩的现象。幼儿自主选择区域进行游戏则更多地尊重了孩子自己的意愿。

(二)区域游戏中的指导现状

通过观察发现,当孩子的游戏进行不下去或幼儿在游戏过程遇到了问题,不知道怎么办时,教师就会介入其中。教师在区域游戏中常采用的指导方法为言语式指导和非言语式指导。所谓的言语式指导就是教师通过语言对孩子的游戏进行指导。它有讲述、提问等具体的方法。而非言语式指导就是教师通过肢体动作或表情等方法对孩子的游戏进行指导。

表2 关于教师指导区域活动行为的不同方法所占比例

分类	次数	比重
言语式	36	75%
非言语式	12	25%

由表2可以看出,区域游戏中教师使用言语式指导比非言语式指导的所占的比重较大。言语式指导更能快速达到教师所要的效果,尤其是提问、建议这两种方法。这些方法可以使孩子能更准确地理解老师的意思,从而推动区域游戏的进程。例如我们经常能在区域游戏中听到这样的话"这个应该怎么做呢""你可以试试用那个工具"等。

(三)区域游戏后的指导现状

评价和反思是区域游戏后必不可少的环节。正确的评价和反思也许能让孩子获得更多的收获。

表3 教师对区域活动评价方式的指导

评价方式	次数
教师评价	28
幼儿自评	11
幼儿互评	20

通过表3可以发现,教师在评价中更乐于采用教师直接评价。这种评价方式更加直观,能让孩子更容易获得知识经验和情感体验。幼儿自评的评价方式则相对来说用得较少。

二、原因分析

(一)教师对自己在区域游戏中的定位

教师对自己在游戏中的定位将会影响他采取什么样的指导策略。当教师把自己定位成"合作者"的时候,他会在适当的时机加入游戏中。例如在小班"表演区"中,孩子由于年龄小很难进行合作表演,常常是你敲你的,我唱我的。这时教师若成为幼儿游戏的"合作者"就可以参与游戏中,当幼儿演唱时,教师可以带领其他幼儿一起为其伴奏。

当教师把自己定位成“掌控者”时，总会过多地干涉幼儿的游戏，会认为没有自己在一旁掌控局面，游戏就不能顺利进行，只有在他的意愿下游戏才能取得好的结果。

（二）教师与幼儿的关系

孩子与老师之间的关系也影响着指导策略的实施。亲密型的师幼关系是幼儿与教师之间处于一个平等的地位。此时，教师能认真听取孩子的意见，孩子也能听从教师的指导，在遇到问题时也会主动向教师寻求帮助。这时指导策略的实施往往能得到很好的效果。

漠不关心型的师幼关系表现为孩子在区域中玩，教师在一旁做自己的事。当孩子遇到自己不能解决的问题，老师的不关心会让孩子失去对游戏的兴趣，不再进行游戏。

对抗型师幼关系会让区域游戏的开展困难重重。在这种关系下，教师不喜欢幼儿的各种行为，幼儿也抵触教师的干预。当出现问题时，这种矛盾就更加激化，游戏中断也是正常情况。

三、指导策略

（一）区域游戏前的指导策略

孩子在进行区域游戏时，教师应该针对他们的需求让他们自主选择想要玩的区域。例如很多小朋友想在手工区玩橡皮泥，但是原来设置的是四个小朋友玩，这时可以把教室中空出来的地方作为手工区的延伸，这样就能容纳更多的幼儿。

在区域游戏前还有一件很重要的事，那就是对孩子规则意识进行培养。正所谓“无规矩不成方圆”，规则是游戏顺利开展的保证。教师在让孩子遵守区域规则时，不要每次都是告诉他们不能怎么做。“不”字带有强制性，孩子在三岁后就有独立的意愿，人们常称其为“第一反抗期”，教师经常使用带有“不”字的语言去指导幼儿会让有些孩子产生厌烦的心理，从而达不到很好的指导效果。教师可以采取让孩子在游戏前自己说一说应该注意什么，遵守什么要求这样的方法。如此一来，既避免了“不”字句的经常使用，也发挥了孩子的主动性，同时教师通过孩子的复述还可以掌握他们对规则的理解情况。

（二）区域游戏中的指导策略

教师应成为幼儿学习游戏的支持者、合作者、引导者。这要求教师在区域游戏中要能正确认识自己在游戏中的位置，采取正确的指导方法。

教师在区域游戏中要适时、适当的介入指导。区域游戏进行的时候，教师要让幼儿充分发挥他们的自主性，让其在探索中体验成功和失败，培养他们克服困难的信心，提高他们解决问题的能力。如中班幼儿在进行拼图游戏时，无论怎么排列都不能拼出完整的图案，当幼儿快放弃时，教师可以介入，先让幼儿观察拼好的完整图形，然后引导他们发现图案中有什么明显特点，接着就可以让幼儿自己去组拼。

当然，介入指导区域游戏要有正确的方法。教师常用的就是用语言来指导幼儿的游戏行为，这也是因为语言指导具有直接明了、表达清楚的特点，能较快达到教师所期望的效果。

教师常用的指导语有询问。如在分配"土豆餐厅"的角色时，教师询问孩子"你想做什么呀""你要选什么角色啊"，目的是引起幼儿的思考，帮助幼儿逐渐学会自我选择，对自己的行为有明确的判断力。另外，教师应当用提示性的语言，当幼儿遇到困难不知所措或做游戏缺乏目的时，教师用一两句简单的建议性提示，帮助幼儿解决问题，以促进游戏顺利开展。在用语言进行指导时肯定语也是必不可少的。当教师发现游戏中幼儿表现出的创造性行为或游戏中表现出良好的意志品质如自觉遵守规则、团结合作等，就要及时给予表扬，从而让幼儿好的行为品质得到发展。

并不是所有的指导都要说出来才能得到好的效果，"此时无声胜有声"表明非言语的指导有时也能达到教师想要的效果。例如在图书区中，孩子在看书过程中出现了吵闹，这时教师可以做出噤声的动作给孩子进行引导，也可以指一指图书区的噤声标志来引起孩子的注意，这样的指导方式比直接说明更有效。

（三）区域游戏后的指导策略

区域游戏结束后的教育价值是不可轻视的。教师在结束游戏后让幼儿回忆他们做过的事，能让他们对自己的行为有着更清楚的认识，而且也可以通过评价环节为幼儿提供学习别人经验的机会。

幼儿在3岁以后自我意识就逐渐发展，在中班时，能进行简单的自我评价。

教师在区域游戏结束后让孩子就自己刚刚游戏中的行为进行自评，让他们反思自己的行为能提高他们自我认识水平。例如一名幼儿在玩“娃娃家”后评价自己说：“刚刚的游戏中我帮助了其他小朋友回家，但是我没有在游戏结束后收拾东西。”这样的评价会让孩子自己有更深刻的记忆，在以后的游戏中扬长避短。当然，教师评价和幼儿互评的方式也要交互使用。

区域游戏的重要性要求我们必须重视它，在对区域游戏进行组织与指导时，要让其真正体现“以幼儿为主体”的教育发展原则。在区域游戏中，教师必须尊重和关爱每个孩子的成长，帮助他们形成正确的行为习惯和良好的学习品质。

参考文献

[1] 吴美云.浅谈幼儿角色游戏的指导[J].教育导刊，2008(2)：19-20.

[2] 黄显军.区域游戏空间创设的个案调查及分析[J].幼儿教育(教育科学)，2015(1，2)：26-29.

浅谈中等生的心理障碍及其对策

淮南市寿县张李小学　罗玉胜

在以培养创新人才为教育主旋律的今天，我们都清楚地认识到创新能力要从小培养，要挖掘每个人的创新潜能。然而，在实践中，我们已经形成了一种"抓两头，带中间"的格局，并在教师的潜意识中加以强化，从而导致了事实上的"忙两头，丢中间"的局面，中等生就是在这一情况下产生的。

在教育中，我们发现这些被教师遗忘的"角落"，或多或少地存在着不同的心理障碍，如自卑、负重、惰性、自负、失落等。

一、中等生的心理障碍及成因分析

（一）由消极的自我评价而产生的自卑心理

中等生处于中间状态，学习上赶不上智优生，很少受到老师的表扬，有时家长指责其不上进。因此，他们认为自己没有出息，在课堂上、集体活动中失去自信，不相信自己的能力，面对困难时，胆怯心虚，思维和应变能力明显减退，产生强烈的自卑心理。而这种自我否定意识一旦形成并发展，就会严重影响学生的心理健康，使他们难以产生创新意识，更无法发挥其创新能力了。

（二）由强烈向上竞争的心态而产生的负重心理

中等生的"中"字说明他们在学习上有一定的基础，但离智优生还有一定的差距。在学习中，他们大都努力向上，认真学习，课堂上表现良好，希望得到老师的关注，希望成为父母眼中品学兼优的孩子。在注重培养创新能力的今天，他们更多地表现为认同接受智优生的创新见解，而无自己独特的想法，墨守成规地学习，有时偶尔闪现出创新的火花，也因怕被同学笑话而熄灭，在思想上背上了沉重的负担,造成心理疲劳,久而久之也就无法发挥其创新能力了。

(三)由家庭过分溺爱而产生了惰性心理

现在的小学生大都是独生子女,生活优越,父母特别是祖辈比较溺爱,而中等生在学习上居于中等,有些家庭对孩子要求也不高,每次考试只要成绩不是太差就行,这恰好是中等生轻而易举就能做到的。由于家庭的影响,这些学生怕吃苦,怕困难,容易满足,他们甚至向其他同学或老师炫耀父母的观点,甘于居中,没有太大的上进心,长此以往,他们的惰性心理也就抹杀了其创新意识和创新能力。

(四)偶然的成功带来的自负心理

中等生的智力起点不低,智慧的火花也常闪现,有时也能跟智优生较一回劲,考试也有得高分的时候,由于长期居于中等,这偶然的成功使中等生内心产生兴奋,“我一点也不比他们(智优生)差,他们有什么了不起。”“只不过我不认真学习,用功起来肯定比他们强。”偶然的成功使有些中等生觉得自己也很了不起,产生强烈的自负心理,这种自负心理不仅不利于中等生的心理品质的发展,同时也限制了其创新潜能的发挥。

(五)由教师“遗漏”而带来的失落心理

中等生由于长期处于中间状态,在学习上不被教师注意,似乎这些人多一个也行,少一个也无所谓,教师往往把精力用于培养智优生、照顾差生,对部分中等生存在“遗漏”现象。课堂上中等生也积极思考,往往教师不太关注他们,中等生心里产生了许多怨言,“老师只请他们,一直不请我回答”“反正老师不请我,我就不举手了”。有些中等生因此在课堂上故意捣乱,跟智优生作对,失落感越来越强烈,造成不健康的心理,这样的学生如何发挥其创新能力呢?

二、中等生的心理障碍对策建议

(一)平等对待学生,用发展的眼光看待中等生

老师首先要做到生生平等。在教育中我们不能只盯着几个智优生,抓住几个学困生,而应平等地对待每个学生,让中等生也体会到老师的关心,消除中等

生的失落感，把师爱平等洒向每一个学生，用发展的眼光看待中等生。其次要做到师生平等，教师要充分尊重学生，把自己和学生放在平等的位置上，让学生有话敢讲，消除中等生对教师的畏惧心理，创造融洽和谐的沟通氛围，这样才有利于培养中等生的创新能力。

（二）引入竞争机制，培养中等生的自信心

心理学家曾做过竞争条件下小学生创造思维的实验，结果表明每个年级的学生在思维的灵活性、清晰性和流畅性等方面都远远优于非竞争条件下的情况。而中等生由于长期生活在智优生的阴影下，对自己信心不足，缺少应有的竞争向上的动力。因此，在教育中，我们要引导中等生积极参与竞争，让他们知道在竞争中失败是不要紧的，敢与智优生一起竞争本身就说明了自己的勇气；失败是成功之母，要做到胜不骄，败不馁，跌倒了再爬起来。对中等生取得的成果多用肯定评价，让学生懂得自己之所以有这样的进步完全是由于自己的态度和努力，保护其自信心。一个对自己充满信心的人，必定能在竞争中充分发挥他的创新能力。

（三）热烈期待，让中等生体验成功的乐趣

据调查，大多数中等生在家庭中，其父母对其要求较低，对其学习习惯、行为方式、道德品质等没有太过严格的要求，较多的家长采取放任式，只要孩子不出事就行，这样的学生如果没有教师的正确引导，不可能产生多少创新意识。心理学研究表明，人的积极性主要来源于对成功的渴望。因此，要适当提高对中等生的期待，发挥“期待效应”，让中等生感觉到不仅智优生能做到，我也能做到，使中等生感受到成功的喜悦，让“我能行”的信念时时伴随其左右，并使之成为动力，中等生的创新意识必定增强。

（四）艺术地运用表扬与批评，引导中等生正确地认识自我

心理学研究表明，批评会造成人心理紧张，反应刻板、不灵活，表扬具有使人恢复信心、减少焦虑的作用。而中等生在各方面都不突出，可能在平时接受的批评多于表扬，有一定的逆反心理。针对这种情况，我们要切实把握表扬与批评的度，批评时要实事求是，击中要害，使学生产生强烈的震撼，切忌唠叨；而对于中等生的优点、平时取得的进步、萌发的创新意识等都要进行表扬，当然无

论是表扬还是批评，都是为了更好地发挥中等生的创新能力。我们要把握好分寸，正确地运用表扬与批评，使学生获得人格的尊重，获得积极向上的内部动力，让中等生在不断自我完善中正确认识自己。事实表明，许多事业上成功的人，在学校并不是智优生，但他们都有着与众不同的性格和良好的个性品质与创新能力，这些因素对他们的工作和生活都起了巨大的推动作用。

参考文献

[1] 崔召博.对学生分等的质疑[N].中国教育报，2004-04-06.

小学数学课堂有效性教学的实践研究

淮南市潘集区第四小学　孟献萍

小学数学课堂有效性教学实践研究的目的是让学生爱上数学。小学数学课堂教学活动方式单一、内容贫乏，一部分教师不愿主动学习、接受新事物、新理念、更没有充分理解、内化知识的能力，缺少自己的体验和感悟，难以把提倡的教学理念转化成能力运用到教育教学实践中。所有这些都制约了小学数学课堂教学的有效性。

数学教学活动必须建立在学生的认知发展水平和已有的知识经验基础之上。激发学生的学习积极性，向学生提供从事数学活动的机会，帮助他们在自主探索和合作交流的过程中真正理解和掌握基本的数学知识与技能、数学思想和方法，获得广泛的数学活动经验，有效性课堂教学必须为实现这个理念服务。

一、有趣的课前律动是有效教学的“热身”

经过了轻松愉快的课间十分钟，上课伊始，学生还沉浸在刚才同学之间的有趣的话题或游戏中，怎样把学生的注意力快速转移到课堂教学中来，这就要求教师花一些心思创设有趣的情境，吸引学生的眼球。例如：我带的是四年级(4)班，为了让大家快速进入上课状态，我就编了几句课前“打气歌”，一边拍手一边唱：四(4)班，事事都如意。你行他行我也行，你棒他棒我更棒！最后一个“棒”字说完，大家必须全部准备好课本及学习用具并坐好。这样做既给了学生准备的时间，又激发了学生上好这节课的热情。又如现在正在学习三位数乘两位数，好多同学乘法口诀都不熟悉，我就让学生分成两大组，课前一组一句，边拍手跟着节奏，边背乘法口诀，活动中既有竞赛的“火药味”，又熟练地背诵了乘法口诀，为新课做好铺垫，提高了教学的效率。

二、生动的情境创设是有效教学的“引子”

良好的开端是成功的一半。把数学知识与生活联系起来，让学生不知不觉走入数学知识的殿堂。例如，在教学“一亿有多大”时，我拿了一张A4纸，让大家观察它的厚度（太薄了），你猜一下它可能有多厚，如果一百张、一千张，一亿张这样的纸摞起来，猜测一下会有多高。想知道谁猜对了或是谁猜的最接近吗？怎么验证？（测量、计算），循序渐进引入新课，遵从学生认知规律。又如在教学“鸡兔同笼”时，怎样把学生不太熟悉的教材内容呈现给大家呢？我联想学生虽然大多没养过小鸡或是小兔，但是好多同学养过其他小动物，于是设计了这样的情境：同学们喜欢小动物吗？（喜欢）你都养过什么小动物呢？（小猫、小狗……），课件再出示一些可爱的常见的小动物，通过有趣的情境激趣引入新课，提高了课堂的有效性。

三、操作的活动设计是有效教学的关键

听过了，忘记了；看过了，记不清了；做过了，记住了。所以我们要做一个“懒教师”，结合学生实际向学生提供与生活息息相关的素材，让学生观察素材所提供的信息，提出数学问题，先自己独立思考，想办法解决，再把解决的方法与小组的同学交流，最后再在全班汇报，总结。在此期间给学生充分进行数学活动的机会，帮助他们在自主探索和合作交流的过程中真正理解和掌握基本的数学知识与技能、数学思想和方法，获得广泛的数学活动经验。例如在教学“位置与方向”时，我是这样设计的：学生在日常生活中已经积累了一些确定位置的感性经验，而且通过第一学段的学习，他们已经初步认识了在平面内可以通过两个条件确定物体的位置。并随着年龄的增长，他们的语言表达能力、动手操作能力和自主探索能力都有所提高。因此，这节课我就通过串联一个个生活情境：小丽同学设计了一张校园运动图，邀请我们一起参加，我们该做些什么呢？生：要确定每个赛段的方向和距离。每个小组选一个赛段，动手操作你所要知道的数据，然后在小组里交流。汇报后提问：我们知道了每个赛段所行走的方向和路程，那想不想先试一试、练一练呢？其实小丽已经开始练习了。她还记录了一些数据，根据这些信息，你能提出什么问题？通过计算，你觉得小丽跑得怎么样？（有点慢）小丽也是这么想的，这不，她已经开始每天都到她家附近的公园锻炼去了。你能把她跑的路线画下来吗？小丽跑到公园又往回跑了，你能说

说她跑的路线吗？运动情境带领着孩子们走出课堂，发现问题、解决问题，让学生自觉地参与到学习当中去。整节课把一个个生活情境串联起来，教师在这儿只是一个提供信息的旁观者、引导者和赞赏者，把课堂还给了学生，让学生在属于自己的课堂上展示自己，使课堂教学的有效性得到体现。

四、良好的课堂纪律是有效教学的保障

要组织好课堂，需双管齐下。一管是讲道理，接班时就对学生说明："这个班不是只有你一个人，而是几十个人。如果大家随便说话，就不能认真听课了。所以，你做任何一件事都得先考虑：会不会影响别人？"对低年级小朋友可以把话说得更浅显一些："你一说话，就会影响别人听讲、答题，所以不能随便讲话。"儿童的天性是好动、好说、好问，有些小孩一刻也坐不住。因此需要二管：制定规矩，是规矩，就带有强制性，约束性。一开始，就要和学生约法三章——上课就应该怎样做，不能怎样做，违反了，老师要怎样处分等。"第二组同学坐得真端正。"如果你想让学生坐好，这样示范，其他小组马上也就坐好了。"XX同学的眼睛一直看着老师。"——其他同学也会盯着老师。"XX同学善于思考。"——"那我也想想"。人最怕独处，一个人可能很难自制，但是在集体里就不同，因为有同伴监督。小组教学即把全班分为几个组(如四大组)，上课时，不论哪个同学在哪些方面表现好，都在他所在的组上画一颗星；有人表现不好则擦掉一颗星。下课时，表扬表现好的小组。这样教室里就不止一个老师了，人人都是"老师"。

五、公正的多元评价是有效教学的"兴奋剂"

能得到老师的肯定和关注是每个学生梦寐以求的事情，因此，老师要细心观察学生，全面了解学生，倾听学生的谈话。表扬要有实指性，"你听他回答的声音多响亮呀""XX坐得多端正呀""你看他写得多工整呀""说不定你的想法就是最好的"这样既表扬了某些同学，又给大家做了一个表率。恰当地使用肢体语言，可以让学生感受到你的真诚和亲昵，拉近师生的距离。如抚肩、头，拉拉手，竖大拇指等。如果在适当时机和场合，不经意地说出某一个学生做的一件值得称道的事或值得称道的一种表现，他不仅会感到吃惊，而且会受到极大的鼓舞。

有些学生不能按时按质完成作业，经常一到教室小组长就告状XX作业又没写，或是写得不认真。还没上课，就开始有情绪了，影响了心情，也影响了上

新课的质量。怎么办？第一，尽量少留作业，特别是放假，有的老师趁机留很多作业，学生不开心，开学了有好多学生完不成作业，教师也生气。我就留很少的作业，有时干脆不留，约定假期大家好好玩，开学了就要好好学。第二，每完成一次作业，做得又对又认真的，就可以换一个对勾，积五个换一颗星，月底比比谁得的星多。对于表现好的学生，可以用小礼物进行奖励。

六、整合的数学课堂是有效教学的“润滑剂”

《基础教育课程改革纲要（试行）》提出：“改变课程结构过于强调学科本位、科目过多和缺乏整合的现状，……体现课程结构的均衡性、综合性和选择性。”我在课堂教学中也十分关注课程学科间的联系与整合，着眼于学生核心素养的发展。通过重组、优化、融合适合学生的课程资源，以探究数量关系和空间形式为核心，以问题解决为载体，以提升数学素养、实践能力和创新意识为最终追求。例如在阅读例题时要求学生把数学概念、定义、结论等也朗读出来，重点词、句重读，男生读，女生读，一起读，让数学知识也像语文知识一样生动起来。学几句方言、网络语言、唱几句小曲，偶尔露一手，让学生觉得老师多才多艺，惊讶不已，又和学生拉近了关系。用各种字体书写板书，用彩色粉笔勾勒出简单的图案，美化了板书，陶冶了学生的审美情操。每单元学完了，让学生制作手抄报，既复习了知识，又让学生的美术才能得到发挥。学习到长度单位千米或是面积单位公顷和平方千米，我们走出课堂，在操场上猜一猜，量一量，走一走，围一围，把数学课上成了体育课。

七、押韵的知识歌谣是有效教学的助力

学生最怕背诵，特别是数学概念、定义性质等，冗长，拗口，对于学生来说确实有难度。而把那些内容编成朗朗上口的歌谣，学生就容易背诵了。

例如：（1）教学求近似数时，我们用“四舍五入”法儿歌：

四舍五入方法好，近似数来有法找；

取到哪位看下位，再同5字做比较；

是5大5前进1，小于5的全舍掉；

等号换成约等号，使人一看就明了。

（2）又如学习完画角后我们这样说，画角的歌谣：

一画射线，二重合，三找点，四连线，五标度数，六检验。

(3)再如：在教学“质数与合数”后，编成歌谣，学生很快就记住了100以内的质数：

2,3,5,7和11,13后面是17,

19,23,29,(十九、二三、二十九)

31,37,41,(三一、三七、四十一)

43,47,53,(四三、四七、五十三)

59,61,67,(五九、六一、六十七)

71,73,79,(七一、七三、七十九)

83,89,97。(八三、八九、九十七)

综上所述，开展小学数学课堂教学有效性的实践研究，能促使教师从教育教学工作的实际出发，从学生的实际出发，切实提高课堂有效教学的途径和方法，从而引起学生学习方式的改变，这对于提高课改的实效性、提升教师自身的素质、切实促进学校教育教学质量全面提升都具有很重要的实践意义。

参考文献

[1] 高新赟. 新时代小学数学课堂教学的探究[J]. 中华少年，2018(30)：100.

[2] 徐蓉蓉. 浅析生活化小学数学课堂的构建[J]. 科普童话，2018(37)：78.

[3] 马文芳. 激发小学数学学习兴趣，提高课堂教学效率[J]. 中华少年，2018(30)：169.

[4] 申艳. 小学数学课堂实施有效性教学的途径与方法[J]. 黑龙江科学，2018(14)：91-92.

[5] 智通来. 优化小学数学课堂教学策略研究[J]. 科普童话，2018(37)：79.

数学课堂分层教学的有效实施

合肥市肥东县教师继续教育中心　孟永保

一、数学课堂分层教学的背景和意义

笔者在教学实践中发现这样的情况，同样的教学内容、同一课堂、同一教者，但是从教学效果来看，一部分学生已经完全掌握并且能灵活运用了，一部分学生能够基本掌握，还有少数部分学生完全不会，出现了严重的分层现象。从客观原因来说，有些老师和学校注重学校的升学率等方面的因素，所以只照顾“尖子生”而忽视了其他学生。《义务教育数学课程标准》指出，不同的人在数学上得到不同的发展，数学教学是面向每一位学生而不是部分学生，学生是数学学习的主人，教师是数学学习的引导者和组织者，而学生作为社会的成员，具有人的共性，但是每个学生由于遗传因素、家庭状况和条件、人际关系、社会环境的不同，在发展过程中呈现差异，甚至很大的差异，这是客观存在的。这时教师的做法势必会影响课堂教学的有效性和学生的学习效率，怎样在有限的时间内，有效地进行课堂教学呢？这就要求教师准确地把握学生的现状，合理划分层次，对不同的学生提出不同的要求，因材施教，笔者根据自己的教学实践从几个角度来阐述这一问题：

二、学生学习效率分层

在教学过程中，每个学生的学习效率是不同的，教师可以根据学生的实际情况从不同方面进行分层教学。随着义务教育的普及，素质教育的深入实施，培养全面发展的人才的要求越来越高。为了让每一位学生都获得成功，教师需要面向群体学生，让每一位学生在不同的起点上，通过自己的努力获得成功、所收获，

(一)学生的数学基础分层

一个班集体学生的数学基础是不同的,如果对他们提出统一的要求,必然会出现"一刀切"的现象,不利于课堂教学的有效实施,教师可以按照学生的数学基础基本分为三个层次:一层是数学基础较好的学生;二层是数学基础一般的学生;三层是数学基础不牢固的学生。各个层次的学生人数采取动态的分层,不同层次的学生组成小组,做到三个层次的学生互相学习,互相讨论,优劣互补。

(二)学生的学习态度分层

每个学生的学习态度不完全不同。学习态度可以影响到学生的学生效率,所以教师可以根据学生的实际情况将学生分成三层:一层是学习态度较好的学生;二层是学习态度一般的学生;三层是学习态度不好的学生,和学生数学基础的分层一样组成小组,互相影响。

(三)学生的性别分层

不同性别的学生不同学科学习的效率是有所不同的,可以按照不同性别的学生进行分层,性别分层的同时,兼顾学生的数学基础和学生的学习态度,最终达到自己的教学目标,提高课堂的教学有效性。

经过一段时间的实施,我们发现按照学生的情况进行不同的分层教学,提高了教学质量,让不同层次的学生的数学成绩都有所提高。

三、教学过程分层

教学过程包括教学目标、教学内容、教学方法等各个方面,下面就从不同的方面来阐述怎样进行分层。

(一)教学目标分层

针对不同层次的学生采取不同的教学目标,目标的制定不能过高也不能过低,要让学生跳一跳就能摘到"桃子",刺激学生的成功欲望,发挥学生的学习主动性。下面以"相反数"章节为例子:

共同目标		理解相反数的意义,会解决简单的相反数的问题
分层目标	一层目标	知道相反数的本质,并且能灵活运用相反数解决相关的有一定难度的灵活、综合的问题
	二层目标	理解相反数的意义,会解决较为复杂的问题
	三层目标	知道相反数,会解决简单的有关问题

对不同层次的学生提出不同的要求可以照顾到每位学生,只有这样不同的学生才能得到不同的发展。

(二)课堂提问的分层

为了全体学生都够充分发挥自己的主观能动性,人人参与课堂活动,教师要明确问题的对象和目的指向,在教学过程中,根据不同的对象提出合适的问题,从而推动各层次学生的学习。

1.对高层次学生提问

对象是高层的学生,目的指向则是底层学生,目的是通过高层学生的回答为低层学生提供示范。

2.对中等层次学生提问

对象是中层的学生,目的指向是要求学生示范性的回答,通过模仿掌握自己难以解决的问题。

3.对低等层次的提问

对象是低层次的学生,目的是检查学生对知识的最基本的掌握情况,能否解决最基本的问题。

(三)作业的分层

每个层次的学生能力是不同的,针对学生的实际情况,教师对不同层次的学生给予不同的作业和练习。

1.综合性作业

要求学生不仅完成基本的作业题,还要完成复杂的、综合的题目,这样才能在自己的基础上得到相应的提高。

2.拓展性作业

要求这个层次的学生不仅要做完基本的作业，还要求一些提高性的作业和一些选做的作业，使得“吃饱”并且有提高的空间。

3.基本练习

要求最低层次的学生完成最基本的、大部分的作业，后面可以加一些拓展的题目，让部分学生有“饭”吃。

下面以“绝对值”作业为例：

一、二、三层 共同作业	①2的绝对值是____. ②-3的绝对值是____. ③0的绝对值是多少____. ④绝对值是11的数有几个，分别是____________. ⑤在数轴上找出绝对值是4的值___________.
一、二层作业 （三层选做）	①已知$\|a\|=10$，则$a=$____________. ②已知$\|a\|+\|b\|=0$，求a和b的值是多少？
一层作业 （三层选做）	①已知$\|a\|+\|b\|+\|c\|=0$，求a,b,c的值是多少？ ②已知$a>b$，$\|a\|=9$，$\|b\|=5$，求a,b. ③已知$a>b$，$b<c$，$\|a\|=9$，$\|b\|=5$，$\|c\|=7$，求a,b,c.

学生完成相应层次的作业和高一层次的练习，可以解决以往统一的作业中高层“吃不饱”、中层“吃不好”、低层“吃不了”的矛盾，有助于学生的能力发展，提高了学生的积极性。

四、对分层教学的思考

分层教学充分发挥了学生的晶体智力因素和非晶体智力因素，激发了学生的学习兴趣，调动了学生学习的主观能动性，提高了学习的效率。素质教育的一个重要特点是面向全体学生，而初中数学分层教学正有助于素质教育和基础教育课程改革纲要要求的具体落实，基于实践可以得知分层教学进入数学课堂有很大的优越性。

但是在实践中也发现了一些问题：

（1）分层教学给教师带来了巨大的工作量，需要教师增强自己的责任意识，不断提高自己的业务能力，这样才能取得很好的效果；

(2)分层教学实际上是因材施教,怎样充分调动不同层次学生的学习主动性,使不同层次的学生都能获得进步,具体怎样操作需要教师的不断探索,形成科学的方法和成功的激励机制;

(3)注重学生的心理健康,保护学生的自尊心,增强学生的学习自信心。分层必然给学生造成一定的影响,这需要教师运用专业的教育学、心理学知识来解决;

(4)需要完善的评价机制,虽然对不同层次的学生给予了不同的评价方法,但是一个班级受到各方面因素的影响,评价的形式和效果仍需要进一步的完善。

参考文献

[1] 邵荣贵.浅谈新课标下初中数学的分层教学[J].科学大众.2008(3):42.

[2] 王泮芳.初中数学分层教学研究初探[J].经营管理者,2009(6):207.

[3] 李彩素,李秋华.初中数学分层教学的研究与实践[J].数理化学习,2008(8):22-24.

农村初中地理教育问题的根源初探

淮南市潘集区汪庙中学　平福春

随着义务教育改革的不断推进,素质教育越来越受到重视,然而地理学科的“副科”地位仍没有彻底改变,在一些农村学校地理学科甚至已经处于可有可无的境地农村初中地理教育形势堪忧,究其原因,主要有以下几点:

一、思想认识限制

地理作为正式的中考科目,最近的一次是在1987年。此后,历经几次义务教育课程改革和中考考试制度变革,直到最近两三年,才见到其跟中考搭上边的“影子”(安徽省有部分地市将地理纳入中考“加试”科目,以15到50分不等计入中考总成绩,淮南市2015年把地理学科以满分15分进入“加试”科目,计入2016届中考总成绩)。某县区在2014年农村“全面改薄”(全称:“全面改善义务教育薄弱学校基本办学条件”)行动中,由于地方配套资金不足,负责此项工作的领导要求各学校把涉及地理等“副科”的项目支出进行重点删减——硬件已经很落后,当“改薄”经费不足时,马上就从本来就很”薄”的地理等“副科”下手,地理学科在他们眼中的地位可见一斑。同样,农村一些初中学校的领导也视地理为“二等学科”,地理学科的设置也只是为了完成国家的义务教育不得已的行为——仅限于“形式”而已,“区区15分,采用搞突击、临时抱佛脚式的死记硬背的做法来应对足够了!”据调查,某县区的15所农村初中学校竟没有一所学校成立地理教研组,教研活动往往依附于其他教研组,更无相应的活动场地,就连期末考试卷,有的学校甚至直接让学生拿回去做。到学生及家长早已把地理定位为“副科”、“常识学科”,“学不学、学孬学好无所谓,反正又不影响什么。而作为地理老师也无可奈何,难免灰心丧气,如果对地理学科的重要性稍加强调,给学生进行一些课外辅导,往往会遭到学校领导、班主任的普遍反感,以及学生及其家长的一致抵制，赞同的声音往往寥寥无几。从地方教育行政领导到教师，到学生乃至家长，似乎达成了某种普遍共识——地理是可有可无的“副科”。

二、客观因素制约

（一）师资缺乏训练“无”素

受到来自政府（教育行政部门）、学校和社会等各方面的因素的制约，农村初中地理教师总量很少，专业化程度低，分布不均，且年龄结构明显偏“老”（40岁以下的地理专职教师几乎没有），这些教师往往得不到及时有效的“充电”，教育教研能力欠佳、动力不足。据调查，某县区农村初中地理专职教师（地理专业毕业，且任教地理学科）特别少，平均每校不足一名专职地理教师。某县区的“2015国培”地理教师参训数为17人，而五年前为25人——由此不难看出地理教师的流失有多严重；并且分布不均，多集中在城市近郊、交通较方便的学校。农村的学校不得不安排的地理课，大多由其他“主科”老师兼任，有的甚至成为年老教师的“照顾课”“休闲课”，而这些老师的地理专业基础相对薄弱，有的甚至根本不懂地理专业，对地理学科的认识和研究程度不够，地理教学业务水平不高。而另一方面，有些地理专业毕业的老师也不愿意去教地理。据一位已工作十几年的地理专业毕业的现任地理教师介绍，其被分配到农村初中的大学同学多数已改教其他“主科”了。另外，地理教师“充电”（业务进修、教学交流、观摩学习等）的机会特别少，平均一年都不能出校门听一次课。如此“老弱病残”而又缺乏训练的队伍，哪来的“战斗力”可言！

（二）硬件落后，资源匮乏

尽管经过了“普九”验收、“标准化办学评估”验收，以及2016“义务教育均衡发展”国家级检查验收，但很多农村初中学校的地理教学设备与设施仍很落后，有的学校几乎为零，教学资源极其匮乏，与其他学科相比，地理学科的教学资源少得可怜，甚至连一套完整的地理教学挂图、地球仪等都没有，地理课堂多半靠一支粉笔、一本书和一张嘴。很多教师手头的资料除了课本、地图册，就是那唯一的教师用书（有几所农村初中学校甚至是两三位老师合用一本教师用书，有的学校一个年级只订一本地理教师用书），连填图册也没有，更不要说其他教学资料了。至于其他的教学仪器、模型与设备、设施以及地理活动场所更是无从谈起了。就算是有“农远工程”“班班通”的学校,由于种种原因,往往功能不齐全、利用率不高,“主科”老师运用这些现代化设备尚艰难,对于地理课堂而言,这些设备几乎是形同虚设。现代化的教学手段距离农村初中地理教育教学还很遥远,这样的地理教育教学资源远远达不到国家素质教育的要求。

(三)教研活动滞后

随着新课程方案的实施,各级教育部门及教研机构对教研活动普遍重视起来,成立教育学会及其专业委员会等各种学术团体,举办各种教学比赛与交流观摩、教育论文评比与课题研究等教育教学研究活动确实比以往次数多、规模大,极大地提高了广大教师的参与热情,收到了很好的效果。而非正式中考科目的地理学科,似乎并不能加入这声势浩大的教育教学研究活动中去,甚至连“跑龙套”的也算不上。据了解,某县区教育学会成立的地理学科作为其组成部分的某专业委员会历经四五年,除了参与统一召开的成立大会和年会,再也没有下文。原因是没有获得上级批复的活动经费。为了提高教师的教学水平,抓好教研活动,各学校一般都成立相应的学科教研组,而地理学科由于领导不重视、专职教师少等主客观因素制约而依附于其他学科,通常只能坐“观众”席,难得上台表演一下——由于专职的老师本来就少,又没有多少人愿意做地理学科的“观众”,兼任地理的老师也只是把它看做“副业”,年纪较大的地理教师更无热情。偶尔有老师被请出来“表演”一下,往往由于缺少相应的气氛——领导的关心、帮助和制度的支持、激励,而不能走得更远。与其他学科相比,地理教研活动既没有自己固定的“舞台”,也没有表现欲很强的“演员”和相应的“观众”,更缺少专业的“导演”(专职地理教研员)。地理教研活动往往流于形式,直接影响地理教师的业务素质的提升和教学水平的提高。农村地理教育何时才能走出低谷,较好的顺应素质教育的发展与需求,我们不得而知。

(四)教师福利待遇很低

近年来,国家对教育的投资逐年加大,突出义务教育的均衡发展,农村义务教育阶段的教师低福利待遇总体上有较大提高,通过增加绩效工资,在一定程度上提高了广大农村教师的工作积极性,然而地理教师的待遇却相对较低,在原有的进修学习、业务培训晋升职称的机会原本就少于其他中考学科的基础上,工作量的计算又打折,绩效工资的分配明显少于其他中考学科老师。而且,地理教师的社会认可度偏低，其工作积极性可想而知，这也就不难理解更多的农村初中地理教师为何努力寻找机会改教其他中考学科了。

（五）“减负”与“增负”

国家施行素质教育，改革中考招生制度，目的是减轻学生的课业负担，提高学生的综合素质。然而，有些小学阶段“减负”减到几乎只剩下语文、数学了，地理等学科的知识的学习完全由学生“自学”，学生的地理学科基础可想而知。升入初中后，面对陡然增多的学习科目，无论是有继续升学愿望的孩子与家长，还是打算初中毕业出去打工的孩子，他们对地理教育在素质教育的作用的理解恐怕很难超过学校领导和教师。面对未来的中考压力，他们把地理学科放在何等位置上，自然会做出与之对应的、对自己“未来”有利的选择。带着固有的思维定式，以及来自学校、老师、家庭的多重压力，学生学习地理等非正式中考科目动力不足，而其他学科负担重，自然就挤占地理课的学习时间，疲惫不堪的学生需要休息，持续绷紧了的神经需要放松，中考学科大量的作业需要完成，地理学科等课堂成了他们用来释放压力的优先选择。原本就被压缩的地理课堂教学时间，又再次遭到摧残。学生的地理学习成绩就可想而知了（根据对某县区的6所农村初中学校的最近4学期的连续跟踪调查，其期中、期末考试平均成绩没有一次达到及格的，低于30分的不在少数，远远低于城市学校）。然而，地理老师还不得不顺应“减负”要求及学生家长的非常“请求”，给其他中考学科“让路”。地理教育，在农村初中是多么的无助啊。

如何顺应素质教育的要求，改变令人担忧的农村初中地理教育形势，笔者提出以下建议：

1.加强学习，转变观念

农村教育行政主管部门的各级领导、学校的领导和老师应加强学习，深刻领会国家的新课程方案，明确地理教育在实施素质教育中的重要意义，它同语文、数学、英语等中考科目同为初中学生的必修的一门基础课程，具有不可替代的作用。同时，还要对学生及其家长进行宣传教育，针对当前的突出问题采取有效的措施，以应对农村地理教育面临的巨大挑战和压力，给予它应有的待遇，充分发挥地理学科在素质教育中的作用。

2.增加投入，改善条件

“工欲善其事，必先利其器”，义务教育地理课程是一门兼有自然科学和社会科学的基础课程，综合性、实践性很强，需要加强直观教学，必备的硬件设备、设施对地理教育的作用不容小觑。

3. 突出学科特点，加强教育科研，以教改促教学

在转变思想认识，改善硬件设施，提高教师待遇的同时，还要强化组织领导工作，搞好教师的业务培训，不断提高其业务素养和教学水平，努力让教育科研与教学统一协调发展，以教改促进教学质量的提高。

当然，作为农村初中地理教育的一线教师，我们要有一定的牺牲精神与全局意识，需要不断地学习，更新教育理念，积极投身教改，勇于探索，努力提升课堂教学艺术，踏踏实实做好教育教学工作，实现在现有条件下大幅度提升学生的学业成绩和地理素养，为素质教育做出应有的贡献。

参考文献

[1] 植良波. 浅谈农村初中地理教育困境及应对措施[J]. 未来英才，2016(18)：269.

[2] 滕媛. 浅谈农村初中地理教育问题与对策[J]. 速读(上旬)，2016(11)：19.

[3] 徐沈金. 让学生生活走进地理课堂——初中地理教学中存在问题分析及提出对策研究[J]. 中学课程辅导(教师教育)，2018(12)：59.

[4] 张延根. 农村初中地理教学的现状分析与思考[J]. 科学大众(科学教育)，2018(3)：35.

扎实做好教学反思　促进自身专业发展

淮南市潘集区平圩中学　平治立

教师专业发展是时代的需求，体现了公众对教师的期望，也是学校和教师的共同心声，教师的专业发展一直是人们关注的焦点。教师从群体的、外在的、被动的发展，到个体的、内在的、主动的发展，教师专业发展已经逐渐成为大多数教师的自觉自愿行为。

为了应对时代挑战，我们教师广博而深厚的知识积累，熟练而又多样的教学技能，所有对未来教师的要求本质上就是要实现教师专业化的发展。教学反思是提升教师专业素养，促进专业发展的有效途径之一。

一、正确认识和对待教学反思行为

教学反思是指教师自觉地把自己的课堂教学实践，作为认识对象而进行全面深入的思考与总结，从而进入更优化的状态，使学生得到更好的发展。教学反思就像是一种思维体操，经常做理性的观察与思考，可以有效提高教学能力和水平。主动参与，积极探索，是一种主观愿望的达成。反思与冥想不同，需要认真思考对待。反思的目的是指导和改进自己的教学行为和实践。教师应当以自己教学活动为思考对象，对自己的教学行为进行审视和分析，查找不足之处，将自己探究的结果和教育理论运用到实践中去，尽力做到更加完美，提高自身的觉察水平，促进能力发展。

教师在教学中要用自己的学科素养去培养学生的学科素养，而不仅仅是传授知识。提高学科素养需要让研究和反思成为一种常态，让其贯穿教学的整个过程，努力构建自己的教学体系。在教学中反思，在反思中研究，在研究中教学，在这个过程中不断提高自己的学科素养，提升自己的教学层次，实现可持续发展。

二、教学反思应当成为教师自觉行为

教师专业发展已是不可改变的趋势,实现专业发展的途径很多,选好平台,不断学习是最普遍的做法。另外一种行之有效的方法就是扎实做好教学反思,把反思真正落到实处,并且把反思的成果运用于自己的教学当中,这样坚持下去,就会潜移默化地影响教学行为,从而促进自己的专业发展。

发现不足之处,寻找突破口,积极进行局部、能够掌控的小环境的创新尝试。积少成多,把学以致用放在重要位置,把在实践中成长作为自己的行动指南。对自己的教学进行回顾和总结,不断磨砺、锤炼,不断反思探索,从稚嫩走向成熟,逐步形成自己的教学风格,提升教学技能。

一节高效的语文课,需要先进的理念去支撑,需要语文老师构建自己语文教育思想、理念和主张。这种理念或主张从提出到逐步成形,再到日臻成熟并且形成体系,其实就是语文老师的思想之旅和精神探险。一节节精彩的语文课堂背后,都是执教者厚重的文化底蕴在支撑,是他们长期坚持反思的成果的外在体现。

三、教学反思的成果,推动课堂教学更加高效

语文学科有自己的特点,它注重情感的交流和个性的发挥。教材中有许多文质兼美的文章,每一篇课文都是作者个性才华、情感及思想感情的结晶和体现,每一个单元、每一课的知识点,都有鲜明的特点。因此,不同的课可以有不同的处理方式。教师对每篇文章的感受、理解、领悟的不同,对每篇文章的教法也因人而异。教师应当敢于突破原有知识框架的束缚,引导学生去关注生命、关注自然、关注社会。给予学生更多的人文关怀,激发学生的学习热忱和兴趣。对于同类体裁或者内容接近的文章,我们可以适当采用群文阅读的方法,举一反三,触类旁通,形成同类文体的教学序列。

比如在中国传统文化里,月亮承载了最多意蕴的意象。李白"我歌月徘徊,我舞影零乱"的浪漫怀想;苏轼"但愿人长久,千里共婵娟"的美好祝愿;王维"月出惊山鸟,时鸣春涧中"的诗情画意;李清照"雁字回时,月满西楼"的离情别绪。把月亮放到具体的语言环境中去品味和体会,这样月亮的审美意义才会被激活。我们可以引导学生,在扩展阅读中,不断丰富月亮的审美意义。最终使学生将月亮这一意象积淀成为一种美的精神象征。

再比如贬谪文学在古诗文中出现频率较高。同样是被贬官，柳宗元被贬永州，观赏小石潭游鱼“似与游者相乐”短暂的快乐；范仲淹吟唱出“先天下之忧而忧，后天下之乐而乐”的远大抱负；欧阳修被贬滁州，和滁人同游山林，与民同乐，留下“醉翁之意不在酒”的千古佳句。引导学生通过比较分析归纳，从而自己得出结论，就会有发现和顿悟的快乐，获得一种成就感。这样的课堂更受学生欢迎，更加高效。

反思可以用不同的形式展现出来，可以是随笔，也可以写成论文。经常反思，可以很好地拉近师生之间的情感距离，从教学行为本身出发，可以砥砺思想，不断迈进。引导我们另辟蹊径，琢磨、比较、优化，更多的是会对学生产生潜移默化的影响。改变他们固有的学习方式，提升学生语文核心素养，让学生更好更快地成长。

四、在反思中改进，在改进中不断探索

十年磨一剑，坚持反思，终会学有所得。人们常说旁观者清，以旁观者身份跳出圈子，冷静客观地审视自己的教学行为。总结、归纳、梳理，找出带有共性的问题。真正从学生角度，设身处地思考他们可能会遇到的问题，使自己的教学更贴近学生实际，更接地气。我们自己也会摆脱浮躁，而变得从容、优雅。将自己的反思与人分享会产生新的想法、念头，再反思、再改进，在这个不断磨合的过程中进步、成长。

让反思成为一种自发、自觉的行为是自我提升的需要。当反思有了成果，会感到欣慰，我们就会以更大的热情对待自己的教学。他山之石可以攻玉，余映潮、肖培东、王君、李卫东、窦桂梅等国内优秀教师无一不是在反思中历练成长起来的。我们要积极主动地借鉴名师好的做法，查找自己的不足，逐渐形成自己的教学风格，将自己的成果与人交流分享，相互促进，共同提高。

教学反思最有效最普遍的做法是写好教学随笔，常怀一颗虔诚的语文教学初心，用文字记录自己的所思所得，积跬步以致千里，积小流以成江海。见证自己的成长、成熟，不断反思，历练求索，通过自身的努力，成为研究型、学者型语文教师。头脑中涌现出的稍纵即逝的想法念头，用文字记录下来，在山重水复之处，探索到柳暗花明。

五、教学反思能力是衡量教师是否成熟的重要尺度

假如一个教师满足于已有经验的获得，却不将经验进行反思，那么他的教学理念就不能及时更新，他的教学行为就很难从根本上发生改变。这样做的直接后果就会导致他的专业发展停滞或者进展缓慢。即使他的教龄很长，十年、二十年，也只是对工作的单调重复，没有发现的乐趣，更谈不上提升和发展。一旦教师熟悉了教材，熟悉了语文课的所谓套路，特别容易陷入机械重复的教学模式，陷入井底之蛙的短浅目光中。很难突破思维定式，不能自觉地从反思中获取教益。久而久之，就失去前行的动力，停留在经验型教师水平上，很难有好的发展。

现代教育日新月异，作为教育者的我们，教学反思能力是衡量教师是否成熟的重要尺度之一。教学理念决定了教学行为，教学理念不转变，仅仅依靠教学行为的调整，就像庸医治病一样，治标不治本。不能从根本上解决问题。因此，我们要经常对照课程标准，反思自己的教学行为是否与教学理念相符。在语文教学过程中播下反思的种子，才能绽放出绚丽的花朵。把教学反思真正扎实做好，才能促进教师在专业发展的路上越走越开阔。

参考文献

[1] 窦桂梅.做有专业尊严的老师[M].桂林:漓江出版社,2015.

小学低年级学生轻松识字有效途径

淮南市寿县三觉小学　权循利

在儿童在受教育的过程中小学低年级的识字教学，是小学启蒙教育的必要手段，是儿童学习语言文字起始的第一步，也是孩子从运用口头语言过渡到学习书面语言的基本环节。同时，低年级是学习语言文字的黄金时代，是打好语言基础的关键阶段。有关的实践研究证明，孩子年龄越小，其语言发展能力越强。所以，在这一阶段里，学生的识字，识字习惯的养成和学生识字能力的培养，都对今后的语文学习影响很大。因此，从小学低年级开始，就必须要抓好识字教学这一基本环节。现在着重从以下几点谈谈如何培养儿童识字能力，教授识字方法，让小学低年级学生轻松识字，扩大学生的识字量。

一、在生活中激发孩子识字兴趣

我校的孩子大部分来自周边的农村。现在生活在农村的孩子大部分都是留守儿童，跟随祖父母等长辈生活。部分孩子学前没受过什么教育，根本没有识字的意识和习惯。因此，在教会他们学习完汉语拼音之后，我就开始有意识地引导他们关注身边的生活环境。如:教室里都有些什么？学生们会说:有桌子、椅子、门、窗，还有学生等。放学路上看到了一些什么?(各种各样交通工具、行人、风景、动物等名称)回家跟随爷爷奶奶去菜地里又发现什么?(蔬菜的名称、爷爷奶奶使用的工具名、还发现那些田野里的动物和昆虫之类名称等等)。我先让他们说一说，再让他们用学过的拼音正确的标注，然后问学生想不想知道它们的汉字是怎么写的？学生们肯定都想知道汉字的样子。于是，我就时常把他们说出来的词语用汉字一一写出来，先让学生认读，初步识记字形，形成印象，并不要求他们书写。这样我每天利用一点时间，让学生参与这样活动，激发了入学不久的一年级学生学习认识汉字的兴趣，学生很快地主动参与这种识字活动,而且兴趣都比较浓厚。与此同时,学生也巩固了对汉语拼音的掌握。这样学生就很轻松顺利地完成了一年级的读写阶段的学习任务。

二、让学生利用汉语拼音,在各种环境中识字

孩子在进入二年级的时候,汉语拼音是帮助儿童识字、阅读和学习普通话的有效工具。它不仅在初教生字时需要,在巩固复习和改正错误读音时同样不可缺少。如教生字时,先出示汉语拼音让学生准确地读出音节,然后出示汉字再让学生认读识记。巩固复习旧字时,学生忘记或读不出字音时,在老师和同学的指点下,也可借助汉语拼音把字音读准。因此,汉语拼音的学习掌握,是学生学习汉字之前不可缺少的必要环节。

儿童掌握汉字,不仅要分别认记音、义、形这三个因素本身,还要特别注意的是字形本身的结构关系,同时还要建立音、义、形三者之间的联系。在识字教学中,学生观察比较字体的形态结构,可促进学生观察、思维、想象力的发展,也激发了学生的学习兴趣,增强了记忆,达到了提高学生识字能力的目的。因此,教会学生随文识字很重要,要教会他们在相应的语言环境中识字。所谓在语言环境中识字,就是让学生在学词、学句、学文中识字。在识字教学中,在一定的语言环境中可结合具体的教学内容,渗透思想教育和科学知识教育,这样既便于结合课文中的词、句准确地理解意义,还可通过文中的一些插图将词语与事物联系起来,增强学生的形象思维。如,我在教学《春笋》(苏教版小学一年级下册)这课时,可先出示多媒体课件给学生以直观感受,激发学生兴趣,引导他们看图。学生对春笋有了一定的感性认识后,再引导学生借助汉语拼音把课文读通、读顺畅。然后从课文中的“一声春雷,唤醒了春笋”“冲破”“掀翻”等词句中,显示了春笋不可阻挡的气势和战胜艰难险阻的顽强生命力。从“一个一个”地从地里“冒”出来,让学生真切地感受到春笋破土而出的情景,让学生边看图边想象,在头脑中形成画面。我把学生带入情境之中,让学生在一定的语言环境中轻松地学习和理解了“唤”“冲”“掀”等生字和“唤醒”“冲破”“掀翻”等新词的读音和意思。让学生把学到的字、词牢记在心。再如,通过良好的校园文化环境和社会文化环境等,引导学生主动识字。如经常观看校园里的宣传栏、黑板报,公路上的路牌名,商店的招牌名,及各种宣传标语和电视屏幕上出现的一些文字都能让他们自主识字。还可经常开展班级各种识字游戏活动等,让学生识记一些字、词。如:“找朋友,手拉手”游戏。我在课余实践中,让学生把学过的

偏旁、部首整理归纳并一一呈现出来。自己动手制作成各种形状的卡片，然后拿在手里或贴在身上，让他们在活动中，找出自己的“另一半”。找到以后，两位“朋友”的手就拉在一起，让他们说一说这个“字”怎么读？是什么意思？再让两位同伴“朋友”比赛组词，看谁组的词语最多，及时给予学生表扬奖励。之后，还让他们用自己组过的词，练习说话，看谁说的完整而有新意。同样及时给予评价和鼓励。除此之外，还可通过多媒体课件制作生动有趣的识字画面，调动学生学习汉字的积极性。教师可以将枯燥的识字教学，配以生动的图片，给学生以直观感受。这样利用“图”“字”结合的形式，让原本静止不动的汉字活跃起来，用生动有趣的画面使学生产生好奇心，从而让学生的多种感官参与识字活动，丰富学生的想象力，加深记忆。从而有效地提高学生的识字效率，扩大识字量。

三、让学生联系生活实际，辨析字形、理解字义

字形教学要指导学生分析综合字的组成部分，熟悉字的笔画、笔顺、结构和偏旁部首等，要完整地掌握字形。分析笔画部件，从独体字开始就要教好基本笔画，汉字都是由基本笔画组成的。要认清每个笔画的位置和顺序，先写哪一笔，后写哪一笔，掌握是什么结构的字，然后再引申到其他类型结构的汉字。还要引导学生结合生活实际，通过观察图画和食物，把识字和认读事物结合起来。如，苏教版一年级下册《识字3》中的“舟、竹、石、泉、川”等都是象形字。根据低年级儿童容易记住具体形象的特点，引导学生熟记字形，首先可借助课件观图让学生了解象形字的演变来历过程（由实物——古文字——今文字演变而来的），激发学生学习汉字的兴趣，并结合课文提供的儿歌，提供学生理解和运用词语提供的语言环境，着重指导学生观察图画上的事物的不同形状和色彩，将词语和儿歌表达的事物联系起来，增强学生的形象思维，有利于学生理解字词。同时还要帮助学生看图了解掌握什么是会意字（即看图领会字义的形式）如，“尖”即上面小，下面大；“笔”古时候毛笔是用竹和羊毛制成的，即“竹”和“毛”组成“笔”；“灶”以前锅灶是用土垒成的，然后用材草烧火，即“火”和“土”组成“灶”等等。还有什么是形声字（即字的形体中，一部分表示意思，另一部分表示声音的字），如，“洋、瞄、描”等等字的结构特点，先帮助学生识记字形，再让学生了解字的结构特点。其次，引导学生把识记生字与某些事物联系起来。如，与“水”有关的字“江、河、海、洋、浪”等，都带有“三点水”旁；与“土”有联系的字“地、塘、

坝”等,都有“土”字旁;与树木有关系的字,如树、林、森等,大都带有“木”字旁;与植物有联系的字,如,花、草、荷等,一般都带有“草字头”。此类型的字很多,不一一列举。总之,教师在平时教学中,可从多方面有意地引导启发学生,让学生多思考,在脑海中建立字、词的概念,理解字词的意思。使抽象的概念变成可以感知的具体形象的事物。学生会很快地会将字词印入脑海,便于学生准确、具体地理解字词。另外,还要把学过的字词在言语训练中反复运用,从而把识字与听、说、读、写能力有机地结合起来。也可让学生通过猜字谜游戏的形式让学生识记字形。如,一人站在大树旁(休);舌头尝出甘蔗味(甜);鸟在山上飞(岛)等。还可以利用一些形象化的顺口溜或儿歌的形式帮助识字。如,一人一张口,口下长只手(拿);一点一横梁,梁下开个窗,大口张开嘴,小口往里藏(高);一字六笔无竖横,同心同德力无穷(众);存心不让出大门,你说烦人不烦人(闷);有马能行千里(驰);有土能种庄稼(地);有人不是你我(他);有水能养鱼虾(池)等等。总之,教师在教学中要为学生创设条件,开展各种语文课外活动,组织各种语言实践,使学生有机会运用学过的字词,巩固和促进学生听、说、读、写能力的发展。

四、识字学法指导,学会使用工具书

在识字过程中,写字是巩固识字的重要手段,因此,必须要重视写字指导。写字时要通过眼看、脑记、手写等活动,使字的音、形、意的联系得到强化,提高识字效率。但在识字中,一次抄写的便数愈多并不意味着效果就越好。多练习固然可使儿童更好地识记和保持汉字字形,但效果并不是随着抄写便数增加而按比例增加的。有的教师在教识字时,由于方法不当,一次要学生把生字、词语机械地抄写十遍、二十遍、甚至更多遍,这样效果并不理想。因为,小学生正处在生长发育阶段,手指和腕关节肌肉都处在发育阶段,如若长时间机械地抄写,手腕会感到无力,容易引起大脑疲劳,思维迟钝,记忆力下降,所以这样只会造成学生心理上的负担,使学生对写字产生厌恶情绪。这样会对学生学习语文产生很大的负面影响,会导致有些学生厌恶上语文课。

根据长期的教学实践证明,在一定的识字教学程序中,一般一个生字一次平均练写三到四遍为宜。生字学习后,一次让学生抄写三至四遍,要比让他们一次抄写八至十遍或者更多遍效果要好。因此,作为我们每位低年级的教师,不要强迫让学生机械地抄写很多遍的生字词。教师也可变换方式,如采用连词、练说、写话、组词、扩句、改错、选字(词)填空、补笔画等方式进行识字训练。使学生在轻松愉快的学习环境中掌握字词。学生识记能力虽强,但遗忘也是非常快的,为防止学生对识字回生遗忘,教师还应该经常用各种方式巩固复习生字,强化记忆。学而时习之,温故而知新。可见,巩固复习在学习中的重要性。另外最好在早晨头脑清醒的时候知道学生进行默写。同时还要注意学生书写能力的培养,及书写姿势的指导。教会学生使用工具书,如查字典,养成学生在遇到不会的字、不懂的词时主动查字典的好习惯,扩大识字量。这样可以改变教师教多少字,学生识多少字的局面。培养学生良好的学习习惯,就能够让学生自觉主动地、有意识地进行识字。因而,可让教师达到了"教"是为了"不教"的目的。

总之,教师教学水平的提高,教学方法的改进,是提高学生识字能力的重要条件。重视教学方法、懂得教学规律的教师能培养学生很强的识字能力。教师既要在课堂上有意地传授指点,又要结合学生实际,因材施教,这样学生才能很好地掌握识字方法。

参考文献

[1] 赵宇亮.感受乐趣　放飞梦想——浅谈对小学低年级学生阅读兴趣的培养[J].甘肃教育,2009(7):46.

[2] 高兴英.小学低年段识字教学浅谈[J].延边教育学院学报,2014(3):113-115.

[3] 陈春香.播种习惯　收获成功——谈小学低年级学生阅读习惯的培养[J].甘肃教育,2016(15):91.

[4] 张金玲.识字我在行——略谈小学低年级学生识字教学[J].科学大众(科学教育).2012(12):103.

[5] 田立英.如何开展小学语文低年级识字教学[J].学周刊.2015(10):66.

乡镇农村园学习贯彻《3—6岁儿童学习与发展指南》的现状、原因及对策

合肥市肥东县教育体育局　桑海燕

2012年9月，教育部正式印发了《3—6岁儿童学习与发展指南》(以下简称《指南》)，并就《指南》的贯彻落实工作提出了明确的要求，它是为深入贯彻落实《国家中长期教育改革和发展规划纲要(2010—2020年)》和《关于当前发展学前教育的若干意见》，进一步推进学前教育科学发展的又一重大举措。随着这样一份具有里程碑意义的文件出台，全国各地都掀起了学习的热潮，一时间关于《指南》的解读成了一个热门的话题。笔者作为一名幼儿教师聆听了多位专家对于《指南》的解读后受益匪浅，在平时的学习和实习工作实践中亲身体会到了《指南》的意义和作用。多次的学习告诉我:《指南》不仅是写给一线幼儿教师和幼儿教育研究者看的，它还有另一个庞大的针对群体——家长。

笔者多次参加在乡镇中心幼儿园针对幼儿家长开展的一系列《指南》学习活动，但是每次相关的家长工作结束后，反馈效果都达不到预期目标。这让笔者开始思考如何有效地开展家长工作以达到帮助家长理解和接受《指南》的问题。相信很多辛勤耕耘在农村一线的幼教工作者都有和笔者一样的困惑。带着这样的困惑，我查阅了一些相关的资料，实地访谈了部分农村一线教师。

一、农村幼儿园利用家园共育宣传《指南》的现状

(一)乡镇园宣传《指南》时，家长参与积极性不高

应家乡幼儿园领导的邀请，笔者曾在一所乡镇中心幼儿园参与设计、精心组织了一场针对家长的关于《指南》内容解读分享会。在举办这个活动之前我聆听了三场关于《指南》解读的专家报告，查阅了大量关于如何解读《指南》的相关文章，还和部分老师就分享内容进行了讨论。活动前一个星期向家长们发出

了邀请信，但活动的前一天很多家长询问当班老师“明日的活动是讲什么的，能不能不来参加”。活动开始时到会场的幼儿家长人数不到入园幼儿总数的三分之一，由此可以看出家长对此类活动的参与积极性不高。

（二）通过现有的家园共育形式宣传《指南》的效果达不到预期目标

笔者之前组织举办过的《指南》解读分享会的情况，参加活动的家长虽然坚持听完了内容，但是台下基本没有人提问，老师说什么就是什么，听完后就问“老师结束了吗？可以接我的孩子一起先走吗”。听带班老师说，第二天有一个没有参加活动的家长跑来问：“老师你们昨天说什么啦，我有事没来，回去问邻居，他说不知道在说什么，就知道幼儿园不教拼音和写字了，那我们的孩子要到什么时候才学拼音写字啊，你们大班教不教啊？”从以上的场景对话描述就不难看出，之前的一个分享会根本就没有达到预期的效果。

笔者还通过访谈了解到，有的幼儿园经常在园内外或班级内外的宣传栏张贴一些《指南》的内容，以供家长了解。但是教师反映：只见过少数的几个家长认真地阅读其中内容，更多的人只是停下来看看是不是什么通知，然后离开。

（三）乡镇园家园共育形式单一，教师无法利用《指南》宣传

笔者通过访谈对安徽境内的多所乡镇园进行了解，掌握到农村幼儿园一般都采取每学期定时召开家长会的形式进行家园共育。有的农村幼儿园也会设有家长园地、家长信箱、家长学校和家长委员会等，但大多都流于形式，有的甚至只是空有虚名，没有内容。形式的单一让老师们在开展工作时能够选择的范围狭小。

同时乡镇园的一线教师对《指南》宣传工作的经验少，他们在组织活动时不知如何利用《指南》的特点把宣传工作和现有的家长工作相结合。往往会出现老师们模仿专家，甚至是直接“搬来”专家的课件向家长进行解读的情况。

二、农村幼儿园利用家园共育宣传《指南》的现状分析

（一）农村幼儿家长的育儿理念落后，对幼儿教育的关注点不同

很多农村幼儿家长的文化水平不高，育儿理念落后，对一些相关的育儿知识不关心。在与老师的沟通交流中只关注孩子在园是否学习了一些实际的拼音、数学等知识，很少关心孩子在幼儿园的一日生活、养成教育及一些相关能力

的培养。

(二)留守儿童居多,留守老人没有和教师交流沟通的意识

近年农村很多的青壮年都离家外出打工谋生。很多农村家庭是一两个老人带着三四个年龄相差不大的孩子,他们每天既要照顾家中几亩田地,又要看管这三四个孩子,这让他们力不从心,筋疲力尽。每天入园离园时他们一般都不会主动和老师交流,在为数不多的家长会中他们也只是静静地坐着听老师说,一言不发甚至结束的时候都不知道老师在说什么,更多的时候他们根本不参与幼儿园的各项活动。

这些留守的老人当中的一部分人,不是不愿意听老师介绍宣传《指南》,是根本听不懂《指南》是什么东西,有什么用途,听完回去也说不清楚,几次这样的经历后他们就开始不愿意参加这样的活动了。

(三)农村幼儿园家长工作的有效性欠缺

笔者在访谈过程中了解到农村老师们纷纷认为现有的家园共育形式根本达不到预期效果。以下是访谈的节选:

教师A:以开家长会为例,由于最近对《指南》的宣传力度比较大,我们园要求教师召开一次针对家长《指南》学习的主题家长会,在会上我把《指南》的意义、如何看等问题一一向家长做了介绍,甚至还详细地向家长举例说明哪些是需要家长们在家里做的,并且我表态有兴趣的家长可以借阅我这本书。会一结束,大家都围住了我问孩子最近在幼儿园打人了吗,喝水了吗……只有一个家长拿起了那本书大概地翻了翻走了,那位家长是小一名学教师。然而,过了几天就有家长跑来问我“你们幼儿园什么时候教拼音和写字啊,这都上了快一个多月了怎么还总带着孩子玩啊”。我拿出《指南》跟他说,我们不能“小学化”,所以我们不教写字和拼音,结果这个家长说,这是你们写的“法律”啊,反正怎么说都是你们有理,然后就气呼呼地走了。

教师B:我们幼儿园是设有家长园地,但是内容基本是一年都不换的,除非是要来人检查,不能让它看着太旧才会换,平时幼儿家长基本都不进园,他们才看不到呢,至于《指南》跟他们说了也是白说。

教师C:我们幼儿园的家长信箱钥匙都不知道扔到哪去了。每学期学校资料盒里的家长信箱记录都是从网上下载的,为了应付检查。

教师D:我们平时办一个家长开放日,家长会什么的,家长根本就不来,经常是左一遍右一遍地通知,最后也来不了一半。家长根本对这些不关心,他们只想知道孩子到小学后能考到多少分。

通过以上的访谈节选不难看出老师们自己都对家园工作的有效性没有信心。大家都认为乡镇园的家长工作大部分都是流于形式,或是应付检查的需要,根本没有有效地开展起来。没有有效开展的家园工作何来有效的反馈呢?

(四)乡镇园教师职业倦怠感强,专业素质低

农村幼儿园的教师配备不完善,两教一保达不到,有些地方两教都没有配齐,班额普遍较大,远远超出了规定的人数,教师每天的精力都放在孩子的保育工作上,教育活动有时都无法正常开展,更不要说开展多样、有效的家长工作了。长期在这样的工作环境中,乡镇园的教师职业倦怠感强,普遍体验不到这份职业带给他们的幸福感,可以说他们几乎没有时间去品味工作的幸福。

农村幼儿园教师普遍存在素质参差不齐现象。有的幼儿教师自身都没有弄明白《指南》是在说什么,它有什么用处,对幼儿家长的教育关注点不够了解,在举办宣传《指南》的活动时不会借助家长的关注点选择讲授内容,组织相关活动时容易被家长质疑其专业性和权威性。

三、乡镇园宣传《指南》等幼教文件工作的对策

(一)师资培训中加强对一线幼儿教师二级培训能力的训练

家园共育是指幼儿家长参与到幼儿园教育中,与幼儿园教师合作,互相利用各自的资源和优势,共同促进幼儿健康快乐地成长。幼儿的成长受到幼儿园、家庭和社会三方面的影响,其中家庭教育是幼儿教育不可缺少的一部分,它是幼儿园教育和社会教育的基础、补充和继续。教师不仅承担着对幼儿的集体保育活动,同时在一定程度上也承担对家长的指导工作。在一定条件下,一个幼儿园的家园工作如何,直接关系到幼儿的发展状况,因为只有幼儿园教育和家庭教育有机结合才能帮助幼儿更好地发展。

教师利用家园共育的形式,开展面向家长的针对《指南》的二级培训是非常有必要的。《指南》的实施将有助于在全社会树立正确的儿童观、教育观和质量关,更新家长教育观念,尊重儿童的天性和认知规律,珍惜童年生活的独特价

值，支持幼儿园开展科学保教，自觉抵制那些拔苗助长，违反儿童身心健康的错误观念和做法，把幼儿教育的先进理念普及到家庭和全社会。

现今，国家现在对幼儿教师的培训相当重视，培训的力度也是前所未有的。在学习《指南》解读的过程中，虽然专家们多次强调它还有另一个针对的阅读群体——家长，但大部分的培训基本没有提及详细的关于幼儿教师如何向家长宣传《指南》的策略问题。我认为在这方面可以适当增加些课程，从而提高农村幼儿教师的二级培训能力，以便一线的幼儿教师更加有效地通过家园共育工作向家长宣传《指南》，转变家长的育儿观，从而更好地贯彻《指南》精神。

（二）教育主管部门可以结合《指南》内容开播一些相关的教育节目

现在的幼儿教育现状存在家长迷信专家、质疑教师现象。家长们认为专家说出的话才具备权威性，才是可以相信的。针对这样的现状，幼儿教育不妨借鉴一下小学教育的一些宣传办法。例如，前一段时间中央三套播出过一个节目——《父母大人》，这个节目是让父母和孩子面对面坐下，在主持人的指导下就某一热点教育问题开始讨论，甚至可以像脱口秀一样进行沟通，这个节目在一段时间内让很多家长都为之疯狂。幼儿教育是不是也可以通过举办这样的节目让家长、教师和专家三方坐下来，现场就《指南》某个问题进行沟通。这样既能让家长信服，又能帮助教师亲身体会如何向家长解读，同时也可以借助媒体的力量扩大《指南》的宣传影响。

在幼儿教育中也可以借鉴另一种方式——直观视觉体验，它能让孩子感知了解一些无法用言语说清的知识。比如在《指南》的健康领域中的有让幼儿具备基本的安全知识和自我保护能力这一点，如果单纯依靠教师在课堂讲解根本无法模拟现场情境，孩子没有直观感受就生成不了牢固的自我保护意识。这时我们是否可以借鉴“开学第一课”的模式，将它们录制成孩子感兴趣的情境短剧或动画片。让家长陪同幼儿共同观看，这样一方面可以用多种形式将《指南》融于一日活动而不浮于形式，另一方面也可以让家长直观地感知《指南》的内容。

（三）乡镇园多走出去借鉴学习，努力丰富家园共育形式

在丰富家园共育形式的问题上，我们可以大力借鉴一些城市的幼儿园或是农村幼儿园中的典型案例，我们也可以拓宽眼界，采他山之石以攻玉。要像蜜蜂那样工作，它们从不复制别人的方法。它们根据自己的需要出去寻找鲜花，

它们是在家里酿蜜。学前教育研究者应坚信幼儿教育的改革与创新，不可能没有经过深层次的分析、调整和抉择，就从一个国家、一种文化移植到另一个国家、另一种文化。在借鉴其他的好的家园共育案例时要注意结合本园本地区的实际情况，切忌生搬硬套。

针对各园的实际情况，可以设置一些专题开放日活动、结合传统节日开展一些传统活动等，一方面可以让家长更加深入地了解幼儿在园的学习和生活情况，帮助他们走入看似神秘的幼儿教育，以便更好地改变他们的育儿理念；另一方面，可以结合一些传统节日例如春节（留守儿童的父母都在家），开设亲子活动关注留守儿童的问题，同时渗透《指南》的相关内容，这比坐下来听讲座更受家长欢迎，家长的参与度也更高。有条件的幼儿园还可以组织幼儿家长沙龙，请家长来向家长宣传《指南》和一些新的教育观念。幼儿园中有一些家长，他们对孩子的教育问题很有心得和方法，愿意分享自己的经验。幼儿园要充分发挥这部分群体的主动性，家长作为主体，既是《指南》解读的主体，也是学习《指南》的主体，这样的宣传很容易让家长接受。

（四）教育主管部门可以将省、市、县优质幼儿园一日生活拍摄下来，制成光盘，方便农村幼儿家长观看

一些农村的幼儿家长片面地认为城市里的一切都比农村好，但是又说不出哪里好，口头禅就是“人家市里的幼儿园就不是这样的”。对待这种情况可以在家长学校的学习中播放省、市、县优质幼儿园幼儿的一日生活实录，以便向家长进一步渗透《指南》的精神和理念，改变家长的育儿观念。所谓百闻不如一见，老师们说破了嘴不如让家长眼见为实。

古语有云“师者，所以传道授业解惑也”。这些都是我们的本职，但是我们传的道，授的业，解的惑实际上都是由社会发展筛选的，而不是由我们自行选择的。对家长的引导教育工作是一线教师义不容辞的责任，教师对幼儿的成长，对社会的影响巨大。做好家长工作有着极其重要的意义。在现阶段如何有效地利用家长工作开展《指南》的宣传和学习，从而深入贯彻《指南》精神，转变幼儿家长的育儿观成了当务之急。随着三年行动计划的实施与落实，乡镇中心幼儿园的硬件设施得到了有效地完善和改观，与省市优质幼儿园的办园条件之间的差距逐步缩小，乡镇幼儿园的孩子们不该因为外界的问题而失去健康快乐成

长的机会。作为一名幼教工作者任重而道远,我们在尽力做着,只要方向是对的,总会有所改变。

参考文献

[1] 李季湄,冯晓霞.《3—6岁儿童学习与发展指南》解读[M].北京:人民教育出版社,2013.

[2] 朱家雄.对瑞吉欧教育实践的再思考[J].教育导刊.2006(11):4-6.

[3] 郭丽霞.农村幼儿园家长工作开展的现状影响因素及对策[J].校园心理,2011(3):198-199.

初中思想品德教学中社会主义核心价值观的融入策略分析

淮南寿县张李时寺初级中学　时英旭

初中思想品德课程作为初中德育的主要渠道，其重点就是导行、明理以及激情，旨在培养学生形成正确的价值取向和良好的思想道德品质。践行和培育社会主义核心价值观，加强初中德育工作，对社会主义事业的发展具有重要的现实意义。因此在初中思想品德教学过程中，教师需要适当融入社会主义核心价值体系教育，积极研究教材和核心价值观内容的契合点，加强思想人文教育和实践教学，让学生在获取知识和技能的同时，自觉形成正确的核心价值观和道德品质，促进教育针对性和有效性的提升。

一、初中思想品德教学中融入社会主义核心价值观的重要性

对于社会主义核心价值观而言，其主要是指社会主义意识形态的本质体现，可以从个人、社会和国家等层面进行分析。其中个人层面表现为诚信、友善、爱国、敬业；社会层面表现为法治、公正、自由、平等；国家层面表现为文明、和谐、民主、富强。而初中思想品德是以社会主义核心价值观为主，旨在整合国情教育、法律知识、伦理道德和心理健康的相关技能及知识，使学生具备较强的实践能力、社会责任感、道德和人文素质、法律责任、心理素质，帮助学生全面提高思想政治道德素养。但是当前初中生正处于身心发展的重要阶段，这个阶段的学生缺乏较强的分析选择能力和理性思辨能力，这就需要加强学生的思想品德教育，正视学生内心的矛盾和价值冲突，帮助学生健康成长和全面发展。

将社会主义核心价值观融入初中思想品德教学中，其重要性可以从以下两个方面进行分析。

一是有利于初中思想品德课程教学的顺利开展。初中思想品德课程作为初中必修课程之一，为学生形成健康的思想道德奠定了基础。该课程内容主要

是以初中学生的认知水平为依据建立，具有较强的实践性、人文性和思想性，但是受应试教育的影响，在实际实施中还存在一些问题，如单一的评价方式、落后的教育内容、呆板的教育形式等。而社会主义核心价值观作为社会的主流思想，国家明确要求中小学校应积极践行和培育社会主义核心价值观，不断创新德育课，让社会主义核心价值观进入课堂和教材。这样不仅可以让教师创新教学形式、更新教育理念，提高初中思想品德教学的针对性，还能够突出思想品德课程的实践性与时代性，充分发挥课程的功能，实现学生的自由全面发展。

二是有利于实现初中学生思想的多元化发展。随着社会经济的快速发展，人们的生活水平有了很大提高，思想观念趋向于多元化发展，而社会上发生的负面事件对初中学生的思想行为和价值观造成了一定的冲击。由于青少年心理和生理的发育，探索欲望和认知能力不断提高，对社会现象有自己的看法，出现了多元化的认知，他们对一些社会现象和社会思潮产生了怀疑，价值观可能出现偏差。同时许多学生都是独生子女，多是以自我为中心，因此做好德育工作显得尤为重要。社会主义核心价值观处于主导地位，对其他价值观念具有支配性的作用，将其融入初中思想品德教学中，有利于学生形成正确的价值取向，确保德育工作的有序开展，实现学生的全面发展。

二、初中思想品德教学中社会主义核心价值观的融入策略

（一）立足教材知识

教材分析是教学过程中的重要环节，教材分析状况对教学质量的高低和教学过程的开展具有直接影响，因此要想将社会主义核心价值观融入初中思想品德教学中，必须要以教材基础知识为依据，对教材内容进行深入分析，详细研究教材中涉及的核心价值观的隐性及显性内容，从而提高教学的有效性和目的性。其中隐性内容是指通过较为隐蔽和含蓄的方式在思想品德教学中彰显核心价值观内容，而显性内容则是指教材中明显表现的核心价值观内容。总之，教师在实际教学过程中，不仅要对教材中的隐性知识加以充分挖掘，将其自然渗透具体教学环节，还需要加强课堂讲解和教材分析，让学生有效认知显性内容，获得系统完整的知识，增强教学效果。

（二）加强思想人文教育

初中思想品德课程的人文性和思想性较强，主要是为了引导学生形成正确的价值观、人生观、世界观。要想让学生准确掌握社会主义核心价值观的内容，将其外化于行、内化于心，需要在日常的人文思想教育中融入社会主义核心价值观。首先，将社会主义核心价值观的理论融入思想品德、法制和国情教育中，让学生能够整体认识和把握知识，从思想上认可核心价值观。如在讲解“弘扬和培养民族精神”这一知识点时，可以让学生分析核心价值观与民族精神对国家的作用及意义，然后系统介绍核心价值观的内容，使学生明白其具体的内涵，从内心认识社会主流价值观。其次，将社会主义核心价值观的先进事迹融入背景材料中，使学生感性认识核心价值观，如学习“诚信做人到永远”时，可以让学生利用网络搜集相关的名言警句，并在课堂教学中插入《诚信中国》的歌曲，让学生感知社会正能量，或者是通过情境的创设，让学生感受诚信的重要性，进而树立诚信意识。

（三）构建有效课堂

社会主义核心价值观教育的主要渠道就是课堂教学，教师在思想品德教学过程中，应该积极开发核心价值体系教育资源，充分发挥育人功能，让学生在学习中受到社会主义核心价值体系的教育。同时教师需要通过丰富的情感、灵活的事例、生动形象的语言、独特的视角来渗透核心价值观，让学生在潜移默化中发展智力和思维，形成正确的价值取向，成为核心价值体系的忠实践行者、积极传播者和坚定信仰者。此外，教师需要对教育教学中遇到的难题进行深入分析及研究，从学生的身心发展规律出发，适当改进教学方法、调整教学策略，以此调动学生的主观能动性，实现教学目标。

（四）精心设计探究活动

随着新课程的深入改革，明确规定了学生在课堂上的主体地位，要求教师在实际教学中高度重视学生的自主认知和学习体验。因此教师在开展初中思想品德教学活动时，应对课堂探究活动进行精细设计，让学生自觉主动参与到活动中，在潜移默化中认知社会主义核心价值观。以“正确对待理想和现实”为例，教师可以从教学内容和学生实际学习需求出发，设计相关的主题探究活动，如“我的理想，我的梦”等，根据“鲁迅先生三改志愿”的事例，展示伟人的理想；同时让学生分小组合作讨论，然后畅谈自己的理想及其实现路径。最后教师在课堂教学中进行适当引导，让学生明确核心价值观的内涵，如爱国敬业等，使学生将个人命运和国家命运相连，努力实现自身理想。

（五）强化实践课教学

由于初中思想品德课程的实践性较强，每一单元结束之后都设置了相应的走进生活版块，旨在强化学生的实践能力。青少年践行核心价值观时，需要将社会实践的养成作用加以发挥，让学生自主体会和灵活运用所学的德育知识，这样才能达到知行合一的目的。教师在课堂教学中可组织辩论赛和情景表演等活动，将生活冲突加以再现，让学生在参与中体会真知，如讲解“法不可违”的知识点时，教师可以通过情景的创设，模拟法庭及案件审理过程，让学生在创设的情景中感受法律的威严，知道法律面前人人平等，深入思考“平等”和“法治”的价值观，增强法制意识，做一个知法守法的好公民。另外，教师可以组织学生积极参与到社会公益活动中，如引导学生参与青年节、植树节等，组织学生到敬老院看望老人，让学生自觉主动践行核心价值观，在实践中培养奉献精神及环保意识。

综上所述，将社会主义核心价值观融入初中思想品德教学时，需要从学生的身心特点和学习需要出发，立足教材基础知识，加强思想人文教育，构建有效课堂，精心设计探究活动，强化实践课教学。只有这样，才能使学生认同和践行社会主义核心价值观，养成良好的思想道德品质修养，塑造健全的人格，实现学生的健康成长和全面发展。

参考文献

[1] 胡建民.如何在教学实践中融入社会主义核心价值观[J].才智，2015(11)：136.

[2] 殷壮求.思想品德教学有效渗透社会主义核心价值观的策略探索[J].思想政治课研究，2015(3)：93-96.

[3] 虞林.浅析在思想品德教学中渗透社会主义核心价值观的有效策略[J].赤子(上中旬)，2015(22)：315.

[4] 李丹.浅析社会主义核心价值体系融入初中思想品德课[J].教育教学

论坛,2012(38):177-178.

[5] 杜文艳.用社会主义核心价值观润泽学生的心灵——以苏版《品德与生活》《思想品德》修订教材为例[J].中小学德育,2014(7):22-26.

[6] 刘建德.在教学中落实社会主义核心价值观教育——例谈思想品德课教学理念与方式的转变[J].中小学德育,2014(9):37-39.

迟开的玫瑰同样芬芳

——浅谈小学后进生的转化工作

淮南市寿县八公山小学　孙明珍

有人说关注一个后进生比关注十个优秀生还要重要。对于后进生的转化是每个班主任经常遇到的问题,也是头疼的问题。作为一名班主任,经常会遇到后进生。所谓后进生:过去叫“问题生”,又叫“差生”,是指在班级中在某些方面(如智力、成绩、思想品德等)落后于其他同学发展水平的学生。对于小学阶段的后进生不能严格称他们为后进生,更不能叫“差生”,因为他们刚刚处于人生的起步阶段,还是个幼苗,还未定型,可塑性很大,如果过早放弃了,那就害其一生,如果转化好了就成就其一生。因此小学阶段的后进生转化是非常重要的,那么怎样转化后进生呢?根据我30多年的工作经验,浅谈几点体会:

一、摸清源头,对症下药

后进生不是天生就差,而是有多种原因造成的。经过长期观察,我发现有以下几种原因造成的:大环境的影响,现在是网络时代,电脑手机充斥着孩子们的生活,因此一部分孩子迷恋上网络游戏,不想学习;有的是家长不重视孩子的学习,放任自流,由着孩子整天疯玩;有的是留守儿童,爸爸妈妈不在身边,由爷爷奶奶监管,他们过分溺爱,学习上不能给予指导,因此造成成绩很差;还有的是家庭环境(如家长爱打麻将,父母离异等)不利于孩子学习造成的。摸清源头之后,才能对症下药。每学期开学不久,我就把后进生召集在一块召开班会,逐个对症下药,指点方法。对于那些智力好但贪玩的学生,鼓励他们发挥优势,改掉缺点。对于想学但家庭环境不利于孩子学习的,和家长沟通,给孩子一个好的学习环境并督促孩子学习。对于父母离异的要从思想上开导孩子,这时老师就要给他们真诚的、持久的关爱,帮他们打开心结,消除他们与集体的隔膜,消除自卑心理,积极阳光地生活学习。对于智利有障碍的孩子,从简单做起,可教他们抄词语抄课文，渐渐过渡到能做简单的题目等，让他们量力而行，课堂上有事可做，而不至于捣乱影响课堂纪律，对于作业这一块他们能做多少就做多少，不要“一刀切”。多鼓励表扬，少批评指责，一学期下来，作业交送率基本能达到100%。

二、多表扬少批评

后进生虽然成绩差，但身上也有许多闪光点。如有的爱劳动，有的爱助人，有的关心集体，他们也有自尊心。当老师发现这些闪光点之后，要及时表扬，将老师的表扬化为学习上的动力，至少他不至于在班级扰乱秩序。相反，如果老师发现优点不表扬，发现缺点缺使劲地批评，学生的自尊心受到伤害后容易产生破罐破摔的思想，师生易产生对着干的敌对情绪。后进生的自控力差，往往在取得一定进步后控制不住自己，容易滑坡，这时老师就更要激励督促他们，巩固成果。因此后进生的转化工作是一项长期的艰辛动态发展的过程，老师不可急于求成，一蹴而就。

三、晓之以理，动之以情

尽管后进生行为上可能会有不好的地方，但他们还是通情达理的。“晓之以理”，就是同他们讲道理。就是从身边具体明白的小事讲起，让他们逐渐明白做人做事的道理。“动之以情”就是用真情实感去感化他们，老师要从思想上、学习上、生活上去体贴关怀他们。老师必须改变讨厌和歧视后进生的思想，从心理上接纳他们，爱他们，只有这样他们才会感觉到老师并没有放弃他们，是真正地对他们好，爱其师，并信其道。

四、恩威并用

俗话说无规矩不成方圆。对于有些学生一味地表扬也不行，对于那些经常做坏事而屡教不改的学生，班主任在不得已的情况下对学生进行严厉的批评或施以惩罚，这在不得已的时候有正面的积极作用。一方面能起示范作用，另一方面起敲山震虎作用。但在惩罚时要罚之有理，罚之服人，还要罚之有度，适可而止。

五、培养他们的学习兴趣

后进生的转化效果如何，直观上主要看他们的学习成绩是否上升。后进生大都对学习不感兴趣，如何改变这种现状？我是从以下几点来做的：①对于智力好而不学习的孩子，告诉他们现在努力还来得及，叫他们奋起直追。②因人而定努力目标。对于成绩特别差的学生上来目标不要定得太高，太高得不到，容易泄气。③开展互帮互学活动，充分发挥优等生在后进生转化中的作用。我让优等生和后进生搭配坐，帮助他们学习。同时也给他们树立榜样。④定期检测，及时表扬。如每次检测看看哪些学生成绩上升了，哪些学生突破了及格分，哪些学生达到了优秀等，要及时表扬或发奖品。另外，还结合课文开展一些有趣的课内外活动，如智力竞赛、演讲比赛、课本剧等，使他们积极参与，尝到学习的乐趣。

总之，做好后进生的转化工作，是一项艰难而又长期的工作，它需要班主任付出艰苦的劳动。如果把老师比作园丁，学生就是一园的玫瑰，后进生就是迟开的玫瑰，却同样芬芳，因为在它们身上倾注了班主任的信心、爱心和恒心。

参考文献

[1] 赵阳.对小学后进生教育的研究[J].南昌教育学院学报，2013(1)：126-127.

[2] 仲红星，李艳伟.小学后进生的心理特征与转化策略探讨[J].中国校外教育，2016(2)：51.

[3] 索永库.小学后进生转化工作刍议[J].吉林教育，2016(16)：84.

浅谈多媒体在初中物理教学中的作用

合肥市肥东县梁园镇护城中心学校　孙启武

物理学是以实验为基础的学科,《义务教育物理课程标准(2011年版)》提出,初中物理教学要以观察、实验为基础,进行实验和学生实验。能够使学生对物理事实获得正确的认识,这种认识是理解物理概念和规律的必要基础。观察和实验对培养学生的观察和实验能力,实事求是的科学态度,引起学习兴趣都有不可替代的作用。因此,教学中要重视让学生观察有关的现象,要大力加强演示和学生实验。这阐明了演示和实验的重要性,要充分发挥实验在引入概念、建立规律、检验假设等方面的作用,新课程标准中增加了物理实践活动、探究性实验以及物理科普讲座等内容,进一步强调了物理实验的作用。这些不仅改变了以往单调、枯燥无味的教学模式,让学生明确如何学习物理、应用物理,而且更符合初中生的心理特点。对于初中生来说,他们有着很强的好奇心,什么事往往都想探个究竟,问个明白。由于物理知识贴近生活,生活中处处有物理,因此对初学物理知识的初中生来说很有吸引力,他们了解生活中的物理知识以及应用,想用自己学到的知识应用于生活,从而展现自己的才能。当他们成功了就会有种满足感和自豪感,也就更渴望学到更多的物理知识。这就要求我们要抓住学生的这些心理特点,应用好物理实验,激发学生学习物理的兴趣。多媒体的应用既完备了物理实验,又可将物理知识、实验以及科学家的事迹直观、形象、生动地展现在学生面前。同时,随着时代的发展,也要求教师不断提高自己的知识水平和业务能力,改变以往的传统的教学模式,以适应新时代的教学要求。现就多媒体在初中物理教学中的作用浅谈一下自己的看法。

一、诱发学生的学习兴趣

在物理教学中,新课的引入非常重要,它不仅揭示的是本节内容,甚至是整章的内容,更重要的是激发学生的学习兴趣,让他们不由自主地想要了解有关知识。因此单纯以课本开头的引入就显得有些枯燥,特别是对农村的学生来说,有些东西学生根本就没有看到过,甚至闻所未闻,一张书中的图片无法让学生领略到它的魅力,产生共鸣。例如,在"物体的浮与沉"一节中,飞艇在空中自由地上升、下降以及人躺在死海中悠闲地看书,学生对这些现象几乎没有多少了解,无法产生共鸣。这时如果利用课件,使用多媒体就能形象、生动地将它们展现在学生面前,让他们动态地了解这些现象,使他们不由自主地问为什么,渴望了解原因,这就起到了诱发学生想要学习知识、掌握知识的愿望。

二、完善物理实验

物理实验在物理教学中有着举足轻重的地位,而有些物理实验虽然在操作过程中没有失误,操作过程正确,但由于一些器材精确度不高,很多实验的结果偏差较大,不能达到预期的效果,以致学生难以接受由实验推导出的结论,总是让他们有牵强附会的感觉。这些实验如果利用多媒体,选择别人较成功的演示实验展示整个实验过程,让学生观察并由实验得出结论,往往会起到更好的效果。其次,还有一些实验是根本无法做到尽如人意的。如:牛顿第一定律的探究实验,这个定律是通过滑块在三种粗糙程度不同的水平面滑行距离的远近进行比较,得出:在其他条件相同时,平面越光滑,滑块受到的摩擦力越小,滑块前进的距离就越远。根据这一结论进一步推导出牛顿第一定律。每次我在得出牛顿第一定律时,感到这个定律的得出有点牵强,是强加给学生的,学生是被迫接受的。当用了多媒体后,我除了演示课本中的实验,还利用了Flash演示滑块在更光滑的水平面滑行,让学生感到,滑块在非常非常光滑的水平面上滑行时,速度几乎不变,从而很自然地推导出牛顿第一定律,学生也能自然而然地接受。另外,在我们农村中学,实验器材并不那么完备,一些旧的器材根本无法使用,致使很多物理实验不能进行。借用多媒体播放这些实验,效果不错。

三、拓宽学生视野

学生仅有课本知识是不够的,这样他们的视野会比较狭窄,不能拓展自己的思维,领略不到现实生活中物理知识的生动应用,以及物理知识的博大精深。多媒体的应用可以完善这点不足,它可以形象生动地将物理知识与现实生活结合起来,将现实生活中物理知识的应用展现给学生,这不仅让学生开阔了视野,同时也让学生对物理知识有更深的理解和掌握,使他们认识到生活离不开物理,生活中处处有物理。特别是在八年级物理“小粒子与大宇宙”的教学中,如果光是空洞的介绍,学生就会感到枯燥无味,无法理解,难以接受,利用多媒体后就可以让学生对神秘的宇宙有了深刻的了解。其次,利用多媒体介绍一些前沿科学,让他们树立探索世界奥秘的意识。通过这些手段,激发学生学好物理,应用物理的热情。

四、促进思想品德的发展

通过多媒体播放科学家们的生平事迹,让学生了解科学家的治学态度和刻苦钻研、吃苦耐劳的精神,激发他们爱科学、学科学的思想品德,帮助学生养成尊重事实、实事求是的科学态度,逐步树立起辩证唯物主义的世界观和人生观。其次,利用多媒体课件播放一些与物理有关的环保现象,让学生逐步树立环保意识。

五、教师的良师益友

我在农村中学任教,在我们这里开展业务学习和交流较少,校与校之间或片与片之间,教师进行学习和交流的机会不多。教师几乎成了井底之蛙,只是在自己的一片小天地里组织教学活动,闭门造车,教学水平很难提高。有了多媒体,特别是“农远工程”(农村中小学现代远程教育工程)的普及,让我们可以足不出户就能欣赏到好的物理课堂教学范例,欣赏到名家的物理教学方法以及课堂氛围的营造,从中吸取经验,并结合本校的学生特点,采取适合本校的教学方法,从而不断提高自己的教学质量。

六、节约课堂时间

在物理课堂教学过程中的例题以及巩固练习,如果单靠手抄写在黑板上,那要浪费很多时间,也影响课堂教学的连贯性。有了多媒体后,在教学之前,就可以做好有关课件,这样既节约了大量的时间,也不会影响课堂的学习氛围。

当然,光有多媒体还不够,物理的学习不仅要观察,还要自己动手。为此,书中安排了一些“小实验”,可以说它是对课堂教学的补充。学生亲自动手不仅训练了学生的动手能力,培养他们独立解决问题的能力,同时也培养他们对物理知识的兴趣和爱好,在将自己所学的知识应用于实践中,激发他们学习物理兴趣和自信心,从而克服在物理学习中遇到的困难。

多媒体在物理课堂教学中的作用很大,但也要掌握尺度,合理应用,走出多媒体应用的误区。多媒体在课堂教学中只是教师教学的一个手段,而不是全部。我在听有些物理教师的公开课时,整个教学过程都是用白板展示,教师从头至尾在黑板上没有留下什么粉笔字,一堂课就如同放电影一样。我认为这种方式很不利于学生对知识的掌握和理解,授课教师应将课题、物理概念、物理原理、物理公式,单位等,用粉笔书写在黑板上,便于学生在整个课堂学习中能反复看到这些概念、原理、公式以及单位,并将它们应用到本节课的学习内容中,从而逐步掌握这些概念、原理、公式以及单位,并加以理解。

总之,多媒体在物理教学中有非常重要的地位,它是课本知识与现实生活连接的纽带,是教师与学生沟通的桥梁,是教师的良师益友,更是学生学习知识、应用知识以及良好的思想品德培养的“引路人”。

参考文献

[1] 孙冬青.多媒体在初中物理教学中的应用探讨[J].新课程(中学),2017(6):111.

[2] 张振江.如何运用多媒体优化初中物理教学[J].新课程(中学),2016(12):133.

[3] 杜立群.有效应用多媒体提升初中物理教学效率[J].中小学电教,2016(11):59-60.

[4] 王佩镇.利用多媒体辅助初中物理教学[J].新课程导学,2016(29):31.

[5] 吕震.多媒体融入初中物理教学的思考[J].中华少年,2018(18):150.

点燃学习语文的兴趣之火

合肥市肥东县教师继续教育中心　汤霞

《义务教育语文课程标准(2011年版)》明确指出,语文是学习和工作的基础工具。语文学科是学习其他各门学科的基础。由此可见,语文教学至关重要。学好语文不但是学好其他各门学科的必要前提,而且对于将来从事工作和继续学习都会产生深远的影响。

兴趣是最好的老师,一个人对某事物有了浓厚的兴趣,他掌握该事物的可能性就有了成功的保证。但是,我们在上课过程中,常遇到这样的情况:学生精神涣散,注意力不集中,或昏昏欲睡,或埋头看小说,或做着各种小动作,每遇到这种情况,下课时,教师总牢骚满腹,埋怨学生这样不好,那样不是。其实,事物是一分为二的,学生课堂注意力不集中,消极懒散,固然有其不对的一面,但老师的课吸引不了学生,调动不了学生的情绪,不也说明我们老师自身也存在着很大的问题。那么在课堂上如何调动学生的积极性,点燃学生学习语文的兴趣之火呢？作为一个语文教师,在传授知识、培养能力的整个教学活动中,不可忽视对学生学习兴趣的培养,激发他们的内驱力,让他们"好之""乐之",这样他们才不会感到课堂枯燥乏味,教学才能取得良好的教学效果,让学生终身受益。

兴趣源于需要,兴趣是学生学习的动力和能源,在心理学上叫作内驱力,它对推动学生积极思维,提高学习效果具有重要的作用。孔子说:"知之者不如好之者,好之者不如乐之者。"只有"乐之",才能乐学。培养学生学习兴趣的方法很多,但最有效的是与学生每天相处的语文教师的艺术魅力。教师的魅力来自思想素质、学识修养以及语言魅力。一个语文教师,应具有独特的思想魅力,要能在语文教学中自然地渗透德育教育。除此之外,还应具有较高的文学艺术修养,出口成章,名言佳句不离口,语句风趣而幽默,学生就会从心底佩服教师的文学功底,教学效果就会犹如室中兰花,散发出一种不可抗拒的艺术魅力。

另外,要点燃学生学习语文的兴趣之火,还要在课堂上把握好以下三个方面:

一是要在课堂上向学生提值得深思的问题。提问得好即教得好。课堂上教师的提问,是对学生进行语文兴趣的激发和培养的良好契机。在课堂教学过程中,教师提出值得深思的问题,能引起学生的注意力。由学生自己经过一番思考求得答案,学生的学习兴趣就特别浓,教学就能收到事半功倍的效果。而那些一看就知,一捅就破的简单、直白的乏味问题,会让学生反感,难以激起学生的兴趣,不能把学生的思维激活而使其处于"起飞"的状态。久而久之,会让学生丧失学习语文的兴趣。例如我在教学安徒生童话《丑小鸭》这篇课文时,根据课文的结构特点,引导学生进行逆向思维,设计了两个问题:一是丑小鸭通过自己的不懈追求,终于变成了美丽的白天鹅,丑小鸭实现理想的重要条件是什么?二是丑小鸭的形象对你有什么思想启示?学生在课堂上只有认真细读课文内容和进行深入细致的分析思考,才能正确回答这两个问题。为了进一步调动学生的学习兴趣和活路课堂气氛,我又提出了一个问题:如果你处在逆境中,你会怎么做?让学生讨论。这样的问题,既调动了学生的想象力和主动思维的积极性,又激发了学生学习语文的热情,提高了课堂教学的效果。

二是在课堂教学中善于运用形象启发学生。用形象启发学生,让学生根据形象来理解课文内容,对他们来讲不但生动有趣,而且非常容易。在课堂教学中采用直观的教学方法,借助实物、挂图、幻灯、录音等手段,把抽象的语言文字具体化、形象化,激发学生浓厚的语文学习兴趣。如在学习《三峡》这篇文言文时,我利用三峡示意图、影片进行教学,一下子就把学生带进了三峡的美景之中。他们好像随着作者一起游三峡,真的看到了三峡那雄伟壮观、幽深秀丽、急流险滩的壮景,纷纷举手谈对三峡特点的理解和体会。我又把三峡水库的影片放给学生看,让学生观赏"高峡出平湖"的美景,并向学生说明只有在中国共产党的领导下,在改革开放的新的历史时期,我们才能更好地利用三峡水利资源,才能让三峡的水利资源更好地为社会主义现代化建设服务。这些形象的图片和影片活跃了课堂气氛,取得了最佳教学效果,也使同学们受到了一次良好的思想教育,大大激发了学生学习语文的兴趣和热情。

三是布置生动有趣的课外作业。我改变作业的形式,布置趣味性作业,调动了学生学习语文的主动性。针对学生不爱写作业的问题,我把家庭作业本改为"浪花集"本。在这个集子里每次作业的内容都不相同,但目的都是为了巩固、掌握所学内容。例如布置作业的内容既有词语汇集，好词好句摘录，又有最佳段落欣赏；既有成语大世界、成语典故的解释，又有新闻回顾、新闻剪报等。学生做一次作业叫“办一期浪花集”，要求学生把它办得有声有色。学生对这种作业形式感到非常新鲜，学习兴趣大增，他们每次都精心设计自己的“版面”，认真书写感兴趣的作业，翻书查资料，力图效果创新，就连平时不爱完成作业的学生也一期不落。这样的作业形式，新颖活泼，趣味性强，符合学生形象思维的特点。学生既掌握了所学的语文基础知识，又发挥了特长，有助于培养学生的创造力，更激起了他们在课外学习语文的兴趣和热情。

总而言之，通过多年的课堂实践，我发现学生对语文的学习兴趣与日俱增。他们通过动脑、动口、动手的多重训练，不仅在课堂上积极思考，大胆发表自己的观点、看法、提高了语言表达能力，而且在课外活动中，锻炼了自己，提高了书面表达能力。这样通过课内课外的有力配合，提高了学生学习语文的积极性，培养并激发了他们学习语文的兴趣，收到了良好的教学效果。

参考文献

[1] 桂自花.浅谈如何激发学生学习语文的兴趣[J].中学语文，2016(30)：51-52.

[2] 张爱霞.试论如何培养和激发学生学习语文的兴趣[J].学周刊，2016(36)：245-246.

[3] 欧红.结合艺术生的特点培养学生语文兴趣[J].中学教学参考，2017(15)：29-30.

[4] 周小梅.变枯燥为兴趣，化腐朽为神奇——提高学生语文兴趣是语文教学的当务之急[J].读写算(教师版)，2017(44)：99.

教材插图对学生学习的影响研究

淮南市寿县三觉镇余集小学　唐德成

作为课程资源的重要组成部分,插图进入语文教学已是不争的事实。语文阅读教学不仅是文字的阅读,图像阅读已成为阅读教学中的重要组成部分。教材中的插图不仅有利于教师的教学,还是学生认识教材的重要媒介。

小学低年级一般指的是小学一、二年级,处于低年级阶段的学生年龄都比较小,掌握的知识非常少,理解文字时存在较大的困难,但其思维方式未受到太多的约束,想象力丰富,思维奇特,对于看到的事物会有各种不同的理解,而且由于年龄相对较小,稳定性不强,比较贪玩好动,学习积极性无法保证。因此在低年级的语文课本中加入插图内容,对于学生的理解能力以及学习兴趣的提高都有很大帮助。

一、小学低年级语文教科书中插图的功能

(一)激发学生学习兴趣

低年级教科书中插图的配置非常适合小学生的认知特点,显眼的插图能够给学生带来很大的视觉刺激,平衡教材所带来的枯燥感。插图的各种色彩、各种漫画人物和动物,以及画作的内容都对小学生有很大的吸引力,使学生产生学习的兴趣。

(二)帮助学生理解文章

低年级学生的理解能力还不足以很顺畅地理解每一个文字所要表达的意思,利用插图可以引导学生对文本深入感知。由课文中的插图既可以学习字词、理解文义,又可以认识更多的事物,对于学生的学习帮助很大。

（三）培养学生的观察能力、思维能力及想象能力

学生可以在阅读文章内容之后，在插图中找出文章中所描述的内容，对于文章内容中不太理解的部分，可以通过观察插图，结合文章内容的其他部分进行理解，学生根据插图中的信息可以对文章内容有更加深入的了解，也是对学生思维能力的很好锻炼。教材中的插图是对文章中的一部分内容的展示，学生学习课文时，可以根据插图联想到更多的内容，有利于学生想象力的锻炼和提高。

（四）培养学生的审美意识

学生在对插图的观察中，可以感受到图片中的艺术美、自然美、社会美，在潜移默化中，学会了认知美的事物，欣赏美的事物，学习美的艺术，对于学生审美意识的培养有很大的帮助，也符合在教学中融合美育教育的要求。

（五）培养学生的道德意识

在小学的课本中，融入的道德教育内容很多，学生在学习的过程中利用对插图的观察对文章所描述的这些行为有更形象的了解之后，学生就会模仿这些道德行为，或者对其中有违道德标准的行为有更清楚的认知。在现实生活中也就知道哪些行为是可以有的，哪些行为是不应该的，插图对于学生的良好道德的培养作用突出。

（六）锻炼学生的表达与写作能力

低年级的语文写作课大多都是看图说话，让学生通过对给出插图的理解来写作文。可以让学生对图片内容先进行口头描述，再将描述的内容用文字叙述出来。

二、对低年级语文教科书中插图配置及使用的建议

（一）要符合低年级学生的发展特点

对于插图的色彩、表现方式以及画面内容都要合理设置和选择。插图的颜色不一定要鲜艳丰富，也可以适当地加入一些清新素雅的图片，这对学生的审

美意识有很好的培养效果。插图的表现方式一定要恰当,以故事性的方式为主,不能过于抽象,不能过于夸张,不能过于强调艺术感,这些都与低年级的小学生的理解能力以及知识储备量不符,学生在对图片的理解上会受到阻碍。

(二)要加强与文章的关联

有些教科书中插图很多,但是大部分图片与所在位置的文章都没有关联,这样的设置对于学生对文章的理解会产生很大的误导,影响学生学习。文章中插图的设置一定要注意与文章的联系。学生可以根据视觉认知产生学习的兴趣,加强对所学内容的记忆与理解。由于有些学生对文章的理解不清,如果插图与文章内容无关,他们很可能根据图片误解文章内容,影响学习效果。

(三)要提高插图质量

低年级的学生正处于模仿学习的阶段,学生在学习知识的同时也可能对于插图的描摹产生兴趣。如果教科书中插图的质量不好,会影响学生的画画学习,而且对画面的审美水平也会产生一定的影响。同时如果插图的质量不好,学生看不清楚插图中的内容,对于文章的理解也会产生影响。

(四)要联系生活,与时俱进

在插图的选择和设计中,要与现实生活紧密联系,要多融入新元素,这不仅易于学生理解学习,而且有利于吸引学生注意力。如果插图中还是以前的旧内容,现在的学生可能没有接触过,不知道图片中的是什么。或者是学生虽然知道是什么,但见的次数多了,就减少了去观察研究的兴趣,削弱了学生的学习热情。

(五)教师要指导学生学习应用插图

低年级的学生由于年龄小,在学习中花费的精力不会很大,会更贪玩。在看到插图时,可能会去看其中有什么有趣的东西,老师要引导学生正确使用插图,在引发学生兴趣的过程中,也要引导学生利用插图来学习。

三、结语

小学低年级语文教科书中的插图配置对于学生的学习影响很大,在插图的配置中一定要精挑细选,不能错误地认为小学生就喜欢色彩鲜艳、古怪新奇的内容,就全都设置成这样的内容。我们应当结合对低年级小学生的教学要求,选择既适合他们的年龄特征,又有利于学生综合能力发展的内容,使插图能够全面地体现其作用。

参考文献

[1] 刘婧,李宝庆.小学语文教科书中插图的问题与对策[J].教学与管理,2012(2):62-64.

[2] 李娟.小学语文教科书插图分类和功能研究综述[J] 吉林广播电视大学学报,2012(1):142-143,162.

[3] 刘冬岩,薛日英.小学语文教科书插图的问题及对策——以人教版为例[J].教育科学研究,2013(3):65-69.

小学数学课堂下自主探究学习策略的思考

潘集区架河中心校　陶志政

《基础教育课程改革纲要(试行)》在论及基础教育课程改革的具体目标时指出,改变课程实施过于强调接受学习、死记硬背、机械的现状,倡导学生主动参与、乐于探究、勤于动手,培养学生搜集和处理信息的能力、获取新知识的能力、分析和解决问题的能力以及交流与合作的能力。这就强调了培养学生的自主探究学习方式的重要性和紧迫性。顾名思义,自主探究学习是以学生作为学习的主体,在教师的正确引导下,通过学生独立地分析、探索、实践、质疑、创造等方法来实现学习目标的学习方式。它是一种理性的探索性的学习,不是一种自发的学习。如何在课堂中引导和培养学生的自主探究学习的能力呢?我想应从如下几个方面进行入手:

一、源于兴趣,激活自主探究的动力

美国心理学家布鲁纳说:"学习最好的动机是对所学学科的兴趣,兴趣是最好的老师。"在课堂上激发学生自主学习兴趣的方式很多,如讲故事、做游戏、设疑问难等。我们要根据具体的教学内容和教学环节进行恰当的设计,就能够激活他们自主学习的欲望。

例如,教学"比较线段的长短"时,先做夺旗比赛游戏,引入新课。请两个学生到教室后面同一起点,同时出发,谁先拿到讲台上的红旗为胜。规定一人走直的,另一人则从后门出经走廊进前门到讲台。游戏开始后,走直路的同学很快就夺到了红旗。马上就有几个同学叫起来:"这样不公平。"教师马上问:"为什么这样做游戏不公平?""那应该怎么做才公平?"这时学生会展开热烈地讨论,在讨论中学生掌握了"两点之间,线段最短"的知识。同时,也让学生意识到掌握好数学知识,能使我们在生活和生产中少走弯路,提高效益。在数学教学过程中，经常开展这样的兴趣活动，久而久之，学生就会懂得学好数学的重要性，激发学生对新知识自主学习的欲望。

二、教学互动，生成自主探究的方法

课堂中的教学互动既包含学生与学生之间的交流互动，也包含教师与学生之间的交流互动。当课堂上，提出数学问题后，教师不要急着让学生立刻自己探索解决，而是生生、师生之间先进行必要的思考、讨论，要解决这个问题可以采取哪些方法探究？等大家达成共识后再进行自主探究。如果有实验操作的，根据老师或自己准备的现有学具，灵活地选取恰当的方法去自主操作探究，这样的过程才是我们所倡导的真正意义上的自主探究的学习方法，这样才能形成一种有序的，可操作的自主探究。

如在教学“体积”时，首先通过“乌鸦喝水”的故事导入新课，老师问乌鸦为什么往瓶子里放一些石子后就能喝到水了呢？学生回答：石子占有一定空间。再问：石子真的占有一定空间吗？你们怎么来验证这个说法是正确的呢？有的说把石子握在手心来验证，有的说用石子、水和量杯就可以验证了，等等，然后小组内交流各种方法的可行性，最后一致确定用石子、水和量杯来进行实验验证，分小组进行实验。在具体的实验操作过程中，他们的实验想法也各不相同，但得到的结论却是相同的：石子确实占有一定空间，而且不同大小的石子所占空间的大小也不相同。学生自主探究的前提是经过同学和老师之间的交流后，达成共识，再进行操作，这样就显得井然有序。

三、数学活动，优化自主探究的策略

数学活动是一节数学课的核心环节，是学生探究、体验新知的重要历程。认知心理学的研究表明，学生的知识形成过程是外来信息与学生原有知识和思维结构相互作用的过程，学生的数学能力是通过活动作为中介形成的，在活动中思考，在活动中创新，在活动中得到发展。学生运用自己喜欢的方法进行自主探究，这里面势必会有好的和不好的方法，而数学活动就是一块试金石，通过它可以检验出各种方法的适用性，学生会对这些方法进行优化。从而上升到对这类问题的自主探究的策略进行优化，进一步增强了学生分析问题、解决问题的能力。

在“简便计算”教学时，先出示(算式1)98×99+98，让学生根据自己喜欢的计算方法，然后汇报：

生1：=98×(100－1)+98　生2：=(100－2)×99+98　生3：=98×99+98×1

=98×100－98×1+98　　=100×99－2×99+98　　=(99+1)×98

=9800－98+98　　=9900−198+98　　=100×98

=9800　　=9900−100=9800　　=9800

大家对这三种简便方法进行了沟通交流后，一致认为第三种方法最简便，原因是直接利用乘法的分配律；教师引导大家思考通过这个运算，在计算两个数的乘积加或减一个数时简便计算的特征是什么？学生进行讨论后发现：这个单独的数要与前面的乘积中的一个因数相同就能直接利用乘法分配律进行简便计算。这时老师再出示45×74−90(算式2)，让学生再来观察这个算式与算式1的相同点和不同点。学生小组讨论后，得出相同点是两个数的乘积加或减一个数；不同点是单独的数与前面乘积中的因数也不相同。这时再次引导学生思考45与90有无关系，学生很快意识到90=45×2，也就是说90是45的倍数。这样也可以直接用乘法分配律进行简便计算了。老师再问：通过算式1和算式2的探究，你们再遇到两个数的乘积加或减一个数时有什么解决策略？学生交流后得出：单独的数是前面乘积中的任何一个因数的倍数时，都可以进行简便计算。

四、触类旁通，升华自主探究的思维

教师引导学生学习数学，不仅仅是要学生掌握数学知识，更重要的是来探究知识掌握的方法策略。通过一个个数学实际问题的自主探究，逐步地抽象概括，形成数学理论和数学思维，这些理论和思维不单单可以指导数学方面的探究，还可以来指导、影响学生的价值观、人生观以及世界观。

如六年级的"'点连线'的数学思考"教学，通过学习学生明白了"复杂的问题要简单化"这种数学思想。即遇到复杂难解的问题不要着急，先从简单的情况开始探究，然后逐层深入，最终解决复杂的问题。这样的一种数学思想不仅可以用在数学学习中，也可以用在其他学科领域和我们的实际生活中。

学校的教育是以人的发展为本，只有使学生获得了主动发展、全面发展乃至终身发展的能力，学校的生存和发展才具有意义。自主探究学习重在对学生思维能力与学习能力的培养，让学生在学习的过程中亲身体验、学会学习，从而感受到学习的乐趣，变得乐于学习。因此，自主探究学习是一种高效率、高层次、高回报的学习，是一种真正使学习回归人本的学习。

参考文献

[1] 黄飞.新课程理念下小学数学课堂教学自主探究学习方式的思考[J].科学大众(科学教育),2016(5):80.

[2] 沈书兰.小学数学课堂如何开展自主探究学习[J].数学大世界(上旬),2016(16):38.

地图在中学历史课堂上的使用

——由历史课《走向战略进攻》而引发的思考

合肥市肥东县元疃学校　童黄培

古人云"左图右史",即强调历史教学中恰当使用历史地图的重要性。中学的历史教学要求能对知识进行巩固和综合,并努力追求知识的融会贯通,在这个特殊的学习阶段,我感受到了恰当使用地图对推进历史知识理解的巨大辅助作用。下面就笔者的一次课堂实践谈谈历史地图的作用。

一、课堂演练

《走向战略进攻》是北师大版八年级上册第二十三课第三部分的内容,这部分的内容主要解决三个问题,为什么要进行战略进攻,为什么选择大别山作为战略进攻的地区和战略进攻的经过。这个部分内容的学习,空间跨度很大,军事战略思想很丰富,如果用传统的理论教学方式,加之有些学生对中国地图的空间分布不熟悉,学生们这节课会听得一知半解,达不到理想的教学效果。为此,我在本课中借助地图来进行教学。地图具有直观性,视觉感强,从而更容易进行分析、思考。第一个问题,我引入了一幅《解放战争初期全国战场形势图》,我从当时的政治、军事形势给学生进行了分析,得出当时的国民党军队处于战略进攻,共产党处于防御时期,让学生自然联想到毛泽东领导的共产党军队要进行战略反攻。从而,引入第二个问题,对于这个问题,我放手发动学生,让学生借助地图这个教学工具,模仿我对第一个问题的分析,从而得出选择大别山作为战略进攻地点的合理性。介绍战略进攻的经过时,自然就很简单了。这一堂课上下来,学生反响很强烈,特别是有学生对我说:"老师,这节课你不像是老师,更像一个纵横于战场、率领千军万马的指挥者。"这充分说明,我的这节课获得了很好的效果。

二、教学启示

课后，我进行了思考，通过翻阅历年的中高考试题不难发现，从历史地图切入命题的频率较高，所命制的试题有形式多样、角度新颖、综合性强、分值大等特点。历史地图在中高考命题中日益受到重视，因此，加强历史地图教学，是适应今后历史考试的迫切要求。

1.强化历史地图的课程资源意识

(1)历史地图是强化历史学习的重要课程资源。“索象于图，索理于书”是古今学者治学和读史的重要方法，也是历史教学的重要组成部分。地图是给学生直观地阐明历史过程中的联系所必需的有力工具，认识地图，这意思不仅是知道它的点线符号、象征意义、城市、边界、河流等，而且要从这符号中间看到活生生的历史事实以及经济、社会政治和文化的复杂关系。历史地图以其直观、形象、便捷、实用而有利于培养学生学习历史的兴趣和历史理解能力。《义务教育历史课程标准(2011年版)》在“课程开发建议”中提到历史地图是重要的课程资源。历史教师应充分挖掘历史地图这一重要课程资源。如要探究近代通商口岸所反映的历史特点，教师可首先通过多媒体展示自制的《近代中国开放的通商口岸示意图》，然后要求学生分别找出：鸦片战争后开放的通商口岸；第二次鸦片战争后开放的通商口岸；中日甲午战争后开放的通商口岸，最后从地理位置角度，将三批通商口岸进行比较，深刻认识列强侵略的不断深入及中国近代社会的变化等特点。

(2)历史地图是拓展学生思维的有效载体。中学历史教学中的历史地图类型多样，种类丰富，包括历史疆域图、民族分布图、战争进程图、重要水利工程图、中外经济文化交流图等。无论是教学设计，还是试题命制，有效开发和利用历史地图资源，不仅能增加学生学习历史的兴趣，而且能培养学生的空间思维能力、发散思维能力和探究性学习能力。如2011年全国文综卷I第47题，该题提供了一幅简易的波兰地图，并没有其他文字表述，要求学生说明图中两条边界线形成的主要原因，并评述二战后波兰东、西部边界线的确定情况。这是一道典型的借助历史地图拓展学生思维能力的好题。

2.开发和利用历史地图资源

(1)培养学生的历史思维能力。历史地图不同于地理地图，后者反映的是相对静止的、一时的地理环境，而历史地图则在一定程度上展现了人类历史活动特定的空间和进程,揭示了不同时期处于变化中的地理环境及在此环境下人们的活动,可以说历史地图是对历史现象的动态反映。因此,在历史教学中,我们要善于引导学生通过历史地图,透过现象认识历史的本质,特别是通过对比历史地图,揭示历史事物的变迁过程,分析历史变迁原因,从而培养学生的历史思维能力。

(2)强化历史地图的方法指导。

从一定意义上说,教师教学活动的落脚点定传授知识、培养能力。其中的关键是强化学习方法指导。历史教师除了应该让学生学会掌握阅读历史地图的一般方法(包括历史地图显示的时间、空间地理概念、图例等)外,还要特别注意如下两点:

一是挖掘"隐性知识"。所谓"隐性知识",是指材料没有直接表达出来、隐藏于其中的知识联系。如在学习"抗日战争"一课时,通过对比《1929—1932年农村革命根据地示意图》和《敌后抗日根据地示意图》不难发现,其显性知识是:农村革命根据地主要分布在南方,敌后抗日根据地主要分布在北方。隐性知识是:形成这种格局的原因和影响。因此,我们可以引导学生联系所学知识认识到:农村革命根据地主要分布在南方的主要原因是,南方是国民大革命的策源地,革命影响大,群众基础好;而抗日根据地主要分布在北方的主要因为是,经过红军长征,中共完成战略转移任务到达陕北,北方成为革命的重心,同时抗战爆发后,华北受日本侵略严重,中共决定在华北敌后开辟抗日根据地。这种分布格局直接影响到中国革命形势的发展。

二是注意利用图例。如果把历史地图比喻为一个蕴藏着丰富资源的宝库,那么,历史地图的图例就是打开这所宝库的钥匙。只有先熟练掌握图例,读起历史地图来才会得心应手。一般来说,历史地图的图例可分为两类:一类是统一图例,它与普通地图上的常用图例基本相同,只是被赋予了一些历史地图特有的概念,一般对首都、重要居民点、岸线、河流、运河、国界、地区界、山脉、铁路、公路、桥梁等符号作统一规定;另一类是分幅图例,即各历史地图中所用特殊号的简单说明,这类图例与所要表示的历史内容有密切关系,且不具有同一性,因此往往会在相应的历史地图中单独表示出来,例如战役图中的军队进攻和退却路线、防御阵地等。如在学习"罗马法的起源与发展"一课时,为了帮助学生理解罗马法是随着领土的扩张而不断发展的,可利用教材提供的"罗马扩张示意图"来说明。学生通过示意图提供的四种颜色的图例,就能非常清楚地理解罗马共和国到罗马帝国领土扩张的历史进程。又如在学习"对外开放格局的初步形成"一课时,通过《沿海对外开放示意图》提供的三种不同标志的图例,可理解我国"经济特区——沿海对外开放城市——沿海经济开放区——沿江、沿边、内陆省会城市——内地"的全方位、多层次、宽领域对外开放新格局。

总之,历史地图是历史教学不可忽略的重要课程内容,在开发和利用历史地图资源的过程中,教师的有效引导和方法指引是关键。因此,在历史教学中,一定要结合历史地图,对历史上一些具有承前启后意义的事件进行重点分析。实践表明,开发和利用历史地图资源任重而道远!

参考文献

[1] 武松健,胡军哲.历史地图:高三教学不可忽视的重要内容——从2013年高考全国文综卷Ⅰ第34、41题说起[J].中学历史教学参考,2013(9):51-53.

[2] 李文生.世界地图在历史课堂上的使用——记一节高三历史复习课:资本主义市场的形成和发展[J].新课程(中),2013(9):125.

提高学困生英语学习能力的实践策略

合肥市肥东县民族学校　万春燕

一、英语学困生及其表现

英语学困生指在英语学习上存在困难的学生，英语是他们提高自己学习总成绩和教师进行高效课堂教学的短板。英语学困生普遍存在于各学段、各学校的英语课堂当中，这部分学生是英语教师必须面对和重点关注的对象。

英语学困生概括起来主要有以下类型：

苦学型。这类学生能力一般，智力正常，学习英语没有特别有效的方法，只会死记硬背，每天做大量的习题，学习哑巴英语。他们相信“笨鸟先飞”“勤能补拙”的道理，但是学习效率低下，事倍功半。语言表达能力差，不善于运用英语进行日常对话交流，缺乏自信，生怕说错句子被别人嘲笑，不敢自觉主动用英语表达自己的想法。

偏科型。这类学生其他科目都能考出较好成绩，唯独英语成绩落后。在课前预习，课下复习方面做得很不到位，自主学习能力差。他们没有掌握英语学习的方法，总是记不住单词、短语、句型和常见语法知识点，课堂上从不张口读英语，不参与课堂活动，遇到问题也不主动请教老师和同学，甚至在英语课堂上学习其他科目，他们只对自己感兴趣的科目舍得花时间，下功夫。

厌学型。这类学生各门功课成绩都不太理想，他们对英语学习更不感兴趣，“谈英色变”。此类学生在英语课堂上的表现让老师头疼，他们经常上课睡觉，看课外书或做其他小动作。他们抱着“破罐子破摔”的消极学习态度，对英语学习不屑一顾，对老师的讲解置若罔闻，甚至故意与老师作对，以此来表达自己对学习英语的厌恶。

二、为什么会有英语学困生

英语学困生产生的因素包括学校教育因素、学生自身生理因素、家庭生活因素、社会环境因素等。这些因素对于学困生的影响往往不是单方面的，而是多种因素共同作用。

（一）学校是学困生产生的摇篮，学困生是教师教出来的

学校是学困生产生的摇篮，英语教师的专业素质和职业素质对学生的影响是显而易见的，学困生是教师教出来的，教师应对学困生的产生负主要责任。英语是外语，学生学习英语缺乏语境，学生只能通过在校学习才能获得。教师在课堂上采用统一的教学方法，统一的教学目标，统一的教学要求，统一的评价标准的做法，注定让不同知识背景，不同层次，不同性格特点的学生在学习成绩上呈现差异，出现优等生、中等生和学困生。分数是衡量教师教学能力的一个方面，可能与教师个人利益密切相关，教师对优等生喜爱无比，而对给自己所教学科拉分的学生另眼看待，经常对他们冷嘲热讽。教师对学困生冷漠的态度和不公平的评价，使得他们从思想深处认为自己就是差生，是弱者，自己与英语无缘，学习英语比“登天”还难，从而开始惧怕老师、排斥学习，基础越来越差。英语课堂需要所有学生共同参与对话活动，才能达到语言交际的目的，可是有些英语教师怕学困生不会活动，影响教学进度而很少给他们参加的机会。与偏科型学生相比，厌学型学生更加不幸，因为每次调研考试，班级参评人数的抽取是根据一定比例，按照成绩从高到低的顺序确定的。厌学型学生就是老师眼中的“差生”，他们的考试成绩不参评，不影响班级和学科的成绩排名。因此，他们更得不到老师足够的重视，甚至被边缘化，被“打入冷宫”。偏科型学生的成绩要参评，教师要想办法给他们补差，他们应是教师重点补差的对象。

一些小学英语教师工作压力大、课多、责任重等原因，他们缺乏职业认同感和幸福感，缺乏明确的职业规划，将教学工作视为谋生的手段。有一部分英语教师缺乏专业系统的教育培训，平时不注意自身的学习提高，不探索教育规律，不掌握先进的教育理念和教育方法，不了解新课程改革情况，不研究学生身心发展规律，不对学生进行学法指导，仅靠自己固有的经验，延长学习时间，大搞题海战术，加大做题强度，对学生采取逼迫和灌输的方法，增加了学生的课业负担，加重了学生的厌学情绪和逆反心理，使他们不再“信其道”，不再“乐其道”。

(二)学困生没有形成良好学习品质

“学习品质”是指个体在学习中形成并在学习活动中表现出来的、影响学习效果的稳定的心理倾向或个人特征,是学习者以怎样的态度、方式及效率去获得具体学科或发展领域的知识、技能。通俗地讲就是我们一般人常说的“学习习惯”“学习态度”“学习能力”等。俗话说,“师傅领进门,修行靠个人”,老师指导学生正确的学习方法,而用功还是要靠学生自己。英语学困生共有的特点是学习信心不足,没有养成良好的学习习惯。学习是件不容易的事情,学习者只有通过辛勤的付出,才能取得良好的学习成绩。学生在学习中总会遇到各种各样的困难,面对困难,有些学生能积极主动想出办法去解决,在克服困难的过程中体验学习的乐趣,找到了适合自己的学习方法,形成了良好的学习品质。还有一部分学生意志薄弱,处理问题缺乏足够的自信和耐心,常常得过且过,采用拖延时间、浅尝辄止、有意回避等消极方法,久而久之,积累的问题就会越来越多,到了解决起来无从下手的地步,便失去了学习的热情和勇气。

学习需要具备良好的学习品质。英语学习需要学习者用心去体验,不仅需要用脑去想,而且要用眼去看,用耳朵去听,用手记,用口说。英语学困生之所以在掌握基础知识方面存在问题,主要是因为没有做到各感官密切配合。在英语学习中,单词、短语、句型、语法是基础,是学好英语的关键。如果基础知识掌握不牢固,就无法开展听、说、读、写、译等基本技能的训练,英语学习就无法顺利进行。英语学困生在学习过程中普遍存在注意力不集中,容易三心二意,自制能力差,爱做小动作等毛病。如学困生在记忆单词时,口头不断机械重复,注意力可能就转移别的地方去了,手还不停做着其他事情,双腿不停摆动,根本没把单词记在心里,影响了学习效果。英语学习需要全身心投入,这一点非常重要。笔者常年从事英语教学与研究,长时间接触英语学困生,在和英语学困生的交流中发现这部分英语学困生的智力水平和优秀生差不多,甚至有的智商比优秀生还高,他们之所以学不好英语,是因为没有形成良好学习品质。

(三)社会和家庭环境的影响不可忽视

我们生活在价值观多元化的社会当中,社会环境对人的影响是潜移默化的,学校不是世外桃源,学校是一个小社会,它与整个社会大环境气息相连。大学毕业生就业形势严峻,工作压力大,使部分农村学生家长错误地认为,学习无用，大学毕业还是一样打工，不如早点出去挣钱。因此，当有些学生在学习上遇到挫折的时候，家长总会说“上不成学，就不要上了，出去打工吧！”家长对学生学习的关注度降低，致使未成年学生的学习缺乏监管，学习信念动摇。孩子在长辈的一味溺爱中长大，过分依赖于别人，自理能力和心理承受力差，一旦在学习遇到问题，如单词记不住，课文不会背，考试不及格时很容易引起情绪上的波动，产生厌学的念头。学生时期是人生成长的黄金期，社会的不良影响和家长的错误认识，会使学生迷失学习方向，失去学习动力，造成学生个人成长问题。

三、如何帮助学困生

把英语学困生转化成优等生，使其能够和其他正常学生一样健康成长，快乐生活，是英语老师义不容辞的责任和义务。转化一个学生最能体现英语老师的工作价值和人生价值。如何才能最大程度减少英语学困生的产生和做好学困生的转化工作呢?

(一)英语教师应不断学习，提高自身素质

把学生都培养成素质全面、发展协调、社会有用的人，是每位教师的心愿。“工欲善其事，必先利其器”，教师从事的是育人的工作，是塑造人灵魂的事业，责任重大，因此教师必须提高自身素质。首先，教师要关爱学困生。凡是教育缺乏爱的地方，无论品格还是智慧，都不能充分地或自由地发展。因此，教师不能因为学困生有种种不良表现而厌恶他们，不能因为学困生会影响学科成绩而横加指责，更不能因为学困生一时难以转化便放任不管。相反，教师应同情和帮助学习上暂时有困难的学生，对学困生应付出更多的关爱。教师要无微不至地关心学困生的生活和学习，真心实意地为他们解决各种实际困难。学困生内心也有向真、向善、向美的强烈愿望，只有当他们感受到老师的所思所想、所作所为完全是出于对他的关爱时，才能建立起学生对老师的信任，才能使学生认识到所学的东西对自己有价值，对未来生活有帮助。这时候他们心中的结就会自动解开，他们就会主动敞开心扉，向老师真情流露、畅所欲言，就会放下包袱、努力学习。没有爱的教育是苍白无力，老师对学生无私的爱能够化为学生努力学习的动力。由于爱，学生的学习才能充满快乐。多数学困生的形成是由于教师对学生的关爱不够，学生对老师缺乏信任的结果。其次，教师要不断学习，与时俱进。学生可以原谅教师一时的冷嘲热讽，、吹毛求疵，但绝不会原谅教师的

不学无术。学校不仅是学生学习的场所,学校浓厚的文化气息和学习氛围也为英语教师提供了良好的学习条件。因此,英语教师要始终保持一颗上进的心,和学生们一起共同学习,共同成长。如英语教师可以利用课余时间继续深造,多听多看英语类的节目、报纸、书籍等,多背诵,多积累语言素材,经常用英文写作,加强口语练习。英语教师只有专业素质过硬,才会在讲课时举一反三,旁征博引,举重若轻,把内容讲得出彩,深入浅出,层次分明,有深度,有广度,就不会在教学中出现知识性错误。再次,世界上没有两片完全相同的树叶,每个学生都是与众不同的个体,有多少个学生就有多少种教育方法。这就要求英语教师具备高超的教学技艺和独特的教学视角,既能驾驭全局,又能注重个体。教师的教育智慧来源于教育理论的学习和教学实践的探索。英语教师要在工作中不断进行教育理论学习和教育技能的培训,密切关注课改动态,搞好校本研修,做好课题研究,加强集体备课。教师在课堂上要有敏锐的洞察力,要认真观察和研究每个学生的学情,要注重学法指导,让学生采用多种学习方式(如体验式学习等),使每个学生都参与,人人有事做,人人有收获。只有高素质的教师,才能教出高素质的学生。英语教师要做研究型教师,只有这样才能使不同层次的学生都能在英语学习上得到最大程度的提高,避免学困生的出现。

(二)培养学生良好的学习习惯

教育就是要培养良好习惯。首先英语教师自身应有良好的工作和学习习惯。如果英语教师自己都没有良好的工作和学习习惯,那么他怎么可能让自己的学生具备良好的英语学习习惯呢?因此,律人先律己,英语教师在日常工作和学习中要始终保持良好的行为习惯,给学生做好榜样,用自己的实际行动去影响学生。教师要求学生做到的,自己首先要做到。例如英语教师要求学生每天坚持背诵一篇英语短文,那么他每天就要和学生一起这样做。英语教师要求学生在课堂上用英语交流,那么他就要身先士卒,率先垂范。如果英语教师做事情虎头蛇尾或三天打鱼两天晒网,那么学生也会跟着他的样子去做。如果英语教师在课堂上振振有词地说“知识就是力量”,而自己在课下却沉迷于喝酒打牌,那么他的学生无论如何也不会相信教师的说教。榜样的力量是无穷的,英语教师只有身体力行,言行一致,始终如一,才能在学生心目中树立高大形象,这才是学生养成良好学习习惯的关键。其次英语教师对学困生应严格要求并持之以恒。冰冻三尺非一日之寒,学生养成良好学习习惯非一日之功,需要长期抓，一抓到底，因为习惯的形成是需要时间的。英语学困生在学习过程中容易出现半途而废、自暴自弃的现象。我们要清醒地认识到出现反复是正常现象，坚持不懈地教育，他们慢慢地就养成了习惯。偏科型和厌学型学生的学习意志薄弱，对于这类学生的英语学习，教师应该使他们明确学习目标，并加强督促和检查力度，对未按时完成任务的学生进行必要的惩戒也是必需的。因为化蛹成蝶本身需要经历一个痛苦的蜕变过程。最后要培养学困生的自信。十次说教不如一次表扬，十次表扬不如一次成功，要让学困生明白只要自己付出足够的努力，成功就一定会属于自己。教师的一举一动、一言一行对学生都起着潜移默化的影响。一个关爱的眼神，一个会心的微笑，一句鼓励的话语，一个轻轻的抚摸，都会给学生的内心以深深的震颤，都会使学生心存感激，充满自信。英语教师在教学中要善于发现学困生的优点并及时给予表扬，并对他们学习中取得的点滴进步给予充分肯定。英语教师应该通过多种渠道给学困生提供展示自己的机会，让他们在实践活动中体验、感受到成功的快乐，从而增强他们的自信心。

成败教育，捕捉“闪光点”。心理学研究表明，人们是凭借别人对自己的反应做出自我判断的。我们要注意了解每位学困生的特长、爱好等情况，寻找他们身上的“闪光点”。当学困生取得点滴进步时，教师要真诚地与他们共同分享成功的喜悦，从而激发心灵之光，强化求知的内驱力。当学困生对英语学习产生自卑感与恐惧感时，教师要对他们循循善诱，从多种角度，各个侧面帮助学生形成正确的认识，引导他们正视失败与成功，培养他们积极的意志品质。当他们出现错误时，教师要体谅学生，态度和蔼、委婉地指出错误，并多肯定他们取得的成绩和进步，以减轻学生的心理负担。可以常对学生讲“Try your best”“Never give up”等激励话语，并鼓励学生大胆地“表现自己”，增强学生的自信心。

（三）师生融洽和谐，增强自信心

“亲其师，信其道”。师生关系的好坏直接影响学生的学习情绪。老师的品德或威信甚至能决定学生学与不学、喜欢还是讨厌某一学科，这是一种感情迁移现象。因此沟通师生情感、达成师生间的双向理解十分重要。教师要在课堂上以亲切、友好、大方的教态及幽默风趣的语言使学生进入最佳的学习心理状态。教师在平时要经常主动接近他们，找机会与他们交谈，和他们交朋友，博得他们的尊敬与信任。一次,一位学困生的衣领夹在里面没有翻好,我顺手把他的衣领翻好,并拍拍他的头,表示亲切。从那以后,我发现他读书的声音也响亮了,成绩也有了进步。再差的学生也有自尊心、荣誉感,他们也非常希望得到老师的尊重和信任。融洽和谐的师生关系为学困生找回自尊,增强自信心。

(四)教法多样,激发学困生的学习兴趣

知之者不如好知者,好知者不如乐知者。教学的艺术,不在于传授知识的多少,而在于激励、唤醒和鼓舞学生。学困生们往往不能真正了解自己行为的真实动机,这就需要教师耐心地加以诱导,唤起他们学习的兴趣。

1.创设情景激发学困生的学习动机

学困生其兴趣范围往往比较狭窄、单一,从兴趣的内容看,学困生的物质兴趣占主导地位,而对抽象的文字材料不感兴趣。为此,选用他们喜爱的动画片人物、实物、简笔画、幽默语言,并适时地利用英文歌曲在课前、课中、课尾进行教学,以营造浓厚的英语教学氛围,加深印象,加强记忆,最大限度地调动学生的学习积极性。同时,在必要时可针对性地多用母语以照顾到他们,帮助学困生参与教学活动,吸引他们的注意力,克服对学习的恐惧心理和畏难情绪,尽快地融入课堂氛围中来。

2.采用竞赛调动学困生的学习积极性

学困生虽然能力较差,但是他们也和正常学生一样,都有获得成功的欲望。在教学中采用竞赛的形式,也是激发学习兴趣的手段之一。如在教现在进行时态时,我请学困生上台表演打篮球、游泳等动作,并与同学进行对话。

A: What are you doing?

B:(学困生)I am playing basketball.

A: What is he/she doing?

C(另一学困生): He/She is playing basketball.

在几组参赛的学生中,选出最佳表演奖,并以小礼物奖励。但要注意学生能力水平的差异,比赛要分组进行,让每个学生都有获胜机会,使他们在成功的喜悦中建立起更强的信心,唤起他们学好英语的勇气,扬起自信的风帆。

3.分层教学使学困生体验到成功的喜悦

分层教学是根据个体间差异和个体内差异的理论而采取的教学形式。让每个学生尽可能多地学习一些他自己该学会的知识和技能。英语分层教学主

要表现在以下两个方面：

第一，组织课堂教学。在确保达到课程标准的要求下，根据学生不同的智力水平、原有认知结构、对新知识的接受能力来进行分层教学。课堂提问要符合学生的实际，设计“高、中、低”三档问题，难度较大的问题，让优秀生回答，难度较小的问题，让学困生回答。如果他们回答对了，应及时进行表扬。

第二，作业的布置和批改。给学困生的作业难度要低，量要适中。如抄、背单词短语、仿照例句造句、熟读课文等。让他们“跳一跳，就能摘到桃子”，体验成功的喜悦。教师尽量面批他们的作业。在面批中，我们可以发现许多学困生普遍存在的学习问题，便于对他们进行有针对性“补缺”。

（五）丰富课外活动，激发学困生的求知欲

学困生由于受心理和知识经验的制约，更希望学习过程丰富多彩。根据这一点，在课外组织一些活动，激发学生的求知欲。具体有以下几种活动形式：第一，趣味性的活动（如蒙眼画五官、单词接龙、谜语竞猜、课文朗读等）。第二，创造性的活动（如办英语手抄报，改编英语歌曲等）。这些创造性的活动，对于激发学生的兴趣和积极性，提高他们英语素质是非常有效的。第三，发展性的活动（如讲英语故事、创办英语角等），这些活动为学困生创设和提供自我实践、自主活动的平台和机会，有利于他们在活动中灵活运用所学知识，从而巩固知识，增长才干。

（六）英语教师要做好家访工作

育人工作不能只靠学校，它与家长的密切配合是分不开的。由于学生是未成年人，心智发育不成熟，自制能力差，学习容易受外界干扰。学生每周在学校五天时间养成的学习习惯，可能回家两天就出现反复。因此，教师有必要进行家访工作。虽然现在学校普遍使用校讯通与家长保持联系，更加方便快捷，但是笔者认为通过家访的形式效果更好。一方面，教师可以把学生在校表现以及教师对该生的教育情况对家长进行详细说明。另一方面，通过与家长的交流，能全面了解学生的家庭现状、生活环境、行为表现和生活习惯，从而制定行之有效的教育方案。家访能够拉近教师与家长，教师与学生之间的距离，使家长和学生对老师更加信任，家访是对学困生进行转化的有效手段之一。家访能够消除学困生家长对学校教育的模糊甚至是错误的认识，提高家长对孩子学习的关

注度,使家长能更深入地思考孩子的教育问题,从长远的角度重新规划孩子的未来。教师应该把家访工作做好、做实,要依靠家长,动员家长。相信有家长的密切配合,学困生能更快改掉不良行为习惯,逐渐养成良好学习习惯。

最好的教育是学习者自己对自己的教育,帮助学生找到适合于自己的教育,是教师工作的出发点和落脚点。教师是学生学习的引路人,任重而道远,因为教育是慢的艺术,我们不能指望给学生施点肥,浇点水,就能使他立刻生根发芽,开花结果,教师需要耐心地呵护和等待。放慢前行的脚步,静下心搞教育。成长是慢的艺术,学生的进步与成熟是需要时间的,教师需要懂得去欣赏学生;教师需要陪伴学生们一起成长,一同品味生活中的苦与乐;教师需要用爱去催开生命的花,用爱去等待生命的绽放。

参考文献

[1] 王初明.外语是怎样学会的[M].北京:外语教学与研究出版社,2010.

如何有效开展解决问题教学

合肥市肥东县肥东六中　万咏梅

《义务教育数学课程标准(2011年版)》将教材编排为“数与代数”“空间与图形”“统计与概率”“实践与综合应用”等四大领域,新课程不再单独设立“应用题”单元,不再以专题训练和类型分析的形式来组织教学,但并不代表教学中传统的应用题就可以忽略,相反,解决问题的教学仍在小学数学中发挥着举足轻重的作用!

通过解决问题的教学,不但可以使学生更好地理解、掌握数学基础知识,并且还能促进学生逻辑思维的发展,可以提高学生运用数学知识解决实际问题的能力,有效解决实际问题,才能体现数学的价值!

新教材中没有传统意义下的应用题,新教材提倡让学生自主从实际问题情境中探索隐含的数学模型,然后试图去解决的学习过程,体现数学化的过程。换句话说,不是摈弃,而是改革创新。在实际教学中,应用题教学仍是小学数学教学的重点内容,同时也是师生比较难攻克的内容。下面我就来谈谈我在解决问题教学中的心得体会。

一、播好“解决问题”的种子

刚入学的孩子识字不多,根本无法理解什么是“条件”什么是“问题”,解决问题的教学只能以丰富多彩的图画形式融入孩子们的认数、计算当中,初步播下“解决问题”的种子,做好启蒙教学。教学时,首先要引导学生弄清题意。然后训练学生根据图意说出三句话:先告诉我们什么,又告诉我们什么,要我们算什么。另外,教材的编排主要分两步完成:

第一步,纯图形式,这里要引导学生用完整的语言比较有条理地叙述题意。第二步,从纯图过渡到半图半文形式。

让学生在多次看图、叙述题意中，理解题中哪些是条件，问的是什么，初步认识到简单的解决问题得包含两个条件一个问题，引导学生看图编应用题，一般来说，学生很容易掌握用两句话来叙述条件，但要把所求的问题用问句的形式说出来则较困难，他们往往会将条件和答案同时说出来。开始时，由教师补充问题，慢慢引导学生去模仿，最后由学生独立补充问题。通过这些教学，无形中培育了解决问题的"种子"，有了这些"种子"才能慢慢过渡到教学完全用文字叙述解决问题阶段。

二、紧密联系四则运算的意义

新课改后的四则运算不再是孤立地呈现于学生面前，它总是以创设一定的教学情境为载体，让学生深刻地体会到数学与生活的紧密联系。四则运算的概念是在简单的解决问题中逐步建立起来的，比如：

（一）结合加法意义的教学

例如：教学"4的加法"时，引导学生回答："小丑左手拿了几个气球？右手拿了几个气球？"要让学生明确：要求一共有多少个气球，必须把左手和右手的气球合起来，边说边演示合并的动作，让学生体会加法是把两个数合并成一个数的运算。

（二）结合减法意义的教学

原来有4个气球，后来飞走了2个，让学生明确少掉的要减掉，初步感知减法是加法的逆运算。

（三）结合乘法意义的教学

小数乘整数的教学，虽然课改后删掉了小数乘法意义的教学，可我仍会在我的课堂上教学3.5 × 3，这道算式表示求3个3.5是多少？或者3.5的3倍是多少？自然就由3.5+3.5+3.5过渡到3.5×3。

（四）结合除法意义的教学

在教学中，我会抛出个问题：4周跑了22.4千米，求平均每周跑多少千米？注意引导学生理解：求每周跑多少米，也就是把22.4千米平均分成4份，求每份是多少?

因此,四则运算的意义是选择算法的依据。要使学生从接触解决问题开始,就意识到应该形成有根有据的思维方式,不仅理解了算理,掌握了算法,而且培养了学生的逻辑思维能力。

三、理清数量关系

《义务教育数学课程标准(2011年版)》中指出,应使学生体验从实际背景抽象出数学问题,构建数学模型寻求结果,解决问题的过程。找数量关系众所周知是解决问题的突破口,但小学课改以后,人们觉得提到数量关系就会落伍,怕束缚住孩子们的思维。这样,一个新的词汇"数学模型"便出现了。到底什么是数学模型,要不要建模,如何建构数学模型,这些问题成为时下热议的话题。数量关系是一类有共同规律的数学问题中总结出来的揭示某些数量之间的本质联系,并以数量关系式来表示这种联系。它为小学生解决同类问题指出方向,提供基本方法,形成了一种策略,一种有数学价值的解决问题的模式。所以,数量关系也是我们所说的数学模型中的很重要的组成部分。

我依然坚持在实际教学中不断引导学生分析总结数量关系并熟练地应用,因为许多数量关系既是数学化的,又是生活化的,它们本身就是从生活中提炼出来的。学习数学就要学会用数学的方法去分析生活中各种数学因素之间的联系,学会用数学化的语言去总结生活中的数学问题的规律,就要掌握包括一些数学公式、定律以及数量关系在内的数学知识。

我们教师在实际教学中,对于小学阶段的解决问题应该有个完整的知识体系。数量关系主要有两大类:一类是部分与整体之间的关系,当部分数为不等量时,表现为部分量与总量之间的和或差的关系,关系式:部分数+部分数=总数,总数-部分数=部分数;当部分量为等量时,则往往就表现为部分量与总量之间的积或商的关系,关系式:每份数×份数=总数,总数÷份数=每份数,总数÷每份数=份数(由此引出小学常见的数量关系:路程=速度×时间,速度=路程÷时间,时间=路程÷速度,工作总量=工作时间×工作效率,工作时间=工作总量÷工作效率,工作效率=工作总量÷工作时间,总价=单价×数量,单价=总价÷数量,数量=总价÷单价)。另一类是比较关系,主要用于两个数(或几个数)的比较,有差比(比较两个数相差多少)、倍比(比较一个数是另一个数的几倍)、百分比(比较一个数是另一个数的百分之几或几分之几),进而推至比(表示两个数相除的关系）和比例（两种相关联的量之间的变化规律）。

四、借助画图帮助审题

审题是解决问题的第一步，一道题能否解答出来，取决于对题目意思的理解程度，特别是对题中关键词语的把握，审题中一种行之有效的办法就是画图法。形少数时难入微，数少形时难直观。画图法采用了数与形的结合思想，将事物之间的关系一目了然地表现出来，变抽象为具体，题中复杂的关系更明朗了。尤其是分数与百分数应用题，图绘出来后，它们之间的关系也就清晰地呈现于眼前。例如：

（一）画线段图

人心脏跳动的次数随年龄而变化，青少年心跳每分钟约75次，婴儿每分钟心跳的次数比青少年多$\frac{4}{5}$，婴儿每分钟心跳多少次？引导学生绘出两条线段图，学生一眼就能看出婴儿的心跳次数与青少年的关系是：$1+\frac{4}{5}$。

（二）画集合图

对解决一些渗透集合思想的实际问题，可以画集合图将题中涉及的数量关系理清。

例如：三（2）班一共有40人，参加语文兴趣小组的有23人，参加数学兴趣小组的有26人，既参加语文兴趣小组，又参加数学的有多少人？

结合题意，我们可通过绘制集合图，将语文小组和数学小组的人数清晰地表现出来，即23+26=49人，发现比40人多了9人，学生很容易理解多的9人就是图中重叠部分的人数，也就是既参加语文小组，又参加数学小组的人数。

在分析数量关系中，如能恰当运用画图的方法，是帮助学生从形象思维向抽象思维过渡的桥梁。

五、以熟悉变更陌生，寻找问题隐含的知识链

我们在教学中，不应该过分追求解题数量，而是应该重视解题质量。这里的“解题质量”主要是重视解题后的反思，注意沟通各题目之间的联系。通过训

练，当学生遇到疑难问题时，能由一个问题联想到另一个问题，形成一个知识链，在感受数学内在统一之美的同时，能更有效地解决问题。比如我教学相遇问题：

问题一：A、B两辆货车从相距770千米的两地相向而行，A车的速度是45千米/小时，B车的速度是32千米/小时，经过多长时间两车相遇？

相遇问题是学生在已掌握了行程问题基本数量关系的基础上，初步理解相遇问题的运动特点，数量关系和解题思路，并能解答简单的相关问题。

在教学之前，教师可以引导学生将问题变一变，从简单的入手，渗透一种化归思想，由熟悉引出陌生：

问题二：两地相距770千米，A车以每小时45千米的速度行完全程，需要多少小时？

学生利用已掌握的数量关系很容易就能形成结论：问题求时间，拿路程÷速度，即770÷45，教师追问：问题一和问题二有什么联系和区别？生1：路程是相同的，问题一是由两辆车共同走完的，而问题二是一辆车走完的；生2：路程一样，只是问题二每小时行45千米，而问题一每小时行(45+32)千米；生3：总的数量关系不会变，只不过数量关系中的速度要变成速度和，也就是路程÷速度和。师：从两头面对面共同走完全程，所以时间前再加个相遇两个字。这样就很容易得出关系式，相遇时间=相距路程÷速度和(相向)。

问题到这里还没有止步，教师可以引导学生再次深挖，探索相关知识，形成一个完整的知识链，再抛出问题：

问题三：A、B两辆货车从相距770千米的两地同向而行，A车在后，B车在前，A车的速度是45千米/小时，B车的速度是32千米/小时，经过多长时间两车相遇？

师问：这题和前面的两题最主要的不同在哪？生：前面是相向而行，这题是同向而行。教师由此引出追及问题，并介绍什么是追及问题。师问：A车1小时能追上多少千米？生：两车之间的距离每小时缩短(45-32=13)千米。师：相距770千米，大约多少小时能追上？生：770÷13≈59(小时)教师再引导学生概括出追及问题的数量关系：相遇时间=相距路程÷速度差(同向)。

一道题目通过提问、变式、思考、探究总结，以达到理清理透相关联的数量关系，有效地建构了行程应用题的数学模型。学生从中获得了解题策略与方法，另外也无形中培养了学生的逻辑思维和发散思维能力。

从课改前的应用题到课改后的解决问题，小学数学教学经历了半个多世纪的改革创新，力求让孩子们学有价值的数学，提高学生的应用意识。从传统到现代，传统是现代的基础和起点，现代是传统的继承、发展和创新。在实现传统与现代的稳步过渡中，我们要在培养学生的解决问题能力方面与时俱进，继续探索！

参考文献

[1] 人民教育出版社小学数学室.小学数学教材教法(第1册)[M].北京:人民教育出版社,2001.

[2] 周玉仁.从“应用题”到“解决问题”[J].小学数学教师,2010(7):2-18.

提高小学学困生学习语文兴趣的研究

淮南市寿县堰口镇老庙小学　汪传锋

心理学研究表明:兴趣与人的认识、情绪、意志、能力有着密切的联系,当一个人对某种事物产生了浓厚的兴趣时,他将主动积极地思考,大胆地探索;对事物的观察变得敏锐,逻辑记忆力增强,想象力变得丰富,情绪变得高涨,克服困难的意志力得到增强。小学语文学困生,就是指那些学习语文上有困难的学生,他们在学习上没有兴趣,很吃力,从而导致成绩暂时落后。关心、教育这部分学困生也是我们老师应尽的责任,是全面实施素质教育的重要组成部分。我们老师必须采取一定的方法和措施来转化学困生。笔者认为可以从以下几个方面着手。

一、发现亮点,树立信心

苏联教育家苏霍姆林斯基指出,只有在因学习获得成功而产生鼓舞的地方,才会出现学习兴趣。要使学困生对学习有兴趣,就要努力发现他们身上的优点,并适时鼓励表扬,哪怕是一点儿的进步,也要给予肯定表扬。老师一定要一改平日里严肃的表情,以温和的态度给他一个微笑,一个问候,一个眼神,一个触摸,这些都会在学困生的心里产生莫大的动力。因为这些学困生在班级里常常被其他学生看不起,在家里常常受到父母的训斥,在心里会有一种压抑感,存在厌学情绪,所以在他们的内心世界很需要得到肯定和表扬。

在我的班级里,有位学困生,他的成绩不是很好,也很贪玩,但是他很关心集体,热爱劳动。我发现每次轮到他值日的时候,他都非常卖力。于是,我在这方面大力表扬他,放大他的优点,他也赢得了同学们的认可,同学们也开始亲近他,他对老师也有了一种亲近感,开始问我语文上的问题,我慢慢地激励他好好学习,一有成绩上的进步,我就在全班同学面前表扬鼓励。他逐渐开始对语文学习产生了兴趣，树立了信心。学困生的心里也是有积极性的，他们也是有求知欲的，只要老师给他们一个宽松和谐的环境，激起他们内心的信心和勇气，他们也会学得很努力，笑得很灿烂。

二、因材施教，逐步提高

学生存在个体差异性，因此，老师在对待学困生时要因材施教。我班的学困生由于基础差，语文课文读得结结巴巴，因此，在课前我就会给他们提出要求，就是把课文中的字音读正确，句子读通顺，第二天在课堂上抽查读的情况。这样他们知道老师要检查，就会认真读。在作业设计上，也会给他们出些相对简单的题目，完成好后，再加大难度，让他们既体会到成就感又能得到逐步提高。大部分学困生上课时会出现精力不集中，好走神的情况，因此，在安排座位时，我就有意把他们安排在醒目的地方，以便及时观察他们的动态。当看见有学生走神，及时给予眼神提醒，遇到容易回答的问题，就给他们机会，并及时地评价及表扬，提高他们的学习积极性。在小组合作学习中，我有意把学困生与学优生搭配在一起，这样学优生可以帮助学困生解决学习中遇到的问题，并且在学优生积极、活跃的学习氛围带动下，调动学困生的学习兴趣。

三、优化课堂，激发兴趣

学困生学习语文没有兴趣，这需要老师在课堂上做足功课，要依据小学生心理特征及认知规律，有意识地创设学习情境，营造轻松快乐的学习氛围，最大限度地吸引学生的注意力，培养他们的学习兴趣。

在导入环节中，教师可利用故事、图画或谜语等形式，使学生产生强烈的求知欲望，充分调动学生各方面的积极性。我在教学苏教版语文四年级下册“燕子”这一课时，首先出示了谜语“小小姑娘穿黑袄，尾巴像把小剪刀，屋子造在房梁上，捕捉虫子本领高”，然后调动学生的已有知识来说说对燕子的了解。同学们的热情都非常高，纷纷举手发言，课堂气氛非常活跃，这样就一下子调动了同学们学习的积极性，也把学困生的注意力吸引到了课堂。

在课堂教学过程中，学困生们往往会精神不够集中，学习效率相对低下，老师们可以在课堂中结合教学内容做些游戏，来集中学生的注意力。比如，我在教学苏教版四年级语文下册“公仪休拒收礼物”这一课时，找了三名学生分别来扮演公仪休、子明和管家，来表演这场独幕剧，并且有意把机会给一些学困生。

这样一来，课堂气氛一下子轻松了许多，连我们班一向不爱举手发言的同学也举起了手。

四、丰富课外，培养习惯

学困生语文成绩不好，并不代表他们没有求知的欲望，而是他们没有掌握正确的学习方法、形成良好的学习习惯。利用丰富多彩的课外活动，可以教会他们好的学习方法、培养他们良好的学习习惯。

每学期，我都会给学生推荐语文课外阅读书目，并且定期开展读书交流会，让学生们写读书心得，让学生们体会到读书带给他的快乐和成就，为写作打下良好基础。此外，我还会开展如背诵比赛、诗歌朗诵、写字比赛、讲故事比赛等形式多样的课外活动，既丰富了同学们的课外生活，又锻炼了同学们的能力，尤其是积极鼓励学困生参与其中，让他们从中养成好的学习习惯。

兴趣是最好的老师。学困生对语文学习产生了兴趣，便会产生强烈的需求，会积极地投入到学习中，不再感到语文学习是一种负担，作为一名小学语文老师，我们一定要多多关注学困生的学习兴趣，要努力寻找适合本班学困生的方法激发他们的学习兴趣，因材施教，多鼓励和表扬，让学困生在轻松和谐的学习氛围中学习、成长。

参考文献

[1] 熊芳.小学语文课堂如何提高学生的学习的兴趣[J].新教育时代电子杂志(学生版),2015(43):156.

[2] 莫雷.教育心理学[M].北京:教育科学出版社,2007.

农村小学教育现状及想法

淮南寿县八公山小学　汪　磊

农村小学教育是不可忽视的重要部分,从教育改革的实际来看,农村小学教育改革中存在着一些问题,只有解决好这些问题才能更好地促进农村教育的发展,培养更多人才。

一、农村小学教育面临的问题

1.学校硬件设施落后

目前农村小学在校舍及硬件设施配备上有了很大改善,然而农村教育经费仍非常有限。大多数农村小学的多媒体教室等现代化设备都不完备或未正常使用。另外,因为办学经费缺乏,在现代化教学仪器的购置上也受到了很大限制,导致现代教学技术水平较低,很大程度上限制了学生接受现代化信息的机会。

2.课程设置不够合理,影响学生全面发展

当前来看,基本农村小学语文、数学、自然、社会、美术、音乐、体育等课程的开设表面上看很齐全,但是由于缺乏音体美的专职教师与教学设备,这些课程很多时候流于形式,没有真正实施,这在很大程度上阻碍了学生对于艺术以及德育课程的学习,限制了学生全面发展。

二、原因分析

1.教育改革思想比较落后

一些农村小学的领导和教师都是根据上级教育部门的要求来开展教育工作,很少有创新意识。还有部分小学将考试成绩作为教学的唯一目标,其结果就是不论是在老师还是学生心中,都觉得成绩至上,导致学校对于学生的德育

以及美育等方面的发展常常采取漠视的态度。

2.教育资金投入较少

农村小学教学质量难以提升,师资队伍整体素质不高,软硬件比较落后,资金的制约是一方面。很多农村小学都没有设立计算机机房、运动设备也比较匮乏,这些都会对学生成长受到影响。

三、想法和建议

1.强化教育改革思想的转变

农村小学教师应努力开发校本课程,开展各种类型的实践活动。例如,可以通过分组讨论以及主题班会等各种类型的课外活动促进学生动脑与动手能力的提升,最终促进学生的全面发展。

2.加快农村小学课程改革,促进学生全面发展

从办学条件来看,与城市相比,农村小学的办学条件要差些,许多设施都不够完善,所以,农村小学课程在设置上就应该遵循教育发展规律、坚持创新。根据自身的发展实际,避免盲目追求"自我的个性化",努力开发符合当地特色的课程。

参考文献

[1] 崔荣德.农村小学教育现状及分析[J].新课程(小学),2016(2):28.

如何做好小学生的习作辅导

淮南市寿县隐贤镇第二小学　王靖靖

写作能力是语文素养的综合体现，而长期以来，学生一提到作文就头疼，教师在作文批改上耗时耗力，但往往收效甚微，怎样才能更为有效地辅导小学生的作文呢？《义务教育语文课程标准（2011年版）》上提到语文课程是实践性课程，应让学生多读多写，日积月累，在大量的语文实践中体会、把握运用语文的规律。因此笔者认为可以从语言积累、习作训练、教师科学合理的作文批改三方面入手来辅导小学生习作。

一、语言积累：培养学生的写作兴趣和自信心

在日常的习作教学中，我们常常会发现一些学生的作文或无话可说、文不对题；或语句不通、中心不明确，事实上这些学生对写作已经失去了自信心。另一些学生的作文虽能做到准确地表达，却常常与范文雷同，缺乏自己真实的感想，习作的现状堪忧。而造成学生“不能写”“不会写”的原因之一，则是学生日常语言积累的缺乏。写东西靠平时的积累，不但文学家是这样，练习作文的小学生也是这样。小学生写作文，其实就是综合地表现他以前的知识、思想、语言等方面的积累。因此，语言积累，是小学生习作的基础，是培养学生的写作兴趣和自信心的重要途径。

（一）多读多背多记好词好句，制作属于自己的“采蜜簿”

让学生每人准备一个“采蜜簿”，鼓励学生把课本及课内外中的优美词句、精彩片段摘抄下来，给学生充足的时间进行朗读、背诵，也可让学生把读完后的感受写出来，随时翻阅欣赏、细细品味。“读书破万卷，下笔如有神”，这样长期坚持，学生的语言就会变得丰富，写起文章来，那些优美词句就如泉水般涌出，运

用自如，得心应手。

（二）开展各种形式活动，以“活动”促积累

开展各种形式的活动，为学生创造写作的素材。可以对课内阅读进行拓展，开展“看视频，拓视野”的活动，如教学“恐龙”一课时，我给学生播放了《恐龙的行踪》的纪录视频，并要求他们把视频中自己印象深刻的恐龙或画面写下来，很多同学都写出了自己的真实感受，有的学生写到自己印象最深刻的是“一头幸运的雷龙——小刀疤，它总能在危急关头，幸免于难”，还有的同学写到“倒霉透顶的甲龙，居然为吃一片树叶，弄了个底朝天”，甚至有些同学还写到了“可怜的霸王龙，虽然作为‘森林之王’，却仍旧逃脱不了‘弱肉强食’的定律，成为其他恐龙的腹中之物”。充分地利用阅读教材，进行课外拓展，激发学生的表达欲望，让学生“想写”“会写”，很好地将“读”和“写”结合起来。也可以每周开展一次“美文共享”活动，在活动中把自己的“采蜜簿”拿出来交流、欣赏，让学生感受语言文字的美及语言文字表达的乐趣，从而激发学生读书兴趣。

二、文字表达：通过练笔，掌握写作的方法

语言积累是基础，但是学生只有写作的信心和兴趣是不够的，还需要掌握写作的方法。只有通过多写多练，才能切实地让学生掌握写作的方法，灵活地运用自己积累的语言材料。

（一）勤写日记，学会观察、选材

让学生养成勤写日记的好习惯，是提高学生习作水平的好方法。日记选材的范围很广，有写人的，记事的，状物的，勤写日记有利于训练学生掌握多种写作的方法。但学生必须要多观察、多思考，才能将日记写生动、写具体。写日记不能敷衍了事，有的教师在日常教学中只是要求学生写日记，至于日记的内容及写法则没有过多的要求，导致学生写的日记没有内容，没有真实感受，写日记成了低效的“走形式”，而学生的作文水平没有明显的进步。因此，适时的日记指导课是非常必要的。如在教学中，我会安排学生写每周一主题的周记，并且在每周一确定周记主题，并布置教学任务，介绍相关的写作方法。如确定“写物”的主题，我会指导学生先确定自己感兴趣的事物，借助观察的“好帮手”：眼睛、鼻子、耳朵、舌头、双手、大脑，认真地观察，引导学生仔细思考，把观察到的

事物说得生动、具体。如写“记事”主题的文章，我会引导学生去写自己看到的、听到的、想到的、做过的真实发生的事情，当然这些都需要学生留心观察，并要求学生写下真实，令自己动情的事情，点拨：①写什么事？②表达怎样的心情？③按什么顺序写？通过每周写主题日记，不仅帮助学生养成了多观察、勤思考的习惯，也让学生掌握了写作的方法。

（二）重视习作指导，学会模仿、创新

用好课例。课文无非都是例子，学生学习语文，首先以学范文为主。范文是极好想学习的作文范例，不教会学生模仿范文，不重视利用这种现成的材料，那是极大的浪费。创造从模仿开始，没有模仿就没有创造。如何指导模仿呢？模仿训练不宜放任自流，否则收获甚微。模仿训练关键是抓住范文的语言和结构两个方面进行。引导学生学习文章从不同角度分段描写，并且在分段写时，也注意模仿范文从不同的观察点着眼的写法，把段写好。实践证明，学生只要有范文可仿，各种体裁的文章都仿一仿，他们的作文就容易完成。

引导学生开窍。学生动笔前必须指导学生掌握文体表达方式的特点，能灵活应用。引导学生开窍，走的是一条说与写结合的道路，它有利于培养学生写作的思路。

出奇制胜。要指导学生写出好作文，光训练一般作文方法还不够，为求得出奇制胜之效，还需要有创新精神，如取材上需新颖、独特；感情能打动人；语言优美，开头新颖、诱人，结尾不落俗套等。

三、作文批改：把好辅导小学生习作的最后一关

好文章是改出来的。王安石字斟句酌，成就了“春风又绿江南岸”这样的名句，贾岛再三推敲，留下了遣词用句的千古佳话。在作文教学系统中，修改是非常重要的环节。小学生在对客观事物的正确认识和对文体要求的把握，往往是不准确的，措辞用语上的问题更大，作文很难一次成功，这就需要修改、补充、修改。好文章是改出来的，一篇好文章必须经过反复修改才能完成。而教师科学合理的批改点评可以帮助学生更好地修改作文。

（一）分类阅读，全批全改

首先，对自己所教学生的作文水平做到心中有数，写作水平较高的同学的

作文要精心批改。这类作文一般不需要大动，批阅时，我先用曲线画出好词好句，并在旁边注明“好”“很好”等评语，总评时，我也是先肯定学生作文的成功之处，然后再针对问题指出不足及修改意见，最后写一些鼓励的话，让他向更高的层次迈进；中等生的作文，我不但要精心修改，还要指导得具体，必要的时候还要帮他写一写，因为他们进行自我修改比较困难，是最需要具体指导、最可塑造的群体；对于写作水平较差的同学，我就适当批得粗略一些，因为这一类学生的作文，几乎都是流水账，文字不够通顺，对于这一类作文，我重点指导它的选材，对于语言，我只做一些引导，但我要在评语中告诉他，要多读别人的作文，学习别人的语言。对于一些典型的病句或不得体的话，我会及时地把它记下来，拿到讲评课上让大家一起为他修改，这样他们会切实意识到自己的不足，有些同学甚至自觉地去写第二遍，效果也很好。

（二）设立批改标准，并尝试让学生按照这些标准批改自己的作文

可以从文章的审题是否正确、中心是否明确、材料是否典型、内容是否具体、层次是否分明、语句是否通顺、标点是否正确等方面批改作文。同时要考查学生对作文内容、文字表达的修改引导学生自改和互改，共同提高写作水平。“路漫漫其修远兮，吾将上下而求索”，学生作文水平的提高不是一朝一夕的事，我们还需在教学实践中不断地摸索和总结更为有效的方法。

参考文献

[1] 赵德秋.小学习作辅导构想[J].中国教师，2013(20)：46-47.
[2] 王海燕.我是怎样辅导学生习作的[J].作文教学研究，2012(5)：75-76.

提高初中思想品德教学实效性的策略探讨

淮南市寿县张李初级中学　王业举

初中阶段的学生正处于身心发展的重要时期,叛逆心较强,思想不成熟,极易受到社会不良风气的影响而做出违反纪律和道德的事情,因此加强学生的思想品德教育显得尤为重要。思想品德课作为德育工作中的重要环节之一,对学生智力的发展、健全人格的塑造、形成正确的价值取向、养成良好的行为习惯等具有重要的意义。但是当前在初中思想品德教学过程中受诸多因素的影响,课堂教学效果不尽人意,如何提高初中思想品德教学的实效性,已经成为教师需要重点研究的课题。

一、初中思想品德教学概述

(一)特点

随着新课程改革的不断深入以及素质教育的全面推进,思想品德教学在初中教育体系中的重要性日益突出,旨在导行、明理和激情。一般而言,初中思想品德教学具有主体多和长远性的特点。首先在主体多方面,初中思想品德的主要教学目标就是培养学生形成正确的世界观、价值观和人生观,提高学生的认知能力,规范学生的日常行为。学生在学习思想品德知识的过程中,所接触的社会成员、家长和教师等都会在一定程度上影响学生的思想,在潜移默化中改变学生原本的思想道德观念,进而与实际教学产生冲突。可以说,初中思想品德教学需要社会、家庭和学校各方协同完成。其次在长远性方面,相较于其他学科教学而言,初中思想品德教学不能只凭借试卷来评价教学质量,试卷仅仅只是测试学生对理论知识的掌握程度,并不能综合体现思想品德知识对学生思想观念和行为的影响。通常思想品德的教学效果对学生产生的影响可能长达几年或几十年,具有长远性的特点。

(二)存在的问题

目前在初中思想品德教学过程中,还存在一系列的问题,导致教学与实际相脱节,学生不能在日常生活中灵活运用所学的思想品德理论知识,降低了教学的有效性,具体如下:家庭对教学的影响。父母作为孩子的第一任老师,家长的日常行为和道德观念在潜移默化中影响孩子,因而学生在日常生活中会受父母的影响而形成一些不良习惯,进而降低思想品德教学的有效性。在学校,教师会以优秀传统美德来教育学生;在家中,家长会用自身的道德观念来教育孩子,如教师向学生讲述拾金不昧的品德,而如果孩子捡到贵重物品时,有些家长让孩子据为已有,这种做法就会对思想品德教学的实效性产生严重影响。社会对教学的影响。对于初中阶段的学生而言,其正处于青春叛逆期,对未知的事物具有强烈的好奇心和探索欲,学生在接触社会时可能会沾染社会上的不良风气,从而影响教学效果。学生在学校接受的教育多是正能量知识,如教师在课堂上讲述的助人为乐的故事,但是由于"老人摔倒扶不扶"等社会问题的出现致使学生在日常行为中不敢发扬优良品德,降低了教学实效性。此外,随着科学技术的迅猛发展,网络信息技术在学生学习和生活中的应用越来越广泛,而网络的负面信息会影响学生的思想观念,进而使学生在日常行为中做出过激反应,不利于思想品德教学的顺利实施。

二、提高初中思想品德教学实效性的策略

(一)转变教学理念

教师在初中思想品德教学过程中,其教学理念的不同会导致教学手段和教学思维的不同,直接影响教师对该学科的认识以及教学效果。有些教师在实际教学活动中多是采用传统的教学模式和教学理念,通过"教师主讲"的形式来让学生机械式学习与记忆,严重降低了学生的学习主动性与积极性,不能使学生从内心深处喜爱所学的学科,降低教学的实效性。这就需要教师在教学活动中严格落实素质教育的需要,重视学生的全面发展,积极转变传统的教学观念,鼓励学生参与课堂活动,将呆板的课程内容转变为生动、互动性强的课堂,从而调动学生学习的积极性和主动性,实现学生的个性化发展,提高课堂教学效果。

此外,如果教师单纯讲解教材理论知识,往往会让学生感到枯燥乏味,不能准确掌握理论背后的现实意义,因此教师需要加强理论与实际的联系,引导学生思考理论背后的意义,以现实情境为依据来帮助学生理解社会热点事件后的理论内容,鼓励学生走出教室和学校,进而提高学生对学科的认可度,达到提升教学实效性的目的。例如在学习“过健康安全的生活”这一课时,教师可以引导学生从教学内容和生活实际出发,让学生在生活中学会辨别不良信息拒绝不良信息的诱惑,构建自我保护的思想观念,用健康的心态来对待生活与学习,进一步提高学生的思想素质。

(二)优化教学方法和教学手段

教学方法在初中思想品德教学中具有重要的作用,科学的教学方法有利于提高课堂教学的质量与效率。新课标中明确要求教育教学活动中应积极开发与利用校内外的教学资源,因此在思想品德教学过程中需要重视教材,对校内外的各种课程资源加以优化整合。如教师在课堂教学中可适当插入谜语或图片,图文并茂地创设教学情境,以此调动学生的主观能动性,让学生在轻松愉悦的氛围中领悟新知;或者是设置课堂疑问让学生加以思考与探索,引导学生主动探究问题来掌握知识,提高课堂教学的实效性。当然教学手段的运用不是千篇一律,需要从学生素质、班级整体情况、课程内容等方面出发来选择恰当的教学手段,如部分课程的信息量较大,教师可以选用多媒体教学,通过声音和图片等方式直观呈现教学内容,激发学生的学习兴趣,让学生能将所学知识灵活运用在实际生活中,提高教学质量和效率。以《让生命之花绽放》为例,教师利用多媒体技术播放《千手观音》的视频,引起学生的共鸣,让学生从演员们的身上看到生命的奇迹,感受自强不息的精神,然后回归教学主题,达到显著的教学效果。总而言之,教学方法及手段的创新,不仅可以调动学生学习的积极性,强化学生记忆,充分挖掘学生的潜力,有效解决重难点知识,还能优化传统的教学模式及教学手段结构,提高教学效果,实现预期的教学目标。

(三)加强社会实践

由于思想品德教学具有较强的实践性,不只是在课堂上突破一些难点或强调一些重点,然后检测学习效果即可,教师还需要开展相关的社会实践活动,引导和鼓励学生积极参与其中,巩固教学的实效性,以免在教学中出现反复现象。

学生深受应试教育的影响,在考试中应用所学的知识后便会在短期内"清空"所学知识,继而开展其他学习。在这种情形下,教师需要让学生明确思想品德学习的重要意义,组织学生参与社工服务等活动,让学生在社会实践中巩固所学知识,形成正确的价值取向。另外,教师在日常教学活动中,可以适当抽出一些时间与学生共同参与志愿者服务,利用社会上的事件和案例来提高学生的思想觉悟,帮助学生积累丰富的社会实践经验,实现学生的自由全面发展。

(四)提高教师素质

新课程改革将教学目标定位于三个维度,即过程与方法、知识与技能、价值观与情感态度,这样可以在一定程度上纠正现有的错误教学倾向,如"重认知教学,轻价值观、意志、情感的培养","重知识内容和结论,轻学习方法和学习过程"等。要想有效提高初中思想品德教学的实效性,教师需要充分发挥出自身的主导作用,不断提高自身的素质。首先,增强信息技术应用能力。教师通过提高自身信息技术应用的水平,在教学过程中利用多媒体技术的视频、音频等功能,将课程内容进行生动形象地展示,让学生对社会实际发展状况具有大致了解,从而增长见识,拓宽视野,提高学习兴趣、增强学习效果。其次,加强政治学习和业务学习。教师可以在教学活动中及时应用当前国内和国际形势、科技发展的新成果、新趋势、新动向,突出教学实用性的特点,培养学生的思想道德修养和爱国主义情怀。最后,创造性运用新教材。教师在实际教学中需要对新教材的精髓加以准确把握,创造性运用新教材,并深入分析和探究多样化的教学方法,将探究式、激励式、情境式和发现式等先进的方法应用于课堂教学活动中,提高教学效果。

综上所述,初中思想品德教学效果直接关系到学生身心的健康成长,因此在实际教学过程中,教师必须要从学生的心理特征和兴趣爱好等方面出发,积极转变教学理念,优化教学方法和教学手段,重视社会实践,提高自身素质。只有这样,才能准确抓住学生的兴趣点,调动学生学习的积极性和主动性,增强学生理论联系实际的能力,培养学生的道德修养和政治素质,提高思想品德教学的实效性,实现学生的健康成长和自由发展,促进基础教育的改革以及教学目标的实现。

参考文献

[1] 彭家伟,钱灵灵. 新课程理念下提高初中思想品德课教学实效性的探索与思考[J]. 科技信息,2011(8):727.

[2] 谢晓林. 浅谈提高初中思想品德课教学的实效性[J]. 成功(教育版),2011(5):150.

[3] 李中秋,吴修洁. 提高初中思想品德课堂教学实效性的探索与实践[J]. 科教导刊(下旬),2016(8):125-126.

[4] 陈波. 激发学生学习兴趣 提高初中思想品德教学实效性[J]. 学周刊,2014(3):77.

[5] 汪丽琴. 提高初中思想品德课堂教学实效策略管窥[J]. 思想政治课研究,2015(6):110-113.

建构主义视角下的中小学英语词汇教学方法初探

淮南市寿县保义学校　魏中丽

众所周知，英语词汇是英语学习的基石。如果没有一定的词汇量做基础，要想培养一个英语学习者听、说、读、写、译各项英语技能便如镜花水月，所以词汇在英语教学中就显得尤为重要。但笔者发现不论是在英语教学研究中还是在日常的英语教学中，词汇的教学方法研究和应用都没有得到足够的重视。这种不重视充分体现在课堂时间的分配上，大多数的课堂时间都分配给了文本的理解以及语法的教学上。词汇教学成了一带而过的环节，课堂上仅仅是按传统的方法教学发音，解释词义和用法，把词汇的掌握当成学生课后自己完成的一项任务，忽略了对词汇学习和记忆的方法的指导。长此以往，形成了学生在学习词汇时死记硬背的不良习惯，而且单调识记方式容易使学生产生消极情绪。更重要的是中小学处于英语学习的基础阶段，孩子如果在这个阶段没能习得合理科学的词汇学习方法就会直接影响到他们后期英语学习的效率，同时还会减弱他们对于英语学科的感情，造成学习的困难。本文从中小学英语词汇教学的现状出发，用建构主义的视角来探讨合乎中小学生发展规律的英语词汇教学方法。

建构主义是认知心理学派的一个分支，是一种关于知识和学习的理论，最早由瑞士的心理学家皮亚杰提出。它认为意义并不独立于学习者而存在，强调在学习过程中学习者的主动性，认为学习是学习者基于原有的知识经验生成意义、建构理解的过程。建构主义认为学习不是由教师向学生的传递，而是学生在一定情景下，借助教师和学习伙伴在内的其他人的帮助，而实现建构自己知识的过程。由于建构主义强调关注学生的主体性、主动性和创造性，所以自20世纪80年代中期以来，建构主义作为一种新的认识论和学习理论在教育研究领域产生了非常深远的影响，与素质教育下的英语新课程设计理念一脉相承，即学习可以通过体验、发现、合作、探究等方式,掌握学习策略,培养自主学习的能力。建构主义学习理论强调“情境”“协作”“会话”和“意义建构”四个主要因素在学习中的作用。下面我将从这几个方面探讨一下建构主义在中小学词汇教学中的应用。

一、创设合理词汇情境

建构主义强调学生个体经验的作用。学生并不是空着脑袋进入课堂的,他们对知识的理解基于个体的经验之上,教学不能无视学生的这些经验,另起炉灶,从外部装进新知识,而是要把儿童现有的知识经验作为新知识的生长点,引导儿童从原有的经验中“生长”出新的知识。这就要求教师在教学中尊重并合理利用学生的个体经验,为教学服务。我们创设的学习情境必须有利于学生对所学内容的意义建构,并把情境创设看作是教学设计的最重要内容之一。在创设情境的过程中,一个重要的原则就是和学生自身的关联性。利用学生的个体经验来创设教学情境,往往可以达到最佳的学习效果。在词汇教学中要避免把单词作为孤立的语言信息传授给学生,把单词置于与学生相关的真实情景中,让学生建立起单词与原有知识经验的联系,从而完成对单词意义的主动构建。比如当我们学习 film 一词时,可以先引导学生讲述个体的看电影的经历,让学生把自身的经验带到课堂上来。实践表明,学生对于和自己相关的事物更容易产生兴趣。有效的兴趣能够成为推动工作和学习的动力,把工作和学习引向深入,促使个体能力和性格的发展。学生只有对教学内容产生兴趣,才能充分发挥学生的主动性、积极性和创造精神,从而利用学生原有认知结构中的有关经验去同化当前学习的新知识,或通过对原有认知结构进行改造与重组,以达到对新知识的意义建构。因此,教师在教学不同的词汇的时候,应当根据不同的词汇特点,创设便于学生理解的不同情境,让学生在情境中学习,情境中应用。

二、合作探究词汇群

合作探究过程包括协作和会话,这一过程中学生之间的小组合作学习非常重要。协作发生在学习过程的始终,包括学习过程中学习小组成员对学习资料的搜集与分析、假设的提出与验证、学习成果的评价直至最终意义的建构。而会话则是协作过程中不可缺少的环节,学习小组成员之间必须通过会话商讨如何完成规定的学习任务的计划;此外,协作学习过程也是会话过程,在此过程中,每个学习者的思维成果为整个学习小组所共享,因此会话是达到意义建构的重要手段之一。词汇只有在特定的场景(即具体的适用场合)中才有完整的生命。因此在词汇教学中可以通过情境设置来建立词汇群,这就要求教师把所教词汇预置于某个语言情境中,让学生建立起该词汇与原有生活经验的联系,从而通过新旧知识的相互作用建构起与该词汇相关的词汇群。以上文的film为例。在学完这个词汇之后可以分小组让学生合作讨论与之相关的词汇和表达方式。学生便会结合自身生活经验,自然而然联想到cinema, actor, actress, moving, interesting, friend, family, director等词。通过词汇群的建立,可以让原本孤立的词汇之间产生有意义的联系,而连接线索的建立会进一步加深学生对新词的理解,同时也是对旧词进一步巩固,从而帮助学生形成知识的结构。在这个过程中,教师是学生构建知识的帮助者,促进者和中介者,通过对话向学生提出任务,由学生探究,而不是向学生灌输和再现信息。通过师生和生生之间的对话,协同合作,最终有效实现对当前所学词汇的意义建构过程。

三、建构词汇的运用

建构词汇是整个词汇学习过程的最终目标,所要建构的是词汇之间的内在联系。在词汇学习过程中帮助学生建构意义就是要帮助学生正确自如地运用所学词汇的使用方法,最终在大脑中的长期存储下来,形成所学内容的认知结构。比如上文的film, cinema, actor, actress, moving, interesting, friend, family, director等词,在小组讨论的基础上可以让学生用几个句子来描述自己的经历。 在小组讨论的时候,学生会从不同方面来描述同一事件。学生A: I went to see a film yesterday. 学生B: I went to the cinema with my friend. 学生C: The film was moving. The actor and the actress are beautiful. The director is Li An. 在学生充分对话的基础上,可以引导学生按照一定的逻辑表达顺序,把上面的对话整理成一小段文章。在这个过程中既练习了词汇的运用,又培养了学生口头和书面表达能力和协作对话能力,从而真正建构起词汇的使用。通过这种方式,既能增强学生的综合能力,又能使整个学习群体共同完成对所学知识的意义建构,掌握所学词汇的实际应用方法。

综上所述,建构主义理论为中小学英语词汇的教学提供了新的理论依据,使我们认识到英语词汇的学习并不是孤立的单词记忆,教师应注重结合学生自身的经历,创设合乎学生心理的情境,让学生在具体的情境中,借助丰富的学习资源，将所学知识与原有知识经验相结合，在协作环境中完成对知识的构建。本文提供的方法就是从单个词汇的情境理解到词汇群的构建，再到词汇的具体应用，由易到难，从点到面，从学生的生活情境进入教学，以情境构建意义。这种方式符合素质教育的要求，不仅对提高词汇教学效果有很大的帮助更有助于培养学生的自主学习能力和创新能力，为学生的长远发展奠定了良好的基础。

参考文献

[1] 李铮.高等师范心理学教程[M].安徽：中国科技大学出版社，1993.

[2] 刘献瑶.建构主义理论及其对英语教学的启示[J].外语教学与研究，2015(101)：104.

[3] 莫雷.教育心理学[M].北京：教育科学出版社，2011.

[4] 叶奕乾，何存道，梁宁建.普通心理学[M].上海：华东师范大学出版社，2007.

体育教学中学生意志品质的培养

合肥市肥东县赵亮中学　吴兴奇

意志是人类自觉确定目的并支配行动，通过克服困难实现预定目的的心理过程，是人类特有的心理现象，是意识能动性的集中表现。而意志品质的形成和发展，是后天教育的结果。我们在完成教学任务时，需要有意志的参与；我们在学习和锻炼中遇到困难时，需要克服自卑心理，消除消极性情绪、厌倦心理，更需要有坚强意志品质的参与。随着新课改的深入，体育教学目标转向“健康第一”的教育，教学手段也发生了天翻地覆的变化，然而很多学生在面对这些教学手段的变化时，无法锻炼自己的自觉性、自制性、坚韧性等意志品质，去百折不挠地完成学习任务。因此，体育教学中学生意志品质的培养非常重要，我结合多年来的教学经验，采用以下途径培养学生的意志品质。

一、提出明确目标

（一）帮助学生树立正确的世界观和人生观

世界观和人生观是学生正确认识主、客观世界及其相互关系的基础，人的意志品质是在认识世界和改造世界的过程中得到发展和提高的。学生有了正确的世界观，才有可能追求远大的目标，才有可能在体育实践和学习中克服种种困难磨炼自己的意志，才能对学习和锻炼的价值有深刻的认识。因此，教师要通过各种方法和途径，教育和帮助学生树立远大理想、明确体育学习和锻炼的价值和意义，在学习中自觉地克服困难，磨炼意志，掌握体育知识、技能，提高自身的体能和健康水平。

(二)帮助学生确定近期目标和远期目标

学生意志品质的培养要与具体的目标相结合。目标越明确和具体,就越能激发起学生积极的行为动机和愿望。教师在教学中针对学生的身体和心理发展情况,帮助他们确定近期目标和远期目标。例如:针对现行初中升学考试的“三项”素质(50米、立定跳远、前抛实心球)。我从七年级起到九年级每年确定一项目为考试科目,并要求学生达到一定的成绩标准。每年学生完成预定目标任务后,我都积极给予鼓励、表扬,让他们体验到成功和达到目标的快乐,增强他们克服困难的信心和勇气。通过三年的锻炼和学习,学生们最终在升学考试中取得了优异的成绩。

(三)制定好课的练习要求和任务

意志品质的培养不仅取决于学生的内因作用,还与教师为学生创设的外部环境和教学要求有关。在体育教学中,我每次都给学生提出明确具体的学习任务、要求和所要达到的目标。在每次课前我都按照“开放式”教学的方法去准备教案,将新课改贯彻在教学的始终。对于自觉性高的学生,可以让他们自己制定练习任务和要求,这对发挥他们的能动性和自制力能起到积极的作用;对于自觉性差的学生,采用督促和激励的办法,让他们按照要求去完成任务,逐步培养他们的自制力;对于一些体育后进生,让其自行活动或采用“寓教于乐”的方法和游戏等灵活多变的练习手段,增强其练习的信心和动力,逐步地培养他们的意志品质。

二、注意区别对待

(一)年龄差异与意志培养

根据学生身心发展的特点,心理学家把中小学生分成几个主要阶段。即:学龄初期(6—11岁)、少年期或学龄中期(12—15岁)、青春期或学龄晚期(16—18岁)。而这些阶段对应的是小学生、初中生和高中生。其意志品质发展具有各自特征。

1.小学生的心理特点与意志培养

在学龄初期意志行为中起重大作用的是动机的情感,意志是在与情感不断作用的过程中发展起来的。情感既可以促进意志的发展,也可以阻碍意志的发展,小学生的情感具有单一性特点,易变成行为的动机。因此教学中,对学生的体育动机和兴趣的培养有利于意志品质的发展。

小学生的独立性较差,在思想和行为上易受他人影响。学习中既可能模仿好的行为,也可能模仿坏的行为。教师和同学的言行都可能成为学生学习模仿的对象,为此教师的榜样十分重要。另外,要努力培养学生独立完成任务的能力。从帮助、诱导到让学生独立思考、解决问题,对学生自觉性意志品质培养有着重要意义。小学生抑制不良愿望和动机和坚忍不拔地完成任务的能力较弱,在教学中,教师必须加强对学生自制性和坚韧性的培养,根据学生的能力,提出明确的行为目标。在学习中,要积极引导和鼓励学生,抑制不良的动机和愿望,提高完成目标的信心。

2.初中生的心理特点和意志培养

随着年龄的增长和心理的发展,学生的意志行为从被动逐渐发展成为主动性。在动机斗争中,往往表现出强调独立思考和不愿意和别人干预的倾向。但在做出决定时,仍希望得到家长和老师的帮助,心理学上称之为“心理断乳期”,这种独立性与依赖性的矛盾是初中学生心理发展的主要特征。

初中生的意志培养,首先可帮助他们确定适宜的行为目标。由于独立性的增强,学生在制定自己行为的目的时,往往不切实际,富于幻想;行动中容易高估自己的能力,仓促行事,一旦遇到困难和挫折,又会出现消极情绪,甚至有逃避现象,我在教学中,既鼓励他们树立远大的目标,又帮助他们脚踏实地逐步实现近期具体目标。例如:有些学生在奥运精神的感召下,未来理想是成为一名优秀运动员,我就引导他们打好身体、技能基础,制定远期目标和近期目标并使之紧密结合,提高他们积极运动的意识和习惯。其次,要努力培养他们的自制力和坚韧性,初中生的自制力虽比小学生要强,但由于知识和经验的不足,对行为后果缺乏明确的认识,发动行动的能力比制止行动的能力强。在教学和锻炼过程中,我引导学生抑制无益行为,让他们的自制力逐渐增强。在克服困难的意志行为中,我积极鼓励学生树立实现目标的信心,指导他们克服困难的方法和途径,创造成功的条件和机会,使学生养成坚忍不拔的意志品质。

3.高中生的心理特点和意志培养

高中生的身体和心理发展与初中生有很大的差别,其动机的主动性已得到高度发展,意志行为的目的性更加明确,行为动机的斗争更加复杂。在正确的教育和引导下,他们能够处理个人动机和社会需要之间的关系。这对培养他们树立远大的理想、目标有极为重要的意义。在执行意志行动中,知识经验和抽象思维有助于培养他们的自制力和坚韧性,克服不利因素,完成预定目标。

对于高中生的意志培养主要是发展学生的自我意识和独立性。我从改革体育课的教学内容,优化课堂教学气氛,创设特别情境,评价教学成绩等方面入手。以开展“愉快体育教学”为突破口,充分发挥学生的主观能动性,培养学生的创造力和自制力,使学生形成独立的个性和良好的意志品质。

(二)心理发展差异与意志培养

在学生成长的过程中,心理发展与身体发展一样,同年龄阶段学生个体间也会产生差别。同时,学生的心理发展因家庭教育和社会环境的不同而程度各异。

随着计划生育政策的贯彻落实,学校中独生子女的比例不断上升。而独生子女的心理品质一般表现为独立性差,行为易受暗示和影响,加之家庭中长辈的溺爱,在学习目标的确定和意志的执行中,个体的正确意志作用弱化。遇到困难时常常表现出优柔寡断、盲目服从、虎头蛇尾或固执己见、草率从事等不良意志品质。因此,在教学过程中,我针对学生心理发展不平衡和意志品质差异的问题,在统一培养的基础上注意区别对待。即:对不同的对象有不同的要求,不同的个体有不同的努力目标。指导、帮助与独立性培养相结合,批评教育与正确引导相结合,以此来纠正学生的不良意志行为和培养他们顽强的意志品质。

(三)运动能力差异与意志培养

运动能力差异与学生个体的体育知识、健康状况、体能等因素有关。体育教学中技术、技能的学习,体能的提高,需要学生具备一定的身体条件。如在学习某个动作之前,学生可能有自信心去完成,但由于身体方面的原因,练习中遇到几次失败、挫折或受伤后就会对完成这个动作产生畏惧感,执行意志行为和信心会下降。此时,教师应及时调整,否则学生会逐渐对有一定难度的任务失去信心。

对于因运动能力差异所造成的意志品质问题。一是要从学生的内部找原因,通过观察和谈话及时了解学生在完成练习任务时的困难和情绪体验;二是要调整练习要求和目标，适当降低练习难度，让这些学生逐步适应并获得成功体验；三是在课堂上积极鼓励，同时做好保护帮助工作，消除学生的恐惧感。只有这样，才能使同学们做到量力而行，通过自身的意志努力达到自己的目标。

三、结合项目特点

体育教学中，学生意志品质是通过体育学习和锻炼来加以培养和发展的。因此体育教学中要结合教学内容有目的、有计划地培养学生的意志品质，不同的教材、运动项目、教学方法对学生意志品质的培养和磨炼有所不同。为了更好地培养学生的意志品质，教学中我结合项目的特点重点做好以下几方面工作：

（一）认真钻研教材

体育教材是教师"教"和学生"学"的材料之一，是师生相互作用的中介，也是学生实施意志行为的依据。学生在体育学习过程中，既需要身体上的意志努力，又需要认识上的意志努力。由于运动项目的不同，学生的意志努力方式和程度也有所区别。因此，在教学中教师要钻研和探索教材中培养学生意志品质的因素，寻找适宜的方法和手段。如：在进行技术动作学习时，要贯彻循序渐进的原则，视教材的难度和学生的能力来定教学目标。既不能很容易完成，又不能很难做到，这都不利于学生意志锻炼。如在一些身体素质练习中，练习强度、次数、间歇等方面都应合理安排和调整，尽可能让学生通过努力能够完成。

不同教材或项目要求不同的意志行为方式和目标，需要学生付出身体的、智力的意志的努力程度不一样。较大强度的耐力性、力量性项目可以提高学生的勇敢、顽强、坚忍不拔的意志品质；在较差环境下练习，可提高学生的适应能力和忍耐力；集体性活动可培养学生的自觉性和自制力等。因此，教师认真钻研和使用好教材对学生意志品质的锻炼具有十分重要的作用。

（二）明确教学目标

教学目标是教师通过教学所需达到的目的，也是学生意志行动的目标。在体育教学中，教师要引领和诱导学生的意志行为，就必须设立和创造一些教学条件，提出具体的教学目标，以激发学生的活动动机，激励学生去达到预定目标。教学目标要根据学生的身心特点和实际能力制定，教学目标定的太低，学生很容易完成,会缺乏意志努力,不易激发他们成功感;目标太高,则学生无法完成,又会损害他们的积极性,影响他们的意志行为。因此,教学中应根据不同的项目特点,确立适宜、具体的教学目标,在练习中根据实际情况不断调整。

(三)贯彻方法和措施

体育教学活动是教师传授知识、学生学习、锻炼的过程。教师根据不同的项目采用合理的教学方法、措施可以激发学生强烈的学习动机,使他们体验到经过意志努力所获得的成功满足感,进一步增强克服困难的信心,发展和提高自身良好的意志品质。

在贯彻教学方法和组织、实施某些教学措施过程中,要充分发挥学生的主观能动性,培养学生自觉克服困难的习惯,结合自评和他评、要求和自我要求、成功和失败体验、协作和竞争等方法,逐步培养学生良好的意志品质和独立人格。

四、结论与建议

根据学生意识品质形成、发展原理各阶段的特点,以及分析论证培养学生的意志品质的过程、要素。得出以下具体方法:

(一)激励诱导法

青少年学生的意志行为具有很强的可塑性。利用某些事例可激发他们为实现预定目标而积极学习和锻炼的进取心,以培养学生顽强的意志品质。

(二)教育鼓励法

在体育教学的过程中,学生在体育学习中会表现出多种意志行为,有好的,也有不好的。教师要善于及时发现这些现象,教育和鼓励学生树立勇于克服困难,不达目的誓不罢休的精神,以增强学生意志品质。

(三)教材分析法

教师在体育教学中除了可以激发学生内作用外,还可以深入分析和研究教材,充分利用教材中培养学生意志品质的因素,培养学生的意志品质。

(四)作业难度调整法

由于学生的心理、身体差异,在完成练习时会表现出明显的差别。因此,练习中教师应根据学生的能力,降低或提高作业难度,给予区别对待,以培养学生的意志品质。

(五)利用自然条件法

体育教学以室外活动为主,自然界的光、热、地形等环境因素都能为培养学生的意志品质提供可靠的条件。

(六)榜样示范法

教师的榜样,体育骨干的榜样,都能为培养学生意志品质起楷模的作用。

(七)自我强化法

在体育学习中,学生可以通过自我鼓励、自我命令、自我监督、自我评价等方法,逐步完善自己良好的意志品质。

参考文献

[1] 季浏.体育心理学[M].北京:高等教育出版社,2001.
[2] 吴增芥,吴靖.心理学与中小学教育[M].北京:北京出版社,1987.
[3] 张小乔.普通心理学应用教程[M].北京:中国人民大学出版社,1989.

纯正朴实　清新自然

——浅论朱自清散文的美

淮南市潘集区高皇镇高皇中学　武　梅

艺术美是艺术家对现实生活进行创造性反映的产物。散文作为文学艺术的有机组成部分，一向被称为文学中的“轻骑兵”。生活中一切有意义的事物都可以通过散文的形式表现出来。不论是古代的还是现代的，不论是写景状物还是写人叙事的，散文作品大多是作者美学理想的反映。

优秀的散文是美的结晶。优美的艺术形象可以更正粗俗或妄动的品性；壮美的艺术形象可以激起人们战斗的热情；悲剧之美更令人产生一种崇高感，激发人们去为美好的生活而奋斗；喜剧之美可以帮助人们认识已经过时的、落后的假、丑、恶的事物，使人们笑着和过去告别。

朱自清先生是由新诗始进入散文创作的，其散文创作大概可以分为两个时期：早期的散文从思想内容上又可以分为两类，一类是战斗性较强的以社会现实生活为题材的作品，如《白种人——上帝的骄子》《执政府大屠杀记》等，表现了一个正直的知识分子所具有的正义感和爱国主义感情；一类是描述个人家庭生活，抒发自我感情以及描绘大自然景致的作品，如《背影》《荷塘月色》等。这类作品通过对景物的精细描绘，表现了作者对生活的批评，对美好事物的赞颂。晚年他还创作了大量的杂文、随笔，谈论社会，探讨人生。

朱自清先生的散文，不论眼前风物，还是梦里人生，抑或是杂感随笔，都一如其人，朴素敦厚，平淡自然。

著名散文家李广田曾这样评论他的散文说：“在当时的作家中，有的从执政党中来，往往有陈腐之气，有的从外国来，往往有太多的洋气，尤其是往往带来了西欧世纪末的颓废气息。朱先生则不然，他的作品一开始就建立了一种纯正朴实的新鲜作风”。因此若要谈中国现代的散文的话，没有不提朱自清先生名字的。这里撇开其散文作品的思想价值不谈，单就其对中国现代美学的贡献，谈谈我的粗浅看法。

一、巧于构思，平中见奇

著名作家茅盾先生曾说："生活经验的素材要经过综合、改造、发展这样的一系列加工，然后成为作品的题材，这一过程我们就称为'构思'"。构思要善于抓住感悟深刻的核心材料。生活中某个事物触发了作者，引起了作者深刻的感受和领悟，那个事物往往成为触发构思的核心材料。它可能是一个精彩的故事，可能是一个给人留下深刻印象的人物，可能是一幅美好的画面，也可能是深埋在心底的一段回忆、一点情绪、一点印象。《背影》就是作者受到父亲来信中的一句话的触发而写成的佳作。

我们在欣赏建筑艺术时常常会为建筑家的精彩设计而叹服，为建筑物的构图美而心醉。同样的道理，我们在欣赏一篇精彩的文章时，也会因为作者的巧妙的艺术构思而震慑。何其芳说："没有新鲜的构思、很有特色的构思，哪能写出精彩的作品来呢？过去谈写诗要有灵感，其实所谓灵感，就是诗人在想象中捕捉住了动人的不落常套的构思。"由于散文的篇幅短小，笔法灵活，作者只有对现实生活有所发现、开掘，对生活有了深刻的感受和思考，才能以独特、新颖、不落俗套的新巧布局，表现意境美，达到意境与结构、内容与形式的和谐统一、波澜起伏，给人以美的享受。如《春》这篇散文，短小精巧，作者从"盼春""颂春"写到"爱春"，脉络清晰，层次井然。先总写远景——春的轮廓，后分述近景——景的形象；先写物后写人，其间还写了鸟、蝴蝶、灯光、房屋，写得活泼而富有生气。最后写爱春："春天象刚落地的娃娃，从头到脚都是新的，她生长着，春天象小姑娘，花枝招展地笑着走着，春天象健壮的青年，有铁一般的胳膊和腰脚，领着我们上前去。"你看构思多美。

构思贵在有独创性。作者只有对生活有独特的发现，独特的感受和理解，捕捉到具有新意的形象，开拓出新鲜而有新意的思想内容，并运用有特色的艺术形式加以表现，才能写出不同一般的好作品来。《背影》脍炙人口，与作者的独具匠心，不落俗套的创造性构思密切相关。作品无论记人、叙事、抒情都十分平实，在平实中蕴藏着极为精巧的构思。文章扣住父亲感人至深的"背影"，开头设疑——点背影，中间叙事——引背影，望父买橘——写背影，父子分别——哭背影，结尾思念——应背影。新颖缜密、精巧的构思，完美地展现了父子之间的至情至爱，宛如一首缠绵悱恻、回肠荡气的抒情诗。再如《冬天》，采用了链条式的结构。文章回忆了三个冬天的三件小事，时间相距很远，又不在同一地方，看来很散，但作者却用“温暖”这个主题巧妙地将父子之情、朋友之谊、妻子之爱这三个互不相连的片段紧紧联成一体，主题鲜明，情调和谐。《桨声灯影里的秦淮河》结构精炼，巧妙地以“桨声灯影”为线索，以明显的时空顺序，同时又以灯光为重点，一步步勾画秦淮河美景，一层层展露内在情思，连绵不断，摇曳多姿，制造了充满诗情画意的意境。

就形式而言。艺术作品要能给人以美的享受，必须经过认真的锤炼，有所突破前人，而不能套用别人的手法和技巧。《背影》的简笔勾勒；《桨声灯影里的秦淮河》《荷塘月色》等的工笔细描，无不简练精美。

二、语言平易畅达，朴素自然而富情韵

文学是语言的艺术。高尔基说过：“文学就是用语言创造形象、典型和性格，用语言反映现实事件、自然景色和思维的过程。语言把我们的一切印象、感情和思想固定下来，它是文学的基本材料，文学就是用语言来表达的造型艺术。”只有语言能够直接刻画人物的内心世界，细致地、深刻地表现人物的内在的情感和波澜，微妙的情绪变化，复杂的意识活动。用内在心灵的丰富性，使人物形象更加丰满，从而多侧面地折射出社会生活的状貌，也只有语言的艺术才能使形象达到内在的心灵世界和外在的生活巧妙的完整统一。

“散文的语言要以一当十”，“字唯其妙，意唯其多”。正说明散文语言要以精少的字来表达丰富的情感。曾有人对朱先生的《背影》随意添改字词，结果以失败告终。精炼、简粹，平易、畅达是朱先生散文语言上的突出特点。如《威尼斯》第二段开头两句：“威尼斯是‘海中之城’，在意大利的东北角上，是一群小岛，外面一道沙堤隔开亚的利亚海，在圣马克广场的钟楼上看，团花锦簇似的东一块，西一块”。短短两句话，展现出了威尼斯的美丽画图。《背影》中父亲送我上车的过程中，对父亲的语言描写更能显示其语言表达的高超技艺：“不要紧，他们去不好”，“我买几个橘子去，你就在此地不要走动”，“我走了，到那边来信”，“进去吧，里面没人”。短短的四句话，言约而意丰，传递出老父亲对儿子的无限怜爱的深情。

用词锤炼，妙手偶得。即便是平凡的数量词，一经作者着意组合，便能准确地描述事物的个性。为被修饰成分增添丰富的审美内容。给人以美的感受。如《春》中这样写道：“一点点黄晕的光，烘托出一片安静而和平的夜。”在傍晚的

暮霭中,家家一灯如豆,隔着朦胧的细雨看看去,虽然灯光四周呈现的是黄晕的光芒,但因光是辉映在一片夜幕上,那样的引人注目。一种和平安静的诗意描绘得出神入化。《绿》中写梅雨亭"踞在突出的一角的岩石上,上下都是空空儿的,仿佛一只苍鹰浮在天宇中一般",亭的踞所是"上下空空儿的岩石,且只占一角,檐角翘起的形状的"凌空、突兀、险峻",令人惊叹不已。此时去尽情想象的是:这亭"仿佛一只苍鹰展翅浮在天宇中"的傲然气势。"一角""一只"的妙用形神兼备,堪称精当。

散文同诗一样讲究文采,讲究美。然而散文要在朴素中见优美,"清水出芙蓉,天然去雕饰"。散文的美出于自然朴素和明白表达,而不是堆砌辞藻,雕章琢句。徐迟曾说:"散文家不仅要掌握华丽的文采,还要善于控制它;不仅要掌握朴素文采,还要善于发扬它","只有写得朴素了,才能显出真正的文采来"。朱自清的散文,无论叙事、抒情都十分平常、朴实,却能在朴实自然之中显出文采,蕴涵不尽的情感。《背影》全用白描记叙事实,不做任何修饰渲染,用词造句绝不随便,如送行那一段,本已"说定"不送,后来终于还是送了,实际上是说而不定,很好地表现出父亲当时的矛盾心理。既"熟识"该是靠得住 ,却不厌其烦"再三嘱咐"且"甚是仔细",这些词语的运用说明了父亲为儿子上火车作了极其精细、周密的考虑和安排,字眼虽然十分平常,却使父亲的爱子之心跃然纸上。

三、情真意切,真挚感人

别林斯基说:"没有情感就没有诗人,也就没有诗。"作为主情的文学样式,不论是记人叙事,还是绘景写物,都要求作者在真切感受的基础上经过提炼凝聚而抒发感情,倾注胸臆。只有发自于作者肺腑的真情才能有感染力的,否则只会败人胃口。刘勰在《文心雕龙》中主张"为情而造文",反对"为文而造情",提出"故为情者,要约而写真"。夏衍也曾说过"别的可以作假,可以伪装,可以虚娇,而作为感情艺术的作品,是永远不可能用伪装来增补它的价值的"。由此可知,散文的灵魂是真情,是作者倾注胸臆灌注的灵性,因为艺术是通过表现感情来唤起读者感情的。所以,只有充满情感的作品,才能打动读者的心灵,唤起读者情感上的共鸣,从而陶冶情操,塑造灵魂。散文的灵魂是什么？是真情实感,真情的流露即使轻出微弱,也会传得很远,并且能传进读者的心灵。如《给亡妇》中淡远舒缓的笔调,毫不修饰地表露自己的心声,全文没有悲悲戚戚的字眼,没有撕心裂肺的呼号,也没有缠绵悱恻的情调和浓情蜜意的渲染,而是在平平常常的小事、平平常常的话语中渗透着对亡妻诚挚、真切的思念，痛惜的深情。

艺术家强烈的思想感情往往不是在作品中赤裸裸地表现出来的，他们的情感、见解隐藏越深，艺术的感染力往往就越强烈，因为欣赏者不接受“说服”，只接受“感动”，故而别林斯基说：“任何感情，任何思想，必须形象地表现出来。”如《背影》作者细针密线地描绘父亲的行动、语言、性格，突出父亲对“我”的体贴和关怀，尤其是“买橘子”一节，除了刻画父亲不辞劳苦买橘子的动作，还配以人物简短的语言，使父亲的形象达到了内在心灵世界与外在动作行为的完整统一。通过这一形象，淋漓尽致地抒发了作者对父亲绵绵不尽的情思，含蓄深沉。《春》通过“春风图”“春花图”“春雨图”“迎春图”的细致描写，表现了对大自然的无比热爱之情。结尾段以形象生动的比喻，拟人的手法，描绘出了有形、有色、有声、有神、有情、喷射出诗意的光辉的春天的形象，赞美之情溢于言表。

艺术美是通过征服人心，鼓舞人心而达到推动社会生活前进的目的的，文章不仅打动听觉，而且打动整个的心灵。因此，文学作品就是要把作者的情感传达到读者的心灵，引起读者和作者的共鸣，就是这样通过由文辞建筑起来的结构，作者能把我们的民心灵完全控制住，使我们心醉神迷地受到文章中所写出的一切品质的潜移默化的影响。

四、情景交融，文中有画，画中有情的意境

何为意境？王国维说：“境非独为景物也，喜怒哀乐，亦人心中之一境界，否则谓之无境界”，又说“所与写真景物真感情者，谓之有境界”。朱自清在《关天散文写作》中也说“意境似乎就是形象，用具体的暗示抽象的”。散文的意境就是指作者将深邃的立意，真挚的情感融合到优美独特的艺术形象之中所造成的一种和谐、完美的艺术境界，是作者的思想或情感与艺术形象的高度统一。《背影》扣住特定家境、心境下的父亲的背影，以简约的速写笔法，抓住传神的细节，勾勒出一幅淡淡的背影轮廓，从父亲的背影中，读者仿佛看到了旧中国千百万知识分子的身影，看到那个社会的阴影。作品以“背影”为线索，把作者的思想情感与父亲的形象和谐地统一起来，隐而不露，约而不繁，含不尽之意与背影之外，发人深思，催人联想。

散文意境的灵魂在于立意。“文者唯能立意，方能造境”。散文无意就失去了灵魂，失去了生命。这种“意”需要用艺术形象所构成的画面去实现。形象构

成的画面使人产生联想和想象,能强化意境的美感或力量。只有调动多种艺术手段创造形象,构成富有诗意的画面,同时向形象的画面中融注真情,以情成物,移情入境,情景交融,才能写出动人的情趣和境界。古语云:“诗中有画,画中有诗。”朱自清写的虽是散文,却有绘画的色彩,也有诗的韵味美。如《春》对“春花”的描写,宛如一幅明朗的水彩画,远有五彩缤纷的花色,近有蜜蜂低吟,上有蝴蝶,下有俏皮的野花。远近上下浓淡烂漫,虽信手点染,却充满盎然生机。由于作者把美的情致注入了描绘之中,因此,几多诗意、几许春色,便从一幅立体的、动态的画图中溢了出来。

散文意境的美有时是需要借助精彩的构思来实现,以求得意境与结构,内容与形式的完整统一。如《给亡妇》这篇散文全文虽平铺直叙,却是经过精心构思的。先简笔点出亡妻去世的时间及不问世事,一心扑在孩子和丈夫身上的品格,继而详细记叙了最为妻子惦记的六个孩子的现状,叙述亡妻先前对孩子的关心照顾,及对“我”的体贴入微,最后叙述前年凭吊的情景,和今年未去的原因。疏密有致,结构严谨,内容与形式的完美结合,含而不露地表达了作者的思念、感激、内疚、痛惜之情。

综上所述,朱自清先生的散文,有缜密精巧的布局;有平易畅达、质朴凝练的语言;有热烈真挚的情感;也有贮满了“诗意”的境界。其对中国现代美学的贡献由此可见一斑,犹如一股清风,他不是来自仙界,不是来自花园,也不是来自烈日蒸腾的莽原,而是来自一个疏朗的“林子”,就是这样一个“林子”,自在地摇曳于雅俗之间。

参考文献

[1] 何其芳.诗歌的欣赏[M].北京:作家出版社,1962.

[2] 夏衍.夏衍杂文随笔集[M].北京:三联书店,1980.

浅谈《每当我走过老师窗前》农村课堂教学

合肥肥东县青龙学校　徐　欢

《每当我走过老师窗前》是一首脍炙人口的儿童歌曲，在中国小学音乐教材更新换代非常快的今天仍然保有一席之地而经久不衰，被很多的学生和老师所喜爱，经常出现在很多公开课以及儿童合唱演出的场合。这首歌曲由金哲作词，董希哲作曲，一首歌颂老师的歌曲。四处求人写词的他最后找到金哲，一看到曲谱金哲便激动不已，心中的激情化作笔下文字，很快便写下了这首经典歌曲的歌词。那么这首歌曲为什么能够经久不衰受到那么多孩子的喜爱，我们作为一个农村音乐老师又如何去上好这一课呢？下面就和大家浅谈一下我是如何进行这一课的教学的。

现在的音乐课不像原来那样只唱唱歌听听音乐，除了这些还包含很多方面，比如舞蹈、乐器、诗歌朗诵、音乐故事、小品等，这些都可以插入上课中来提高孩子对于音乐课的兴趣、自身的创新能力以及协调能力。

我在上课之前就提前对课堂的导入进行准备，提前两天在下课的时候去要上课的班级班主任的“办公室窗前”用CD机对老师进行采访、提问，询问他们在工作上是不是有什么难题，对于孩子是怎么看的，对孩子有什么期望。然后在上课时用这段视频进行导入，当孩子看到班主任老师出现在白板上，一定会很兴奋！而且当看到班主任老师在辛苦工作的同时还不忘对他们的学习、生活抱有很大期望时一定会很感动，让孩子们在上课之前就已经进入这种状态，对于歌曲的接受和学习会有非常大的帮助。

我上课的对象和主体是农村的孩子，我所在的学校是一所农村的中心小学，在几年前不要说音乐课了，就连美术、体育这样的早已经普及了的课程都没办法正常开展，孩子们基本上只有语文、数学课，体育课就由一名老师带着在操场上自己玩玩，美术、音乐课就成了自习课或者语文课……在我来之前，我的学生们很多从来没有上过音乐课，如何让他们在短时间内就能够接受这门课程，并且很好地在课堂上与我互动成了我上课的一个重点以及难题。我在平时上课的时候，课前都会带他们唱音阶练习开声，渐渐地很多同学已经可以自主地不需要伴奏的情况下用正确的音高演唱一个八度。这是很难得的，也为后来的音乐课的顺利进行打下了不错的基础。因为《每当我走过老师窗前》这首歌曲的音域比较宽，所以选一个合适的调是非常重要的，课本给的是降E调，这个调对于孩子来说是偏高的，我根据每节课给他们开声的情况给他们选定了一个适合他们的调进行歌唱，其次要简单介绍一下“合唱”的概念，什么是合唱，他与齐唱的区别在哪里，合唱的队形、声部怎么分配，一般人数在多少人，有哪些要注意的，甚至可以引入“指挥”这个概念，在教授完课程后可以多介绍一些这方面的内容。

歌曲教授完成后先让孩子们分组，自主的分“领唱、合唱”进行演唱，结束后让孩子们自己选出认为唱的比较好的来上讲台进行领唱，全班同学合唱，我自己钢琴伴奏，这时候全班都处于一个很和谐的状态，大家都很开心，大家都是上课的主体。

等大家都会歌唱之后开始进行歌曲拓展，回归歌曲的中心思想：老师。重新提到刚上课时播放的视频，对学生进行思想教育，让他们自己回答如何去做才能回报我们辛苦的老师，上黑板将自己的想法写出来，然后再大声地读出来，将课堂的气氛带入高潮，让学生们既学会了演唱歌曲，又领悟到了歌曲想要传达的中心思想，最后请同学们在上别的老师的课的时候将歌曲演唱给老师听，表达谢意，从而成功地结束这堂课。课堂的最后五分钟是发挥孩子们思想创新的时候，要给学生创造的自由，把时间留给学生主动去思考和探讨。音乐课所能带给孩子们的关于思想教育方面的拓展是其他任何课程都无法做到的，而且不光是尊师这个主题，像爱家庭、爱祖国、爱环境、爱动物、爱和平等都可以涉及，而且方式多种多样。就拿爱环境来说——《杨柳青》，我就可以从家乡美的角度入手，和孩子们交流我们可爱的家乡有什么美丽的景色，有什么著名的景点，再说到我们学校的环境，然后再谈到这么美丽的学校和家乡我们应该如何去保护，然后在班级里开展“我是环保小能手”活动，让同学们自己去宣扬如何环保，如何去爱护我们自己的家乡。再比如五年级歌曲《小鸟小鸟》，这首歌曲欢快活泼，孩子们都很喜欢，演唱完以后可以和孩子们交流除了小鸟还有什么小动物很可爱呀，同学们有没有养什么宠物一类的话题，从而拓展到“爱动物”

上面，和同学们交流我们该如何去保护小动物，如果看到别人在做伤害动物的事情我们该如何去做，等等，最后可以引导同学们去开展一个以“动物和我们是好朋友”为题目的作文比赛，继续对课题进行拓展延伸。孩子在这个年龄段能通过音乐课来了解和接受，所以最后的拓展是必不可少的，也可以说是音乐课的核心内容之一。

我们学校在几年之前没有正规的音乐课，原来他们的“音乐老师”就是他们的语文老师，他自己会拉二胡，上课喜欢给孩子们拉拉二胡，让他们跟着唱歌，除此之外就没有别的了，学生们的无法学习到正规、系统的音乐基本知识，也不能正常地接受对于情感、音高、节奏、旋律等方面的训练，这对于他们以后的成长都有不利的影响。但是我们县教育局这些年大大加强了对于农村教育的建设！就拿我们学校来说，最近这两年在原有教室的基础上，还加开了音乐教室、美术教室、图书馆等课堂，让孩子们走出教室在现代化的的环境里进行学习。音乐教室里设备齐全，白板、多媒体、电子五线谱版、小件乐器、钢琴都已经全部安装到位并在正常使用，孩子们每次来上课都兴奋并且认真，这给我的音乐课教学带来了很大的便利，原来上课就是放放磁带，带孩子们唱唱，现在可以弹钢琴，可上网看视频，可以使用白板教学，还能教孩子们使用一些简单的乐器丰富他们的课余生活，而且我县还开通了“在线课堂”，我们地区下面没有音乐教师的村小也可以通过网络直播参与到我的音乐课上来，和我进行互动，远程上音乐课，在教育上农村孩子们终于也可以受到和城市里的孩子们一样的待遇，作为一名乡村音乐老师我深感到欣慰和自豪！

农村音乐课教学是农村孩子教育的一个很重要的方面，我一定尽自己的努力去摸索更好的，更适合农村孩子教学方法，使音乐教学更科学合理，更有利于学生学习，使我们的音乐课堂永远充满孩子们的歌声和笑声。

参考文献

[1] 段文辉.《每当我走过老师窗前》教学设计与课后反思[J].教育科研论坛，2006(8):42-43.

让学生在朗读中体验快乐

——浅谈小学生朗读方法的指导

淮南市潘集区第二小学　徐亚军

叶圣陶先生说："阅读教学总得读。"张田若先生也说过："阅读教学，第一是读，第二是读，第三还是读。"而《义务教育语文课程标准(2011年版)》也明确指出要能用普通话正确、流利、有感情地朗读课文。可见，朗读教学是语文教学中非常重要的一个环节。可是我们走进课堂听课时，却发现学生的朗读存在不少的问题，比如有的偏快，有的偏慢，没有抑扬顿挫，从中也感受不到语言的音韵美。更有甚者，还有唱读、顿读现象。学生花了很多时间读书，可这书却没有读好。

《义务教育语文课程标准(2011年版)》中提到，在语文课上，要让学生充分地读，在读中整体感知，在读中有所感悟，在读中培养语感，在读中受到情感的熏陶。那么在阅读教学中教师如何指导才能让学生会读、乐读，进而体验到朗读的快乐呢？

一、范读，让美的情感悄然酝酿

小学生具有超强的模仿能力以及较强的表现欲望。因此，进行朗读训练时，要充分发挥教师的示范作用。在教学《一次比一次有进步》一文时：

师：这篇课文很有趣，老师想读读课文，请大家仔细听，读完后请给我一个评价。好吗？(学生高兴地回答)(师有感情朗读课文)

生：老师读得声音洪亮，字音读得很准。

师：谢谢你的评价，你听得很认真。

生：老师读得很有感情，我体会到燕子妈妈高兴的心情。

生：我能从老师的朗读中感受到，小燕子观察得很仔细。

师：感谢大家给了老师这么高的评价。下面，老师要来请同学们朗读课文，男女生赛一赛，听听哪一组能读出人物的情感来。

通过范读把学生带入到课文描述的情境中，激起他们朗读的兴趣，让他们在听中去模仿朗读的技巧，学会用不同的语气、语调、停顿、重读来表现文章的情感，从而有效地促进学生对语言感受能力的提高，体验到朗读的快乐。

二、美读，让美的节奏尽情跳动

小学语文课本中，优美的画面、鲜明的节奏、悠远的意境给人以美的享受。为此，教师要充分认识到美读在教学中的促进作用，为学生营造浓郁的美读氛围，学生能够在老师的指导下有体会地去感悟朗读的技巧，把抽象的说教变成真实的体验。比如在指导朗读《我是什么》一文中的“有时候我穿白衣服，有时候我穿黑衣服，早晨和傍晚我又把红袍披在身上”这一句时，我先带着学生欣赏美丽的云图，让学生自己说说看到的三幅云图：白云、乌云、彩云，让学生自己感受云的变化。我又把云儿说成是爱漂亮的小姑娘，让他们把云儿想象成爱美的小姑娘，穿着不同颜色的衣服。然后请喜欢白衣服的学生、喜欢黑衣服的学生、喜欢红色衣服的学生分别站起来读这一句，让他们感受到读这一句时应有的感情。随机采访穿着白衣服，黑衣服、红衣服的孩子们，如果你出现在天空，人们管你们叫什么。接着，让学生不看书，看着美丽的云娃娃把这三件衣服送进去（学生练习背诵）。不知不觉中，孩子们已经会背这些内容了。同时，学生在阅读和朗读中，在自我展示中得到快乐。

三、对读，让美的内涵深入体味

对读也是朗读教学形式之一，包括师生对读、生生对读，具有鼓动性和感染性，尤其是师生对读，能够渲染课堂气氛，引领学生快速走入文本。在《蟋蟀的住宅》一文中，教学蟋蟀与其他昆虫的住宅有何不同时，我对文本进行了简单地加工，用师生对读的方式进行表现：

师：别的昆虫大多在临时的隐蔽所藏身。

生：蟋蟀和它们不同，不肯随遇而安。

师：别的昆虫随意地选择住址，可能潮湿阴暗，也可能漆黑一片。

生：蟋蟀常常慎重地选择地址，一定要排水优良并且有温和的阳光。

师：别的昆虫隐蔽所得来不费工夫，弃去毫不可惜。

生：蟋蟀它不利用现成的洞穴，它的舒服的住宅是自己一点一点挖掘的，从大厅一直到卧室。

师:别的昆虫的住宅是大自然本来就有的,住着很难受。

生:蟋蟀的住宅是自己挖掘的,住着非常舒服。

通过这种形式的朗读,学生很快就能体味出作者这样写是运用对比的方法来突出蟋蟀的勤劳、蟋蟀的住宅很特别,接着再让男生读别的昆虫的住宅的句子,女生读蟋蟀的住宅的句子。通过男、女生对读,让学生感悟作者的写作的内涵,在对读中与作者产生共鸣。

四、评读,让美的思维逐步升华。

在实践中,我们认为教师教学评价的语言应该从学生的年龄特点和心理要求出发,只有让学生品尝到成功的喜悦,才能唤起他们学习的激情,产生莫大的兴趣和动力。如在教学《麻雀》一课:

学生声情并茂地朗读:老麻雀从一棵树上飞下来,像一块石头似的落在猎狗面前,它扎煞起全身的羽毛,绝望地尖叫着。

师:听你的朗读是一种享受。同学们,你们觉得怎么样?

生:我听出了她读得很流利。

生:我听出了她很会读书。

师:你说得很有见地,老师也有同感。其他同学再说说。

生:我听出了母爱的伟大,因为老麻雀爱小麻雀,所以才会奋不顾身。

师:母爱的伟大,说得多好啊! 真是好样的! 同学们再来读读这段话,看看还会有什么发现。(学生自由读)

教师在评价学生时要尽可能的多一些欣赏和鼓励的语言,使学生有被认可的满足感和成就感,激活学生的思维,真正体现了读悟结合,使学生的思维处于活跃的状态,感受语言文字的魅力,正如古人所说“书读百遍,其义自见”。

参考文献

[1] 路桂玲.也谈小学语文教学中学生朗读能力的培养策略[J].小学生作文辅导,2018(1):54.

[2] 张丽.小学语文作文教学中学生想象能力的培养策略[J].小学生作文辅导,2018(1):40.

[3] 耿雪云.小学语文教学中学生朗读能力的培养策略探讨[J].课程教育研究,2017(48):174.

浅谈小学生阅读能力的培养

合肥市肥东县店埠镇杨店学校　杨道章

阅读能力的培养贯穿整个语文教学过程。教学中应以学生发展为本，以学生为中心、以学定教、顺学而导，采用自主、合作、研究的学习方法。通过对学生语言文字的训练，逐步培养学生的阅读能力。这里谈谈我对这一问题的认识和做法：

一、为什么要培养学生的阅读能力

阅读是通过视觉系统接收书面语言传递信息，是理解书面语言的意义、内容、思想感情的一种复杂的心理过程。在这个过程中，学生依托书面语言，运用自己的知识经验，顺利而有效地完成阅读活动，继而逐步形成阅读能力。学生阅读能力的大小直接影响到他们对课文的理解程度，直接影响到学生个体的发展。所以阅读能力的培养是语文教学的一项重要任务。

阅读教学是小学语文教学的基本环节，它有利于进行听、说、读、写的综合训练，有利于提高学生的语言素养，有利于学生情感态度价值观的形成和美的熏陶，有利于学生语文素养的提升。因而，阅读能力的培养至关重要。

当今的教育着眼于素质教育。素质教育培养的是素质型人才、创新型人才、综合型人才。当今的社会是信息时代，它要求每个人以自己的能力去适应这个社会，参与社会的发展。这就要求我们根据语文学科特点，在教学中培养学生的阅读能力。

邓小平指出我们的教育要“面向世界、面向未来、面向现代化”。“三个面向”为我们指明了教育的方向，强调了对人才的能力培养。新课程标准提出的“三维目标”也要求我们不能只重知识的传授，更应培养学生的能力。

基于以上原因，我们在平时的教学中一定要改变只重知识的传授，轻视能力培养的不良做法,把阅读能力、语文素养和知识有机地整合,注重提升学生语文能力和语文素养。

二、怎样培养阅读能力

(一)课堂问题设计应着眼阅读能力的培养

语文教育应立足于促进学生的发展,要由以知识积累为取向转到以促进学生能力的发展为取向。在阅读教学中培养学生的阅读能力,必须纠正老程式的篇篇要分段、归纳段意、概括主要内容和中心思想的做法,而应根据不同类型的课文精心设计问题,在语言文字的训练中培养学生阅读能力。下面所谈的问题设计是根据不同内容就主要问题提出的。

1.抓住课题,认真解题

抓住课题,认真解题,就是指导学生从题目入手,认真审题,解开题目所要写的内容,从而揭示课文的主要内容。有的题目概括了文章的主要内容,有的题目确定了文章的类型。从题目入手,就能大致了解文章写什么。但这不够,我们必须抓住题眼,抓住题眼即抓住了文章所阐述的重点。只要深挖下去,就能吃透文章的主要内容,体会文章的思想感情。如《飞夺泸定桥》一文,应引导学生从题目着手,问:题目重点些什么?围绕哪一词写的?学生带着问题阅读课文,通过思考,他们了解文章写的是红军飞夺泸定桥这样一件事,本文围绕"飞夺"一词来写的。接着继续提问:红军为什么要飞夺?怎样飞夺?飞夺的结果怎样?抓住了这个题眼,步步深入去教学,条理清晰。学生通过语言文字训练,不仅能理解课文内容,而且把红军那种英勇顽强、勇往直前、不畏牺牲的精神品味出来。最后提问:文章怎样表达红军这些品质的?这一问,使学生认真体会课文是怎样运用语言文字来表达思想感情的。

2.抓住文眼

抓住文眼即指导学生从文章中找出反映文章中心的关键词、短语、句子,甚至段落,引导学生思索文章是从哪些方面来反映中心的。在一篇文章中,文眼即是反映文章中心的关键。教学中抓住这个关键,就能牵一发而动全身。围绕文眼进行设问,使学生直奔中心,通过内容的理解进而掌握文章的中心,体会文章的思想感情。如《我的战友邱少云》一文中有这样一句:"这个伟大的战士直到最后一息,也没挪动一寸地方,没发出一声呻吟"教学中应进行这样的提问:

这句话突出邱少云什么品质？学生很容易答出“伟大”一词。为什么说邱少云是伟大的？课文为了表达这个中心是怎样表述的？学生再回味全文，体会课文运用语言文字表达内容和思想感情的方法。

文章中心句是文眼最具代表的特征，阅读中应抓住中心句。中心句是一篇文章的核心，课文内容就是围绕这句话叙述的。抓住中心句设问，这个“纲”被举起来，“目”便会自然张开。如《一夜的工作》一文，抓住“文章从哪几点描写了周总理工作劳苦，哪几点描写了他生活简朴”这个纲。学生通过读文知道劳苦表现在工作量大、工作认真、工作时间长三个方面，生活简朴表现在陈设简单、夜宵简单两个方面。最后通过对比进行提问：周总理工作如此劳苦而生活却如此简单说明了什么？让学生品味课文，体会周总理为国为民的崇高品质。

3.抓住矛盾的关键

抓住矛盾的关键，是指导学生在阅读文章时找出问题的症结所在，然后对症下药。使问题迎刃而解。阅读教学中，教师通过课文中“矛盾”情况来激发学生思维，激发他们的阅读兴趣，引导他们积极思考。抓住矛盾的关键所在即找到了解决问题的钥匙。如《丰碑》一文中将军听到前面有人冻死的汇报，“将军愣住了”。将军的反映为什么都是愣住了？课文中两处愣住了有什么不一样？从将军的神态中你体会到什么？这组问题设计抓住了矛盾的关键，对于理解课文内容，体会他那种毫不利己、专门利人的崇高品质，无疑起到了事半功倍的效果。

课堂教学中，阅读训练的方式方法多种多样，上面的浅谈旨在让学生在学习中摸索到一些规律，引导他们掌握一些方法，最终能够达到举一反三，知一闻十的效果。也就是说，他们在语言文字的训练中阅读能力得到培养。

（二）利用读培养学生的阅读能力

读是理解课文的必由之路。语文教学，第一是读，第二是读，第三还是读。所以读是学生学习语文的重要途径。学生在读的过程中体会思想感情，去领悟语言文字在表情达意中的作用。通过读，能培养学生语感，发展学生语言，陶冶学生情操，有利于学生阅读能力的提高。

1.预习中注意读的练习

在上新课之前，首先布置学生按照课文预习提示进行预习。让学生在读中认识生字，了解文章大意，思考文中的重难点，质疑并努力去释疑。

2.在讲读课文中充分体现读的训练

朗读、默读、复述等训练是教学中必不可少的。默读便于深思,复述能培养学生的概括能力、说话能力。如何把课文中的思想感情表现出来?朗读是最好的表达方式。

(1)反复朗读,读熟课文内容。

课文内容的理解离不开学生多读,“书读百遍,其义自见”。只有熟读,才能为理解课文内容打下基础。

(2)围绕问题,精读课文。

问题提出后并不要求学生马上回答,而是让他们带着问题去读,在读的过程中去思考问题,并知道文中是运用怎样的语言文字来说明问题的,悟出作者表达情感的方法。

(3)领会问题内涵,通过读悟出其中蕴涵的思想感情。

文字是用来表情达意的,我们怎样去理解这种情和意,怎样把情和意表达出来?这就要靠读,在朗读中悟情。如《桂林山水》一文中的一句话“真是舟行碧波上,人在画上游”,应进行这样的朗读训练:“碧波”指什么?“画中”指什么?学会通过朗读来回答。“碧波”与“画中”有何联系?通过读理解其中关系。为什么“舟行碧波上”,就是“人在画中游”?学生在读中思,悟出作者荡舟漓江的乐趣。再读,体会这句话抒发了作者什么的感情。通过多层次,反复朗读,把作者对桂林山水的赞美之情和祖国山河热爱的感情充分表达出来。

(4)入情入境,与作者声息相通。

即学生在朗读时进入角色,进入情境,读者与作者融为一体。要达到这种境界,学生必须对课文内容全部把握,吃透文章中心,领会作者意图,感受作者心灵,融会作者情感。如《我的战友邱少云》一文中,当“我”看到邱少云被烈火烧身时的心理描写一段的朗读,应进行这样的训练:“我的心绷得紧紧的”这时“我”是怎样想的?“我的心像刀绞一般”时“我”是怎样的心情?“我不敢朝他那儿看”但是又“忍不住不看”这是为什么?当时“我”的心情怎么样?让学生反复朗读,体会“我”当时欲救不能,欲罢不忍的矛盾心情。体会“我”只能眼巴巴看着自己战友被大火活活烧死的那种焦急、难受、痛苦的内心世界。紧接着再提出这样一个问题,假如烈火烧到你身上,你的感受是什么?你会怎样想?怎样做?让学生有切身体会。再通过朗读,加深他们对这段课文的理解,对作者感情的把握。把邱少云当时危险处境表现出来,把“我”当时的心境表现出来,把邱少云的伟大精神表现出来。

(三)重视学法指导,促进自读能力形成

学法指导是教育者通过一定的途径对学习者进行学习方法的传授、引导、诊治,使学习者掌握科学方法并灵活运用于学习之中,逐步形成较强的自学能力。通俗地讲,学法指导即教学生学会学习。

在教学过程中,切实有效地加强学法指导,有助于学生在阅读实践中自学能力的培养,提高他们的阅读能力。教学中体现以学生为主体就是教师在研究学法的前提下,采用适当的教学法,不但使学生学会,而且最终使他们会学。

当今社会是信息时代的社会,谁获得的信息多,信息快,谁在社会的竞争中就占有优势,而信息的获得离不开语言文字。因此,语文教学中学法指导十分重要。

现今的教学处在改革中,应着眼于能力的培养,阅读教学中教学能力的培养、阅读能力的获得与学法有密切的关系。阅读教学中各环节的方法指导,有预习方法指导、分析课文方法的指导、复习方法指导、作业指导等。这里略谈分析课文的方法指导。在分析文章过程中,应该调动学生学习的积极性,发挥学生的主观能动性,启发他们主动去思考,教学中不能靠老师的满堂灌,教师应该重在方法的指导,让学生自己动脑筋去把握课文内容实质。体会课文的思想感情,了解作者写作目的。方法的指导要根据课文的题材、体裁而定,内容、体裁不同,方法就应不同。感情色彩较浓的作品应采用指导感情朗读去学,如《卖火柴的小女孩》。古诗的教学应充分发挥想象力,创造画面,读出意境,如《江雪》。结构相同的文章应在学习前部分的基础上,用同样的方法去学,如《飞夺泸定桥》一文,学习红军抢时间那部分可问:红军为什么要飞?怎样飞?飞的结果怎样?表现红军怎样的精神?采用“读、思、议”的方法来解决这些问题。然后放手让学生运用同样的方法来学习红军攻天险那部分内容,由学生自己提出问题,自己解决。他们在学到方法的同时,阅读能力得到了提高。在分析文章的过程中鼓励学生自己去设计一下问题,这种方法能培养学生的阅读能力。学生开始提问时感到有些困难,教师要注意引导,提出阅读文章一般应从整体感知课文,在具体分析文章内容且抓住主要内容,再回到对整篇课文的把握。学生必须反复进行阅读实践,才能形成阅读能力。

(四)增加阅读量,培养良好的学习习惯,利于提高学生的阅读能力

学生阅读能力的培养仅靠课内的学习是不够的,无论从数量上或质量上来说,都是十分有限的。教师必须指导学生大量阅读适合自己知识层次的课外书。课内学习和课外学习都是语文教学的重要组成部分。课内学习使学生获得了知识,培养了阅读能力,发展了智力;课外学习应运用课内所学到的方法进一步获得新知,同时促进了阅读能力的发展。这种新的能力又有助于我们课内的学习。课外学习必须有计划、有组织地进行,以获得知识和培养阅读能力、提升素养为目的。课内外学习应互补,结合课文内容指导阅读课外书。如教《一夜的工作》后,介绍《大地之子——周恩来的故事》,教《卖火柴的小女孩》可让学生读《安徒生童话》。教师还可以根据可读性、知识性、趣味性、具有教育意义的原则,选择一下课外读物。如《有趣的动物》《十万个为什么》《雷锋的故事》《革命先烈故事丛书》等。教师应激发学生课外阅读兴趣,让他们自己尽心去读,让阅读成为习惯。阅读习惯的养成是阅读能力提高的可靠保证。习惯的养成不是一天两天的事,不是一蹴而就的事,必须靠长期大量的阅读积累,靠长期的语言文字训练。天天去读,久而久之,变成了生活的乐趣,读起来不勉强,非常自然,偶尔不读,反而感到不自在。如果达到这种境界,阅读量会大增,阅读能力也会大大提高。

学生读有字之书不仅可以获得广博的知识,而且阅读能力大大增强。无字之书的阅读——走入社会——对学生阅读能力的提高也大有裨益。“行万里路,读万卷书”,这是我们现今所提倡的大语文观,是我们可以利于的课程资源。学生走出校园,步入社会,在广阔的社会环境、自然环境中,通过耳濡目染,经过思辨,获取书本以外的知识。他们在获取知识的过程中,能力定能得到提高。

参考文献

[1] 陈圣慧.小学语文教学应注重学生阅读能力的培养研究[J].作文教学研究,2015(6):215-216.

[2] 徐景华.新课改背景下如何提升小学生课外阅读能力[J].课外语文 2015(22):134.

日常生活中的英语翻译

淮南市寿县余集中学　杨贵之

1.Introduction

The trademark is a sign of the goods, it is a result of economic development of the goods, it is a kind of prominent sign that goods producers or operators use for making the goods of one's own production different from other goods. It is the concentrating of prominent characteristic of the goods, and the key part of the goods culture. In the international market, the trademark is often regarded as the simple enterprise name by entrepreneur and consumer. The trademark becomes the symbol of enterprises once appeared, is the bridge where producers and consumers talked directly, a strong weapon that enterprises participated in international competition. The good trademark should be meaningful, and can reflect the characteristic of the products; The good trademark should be easy to write, legible , and vivid . The good trademark should be a characteristics of the goods, can evoke consumers' purchasing desire. At the same time, many enterprises use a lot of advertisements on social media to introduce their goods. They can't stop spending much money on TV, radios, newspapers and the Internet. Some advertisements are very successful when the other ones are ignored by many people. What's the reason?

Because the name of the trademark and the advertisement has abundant cultural intension, it can refract out the culture concerned countries and national, custom, economy, politics, religion as a kind of special language. So translating it correctly is absolutely not an easy thing. Practice has proved that it will bring the enormous economic benefits to translate in successful ways, and the unsuccessful translation will bring the serious economic losses to the company or country and influence the image of the company or country directly. It can bring the enormous wealth to enterprise to translate in good ways; It can let enterprises suffer heavy losses even can't go on the market in on the contrary terrible trademark and the advertisement. This text has collected some typical trademarks and advertisements through systematic analysis, have drawn lessons from and absorbed some translation methods, having summarized and summed up the tactics that some English media men translate again, and set up some good examples for us.

2. The culture that the trademark and the advertisement translationhas been concerned with

The trademark and the advertisement are playing important advertising function in the sale of the products. The famous trademark ais reliable quality and high-quality products in consumers' mind, it means reasonable price and good service. The good trademarks implied good meaning, it is noticeable, and leave the memorable impression to consumers. If you want to win in the market competition, you must introduce your own products to the consumers of the goal market in a better way. Because of the difference of culture between English and Chinese, it must should pay attention to the following several respects to make the trademark and the advertisement translated successfully.

2.1 The translation of the trademark word and the advertising language and the consumers' culture psychology

Culture psychology is psychological characteristics that accumulated in multiply evolution for a long time. The people between east and west are different because of culture background such as environment, ethnic origin, religious belief, economic development in the region. But a great deal of differences of existence between people's cognitive angle, aesthetics temperament and interest, consumption idea and psychological association to the goods, etc. . But it is the same culture psychology to have a good omen in naming the trademark. So you must pay attention to be accorded with consumers' culture psychology while translating.

The influence that a good trademark translated name have to consumer's psychology is enormous and deep, consumers can understand the cultural meaning of deep layer among them through the understandable meaning of the trademark word.

The good trademark word can produce sizable appeal and temptation to consumers; promote function of playing the advertisement. Otherwise, the better products will be accepted by nobody because their trademarks can't be accepted by consumers' psychology. The translator not only needs considering and choosing the word, but also needing to know consumers' psychology to choose the word of translating carefully. For example: Bowling is the sports apparatus that people like, the translator translates it into " the bowling ", sports can build up body, " bowling " is the synonym word " lengthening and contributing to longevity ", will not be liked who does good name of fitness of bowling accord with the psychology of the masses of consumers? 。 Famous-brand bicycle Giant, its literal mean is " enormous ", " big fellow ", it is translated to "Giant"by the sound, which explain it performance swiftly and security. It have catered to consumer's psychology. U.S.A's famous beverage " Coca-Cola " is translated initially into " Kekou-Kela". It is very difficult to evoke desire of domestic consumers: " la" is hard to understand, " la " attract people to cured association again, feel " food tasteless ". And it is far different to change into a " coca-cola " situation. This translation is lucky, witty, brief and easy to remember, apt to be accepted by masses' psychology, produce the sensational effect immediately. Nike is one of the most famous sport company in the world.

2.2 The translation of the trademark word and the advertising language and the national language characteristics

Any kind of language of the world has one's own characteristic, Chinese characters also reply so, can be treated as one of the most beautiful characters in the world. But our products should go to the world, it is impractical to make trademark word simply in Chinese characters or Chinese Pin Yin, the language obstacle will force our products to wander up and down outside the international market. Chinese characters have great motivation, the dependence expressed to semanteme is very great, English characters are arbitrary symbols of the complete foundation pronunciation; the arbitrary intensity that the phoneme makes up is very great, the dependence reached to the language expectation is very small.

And the Chinese trademark word has inclination of " a pair of sound ",There were not any restraint and regulation in making up the syllable in English trademark word, It is arbitrary. Although it is flexible to translate, not restricted to one pattern, it must accord with the national language characteristic, translate its intension." Jin Li Lai" is a good example of free translation + literal translation. " Jin " literally translated to English is" gold ", "LiLai" translated by free translation is " lion ", this kind translate law cater to people's psychology to wish " the luck for wealth is prosperous " and knock open gate of the market. It is the same to adopt mostly level and oblique tone of trademark word .for instance: Safeguard (toilet soap) , Rolex (wrist-watch), three magical effect another of Chinese these characterized American sound means alliteration and assonance.

But if translator is excessive to adhere rigidly to Chinese , translating trademark with Chinese Pin Yin is not only difficult to transmit Chinese original text issue of implied meaning , sometimes Transliteration will translate bad English morphology which will cause misunderstanding of English reader. This is quite a few similar pronunciations between English word and Chinese Pin Yin. The meaning of the word that happenly created is not good, the result can be well imagined. -It is a kind of soap produced in Hangzhou translated " Shitze " Toilet Soap originally, Shitze, the same to the sound of "shit". "Xizi" can be translated into west lake (the West Lake) ,so the implied meanings are reflected completely.

2.3 The translation of the trademark word and the advertising language and the humanity, region, conditions and customs.

There are a lot of differences in respects such as people's regular thinking tendency, aesthetics temperament and interest, consumption idea, value orientation and angle of understanding of goods, etc between east and west; it is because of the difference of the geographical position, ethnic origin, natural environment, religious belief and such culture background. So the translation of the trademark word must accord with consumers' culture psychology, accord with the characteristic of the national language, and also respect the national sentiments, religious belief, and accord with the humanity, region, conditions and customs.

Cultural origins are different, cultural meanings that the word bears must be different, semanteme Lenovo that the same thing causes in different culture atmospheres is different, it is a common language phenomenon to recall the past memories, it is common modes of thinking by various nationalities too. People's preferences in thing, value orientation's difference demonstrate completely different emotional responses in trademark. For instance: "phoenix " is a kind of lucky bird in the Chinese traditional ideas, the trademarks or pattern of a lot of export commodities like using the phoenix as the mark. The trademark of the bicycle of Shanghai is Phoenix; the phoenix gives somebody "lucky, satisfactory, noble " association in Chinesization. Phoenix connotation "regeneration " in west culture, it will make people think about " wake up from death ", " escaping death by a hair's breadth ". So various countries trader must consider different implied meaning of animal and botanical name among the different environmental culture cautiously, and the treatment must be appropriate, for instance: Though the peacock symbolizes the lucky animal of " beauty, youth " in the culture of Chinese, but domestic color TV "Kongque" did not use " Peacock " as the export trademark name , but use a word " Anaras " which have totally different meaning instead. This is because that in the west peacock means evil incarnation, which will not bring beautiful and youthful association.

There are different characteristics in different regions, if we want to success in changing these trademark words with unique cultural intension into the world which may have reciprocal meaning between vocabulary meaning and culture meaning, we must pay attention to the locality of the translated name in course of translation, it helps to international competition and make enterprises establish the international image and go to the world. Shanxi Caihong group is the largest producer of TV, they use "Irico " as trademark of exporting. Irico utilizes typical word–building of English trademark word to form Irix +Co (– rporation). Irix is the god of the rainbow in the cured mythology in former times, he propagates good formation. word have been accepted by international market because the word have beautiful meaning and western culturl intension. Trademark translator often use with word of bright thing and behavioral relation of the culture among translated name. Bossini、Hazeline. " lotus " is one of the plant Chinese likes baste. National social systems between English and Chinese are different, some words that reflect Chinese distinct politics and economy will cause the information transmission obstacle to who is not familiar china's condition, trade mark naming should try hard to avoid using the word that causes misunderstanding. For example,"Dapeng" pencil sharper is ROC Sharpeners, the big roc is a kind of biggest bird in the national mythology of Chinese but ROC three big letter English abbreviation of " the Republic of China ". It will cause misunderstand or produce unnecessary Lenovo, it is not good for establishing the image of export commodities of our country, and it is not good for saving country dignity too. For another example "the polar bear " translates into " Polar Bear ", but nowadays Polar Bear has special meaning in the international political language, so translate it into White Bear for avoiding misunderstanding.

3. The basic translating ways of trademark words

The translation of trademark is not simply conversion between the language symbols, but should reflect the characteristic of the trademark; we must give consideration to the cultural difference of languages, according with the aesthetic psychology of the target consumer in order to realize the set brand function. In conclusion, the translation method of the trademark mainly has the following aspects:

3.1 Transliteration

As to trademark, transliteration can be divided into pure transliteration and the harmonious transliteration.

Pure transliteration is to find the words of the similar pronunciation in the translation ac cording to the pronunciation of the original text. This kind of translation seldom emphasizes word, but it is beautiful to pass the harmonious sounds which keep in the original text, it sounds full of exotic atmospheres, novel and unique, which catering to the psychology that consumers do things creatively and hunt for novelty, such as Cadillac , Sony , Casio ,etc.. Pure transliteration is loyal to the law of what the original trademark pronounced, while translating according to the pronunciation of the Chinese trademark, it is suitable for the commodities which named by country name, scenic spot. For example the Maotai of China has a long history, have won fame both at home and abroad. So transliteration does not lose its true quality yet for Maotai. 中国功夫 (Chinese Gongfu) sweep world, it is widely known by common people, " Gongfu " has became the new word from abroad in English nowadays, so, transliteration of 功夫牌 play shoes is Gongfu. Traditionally, the goods trademark of our country and enterprise's identification are used to using Chinese Pin Yin. Some products have succeed in entering the international market at present, such as Changhong, Chunlan, Jianlibao , but it is only minority. Chinese Pin Yin is very difficult to realize the internationalization; it is unfavorable for Chinese enterprises to participate in International competition.

The partials translating law is also called the law that has a double meaning of the partials, the sound and meaning are given consideration to in the translation, while reproducing the pronounce of original text , it makes great efforts to seek the words which are accorded with its own characteristic and cause the characters of bright Lenovo. For example Parker pen was translate into " 派克 ", it is close to English pronunciation, and these two words symbolize that the products are also luxurious and durable. For another example ,Safeguard soap is translated into " 舒肤佳 ", its Chinese pronunciation is close to English, the meaning is very distinct too, which let customers appreciate their products' function once they have seen the trademark. The similar trademarks are Hennessy, Lucky, Younger , Avon , detergent Tide , Colagate , Contac , Boeing ,etc..

3.2 Literal translation

As to concept and information both owned in Chinese and Western culture, literal translation can be used in trademark translation to transmit the original language and reproduce the implied culture meaning of languages and get unified and harmonious in the meaning with the trademark. Such as U. S. A. famous microcomputer Company's trademark " Apple ", if transliterated to " 埃波尔 ", there is no cultural information, and also make people scarcely know what it mean, the reciprocal literal translation is " apple " in Chinese, though it have nothing to do with microcomputer, this translated name is brief and easy to write and name microcomputer by the lovely red apple ,which make people find everything fresh and new, and leave deeper impression. C brand car's literal translation to 皇冠 make people associate it with graceful and magnificent, it is symbol of identity and position, which is also an advertisement. And Blue Bird translated into " 蓝鸟 ", from its original idea, it symbolizes that the speed is fast. Such as " forever "is literal translation of bicycle " 永久牌 ", it is very appropriate, it enable people to have

Lenovo that this goods be " durable in use, until forever "; It is a peaceful symbol that the " 飞鸽牌 " bicycle has English trademark " flying pigeon ",it is liked by common people, and one flying, the characteristic of bicycle, swift and convenient and slim are displayed vividly; " 老板 " electric apparatus translated into " Boos" make people think this brand is very authoritative, credible; " 钻石 " clock and watch is translated into " Diamond " , which make people think this brand is superior, famous and precious.

3.3 Paraphrase

3.3.1 The direct paraphrase.

The direct paraphrase means being translated into the word with the same or close meaning according to the meaning of the original trademark, for instance: "皇朝"brand wines' English trademark " DYNASTY " means " imperial court", it gives us kinds of feelings of " long history ", it is good wine that was kept for long time; Bicycle of Tianjin " 飞鸽 " has a peaceful symbol to be translated into " FLYING PIGEON ", also there is environmental consciousness.

3.3.2 word paraphrase

For instance: " Valderma " is a kind of medicated soap in Britain, it was made up by " Value " (beneficial) and " Derma " (Greek, skin), it means " favorable to the skin ", the man Chinese translation is " 益肤 ". "TIMEX "is formed by "Time" and "Excellent ", which fully show its timing characteristic of accurate. "Carefree" is for women, it means free and happy, it is " 娇爽 "in Chinese.

3.3.3 Abbreviating some names of enterprises, the companies, etc as the trademark

For instance: " PORCTOR&GAMBLE " daily necessities and food company choose its letter and translate in " P&G " into; NEC television is translated into " 日电 " brand, because it is abbreviation of Nippon Electric Company, Ltd.; And TVC radio-tape recorder is translated into"胜利"because it's the abbreviation of Victory Company Of Japan Limited.

3.4 The combination of sounds and meanings

Some of trademarks are combined by fabricate words, cultural intension composition plays an important part, it needs to be translated by the law of combined sound and meanings. This law is combined by transliteration ′ together with paraphrase. That is to say using transliteration and paraphrase flexibly to translate one part or all of trademarks, and combine them to make it become suitable trademark. This is a comparatively complicated translation method, besides fabricating words; it is suitable for some exclusive or original noun.

3.5 Amplification

Amplification means using the method of adding meanings and culture contents to translate the trade when we keep sounds of original trademark or keep them basically. Amplification is the common method we use in trademark translation. The famous drink Pepsicola is translated to"百事可乐", Which makes us connect the meaning of "everything is good", even "no boring drink it everyday". The translation is clever because it adds content at the basis of its original trademark. the Revlon (one kind of cosmetics)was translated to Chinese"露华浓",which comes from《Qing Ping Diao》by Li Taibai(云想衣裳花想容,春风拂槛露华浓。若非群玉山头见,会向瑶台月下逢). This translated trademark dissolve the peculiar culture of long history in translation, the beautiful Yang Yuhuan symbolizes female customers who love beauty. The expression is implicit, it pays attention both to sound and meaning, it really works. The famous German car BMW was translated to "宝马",which connects us to the "宝马雕车香满路(青玉案·元夕)"by famous poet Xin Qiji, it really attracts Chinese. Another famous car Benz was translated to "奔驰",it reveal the scene of driving car at high speed, it is more vivid the"本茨"and"平治".The razor blade Gillette was translated to "吉利", its effect is better than English trademark. Pentium CPU chip was translated to"奔腾",which adds the description of its working speed, it is also fluent and vivid.

3.6 Omission

Omission in this text means keeping the sound of original text only and giving up the meaning and culture content during the translation. Omission will reduce the content, image and publicity effect of original trademark, so we′d better not use it. The word Shangri-La comes from the novel written by English writer James Hilton《Lost Horizon》,its creation prototype origins from Yunnan Province of our country, it means a distant and faraway, graceful and serene heaven in fantasy. By free translation, we need to call it "理想国"or"世外桃源",so transliteration of"香格里拉"is really omission we have to use. Famous cigarette brand 'Marlboro' is acronym of "Man Always Re-members Love Because Of Romantic Only". But Chinese has no rhetorical technique because of limitation of its characteristic, we can only abandon its content and keep its sound, and translate it to"万宝路". Band-Aid was translated to Chinese"邦迪",it can't show the characteristic of the production. Our car brand's English trademark is "Chang'an", which has lost its implied meaning of good quality.

3.7 Conversion

There was a long old saying, while in Rome, do as the Romans do. It also takes effect during translation. When the difference of culture between east and west is great, we can use conversion. the method can also be used when we can't pay equal attention to sound and meaning, we create a new way to pay more attention to sound of trademark, e.g., The bra Maiden form(maiden means young girl) means that the production can model females' physique, the translation of "媚登峰"describe the function and characteristic humorously and vividly. Compared to the original name, the effect is good too. Washing powder Tide uses tide to describe its powerful function of decontamination, when translate to Chinese"汰渍",sound and meaning are paid equal attention to. The shampoo Rejoice was translated to"飘柔",which has lost the original intention and rhyme, but combined with the advertise tableau of 'soft and bright black hair flutter', it also have effect. Coca-Cola is the most famous trademark in the world, its original meaning is obscure, it was said that it is the mirth of "cockcold" or two kinds of plants: coca means 古柯,cola means 可乐树。The Chinese American Mr. ZhuYi translated it to"可口可乐",he followed the law of transliteration and combined it with law of Chinese meaning expression, it express the characteristic of drink's good taste and making us energetic vividly, we can think it as the ultimate of translation. Mr. Xu Yuanchong, thinks that translated text can have a better effect than original text, and Coca-Cola is a good example. The restaurant called "味特优"in Bao Dngwas translated to "Virtue", which had kept the sound of Chinese basically and had a glorious and profound implication, is an excellent work. Another famous computer trademark"联想" was translated to "Leg-end" by the law of conversion, though it seems it can't connect with Chinese trademark, it suits foreigner aesthetic standard well, so it gains great business effect. We often choose to use conversion because of the difference between east and west. The perfume Poison had a particular idea, it is said it comes from the allusion in Shakespeare's works "Romeo and Julie",which is about Romeo's dying of drinking drugs, so it is accepted well in the west. Because to females, especially to unmarried females, the love story about Romeo and Juliet is attractive, and they all like to be with their lovers. But in China, it has been said that female is the root of trouble for long time, and there was also an old story that Jinlian Pan killed Wu Dalang, who was her husband, so if we use the law of literal translation to translate it to "poison", it will not be accepted by females in China. so we can only translate it to "百爱神"by the law of conversion, it has the meaning that 'accompanied by one hundred Cupids', although it doesn't quote the classics, it shows originality, it is easy to understand and it pays attention to sounds of original trademark. The English trademark of the sports shoes Nike and Reebok means the Lady of Victory in ancient Greek and short horn antelope in South African , they were translated into "耐克" and "锐步" separately, they are more popularization, understood by all of the people. Duracell battery implies the meaning of durable cell, Chinese translation is "金霸王", promote the sale of products by Xiang Yu in " strength and unparalleled to pull out mountain (力拔山兮气盖世)", their tactics is bold , and intentions are proper and unique, it is a succeeded model in conversion translation. The " 孔雀 (peacock)" TV in our country is transferred " Anaras (天王星) " because the ' peacock' represents evil in the west, it is another good translation too. There are many examples.

3.8 Non-translation

Some simple letters or Aeabic numbers, symbol trademarks needn't be translated. There are IBM computer, Visa credit card, 555 cigarettes, AT&T American Telephone and Telegraph Company, etc. in the foreign trademark not translated. The trademarks in our country trademark that do not translate are TCL electric apparatus, 999 medicines, VV soy milk,etc..

4. The imperfect examples of translation

Translators have larger degree of freedom relatively, but if we ignore the difference between China and Western cultural elements and quote out of context simply in trademark, we will cause translation failure too.

The battery " 白象 ",which is a famous brand in our country ,its English translation of White-Elephant is obviously improper when they are translating. The meaning of " white elephant " is a burdensome , expensive and useless thing in English, because ancient Thailand regards white elephant as treasure owned by imperials, the king grants people with white elephant as a punish to them: The white elephant has not use but they must enshrine and worship carefully, so it will make the host go bankrupt with the passing of time. And then who will buy the battery of this brand?

The pen " 白翎 " produced in Shanghai has a English trademark " white feather " that was translated by the law of literal translation, but the culture in Great Britain and America's thinks that the fighting cock with the white feather on its tail is the timid chicken of inferior quality, so " white feather " metaphors timid, you make a gift of one white feather means that you scold that he is a coward, there is no wonder that it doesn't sell well in western countries.

The literal translation of alarm clock "金鸡" does not accord with Great Britain and America's culture when it is translated to " golden pheasant ", Cock refers to some organ of man in English slang, it belongs to the taboo language. The similar examples have many, for example, the English translation of bicycle "五羊" and man's shirt"紫罗兰",they are translated to "Five Goats" and "Pansy". The goat is known as the lucky incarnation in China, Guangzhou is called " city of goats " because of the legends of " five sheep ", but " goat " is the meaning of lecher and scapegoat in Great Britain and America's slang; Pansy means the gay boy. If they are translated like this, they will not promote the selling of goods, on the contrary, they will damage producer's reputation and products' image, it would not translate rather than translate it so vulgarly. Some trademarks that are not got by translating but just using Chinese Pin Yin as the trademark of English vocabulary directly can go wrong too . For example, the English trademark of baby's talcum powder "芳芳" , "FangFang",happens to be the same meaning of " poison fang ", the distribution result of this brand can be well imagined. The result is bad .And for another example circus poker is translated into "Max-ipuke ", it is the meaning of " maximum puke (enormous vomit) ", then who could buy it? The English trademark that is translated to Chinese fails too. OPIUM, the perfume for men of the Philippine company in France, was translated to"OPIUM(鸦片)"by the law of literal translation when it is going to push to the Chinese market. The company hopes that once the people try out to the perfume, it is difficult for them to give up forever, which likes the effect of opium. However, the perfume of this brand hadn't tempted the men of China successfully, instead, they like the person hated by everyone, they draw the fierce condemnation from consumers of our country, even it is forbidden to sell by one industrial and commercial bureau of our country. All patriotic Chinese hate the opium without exception, it is a tool that the Western imperialist powers used to invade old China and slaughter our compatriot. The Opium War (1840-1842) is just like " Waterloo " in the hearts of Frenchmen in the minds of Chinese, that phase of history that we are bullied by big powers is the eternal pain in Chinese's memory, and Li Ze-xu who has leaded the campaign that bans on opium-smoking and resisted the aggressor troops has been a national hero, he is respected by all of the Chinese. Chinese will always refuse the things that are called opium. This French company has neglected the culture content of "opium" in China and ignored the national mentality of Chinese people, all of these have leaded to the failure of the business, and this also has given a lesson to the companies that defy culture of China

5 Conclusion

English has been used widely in the world. Thousands of people in China are working on getting rid of the issues that they meet in their daily life.How do we use or learn it quickly? It is a long way for us to go. In fact, language is just a tool of communication. No matter how hard it is. Weshould stick to learn it. The most important thing is that we should use it freely like our native language. In our daily life, we need to translate different kinds of materials. How can we translate them into Chinese correctly? We must obey the translation principles and methods. Make good use of the books on translation and the Internet. We can collect more information about translation in our free time. Practice makes perfect.

作文教学ABC

合肥市肥东县长乐学校　杨教忠

问学生学语文最头疼是什么，答曰作文。作文课上许多学生搜肠刮肚，一筹莫展，最后“师命不敢违”，勉强挤凑出交差之作，应付了事。教师读来，实感空洞乏味。查问学生原因，答曰：“不知写什么？”多么尴尬的局面！如何打破这种僵局，使学生有话可说，有东西可写呢？我认为关键应注重引导学生观察、体验生活，深入挖掘生活，广泛猎取生活素材，在此基础上抓好阅读和练笔，逐步提高学生的写作水平。

一、千方激趣，百计导引

七年级新生刚入学，我就送给他们新学期礼物。①送君一句话：能登上金字塔的只有两种动物——鹰和蜗牛。②送君一首诗。③新学期要有新要求：字要规规矩矩地写，书要仔仔细细地读，作业要认认真真地完成。④学好语文要亟待养成的八种习惯：随时记忆的习惯，文中出现的诗文、典故等强迫自己将它记住；随时翻查字典等工具书的习惯；反刍的习惯，回味旧知；要收获的习惯，问问自己，读了半天，有什么收获；明确目标的习惯，目标订的越小越好；自我设疑的习惯，朱熹说的好，小疑则小进，大疑则大进，不疑则不进；读书看报的习惯，读书看报，求知之道，每天坚持半小时；勤于思考，随时动笔的习惯，哪怕是一句想法，几句感慨，甚至自认为说的不错的片言只语，思维火花往往稍纵即逝，这些都该及时记下来。

为了培养读书的兴趣，我给学生讲毛泽东嗜好读书，讲吴下阿蒙手不释卷，令人刮目相看的故事。有一次但丁的妻子叫他上街买菜，他去了，路过一个书摊，聚精会神地看起来。直到中午，饥肠辘辘，才想起，可是菜早已没有，只好空手回家，妻子大发脾气，但丁却和颜悦色地说：“读了一本好书，读了一本好书！”

讲我刚跨入初中,第一节语文老师给我们上了一堂“开卷有益”的课,她先讲了很多有关读书的名言警句,什么“读书破万卷,下笔如有神”“人不读书,则尘俗生其间,照镜则面目可憎,对人则语言无味”。最后,她在黑板上列出了很多古今中外的名著让我们去阅读。想不到阅读有这么大的好处,老师的话让我心驰神往。趁热打铁,请每位学生摘抄读书的名言若干条,熟读能诵。

我鼓励学生养成广泛的兴趣爱好:琴棋书画,养花种草,集邮收藏,体育旅游,看电视,听广播中的优秀少儿节目等,但最大的爱好应当是读书。我在班级成立了一个“读来读去”读书社。每位社员推荐几则名言。如①热爱书吧,这是知识的源泉。②蒲松龄落第自勉联:苦心人,天不负,卧薪尝胆,三千越甲可吞吴;有志者,事竟成,破釜沉舟,百二秦关终属楚。③涉浅水者得鱼虾,深水者得大鱼鳖,潜深海者可采珍珠。④书籍好比一架梯子,它引导我们登上知识的殿堂。书籍犹如一把钥匙,它将帮助我们开启心灵的智慧之窗。

为了进一步激发读书的兴趣,我还在班级开展课前三分钟演讲活动。科学安排好演讲的内容:背诵一首古诗或名句、警句,表扬一件好事,叙述最近发生的事,介绍自己喜欢的事物,介绍一篇好文章或名著等。坚持三原则:主体性原则(以学生为主体)。及时反馈原则,激励性原则。具体操作五步骤:①上台,②讲演,③略评,④小结,⑤计分。如一学生讲豆包的故事,用妈妈蒸豆包少放馅不好吃比喻文章内容少不吸引人;一学生讲朱熹吟诗告诫人们珍惜时间,诗云“少年易老学难成,一寸光阴不可轻。未觉池塘春草梦,阶前梧叶已秋声”还有《兄弟争雁》《干将莫邪》等。通过这样的形式,学生兴趣盎然,收获多多。我认为,同学们应该挤出一些时间在书海泛舟。读经典名著,读有趣味的好书,任何可读之书都可阅读,我还向学生推荐《读者》《少年文艺》《语文报》《学习报》等报刊,让他们从中获得知识。我殷切地勉励学生:多读些好书,别辜负这绚丽的好时光。

二、登高望远,厚积薄发

对七年级学生来说,作文训练要循序渐进。我从一些短小有趣的文章开始,对学生进行听写训练,不要让学生听一句记一句,要听完全文或全段再记。才开始训练时念三遍,之后念两遍,最后那些短小易记的文章只读一遍即可。我精心选择了几篇文章。如《你 我 他》这篇相声材料,七岁的王小虎第一天上学分不清“你 我 他”三个字的正确用法而闹笑话,我告诉学生不要光听热闹,要听门道。再如《坚持》一文说的是古希腊哲学家苏格拉底，给学生布置一项特殊作业，回家把右胳膊向前甩三百下，左胳膊向后甩三百下。每天如此，一个月后，苏问学生有多少人完成了。有一半学生举起了手。过了一年，苏又问学生有多少人完成了，只有柏拉图一人。而柏拉图后来成为成就卓越的哲学家。无独有偶，中国的一位教授，对即将毕业的学生问："请你们每年读一本书。"学生们不以为然地笑了。一年后，教授统计，真正做到的寥寥无几，这个故事告诉我们坚持到底就是胜利。我还注重读时文、美文。为了让学生养成勤记好习惯。我让学生随身带一支笔，一个草稿本，鼓励他们养成随记好习惯。为此特意听记了两则名人随记小典故：一则是圆舞曲之王约翰斯特劳斯一次在散步，脑中突然出现了一串优美的旋律，这时作曲家身边没有纸，于是他立即脱下衬衣，在衣袖上写下了不朽的著作——《蓝色的多瑙河》，另一则是俄国著名作家契诃夫乘马出外旅行，在闲谈中，说了一句很生动的话，契诃夫想记下来却找不到笔。他灵机一动，把火柴拿了一根出来。他划着一根火柴，然后又吹灭。他用柴棍烧焦的部分把那句话记在小本子上。

仿写句子也是以读促写的好形式。要精心拟题。学了《从百草园到三味书屋》一文，依照"不必说……也不必说……单是……就"这样句式写段话。学了《紫藤萝瀑布》一文，依照"这里春红已谢，没有赏花的人群，也没有蜂围蝶阵"这句子，用"没有……也没有"写句话。依照"喜欢星期天轻轻松松玩个痛快，不喜欢老师整天板着脸训人"这句话，用"喜欢……不喜欢"写句话。依照下面的例句，以"你渴望理解吗"或"你渴望成才吗"作为开头写一句话。例句：你热爱生命吗？那么请别浪费时间，因为时间是组成生命的材料。仿写要求形似，更求神似。老师带着欣赏的眼光去评判。同时，部分学生的写作难免稚嫩或肤浅，老师应该以鼓励为主，不求全责备。对于形神兼备的好仿写句子，更要大力地推介。努力让学生写出既符合命题者要求，又有真情实感的语句。仿写句子，现在常出现在考题上，让我们与学生共同努力，锻造我们自己的名言。

积累语言，积累句式，积累雅词丽句美段。进一步来写"观察日记""生活笔记"。开始让学生口头说说观察事物的印象和感受，在作文课上布置写些观察实物小片段。一次，我故意迟到三分钟，引导学生写《老师迟到了三分钟》。请几位同学登台亮相，做动作，然后引导学生观察，作肖像描写动作片段描写训练。让学生留心观察，写《课前》《课间十分钟》《雨前》《寻找秋天》《钓蚂虾》等。

三、分毫毕现，具体形象

写得具体形象，是记叙文最基本的要求。因为只有具体形象地写景叙事状物，才能给读者留下鲜明生动的印象。而不少同学作文，内容不具体，无论写什么总是空洞的几句话，这怎么能感染读者呢？下面介绍两种把文章写具体的方法：

步步追问法。要边写边问自己有关的人和事“怎么样”？抓住引起人物和事件变化的因果关系，一步步追问情节。俄国作家陀思妥耶夫斯基曾讲了个例子：“有个小银圆落在地上”。他认为这话不具体，应改为：“有个小银圆，从桌上滚了下来，在地上叮叮当当地跳着。”这样改，形象地回答了从哪里落的，落地后的响声、动态等问题。一位同学在日记中写道：“奶奶今天买了一篮子菜，我接过来一看，有鸡和鸡蛋，有西红柿和蘑菇，还有肉和大鲤鱼。”如果再追问一下菜的数量、形状和色彩怎样？鱼的形态及给人的感觉如何？就可改为：“今天早晨，奶奶买了一篮子菜回来，我扒开一看，里面一只白鸡，二十多个鸡蛋，还有鲜红的西红柿，又白又嫩像一把小伞似的蘑菇，再加上两块淡红发亮的瘦猪肉，最显眼的是一条嘴巴一张一合，尾巴微微拍打着的大鲤鱼，看样子足有三斤重，看了真叫人嘴馋。”这样改后，给人的感觉既鲜明有生动。给读者留下较深刻的印象。

增添细节法。所谓增添细节，就是围绕中心，增添一些细节。比如环境和景物中一些细微的方面，人物细小的神态动作，生活中细小的事件等。没有细节就没有具体的艺术形象。因此精选生活中真实而典型的细小特征，就会使描写对象栩栩如生，具体感人。巴尔扎克笔下的葛朗台临终前抓住镀金十字架的骇人之举，严监生望着灯芯伸出的两个手指头，孔乙己的“多乎哉？不多也”无不刻画得惟妙惟肖，入木三分。怎样捕捉和描写细节呢？一是对小动作的细致描绘，写作时要注意运用传神的动词；二是要抓住小景物的特点写时要注意突出景物特征；三是要借助对小道具的描写，写时要注意小道具的独特含义及对情节发展的作用。

同学们仿照，把“急急忙忙”“冷”“热”写具体。有一个同学观察细致，写得具体，题目叫《球场一瞥》。“操场上人声喧闹。‘嘣嘣’的球声伴随着急促的脚步声，不时传进教室。我向窗外一望，嗬，那不是朱飞同学吗？他正在和其他班的同学打球。朱飞动作敏捷灵活。只见他一个弹跳，截住了半空中飞来的球，然后左拐右闪，一连绕过对方两人的拦阻，直冲到篮下，翻身一投，'唰'，球就像听话似的进了球网。"

这位同学由于看得仔细，所以写得具体。画面感很强。当然，仅靠一课一文是不可能见成效的，这需要几年的坚持练笔，如写一些豆腐块：人物的外貌描写、心理描写、对话描写等，再逐步要学生将片段过渡到整体，写人物的一个方面，写一件事的发展经过。例如：读了鲁迅先生的《从百草园到三味书屋》写《玩得最开心的一次》，训练学生写真话要实在。读了都德的《最后一课》，写《难忘的一课》，要求写具体，训练学生的细致观察能力。这样读写结合，课文与作文同步，变抽象为具体，变空洞为充实，让学生在读与写的过程中逐步提高记叙文的写作能力。

我还定期在班级开材料会，同学们把平时阅读的作文材料带到班内，来一个互通有无，使大家共同拥有。大家把交流来的材料分类整理，以备写作时采用。材料多了，信手拈来，笔下生花。

生活丰富多彩，包罗万象，是写作的源泉。山川草木、花鸟虫鱼、碧海青天、风雪残阳、麦浪滚滚，处处是景。亲朋好友、师生同学及邻里之间往来也包含真情，生活中可写的景、可叙的事、可抒的情都很多。而学生之所以作文时无话可说，原因主要有两点：一是学生生活范围窄小，在对生活素材的选取上受到很大的局限，以致强拼硬凑出没有血肉的文章；二是对身边的人、事、景物熟视无睹，不留心观察、感悟生活中丰富的素材。所以，作为老师，首要的任务是引导学生以健康、广泛的志趣积极乐观地投入生活，多方面接触社会，了解生活的多元性，激发他们对生活的热爱之情。其次，培养锻炼学生做生活的有心人，做到"家事、国事、天下事、事事关心"，有意识地从五彩缤纷的生活中获取丰富的感性知识，并时时思考，事事联想，比较、分析、筛选。一言之，热爱生活、热爱自然、感悟生活、思考生活，培养学生博读、细观、勤积累的好习惯。

四、让思维插上翅膀，让感情展开花蕾

学为了用，学了不用等于犁了田而不种。要想做到活学活用，首先教师要冲破条分缕析、事无巨细的藩篱，实行小课堂，大语文。首先：上活语文课。课型多样：辩论赛、阅读课、故事会、表演课本剧、新闻发布会、自主探究提问题，自己当小老师，甚至采访名人，游览名胜古迹等。不拘一格，读写结合，得法课内，得益课外。

上完朱自清先生的散文《背影》,我对学生说:父母对子女的爱是真挚的、无私的。这种爱体现在日常生活的方方面面,有的令人终生难忘。要求学生写“妈妈的唠叨、爸爸的叮嘱、奶奶风中吹起的白发、爷爷手上磨起的老茧”等,这些是学生最熟悉最动情的东西,往往有感而发。另外可以设置情境,激发兴趣。七年级语文教材中,一事一理文很适合学生借鉴模仿写。如《卖油翁》讲的是熟能生巧的道理,《伤仲永》说的是后天努力对成才的重要。《扁鹊见蔡桓公》说的是不能讳疾忌医的道理。我形象地伸出五个手指,说这其中就包含着道理五指三长两短,收回握紧拳头,喻团结起来力量大。一学生写《成长中的一件事》:“我家的门总是关不严,碰巧我从书上学到一条补门的小窍门,当我用木条把门补严实之后,才发现门虽然关严了,可是却打不开了。我哭笑不得,只得重来。这次我认认真真地量尺寸,留下一点空隙,不敢有一点儿马虎,最后,终于大功告成。这件小事既让我尝到了动手动脑的甜头,也让我明白了再小的事情也要认真的道理。”上完了《赫尔墨斯与雕像者》《蚊子与狮子》两则寓言。我手拿黑板擦,指着墙角的扫帚说:“这扫把、黑板擦脏了自己的同时,却给别人带来了干净,这种默默无闻的奉献精神不值得我们去写吗?就写《黑板擦和扫帚的对话》吧。”

对于作文中的准确字词,我一一标出,并在旁边写下:“好,准确!”发现学生精彩的表达,批上:“你成功了,很优秀的一句描写。”“活用好”等鼓励性评语,每月办一次优秀作文展。所有这些,让学生体验到成功的喜悦,这一心理过程会极大地激发了学生的写作热情。其次,要让学生有话可说,实在没法写,写一句话也行。最后,以读指导写,读书如入宝山,不能空手而归,要有收获。一要推敲遣词造句、布局谋篇的妙处所在。二要注意积累写作技巧、方法,如凤头、猪肚、豹尾,过渡巧,情景交融,以小见大,构思巧,立意新等。

我在班级成立了一个“春泥文学社”,定期出优秀作文集和手抄小报。同学们自编、自画、自己设计版面,给每期取个有诗意的名字。如“小荷”“彩虹”“春蕾”等。让每个学生准备三个笔记本,美其名曰:真情实感集、读书笔记集、精神家园。积累、模仿、探索、创新铸就作文成功之路。

作文成功的最后一步修改也是不可或缺的。好作文是改出来的,文章不厌百回改。我给学生讲一字千金的故事,讲“推敲”典故的来历,讲“吟安一个字,捻断数根须”的炼字精神。目的让学生重视修改。批改方法多样:面批法、示例法、热处理(大声朗读给别人听)、冷处理(先放几天再看看)、删缩法、参照法等。

长期以来,批改作文犹如大山压在每个语文老师身上,许多老师都把批改作文视为最苦的差事。然而,老师付出了艰苦的劳动,学生并不领情,往往是作文本发下去,学生看看分数,瞟一眼评语,就结束了。我认为,让学生参与评改不失为一条值得探索的路子,我常推行作文互评办法。评改前我先根据作文的要求制订出几条大的评改原则,然后我指定评改组长,每六个学生为一组,作文用抽签或散发的形式指定给学生,然后分三个环节进行。首先是个人评改,规定在八分钟内完成错别字、病句、分数等阅批工作。其次是小组交流,通过大家评议,选出最高分数的作文,这个环节要求在十分钟内完成。最后进入全班评议的阶段,各个小组上报最高分,由各个小组的评议组长在全班朗读该文,在由全班同学对评议进行质疑,教师则以平等的身份参与其中,最后由教师简单小结。

采用作文互改法能让学生不仅关注自己作文的质量,还学会评判他人的文章优劣,并懂得文章修改的方法和意义,从而提高写作水平。浮躁心理是作文的一大障碍,写好作文,要有持之以恒的耐心和毅力。

五、不绝吟于六艺之文,手不停披于百家之篇

我很欣赏作家尤今的一句话:菜在烧,饭在煮,书在读。我还要加上一句:笔在写。不为喧嚣浮华所动,独守精神家园之世外桃源。时常督促自己写教学"豆腐块"、下水文。淡泊宁静,甘于清苦,寂寞教书,知识充电,培养高尚健康的审美情趣。不断砥砺品行,超越自我。感情苍白、思维贫乏、生活空虚是写不出好文章来的。语文的魅力无限,生活中处处有语文,既为经师更为人师,不当教书匠。勤,努力使自己春风永驻,教学常新,使自己在语文教学上与时俱进。路漫漫其修远兮,吾将上下而求索。

参考文献

[1] 程龙.想象作文写作的合理性及其实现[J].教育导刊,2015(12):63-66.

[2] 张燕华.小学生作文的语言特征、存在的问题及教学建议——基于语言学的分析[J].课程·教材·教法,2015(11):68-74.

怎样做好班主任

淮南市潘集区古沟中心学校　杨开志

本文通过一个农村基层班主任的视角，旨在探索班主任管理的一些方法，提升班主任管理的效率。

许多班主任都在探讨：如何使班级里的每一个成员都能为班级利益着想，如何使自己所带的班级成为一个班风正、学风浓的班级。要实现这一要求，班主任要做多方面的努力，我认为其中最主要的要做到：严、言、演、验。

一、严

师爱是教育的根本，师严是教育的保证。严于律己，严于待生，是一切教育工作者必不可少的职业品质，俗话说“无严不成师”。当然，我们所主张的严格，应该是“严”而有“格”。在教育教学实践中，教师要把对学生的严格要求与对学生的尊重、信任和爱护结合起来，使教师提出的要求易于转化为学生的自觉行为。

作为班主任，首先一定要做到对班级的严格管理。就我工作的农村环境而言，现在的农村学生大多都是独生子女或者留守儿童，他们受祖辈们的溺爱，在生活中接触社会的面非常广，在他们的身上或多或少都存在着缺点：如不能为他人着想、怕苦怕累、不能严格地遵守班级和学校的规章制度等。所以班主任在班级管理中一定要严格，要制定出严格的规章制度，并要严格按照规章制度来管理班级。对班级中出现的问题要严格对待、一查到底，要真查找、分析原因、找出解决问题的办法。使学生能真正认识到错误，并且在今后的生活中不再犯同样的错误。

例如，我曾经有个学生，他的父亲、母亲常年在外务工，跟着哥哥和祖父母生活。他上小学时就经常逃学、打架、不完成作业，并且经常夜不归宿，还与附近的初中学生互相勾结,仗势欺人,常出现攻击性行为。在课堂上,不遵守纪律,注意力不集中,经常搞一些惹人注意的恶作剧。

我认真分析了该同学出现以上行为的原因:客观上,父母常年在外务工,缺少父母的关爱,教师和家长的批评强化了他的叛逆行为;在主观上,同学们对他存有戒备心理和不信任,造成了他的逆反心理,同时他的自我约束能力差,容易受社会上的负面影响。

针对该同学以上行为的种种原因,为了促使他转化,我采取了一些干预办法。首先,经常和家长沟通,让家长第一时间了解孩子的想法,及时知道孩子的点滴进步。其次,我尝试用情感导入策略对他进行正面转化。

有了干预措施后,逐渐也收到了一些效果。期末考试中,他的语数成绩都取得了七十多分的可喜成绩。但我并没有满足,对他的要求更加严格了,因为我知道他还能做得更好。

我认为,教师的严格要始终伴随着对学生的信任,即使是最严厉的批评,也是出于对学生的信任。

二、言

“言”是师生之间的有效沟通的桥梁。在班主任工作中,师生之间的沟通是一个极其重要的环节。师生之间的沟通是师生双方整体信息的沟通,每时每刻都在进行着。合理有效的师生之间的沟通,关系到教学目标的实现和教学效果的好坏,是做好班主任工作的前提。班主任是学生在学校最亲密、最接近、最信赖的人。班内所发生的一切事务,都要班主任去参与、调节、管理。班主任与学生的沟通到位,师生关系、生生关系,家校关系就融洽和谐;反之,就会混乱一片。良好的沟通关系到学生的心理健康和学生的全面发展。如何做到合理有效的师生沟通,我想可以从以下几个方面入手:

首先,班主任要有过硬的班级管理素质,树立良好的形象。班主任不仅要有精湛的教学技能,还要有一套善于管理学生的办法。班主任为人师表,以身作则,是学生学习和效仿的榜样。班主任的一言一行对学生都有举足轻重的作用,高尚的人格、渊博的知识、幽默风趣的语言、机智灵活的处理方法,会对学生产生深远的影响,使他们觉得老师可亲可近,学生就不越雷池半步,就会自觉地去维护班级的荣誉。

其次,班主任要调整好与学生的沟通方式和方法,以尊重学生为前提。当学生出现问题时，班主任要学会换位思考，站在孩子的觉度去思考。我们也曾年轻过，有曾犯过类似的错误。遇到“熊孩子”，我们要学会先改变自己，再去改变学生。不要一味地给学生挑错误，定规定，这样会让他们的叛逆心理越来越强，导致师生关系间的不和谐，不沟通。班主任要总结工作中的“得”与“失”，掌握与学生沟通的艺术，尊重学生，宽宏大量，耐心说教，与学生成为默契的朋友。

再次，班主任要架起爱心的桥梁，做到学校、家庭、社会三方面联动沟通。师生之间的和谐沟通，取决于多方面的因素。沟通需要老师和家长的情感，我们要把三个方面紧密结合起来，把好的学生沟通好，把不好的学生通过沟通转变过来，善于肯定他们的优点，把短处劣势转化为长处优势。这三方面的结合关键在于班主任，班主任起着掌舵手的作用。

在实际的班级管理中，做好一个班主任还要有一张巧嘴：多说、会说。现在的留守儿童和独生子女由于自控能力较差，在学习和生活中会经常犯一些错误。班主任讲过了，他们就接受了，但是过一段时间不知不觉又犯了。错误虽小，但是却其影响班级建设和学生的自身发展。要想使学生改正这些错误，我们做班主任的就要不厌其烦地说：班会上集中说，课下单独谈；在全体同学面前委婉警告，在课下找个别学生严厉批评；学生犯错误时及时纠正，学生没有犯错误时防患未然。记得某年刚接班的时候，班级中有个学生，组长一检查他的作业，他不是说作业忘在家了，就说作业被他的弟弟给撕了。针对他的情况，我首先联系了他的家长，了解了他在家的情况，原来他回家从不写作业，家长问他，他说在学校写好了；老师问他，要么说丢在家了，要么说被撕掉了。了解了情况后，我首先在班会上不点名地对这种现象进行了批评。课下，我把这个学生叫到办公室对他说：今天我在班会上说的同学就是你，我希望你在以后不要再出现这种情况。事后，我又经常找该同学谈话，对他进行教育。现在这个同学已经改正了撒谎的毛病，基本都能按时完成作业了。

总之，班主任与学生的和谐沟通影响着一个班级的班容班貌，影响着学生的健康成长。只要班主任做到以情感人，坚持“以柔为主，刚柔相济”的管理办法，师生之间的沟通也就不是问题了。

三、演

一个好的演员能演各种不同类型的角色，要想做好班主任，在班级工作中也要像演员一样时时地演好自己的角色，不是把自己定位为学生的领导者、统治者，而要把自己当成学生的父母、兄长、朋友来和学生交谈。当学生在生活中遇到困难时我们要像父母一样关心、爱抚他们。当学生在学习上遇到困难时我们要像兄长一样去帮助他们。当学生犯错误时，我们要以朋友的身份和他们进行交谈。只有这样学生才会和我们讲知心话，才会接纳我们，才会真正改正错误。

一学期一开学，我班一同学连续三个星期不写家庭作业，问他为什么不写，他一句话都不说，就是低着头。联系家长后得知，他的家长全都在外面打工。他跟着他的奶奶在家生活。但是他的奶奶对他的学习从来不过问，靠家长来督促孩子学习已没有希望，想了解孩子为什么不写作业也得不到答案，怎么办？我想不到好的办法，我只好转变自己的角色，把自己转变成严父型的教师。我当着全班同学的面对该同学说："你真的让我太失望了，我一直以为你是个听话的孩子，既然你不爱写作业，从今天开始，你的作业可以不写，组长也不要检查你的作业了，就当我没有你这个学生。"说完后，我发现他脸红了。第二天，组长没有检查该同学的作业，我也没有问他写还是没有写作业，但是我发现他上课自觉地记笔记了。第三天上课，当我走近他时，他把作业放在座位上，我还是没有检查他的作业。第四天，他来到我的办公室，把作业交给我……现在，该同学不但作业能按时完成，而且作业也比以前认真了。

四、验

做好一个班主任的另一个重要条件是要经常去检查自己和班级的情况。检查自己可以及时找出自己工作中的不足，及时改进。对班级工作也要在一段时间检查一次，检查可以找班干部了解班级最近发生的事情，找任课教师了解学生上课的情况，找学生了解其内心想法，并通过家访和开家长会了解学生在家的表现。通过了解、掌握了第一手材料，再想出改进措施，对学生进行教育。

班主任工作，是教育一线最辛苦的工作，不同的班主任在实际工作中会总结出不同的行之有效的方式方法。通过十几年的工作实践，我真正认识到班主任工作虽然难做，但是如果抓住了以上几个方面，从严、言、演、验四个方面入手，兢兢业业，班主任工作变得容易多了。

参考文献

[1] 魏书生.班主任工作漫谈[M].桂林:漓江出版社,2008.
[2] 李健民.班主任工作心理学[M].北京:学苑出版社,1999.

班主任工作的苦与乐

淮南市寿县双桥小学　杨　玲

我是一名乡村的小学教师，从事一线教育工作已有15年了，回顾这些年头，班主任工作与其说让我很辛苦，不如说这份工作带给了我更多的乐趣。

在和孩子们的相处中，我收获了快乐，更分享了孩子们成长过程中的点点滴滴。我深知：班主任工作在教育工作中具有重要而特殊的地位，在完成本身教学任务的同时还肩负对全班学生负责的重任，一个班级学生思想觉悟的高低、组织纪律的好坏、学习成绩的优劣等，多半与班主任在这个班如何开展工作和引导有直接的关系。班主任工作千头万绪、零星琐碎，我们要面临很多突发情况。但是，班级管理也有它的规律，找准班务工作的着力点，工作起来就会得心应手，有条不紊。结合自己这些年的班主任工作，我想谈一谈我的一些做法和体会。

一、学高为师，身正为范，我们要以身作则

“学高为师，身正为范”，踏入师范学校大门时我就看到了这八个大字，如今更深刻地理解这八个字：教师的一举一动，一言一行都对学生起着潜移默化的作用。古今中外的教育大家无不强调身教胜于言教，要求学生做到的，教师首先要做到，而且要做得更好，更具有示范性，在无形之中为学生树立榜样。我的班主任是一位历史老师，他身上的人文气息很浓厚，在评价每一个历史人物时，往往爱憎分明。在他的影响下，我们班好多同学都喜欢谈历史，充满人文情怀。我经常在想，如果当时的班主任是位数学老师，那我们遇事是否会理性一些，做起事来条理性更强一些。

学生是模仿力很强的一个群体，他们时时刻刻观察老师的一举一动，并在某些方面进行模仿，所以老师应该为学生树立榜样。某学期开学的第一天，我

们五(2)班的教室又脏有乱,必须进行大扫除。为了使每一个学生都能认真、负责地完成任务,我拿来抹布和脸盆,带头擦玻璃,并擦得干干净净。“此处无声胜有声”,不需要任何鼓动性的语言,学生们的积极性就被调动起来了。为了长期保持,接下来的一段时间里,我每次走进教室看见地上有纸屑都会弯腰捡起,轻轻丢进垃圾箱。再后来,地上不见了果皮纸屑,教室里多了一面卫生流动红旗。教育学生不怕脏、不怕累,教师就必须做到亲自动手,吃苦在前,否则,即便你说得多么动听,却不注意自身修养,也不会起到满意的效果。

二、选好小助手,培养小助手的管理能力

在日常的班级工作中,小班干的作用是非常重要的。一个班集体面貌如何,很大程度上是由班上的小干部决定的,我把他们称为“班主任的左右手”。所以在选拔和培养干部时,教师要慎重,这样才能使自己的工作逐渐从繁重走向简单、轻松。

当选的干部应具有较强的号召力和自我管理能力。小班干队伍的组建不能仅仅作为一种形式存在,班主任必须要加强对他们的培养:其一,要大力表扬班干部的优点,宣传他们的先进事迹,帮助小班干树立威信;其二,在鼓励班干部大胆工作,指点他们工作方法的同时,更要严格要求他们个人在知识、能力上取得更大进步,在纪律上以身作则,力求从各个方面给班级起到模范带头作用。小悦(化名)是我很喜欢的一个学生,不仅学习成绩好,还能主动帮助同学,是我的得力助手。可一次数学课上,她和另两名同学在讲话,被数学老师带到办公室交给了我。我把他们批评了一顿,让那两名同学先回去,单独留下了小悦。我问:“知道为什么留下你吗?”她不好意思地低下了头说:“因为我是班干部。”作为班干部,要以身作则。通过这次教育,小悦深刻认识到了自己的错误,在工作和学习中都做得更加出色。

三、师爱让每个孩子快乐成长

我们的世界需要爱,我们的班级管理中更需要爱,当我们把这份爱播撒给每一个孩子时,孩子们会沐浴阳光,快乐成长,老师也会收获一份份的爱和快乐。班主任尤其要有一颗关爱学生的心,用爱心去感染学生、感化学生,才更有利于班级各项管理工作的展开。刚接这个班的时候,班里有一名患唐氏综合征的孩子,名字叫小谦(化名),由于疾病的折磨,他十岁了说话还不清楚,生活也

不能自理，还经常打其他同学。学校劝他的家长把孩子送到特殊学校去，他的奶奶苦苦哀求："把孩子送远了，没人照顾我不放心，老师，你行行好，留下他吧！"小谦在奶奶怀中低着头，含糊不清地说着什么。此情此景，我想任何人都不能拒绝小谦奶奶的请求。于是，我把他安排在讲台边的座位上，方便我能随时观察他的情况。每次上课，只要一看到他坐不住，我就走过去摸摸他的头，给他翻开书。并且我还要求全班同学都要多给小谦一份关爱。在大家的共同努力下，他见到我会说："老师好！"每次上课一坐不住时，他就会拿出一张白纸，在上面书写下自己的符号和快乐。

四、培养学生的学习兴趣，和学生共同学习

都说兴趣是孩子最好的老师，孩子兴趣的产生往往是小时候，家长要经常问一问孩子的兴趣是什么，要引导孩子不断发展兴趣。我女儿从小就喜欢看书，每晚睡觉前都看一会书，我和她爸爸为了培养她的这种兴趣，自己也买来书和孩子一起看。若父母督促孩子要努力学习，而自己却常常通宵达旦地打麻将、玩手机，那么孩子感兴趣的恐怕不是学习，而是打麻将、玩手机了。若父母饭后捧一本书，伴一杯清茶，端坐书桌前，伏案写作，孩子耳濡目染，也会经常看书、学习。

作为班主任，若能把学生当做自己的孩子，和孩子共同学习，那该有多好。我就特别喜欢和我的学生一起学习。一天午自习，同学们安安静静地坐在教室里看书、写作业，我正在写班级日志，忽然听见外面有人喊："下雪了！"抬头往外一看，是下雪了，那一朵朵的雪花好似白色的绒花，纷纷扬扬地飘落。我说："同学们，老师特别喜欢一首赞美雪花的歌——《雪绒花》，今天我们一起来欣赏一下，感受它的美。"同学们欢呼起来！那是一个很清冷的午后，我和我的学生们却一点儿寒意也没有，动听的《雪绒花》让我们心情舒畅！

此次，我接到校领导的通知，让我把手头工作放一放，到淮南师范学院参加国培学习。说真的，能到大学校园学习，这是我梦寐以求的事情，可我还真放心不下我的学生们。走之前，我专门开了一次班会，告诉小班干要有什么解决不了的问题，一定要多跟新老师沟通，我也会定期跟新老师了解情况。我还提出希望，要求每个学生在我离开的这段时间好好表现。

在两个月的学习中，我认真听课，认真完成老师布置给我们的各项工作，因为我是学生的榜样。学习中，我们参观了淮南的多所小学，每走一个学校，看到他们条件的优越、学生们的优异，我就想起了我的那群乡村孩子们。于是，我写下了这样一首诗："真想坐在竹林边，听一听风的声音；真想坐在大树下，看一看我的故事；真想凑到蜡梅边，嗅一嗅花的馨香；真想和孩子们手牵手，一起欣赏这如画的美景……可是，孩子们，我们乡村的多的是田野春风，那儿才是我们的家；在那儿，我们自由自在、阳光洒脱，到处充满欢笑声！"

一次，从新老师那儿了解到，班里的小谦同学经常拿同学的作业本，在上面乱画，还有几个同学跟老师闹别扭，我急得如坐针毡。困扰中，我看到校园中那一池睡莲，我写下了这一首小诗："城市里太喧嚣了，在这一片喧嚣中，竟有这一方净土——淮南师范学院老校区。她静静地伫立在这儿，院中那苍翠的松柏，刻下岁月的痕迹，斑驳的墙壁，记录下她曾经的辉煌。我最喜欢这一池的睡莲，他们一朵朵宛如害羞的小姑娘，微风中向我们点头。可她们又是那么坚强，暴雨中，她们高兴地和风雨一起奔跑，奔向那美好的前方！"返岗实践中，我利用晨诵课，把这两首名为《写给乡村孩子们》《睡莲》的诗送给了孩子们，他们很高兴，我也久久不能平静。

在班主任的工作岗位上，我愿意坚守希望，和自己的梦想为伴，与自己喜欢的孩子们一起快乐地学习和生活。最后，我想起了这样几句话："教育是一块永远的圣土，是圆梦的沃土，在这块沃土播撒一粒种子，终会收获一季金秋；付出一颗赤诚之心，终会手捧一怀温暖；种下一份希望，终会迎来桃李万千。"

参考文献

[1] 闫会英.如何构建班主任与学生的和谐关系[J].作文教学研究，2015(6)：123-124.

[2] 何嫚.用"心"做好小学班主任[J].考试周刊，2015(90)：90.

英语短文互动式教学策略

合肥市肥东县教师继续教育中心　杨秀娥

在不同学段的英语教材中，都不可避免地会涉及短文教学，因此教师认真研究短文的教学方法非常必要。笔者认为，互动式教学是提高英语短文课堂教学实效的有效途径之一。长期以来，在短文教学中，教师习惯于“一言堂”“满堂灌”，学生的参与面小，积极性得不到很好调动，课堂的气氛压抑、沉闷，落后的教学方法抑制了学生的个性发展，剥夺了学生创新的时间和空间。这主要是因为短文集中了大量的新单词、新短语、新句型、新语法，教师为了解决上述问题，帮助学生吃透课文，不厌其烦地进行讲解，导致知识点过多。并且，过于重视内容而忽视形式，导致教学方法单一（往往以讲解法为主），使学生产生对短文学习的厌烦情绪，甚至是畏惧心理，事倍功半，收效甚微。而互动式教学模式将教师的指导作用和学生的自主学习有机地结合起来，使学生的学习由单纯的记忆、模仿、训练转变成自主学习、合作、交流、探究等多种形式，使学生的个性得到了充分张扬，教学效果也得到了提升。

由于短文大多以说明记叙为主，缺乏交际性，学生主观上对短文学习有抵触情绪。作为教师，在对话教学中运用自如的表演、操练等有利于调动学生积极性的教学方法在短文教学中难找到用武之地，教师的教学热情也受到了限制，这样就形成了短文教学的尴尬局面。因此，教师在短文教学中应设法摆脱传统的教学模式，不能把教学的重点仅放在死知识的传授上，一个人唱独角戏。要改变学生被动地听、机械地读、死板地记的局面，不能限制学生思维及理解和语言运用能力的发挥。

为了适应英语教学改革的需要，教师在短文教学中应大胆创新，勇于尝试采取互动式教学模式。

一、兴趣的培养是互动式教学的前提，也是搞好英语短文教学的关键

我国古代教育家孔子说“知之者不如好知者，好知者不如乐知者”。这里的“乐知”就是对事物的兴趣。在新课程的每个模块中自始至终注重对学生学习兴趣的培养。在英语教学中要想使学生学得积极主动，并取得良好的教学效果，从而实现英语短文教学的目标，培养学生的学习兴趣至关重要，这是英语教学的前提和保证。因此，教师要善于因势利导，设法培养学生的学习兴趣。从情感上看，“亲其师，信其道”，教师要善于培养良好的师生关系来激发学生的学习热情。教师对学生要多加鼓励，当学生答对时，老师应当毫不吝啬地对学生进行褒奖：”Good””Very good””Excellent”“Great”“Wonderful”“Perfect”之类的溢美之词要挂在嘴边；如果学生答错或答不上来，教师千万不能急躁，应说“Think it over”“ Try again”“Don′t worry”，或给予一些启发性的提示，帮助他们建立战胜困难的信心。从教学手段上讲，充分利用多媒体和直观教具更能激发学生的兴趣；从教学方法角度讲，灵活多变的教学方法更适合中学生的心理特征，如适当运用英文歌曲定能渲染课堂气氛。从教学内容上讲，大部分短文本身有很强的趣味性，教师设法突出趣味点，提高学生的学习兴趣。另外，根据学生需要，每班可以组织一个短文阅读兴趣小组，从阅读技巧、方法上加以指导，促进部分同学提高阅读水平，最终实现以点带面，以好带差，提高全班同学的阅读兴趣。

二、运用互动式教学模式，进行英语短文教学

互动式教学法的一个显著特点是教师的主导性和学生的主动性贯穿整个课堂教学，教学过程是师生交往互动的过程。这样的课堂就成了学生展示自己才华、充分发挥想象力和创造力的舞台。

英国语言学家韦斯特指出，短文教学的重心不能只停留在词和句的理解上，而应逐步过渡到对短文整体、文章风格、文体等内容的理解。中学英语短文教学的目标是在掌握一定数量的词汇、语法的基础上着重培养学生对文章整体的理解、分析、归纳的能力。要达到此目标，首先应该打破以教师为中心的教学模式，改变以讲解单词、短语，分析语言点、翻译课文为重点的传统教法。通过教学实践的尝试，我形成了如下的互动式教学思路：使文章问题化，围绕各种问题发挥学生的主观能动性，使学生在解决问题的过程中获取文章的信息，掌握难点、要点，同时培养学生进行独立思考的习惯。具体做法如下：

（一）课前预习

让学生自己预先记忆生词，了解生词的词性、意思，然后阅读课文，将Preread上的习题和Language Power上的习题自行完成，通过练习大致了解文章内容。

（二）处理习题

教师导入新课后，首先让学生了解主要观点，然后处理学生课前所做的习题，让部分学生给出答案，大家集中讨论、订正。之后，教师再围绕短文内容补充一些习题，让学生快速抢答使学生进一步熟悉文章内容。当然这些问题以“Yes”和“No”类题为主，兼杂一些灵活多样的句式，如选择问句和特殊问句等。

（三）突破重、难点

在学生对课文内容有了进一步了解之后，课文的讲解就显得不那么突兀了。当然这时还是不能忽视学生的主体作用，在教授新课，介绍新语言点时，尽量鼓励学生多提出问题，或者在新语言点的介绍过程中，围绕此语言点给学生一些习题，让学生参与到新知识的学习、运用中，而不是坐在那儿被动、机械地接受。比如我在教学生“pretend to do sth”时不仅给同学们提供了例句，而且在黑板给出了“I pretend ____(learn) English now”。之类的习题让学生填空，学生根据前面学过的用法准确得出结论“to learn”，这样会起到事半功倍的效果。有时，对易混淆出错的问题，我故意将答案说错，学生也能立即指出我的“错误”，并能解释其原因，且以指出老师的“错误”为荣，进而增强了学习的兴趣，调动了学习的主动性，另外可指导学生变换形式诵读短文来不断加深对重难点的理解。

（四）强化训练

在学生对全篇课文熟知的情况下，为了进一步加强学生对文章的理解和归纳，应该设置一些课文中没有明显答案的问题，而不是预习课文阶段中的可以以“Yes”和“No”来回答的习题了，这时的问题应该是有所拔高的，如“What do you think of it”。若一个学生回答不完整，可以让其他学生进行修正和补充，待问题答案彻底明了后，可让全班学生重复答案来加深印象。这些问题往往和文章的段落大意一脉相承,这就要求学生在掌握段落大意的基础上,进一步对课文进行复述,这时学生掌握,文章主题便水到渠成了。

通过以上互动教学环节,教师充分发挥其主导作用,引导学生在活动中发散性地、创造性地思维。学生在短文学习中由被动接受变为积极参与,对短文中的知识点逐渐由理解到掌握再到灵活运用。

三、互动式英语短文教学需要注意的问题

(一)树立以"学生为本"的教学观

"以学生为本",在教学中就是以学生为中心,以学生的发展为本,强调学生的全面发展和个性差异相统一。教学中教师不要把学生看成是被动接受知识的容器,他们应当是参与各种学习活动的主角,只有师生之间相互尊重、合作互助,才能最大限度地调动学生的学习积极性、主动性和创造性。

(二)拓宽短文的教学范围

短文集语音、词汇、语法于一体,是训练学生听说读写技能和语言知识教学的综合材料,它综合培养和训练学生分析问题和运用英语的能力。因此在改进短文教学方法的同时,应进一步拓宽短文教学的范围,仅靠教材上少量的文章显然是不够的。这就要求教师把目光放远、放开,不拘泥于课本,要提供一些好的文章给学生,以此扩展学生的视野,处理这些文章当然不必像课本中的范文一样精讲,只需简明扼要地分析、归纳即可。

互动式短文教学策略充分考虑了学生的好奇心、表现欲,能极大地调动学生的学习积极性,激发学生的学习兴趣,培养学生的个性,提高学生各方面的素质,是一种行之有效的教学方法。它鼓励学生勇于质疑权威,不唯书、不唯师、不唯上,形成了富有生机和活力的课堂教学氛围。学生兴趣盎然,热情参与,较好地解决了学习态度、学习习惯等问题,使教学质量得到了提高,学生的学习能力得到了发展。当然,要提高短文教学水平不是一件易事,这需要教师结合教学理论和自己的教学经验,联系学生的实际,在具体的教学实践中不断摸索,不断探求,逐步找出一条切实可行的路子。

浅谈小学语文里的美育教学

——以苏教版三年级(上)教材为例

淮南市寿县茶庵小学　杨玉新

苏联教育家苏霍姆林斯基在《给教育的建议》里说:“这个世界激发着儿童道德的、智力的、审美的情感,如果没有这些情感,那么认识世界(包括学习)就是不可能的。”儿童是花朵,多姿多彩,绚丽灿烂。把这些美丽的孩子教育成爱美、懂美、欣赏美,具有美好情操的祖国下一代,是我们语文教师必须担当起来的责任,因为,美就在我们的语文课本里。如果我们的学生都有一双能够发现美的眼睛,有一颗能感受美的心灵,有一双能够创造美的双手,那他们该是多么优秀的孩子啊!

我在平时的语文教学中,有意识地去探究课文里的美。苏教版小学语文三年级(上)共有24篇教师讲读课文,每讲解一篇课文,我都努力挖掘其中蕴含的美,引领着学生一步一步去发现、感悟,并陶醉其中。

开篇第一课《让我们荡起双桨》。我应用多媒体教学,轻快的音乐响起,悠扬的童声嘹亮,美丽的画面展现在我们的面前:清澈的湖水、青翠的树木、洁白的白塔、墨绿的楼阁,一一映入孩子们的眼帘,面对美丽山水楼台,孩子们也仿佛感受到了迎面吹来了凉爽的风。这是多么美好的熏陶啊!配以教师的讲解,这就是带领孩子们领略音乐之美,培养的是孩子们的艺术情操。

《无字的字典》告诉孩子们学习要爱动脑筋,要在生活中处处去学习知识,《石头书》教育孩子们要钻研学习知识,一块石头都能隐藏着许许多多不为人知秘密,我们可以凭借我们的知识去破解它们,《小秧苗脱险记》告诉孩子们的是科学种田,学好了知识就能获得丰收,这就是带孩子们领悟知识之美。

《做一片美的叶子》就是教育孩子们要甘于奉献,叶子虽小,微不足道,却形态各异,它为大树而生又回归树根,每一棵大树都很美,每一片叶子都很美,这篇课文谆谆教导的是奉献之美,熏陶的是美好的品德。

《诗词两首》之《枫桥夜泊》《山行》写景、抒情，意境悠远，孩子幼小，只能反反复复朗诵进而记忆背诵，而教师要他们领悟的是诵读之美，体会中华文化之绵延悠长，博大精深，要感受的是古诗词的意境之美。

《北大荒的秋天》，以写秋天的景色美丽为名，最后的落笔却在秋天的果实，实际上告诉学生们的是有辛勤的劳动才有美丽的收获，赞美的是劳动之美，教育孩子们要热爱劳动。

《西湖》写水，《拉萨的天空》写天。水清澈晶莹，天湛蓝透亮，这是祖国的自然风光之美，孩子们有了一双爱美的眼睛怎能不去发现生活中处处的山水花鸟之美，这几课教师要带领学生感悟的是自然之美。

《蒲公英》告诉我们不能贪图外在的浮华虚幻，只有踏踏实实的扎根泥土，才会有美好的明天，《三袋麦子》中小猪虽贪吃但诚实，小牛虽节俭但会计划，小猴聪明又能干，我们发现的是童话故事里蕴含的哲理之美。学生学习故事，趣味盎然，教师则要一层一层地剥开里面内涵，把哲理告诉学生，在他们幼小的心灵里播种深刻的哲理。

《哪吒闹海》是学生们最喜欢的神话故事之一，哪吒就是孩子们心目中的英雄，正义战胜邪恶，保护弱小弘扬正义，这是英雄之美，勇敢之美。

《第八次》里，屡战屡败的布鲁斯王子从不折不挠的蜘蛛身上看到了希望，重整旗鼓，在第八次战斗中打败了侵略者。《卧薪尝胆》中勾践忍辱负重，经过二十多年的努力，越国终于转弱为强，灭掉了吴国。这只有坚韧不拔的意志才能实现的成功，这就是战胜挫折的坚韧之美。每个孩子都会面临着成长的困难，克服困难是需要顽强意志毅力的，这堂课难道不是一种很好的教育吗？

《世界上第一个听诊器》《金子》《东方之珠》，就是对人类智慧的赞美。一个是从发明创造的角度，一个是从观察思考的角度，一个是从人类建设文明的角度，告诉学生们，人类之所以能有今天如此辉煌的成就，是因为我们有智慧。

《小露珠》用儿童乐见的童话方式，《果实》以亲切的叙事写实的笔法，向孩子们展示了自然界的变化。露珠水汽循环往复，石榴由花到果实，这是大自然的杰作，我们要以欣赏的眼光去感受大自然的变化之美。

航天飞机能穿越太空，庞然大物，来无影去无踪，飞机在大气层里自由翱翔，圆了人类飞行的梦想，使人类的旅行变得如此快捷，它们各有分工，各有益处。同样，每个人尽管不同，但天生我材必有用，这是《航天飞机》要告诉我们的什么是自信之美。

《军神》讲了刘伯承元帅的故事,他的顽强不仅令孩子们钦佩,也值得我们每个成年人学习。

《掌声》中小女孩终于在同学们的鼓励下获得了自信,重塑了自己的品格,《每逢佳节倍思亲》讲述的是兄弟家人的亲情,《孙中山破陋习》讲述了一代伟人对自己姐姐爱护,以及基于这种爱护而推及天下的故事。这就是友爱之美。

儿童就是一块璞玉,教师就是雕刻家,儿童就是花朵,教师就是园丁,教师是孩子灵魂的工程师。所以,当教师用美的教法去教育学生时,那么他的学生们也会用美的眼光去看待这个世界。

参考文献

[1] 杜玉红.美育在小学语文教学中的渗透[J].神州(下旬刊),2011(5):129.

以发展思维为中心培养儿童数学的学习能力

淮南市潘集区平圩中心学校　余　敏

小学数学是实施基础教育的主要学科，在数学教学在中培养学生的能力极其重要。思维能力是一切能力的核心，只有思维能力发展了，学生才有可能进行独立思考，才能运用获得的知识去解决遇到的新问题，去获取新的知识并思考科学的方法。培养思维能力是时代的需要，也是数学科要解决的重要课题。为此，我们结合数学教学，对培养学生思维能力的规律、方法和途径进行了一些探索。

围绕在数学课中培养思维能力的课题，设计新的数学方案。即根据培养思维能力的要求安排教学过程，选择教学方法，适当的调整和组合教材，力图在教学过程中，最大限度地调动学生的思维积极性。

一、以发展思维为中心，在精讲概念上下功夫

数学概念是构成数学知识体系的基础。学好数学，首先要切实理解掌握概念，这样才能运用概念去分析问题和解决问题，形成学习能力。因此在实验中，我们要注意把基础概念教学作为发展思维的中心环节，放在中心位置，多下功夫，把概念搞透彻，搞扎实。要求人人过关，我们的标准是：能举例清清楚楚地说明概念、能在理解的基础上掌握概念的基本点、能区别相近易混淆的概念、能在实际中灵活运用概念。

在概念教学中，我们注意下面几点：首先，根据儿童形象思维占主导地位的实际，在引入概念时，坚持从具体到抽象，联系学生已有经验，对丰富的感性材料进行抽象，上升为概念。为此我们准备了成套的实物、模型、图片等直观教具。还要求学生准备小棒、图形、图片等学具。教学中在教师示范的基础上，指导学生实际操作。低年级的操作主要是“摆”，采取摆一摆、想一想、说一说的方

式启发学生怎么摆就怎么说,怎么想就怎么说,使学生动手、动脑、会看、会说、会想,在实际活动中理解概念。

其次,在理解和掌握概念中,要注意抓住要点。通过演绎——比较——引申,突出概念的本质属性。如认识百分数特征:第一步从实例中引出若干分数,其中有分母是100的分数,通过演绎可以知道百分数是特殊分数。第二步说明一般意义的分数和百分数在计算意义上的区别,它既可以表示具体的量,也可以表示两个数的倍比关系。而百分数只表示两个数的倍比关系,不能表示具体的量,这是百分数的又一特殊之处。第三步由百分数的上述特征引出下面几点:①由于百分数是表示两个数的倍比关系,所以就有一个比较量和标准量存在;②由于百分数的分母都是相同的,这样就便于作所占份额大小的比较,又为采用特殊写法提供了可能;③在工农业生产中,有时用成数表示,这也是百分数的一种应用。

再次,用明确的概念指导计算和解答应用题,使其合理灵活,反过来正确地计算和解答应用题又能巩固深化概念,学生能融会贯通,灵活运用,以培养其思维的灵活性。

二、以发展思维为中心,进行计算技能训练

技能是从知识的掌握到能力的形成之间的中间环节。它以知识的掌握为基础,又是掌握知识不可缺少的条件。教学中,我们在注意基础知识和重点抓好能力培养的同时,坚持对学生进行基本技能的训练。

(一)确定训练目标

在数学运算中,儿童反应的智力敏捷性有四种情况:正确——迅速的,正确——缓慢的,不正确——迅速的,不正确——不迅速的。显然我们所需要的是“正确——迅速的”这一种。根据大纲要求,我们把培养学生计算正确迅速,方法合理灵活作为训练目标,使每个学生的运算技能达到熟练程度。

(二)确定训练原则,训练要讲求科学性,提高训练效率

在保证正确的同时要求速度。过去我们在低年级教学中,过分强调计算仔细,认为算对就行。由于缺乏速度训练,养成孩子们的惰性,有的孩子做题慢,甚至边写作业边玩,本来十分钟可以完成的作业,要拖几个小时,这样反而影响

正确率。这个教训使我们认识到不该把运算速度只看作对数学知识理解程度的差异,而应当看作思维概括能力和学习习惯的差异。为此对学生的运算,包括作业考查都要有速度要求。

在理解算理和算法的基础上要求速度。小学数学教学不能只强调知识的结果,更要注重学习过程。没有活动就不会有认识,即使计算简单的20以内加减法,也要注意思维过程的训练。让学生充分理解算理,掌握算法,再达到熟练技巧。低年级的数学如果只要求解题得100分很容易,可这100分的来历不尽相同,有的靠摆弄手指头,有的用语言叙述着思考与计算过程,思维概括能力很差,这样即使得了一百分,也没有完全理解算理、掌握算法。

精心设计有利于训练思维敏捷性的练习,注意变式练习。让差生跟上来,整个班级数学水平才能得到充分发展。

(三)研究和设计训练方法

学生运算能力的敏捷性并不是随同知识的增长而自然形成,要根据不同的教学内容和儿童特点,采用适当的方法经过一定训练来实现。我们主要采用下面几种训练方法。

创设情境,激发兴趣。课本中的“看谁算得又对有快”“看谁先得到红旗”等训练的设计,是很好的形式,对于这样形式的练习,应区别于其他练习内容。它带有竞赛性质,应作为培养思维敏捷性的“算机”。除此我们还可以设计一些练习题,在指定时间内看完成的效率。有时还搞接力赛,使学生精神高度集中,计算完毕交流解题思路,教师对其中合理灵活的方法予以表扬。

有计划地进行口算训练,以20以内进位加、退位减和表内乘除法为主要内容,编出成套系统口算题训练。学生通过实物、图标、卡片、做游戏等多种形式进行视算、听算的技能训练,做到脱口而出。高年级学生也要坚持口算训练。

坚持运用简单算法。一方面指导学生运用运算规律性质进行简便运算,有计划地向学生介绍一些速算法,在设计练习时,把一般试题和简算题掺在一起出,让学生自己去辨别和选择直至形成习惯。

有针对性地进行综合训练。把有关知识和方法归类,根据不同观点,抓住重点,先分别训练,各个击破,后综合训练,使新旧交错互相衔接,防止生搬硬套。

三、以发展思维为中心，改革应用题教学

应用题教学应把注意力用在启发学生动脑筋想问题，分析数量关系，弄清解题思路上。不宜把解法和答案看成是唯一的，要根据学生的学习能力鼓励他们提出不同解法，并加以比较和评价，使学生在增长知识的同时也增长智慧。我们在实验中，着重抓了两个方法的能力培养：一是在审题过程中培养学生掌握应用题结构的能力，学会分析数量关系；二是在解题过程中进行发散思维训练，培养思维的深刻性和灵活性。

（一）培养掌握应用题结构的能力

掌握应用题的结构，也就是知道应用题由哪些部分组成，什么是条件，什么是问题，条件和问题之间有什么联系，哪些条件是必须的，哪些是多余的，然后把这些成分综合成一个整体。抓住问题中最具有本质意义的关系，这就是抓住了问题的结构。围绕掌握应用题的结构采取下面的训练方法：①辨别哪些是完整的应用题，哪些不能成为应用题。一年级小学生在叙述应用题时，常常不能把问题从题目中区别出来，编题时叙述了条件，接着就把结果当作问题一道提出来了。如果看图编求和应用题。有的学生会说：河里有五只鸭子，岸上有三只鸭子，一共有八只鸭子。根据这种情况，我们把完整应用题和缺少条件或问题的题掺和在一起，让学生分辨。②根据条件选择问题。③补充条件选择问题。④题意不变，改变叙述方式的训练。加深对应用题中的名词、术语、概念的理解，提高理解题意和解答问题的能力。⑤画线段图的训练。借助线段图形象地揭示数量关系，帮助理解题意确定计算方法。⑥自编应用题的训练。如摆学具，根据不同改法编出不同题，看图编题，选择条件与问题编题，把直接条件改编成间接条件，看式子编题等训练，让学生从不同角度熟练掌握应用题的结构和数量关系。

（二）进行发散思维训练

对学生进行发散思维训练，在知识方面可以使学生举一反三，融会贯通，在能力上，思维发散越广越灵活，越能锻炼学生思维能力，越有利于形成良好的思维品质。所以在数学教学中，我们应注意利用多种途径对学生进行发散思维训练。

就相同条件提出不同问题。这种训练方法实际是"一题多变"。如复习应用题时，给这样两个条件：有红花4朵，黄花12朵，我启发学生从不同角度提问题。有的从部分数与总数关系提出"一共有多少朵"。有的从两个数相差关系提出"红花比黄花少几朵，黄花比红花多几朵"。有的提出两个数倍关系的问题，这样学生就能把已学的知识技能在新的情况下灵活应用，有利于更好掌握数量之间的联系和变化。

就同一问题扩散已知条件。这种训练，在低年级重点放在帮助学生搞清简单应用题和两步计算应用题的关系上。让学生在积极的思维中了解什么是间接条件，间接条件与已知条件之间的关系，这样学生能较好地掌握两步计算应用题的结构特点和解决方法。

同一题目多种解法。由于知识技能方面的差异，不同学生对同一问题往往有不同思路和解法。我们应注意充分肯定学生富有创见的解法，抓住时机鼓励和引导学生从不同角度去想问题，以开拓学生思路，打破单一性、习惯性的思维。

把发散思维与集中思维结合起来。当学生思维扩散后，产生了多种方法，还要引导学生通过分析比较，分清优劣，作出最佳选择，进行收敛和集中，从中获得规律性认识。

对学生进行发散思维训练，在教学思想上要鼓励学生要大胆想象，质疑问难，要有一个民主讨论气氛，在教学内容上要精心设计练习题，在教学方法上要充分调动学生动手、动脑、讨论、实践的积极性。坚持改革实验，坚持把理论和实践结合起来，探索教学规律，就一定能增强儿童学习数学的能力，提高数学教学质量。

参考文献

[1] 熊智红.浅谈小学生低段数学思维能力的培养[J].教育艺术，2017(9)：60.
[2] 胡春兰.立足核心素养发展学生数学思维能力[J].教育，2017(43)：30.
[3] 王黎明.小学生数学思维能力培养探析[J].小学科学，2017(11)：14.

浅谈小学生自主学习能力的培养

合肥市肥东县店埠学区中心学校　俞广水

自主学习,即自己学会学习,自己主动学习。如何在阅读教学中教给学生学习方法,从小培养学生自主学习的能力是素质教育,是小学语文教学的历史使命。关于这一问题,笔者想从如下方面谈谈自己的一己之见。

一、激发学习兴趣

兴趣是最好的老师。兴趣是学生自主学习的力量源泉。兴趣越浓,学习积极性就越高。语文教师要培养学生的自主学习能力,首先就要培养学生学习语文的兴趣,这是提高语文教学质量的钥匙。实践证明,有了兴趣,学生就会自觉动脑筋,就会主动去克服重重困难,进行有效的学习。如何激发兴趣,关键在于:

一要倾心激情。"亲其师,信其道"。实践证明:学生对教师的爱会迁移至对该教师所教课程的喜爱。教师的语言要有趣,善于吸引学生,以情指导学习,激励排难,讲解知识;教师要极力营造和谐平等的教学氛围,要体贴、关照、理解孩子;要注意随时与学生沟通情感,理解学生,公平地对待每一位学生,特别是一时学习兴趣不浓或无兴趣的学生;要及时地帮助学生解难,特别是学有所难的孩子,善于发现或研究其哪怕是十分微弱的闪光点,帮助他们战胜困难;要尽力摒弃批评,坚决杜绝训斥与嘲讽,努力保护每一个孩子的自尊心。只要我们对学生关爱似父母,相处似朋友,理解似知心,尊重似同志,就一定能取信于学生。

二要耐心激趣。对于学生的回答与见解,哪怕十分幼稚,也不要直接否定,可转换方法反复启发,诱导学生继续思考。名师于永正连续八次点拨、激励一名女学生读书,最终获得成功,这是于老师公平、耐心的结果,是于老师善于引导、点拨、激励的回报。

三要精心有趣。要精心设计好自己的课，根据教学内容开展丰富多彩的语文实践活动来激趣。教师可以根据需要把竞赛、课本剧、游戏引进课堂，也可以组织学生走出课堂进行活动。比如观察某处美景，到电影院看历史故事影片，到科技馆看科技成果展等。

二、培养读书习惯

语文教学中的讲读课，是语文教材的主体，是进行各项语文基本功训练的主要载体。教师要凭借这类课文培养学生正确的学习态度和良好的读书习惯。动笔是学生动眼、动脑、动手的结果。动笔的过程就是学生思维积极活动的过程。教师要培养学生不动笔墨不读书，不带着问题不读书的习惯，这样才能促进学生手脑心并用。在指导学生读书时，必须诱导学生逐步学会运用如下方法读书：

（一）初读课文，在正确流利上下功夫

初读时，找出生字新词，画下课文中难以理解的字词，学习利用工具书清除阅读中的字、词障碍，正确流利地读书，初步了解文章的大意。从中年级开始，逐步提高预习要求，会做简单的预习笔记。到了高年级，就着手培养学生根据“导读”部分预习整组课文，根据课前“预习”部分预习全篇课文的习惯。

（二）读熟课文，在读懂上下功夫

指导学生联系课后阅读“要点”，理清课文的脉络，多读深思，做好有关的记录；找出课文中的疑难处，联系上下文反复读书解决，也可以做出适当的标记待大家讨论时再质疑问难。

（三）精读课文，在读出“味”上下功夫

“书读百遍，其义自见”。对重点段，精彩处，要反复读，深入读，引导学生体会作者的思想感情，领会文章的写作目的，学习作者的表达方式，逐步达到自能悟文入境，动心动情的境界。

三、教给学生学习方法

学生获得知识是必要的，但是教给他们学习的方法更重要。学生如果没有

自学和运用知识解决实际问题的能力,其终身发展将会受到很大的限制。常言道:“授之以鱼,仅供一餐;授之以渔,可享一生。”在语文教学中,如果教师只“授鱼”,只注重具体的分析,知识的传授,而忽视“授渔”,那么学生就只能是接受知识的容器,自身学习的积极性无法调动起来,难以去发现、创新。教师只有在平时教学中,不断地引导学生总结学习方法,并在阅读实践中不断运用、巩固、充实,学生才会终身受益。

以解词为例,教师要培养学生根据语境释词的能力。如:刘胡兰恨透了国民党反动派。“透”字在字典中有多种含义,这里是什么意思要结合句子想一想。教师要引导学生理解词语的意思,思路要拓宽,除了用字典、词典外,还可以用换词法、拆合法、就地取材法来解释词语。

以培养学生审题能力为例,教师在阅读教学中,要坚持培养学生读题、议题、进行题文对照的习惯。经常引导学生审题、推敲,有利于提高学生把握文章中心和结构的能力,有利于逐步培养学生扣题写作能力。如:教学《小狐狸卖空气》这一课时,揭示课题后即问:看到这个题目,你想这篇课文会说些什么?学生根据生活中的所见,由市场上人们卖东西的实际很快就想到小狐狸怎么会想到卖空气?在什么地方卖?开始生意做得怎样?后来生意做得怎样?然后再让学生读文,思考自己提的问题是否准确,这些问题在课文中是怎样描写的。这样学生在“读”中可以自检自己审题的能力,同时也在读文中初步找到答案。

以讲读课文为例。《义务教育语文课程标准(2011年版)》中明确指出,要加强学生自主的语文实践活动,引导他们在实践中主动地获取知识,形成能力。教学中教师要摆正师生双边间的“两主”位置,即以教师为主导,以学生为主体。如何“导”也要视情而定。下面列举几例,谈谈体会:

(一)用示范段(层)导学

教师要精究示范段(层)教法的科学性与示范性,引导学生适时进行必要的学法总结后,再指导学生运用此法自己读书。教师必须走出烦琐分析的旧圈子,更不能用一个模式讲到底。“发胖式”的课文分析不仅摆脱不了学生围着教师转的被动局面,而且挤掉了学生宝贵的读书时间。以《小猴子下山》为例,本课前四个自然段句式结构相似,教师组织学生精学第一自然段后应立即引导学生总结第一自然段的学法,其余三个自然段引导学生对照插图,用第一段的学习方法自读、自悟。

(二)用总起句子导学

引导学生抓住总起句读书,是培养自主学习能力的好方法。以《五彩池》为例,第四自然段的开头语“明明是清水,为什么在水池里会显出不同的颜色呢?”在这里有什么作用。一是总结上文,二是总起下文,这种承上启下的作用教师要在引导学生读文时悟出。之后,放手让学生自己逐句读文去总结池里水显出不同颜色的原因。去感悟,在探明了五彩池的成因后,学生恍然大悟,从而准确地把握读这段文章时的情感。

(三)抓重点词句导学

有的文章抓住了重点词句导学能够帮助学生很快地含英咀华,体会作者的写作情感。中高年级的课文篇幅上逐渐长了起来,课文题材、体裁、风格逐渐多了起来。坚持抓重点词句导学,无论从培养能力,还是从节时高效的角度讲都是必要的。如《一夜的工作》,重点是引导学生从细节描写处体会周总理辛勤工作的精神和简朴的生活作风。文中三处反映周总理工作的辛苦,两处反映总理生活的简朴。我们可以抓住第一处“总理见了我,指着写字台上一尺来高的一叠文件,说:‘我今晚要批这些文件。你们送来的稿子,我放在最后,你到隔壁值班室去睡一觉,到时候叫你。’”的描写,引导学生运用“找——想——读”方式来学文。找,就是在细节描写处找关键词“一叠”“一尺来高”来体会文件之多;想,就是由批阅的文件之多想到总理工作的繁重、紧张、劳苦;读,就是读出自己对总理忘我工作,他人第一品德的崇敬、热爱之情。其他两处反映总理劳苦的事例可以用第一处的学习方法在“扶中放,放中扶”引导学生逐步自主学文,在读出“味”上下功夫。关于反映周总理生活简朴的两处事例可以放手让学生用同样的方法自学,可以教师检查,也可以请小教师带领大家读——议(评)——读。当然教学有法,教无定法,没有千篇一律的教法,也没有一律千篇的学法。教师只有因人而异教给学生灵活的学习方法,学生才会真正学会学习。

四、诱导提问、质疑

“学起于思,思源于疑”。在学习过程中,学生善于解决问题是自主能力的一种表现,善于提问、质疑也是学生自主学习能力的一种表现。让学生自己发现问题,比教师自己设计大大小小的问题,更能激发学生学习的主动性和积极性。心理学研究表明:疑,最容易引起思维的不断深入。在课堂教学中,学生只要能经常发现问题、提出问题,就能从根本上改变学生等待教师传授知识的被动依赖心理,就能使学生成为探索者,把学习的潜力充分地发掘出来。在语文教学实践中,如何诱导学生提问、质疑呢?笔者做过如下尝试:

(一)鼓励提问、质疑

教学实际中,每班总有些胆小、性格内向的学生。他们只学不问,总是担心自己提问的质量,怕问走题了,怕问得太肤浅,怕问得太幼稚,甚至怕言不达意,被教师和同学的笑话,因此他们常常不懂不问,有问不问,想说不说。对这样的学生、攻心为上,教师必须给予他们鼓励和关注,应经常到他们身边去耐心征求问题,哪怕是十分可笑的问题,也要给予热情的引导或解答。一旦这些学生要求发问或答题,就要优先提供机会。教师充分尊重这些学生,长时间坚持,这些学生就会感到老师可亲,消除顾虑,鼓起勇气,积极发问,参与课堂问题的研讨。这些学生的积极参与,对于其他学生也是一种促进,这样“满堂言”的局面就会形成。

(二)于无疑处激疑

小学生往往只停留于对问题表面的理解,只知其然,不知其所以然,培养学生于无疑处质疑能力,能够拓宽学生的思路,有利于进行多向思维训练,激励学生深入读书,加深对课文内容的理解。如《田忌赛马》,当田忌用孙殡的办法取得了第二次赛马胜利时,文章结尾顺理成章地说了一句“还是原来的马,只调换一下出场顺序,就可以转败为胜”,理应无可非议。但是这个“顺序”可以随便调换吗?有没有第二种可以取胜的“顺序”?如果教师此时诱导学生质疑,就能激发学生再一次读书思考,从而更深刻地认识到遇事就要像孙膑那样善于认真地观察问题,科学地分析问题。

(三)于矛盾处质疑

语文教材中有些地方看似矛盾,其实正是表现中心的地方。在阅读教学中培养学生找出这些矛盾处加以质疑有利于促进学生深入理解课文。如《草船借箭》,周瑜既然妒忌诸葛亮的才干,为何不在军中议事时趁机杀了诸葛亮,而偏偏要转弯抹角,用十天造十万支箭的任务来加害于诸葛亮呢?又如《给颜黎明的信》,既然鲁迅先生知道“颜黎明”是个假名字,为什么还仍然热情地给他写了回信呢?

此外,还可以诱导学生对于文章的标点、修辞、表达方法、写作构思等方面进行质疑,让学生在提问、质疑中增强自主学习能力。

培养学生自主学习能力的渠道绝非只有以上几条,方法也绝非永恒不变。书忌耳传,文贵自得,只要把培养学生自主学习能力贯彻在语文教学活动的始终,就能在一定程度上打破传统的“先生教授,学生接受”的被动学习局面,一个极具个性、生动活泼学语文的新局面就会形成。

参考文献

[1] 郭年山.农村小学生自主学习能力培养方法[J].教师博览(科研版),2017(10):66-67.

[2] 李百生,李婧.学生自主学习能力培养之我见[J].课程教育研究,2018(11):208-209.

[3] 鲁得林.小学生自主学习能力培养与实践[J].新课程(上),2018(7):42.

浅谈低年级识字教学方法

淮南市寿县刘岗镇双枣小学　张婷婷

识字，是小学低年级语文教学中的一个重点、难点。很多教育家及教育工作者一直在不断地探索新方法，希望通过他们的努力寻找到一个既便捷又有效的识字教学之路，近年来也涌现出了许多关于识字教学的新方法。在过去四年的教学实践中，我在识字教学的过程中也积累了一些经验，主要从以下几点入手：

一、创设良好的识字情境

在低年级的语文教学中，识字是一项重要的教学内容。在教学中应当创设多种识字情境，引导学生主动认识生字，记住生字，并能够在相应的语境中正确地运用所学的生字。教师应当教会学生通过观察生活和周围的环境来识得生字。生活为我们学习汉字提供了一个宽广的语言空间，汉字的身影也是无处不在。比如：商场超市的名称，商品的名称，物品的标牌，以及在观看电视时，荧屏画面上呈现的汉字。在教学中，只要有一个学生提出生活识字的经历，其他的同学就会相继发表自己的见解。

例如，在认识“庄稼”的时候，我会引导这样引导孩子们：“大家知不知道，农民伯伯的主要工作是什么呢？”很多同学都会说：“播种，种地，种庄稼。”因为我们的学校处于农村，农民伯伯及庄稼是他们在成长中较为熟悉的事物，所以他们会很快地答出“种地，种庄稼”。这时再出示“庄稼”一词，让同学们认读生字，这样学生就会将“庄稼”的字形印在学生的脑海里了。此时可以顺势告诉学生们，农民伯伯在种庄稼时要根据时令进行耕作，在春天播种，这样到秋天才能收获果实。

我们的教室里有一栏“光荣榜”，每月到月底的时候班主任老师会在全班同学的一起讨论下,选出本月在行为,礼仪,姿态,语言和心灵各方面表现优异的同学,将他们的姓名张贴在光荣榜上。因此,同学们对光荣榜的关注度会非常的高。在认识"光荣"一词时,我会借机问同学们,"我们班级里每月表现好的小朋友会受到表彰,他们的姓名会张贴在什么地方啊?"同学们会异口同声地说:"光荣榜上面。"接着,我会问同学们:"你们经常关注光荣榜,谁知道"光荣"应该怎么写的? 很多同学开始努力回忆"光荣"的写法,由此牢记了生字"光荣"的写法。

除了这些方法,每周一下午我还会利用导读课的时间,带领学生学习《中华传统文化导读》,在教学中,让孩子先借助拼音自己拼读文段,这样,不但让学生学会独立阅读,同时还可以让学生在自读中认识了大量的生字。

二、激发识字兴趣

在课堂教学中,我发现识字的方法多种多样,没有固定的模式。任何一种生动有趣的方法,只要对孩子们的识字有利,都值得老师们在教学中采用,不应该加以随意地批判和否定。为了做到"因材施教",针对不同的学生,教师应该采取不同的识字的方法。

(一)猜字谜

字谜是低年级学生比较受欢迎的学习游戏之一,低年级的孩子们常常为字谜中的乐趣所打动,从而记住字形。如在教学"春"时,我给他们出了这样一个字谜:"三个人,晒太阳。"学生们很容易答出是"春"。"对了,是春。春天是一个美好的季节,它已经悄悄地来到了我们的身边,来,我们一起和它打个招呼吧!"学生都会带着快乐的语气大声读出:"春。"接着,我在黑板上写一个"春"字,学生们在本子上临摹一个。

(二)顺口溜

这种方法趣味盎然,顺口溜读起来朗朗上口,深受学生的喜爱。它能够满足低年级孩子的好奇心,激发他们识字的兴趣。尤其在教学一些笔顺繁杂的生字时,我通常会用编顺口溜的方法将字形进行分解,从而帮助学生很好地记忆生字。如:在教学生字"滚"时,我会教学生们这样一个顺口溜:"衣字上下分开,公字悄然进来,加上三点水旁,开水马上滚开。"这样,教学过程会非常轻松愉快,孩子们可以在快乐中学得新知。在教学生字“告”时候,往往会提问学生们:“一口咬掉牛尾巴”等类似这样的顺口溜,帮助孩子们记忆字形。

(三)游戏

根据艾宾浩斯的遗忘曲线,遗忘总是呈现先快后慢的趋势,学生在学习完知识后会立刻出现遗忘现象。因而,学生在学习生字时,往往学得很快,但忘得也会很快。那么老师应该如何帮助学生尽量记牢这些生字呢?通过教学,我发现在生字教学中,最好的方法是带领同学们进入到游戏的国度,边做游戏边记忆生字。如:在学习与春天相关的生字时,我会先给同学们展示一幅美丽的春景图,在看图的同时,我会加以讲解:春天来了,百花盛开,春姑娘迈着轻盈的脚步向我们走来,布谷和燕子也为我们带来了春的喜讯,蝴蝶在百花丛中翩翩起舞,蜜蜂在花海中忙着采蜜。不知不觉中,我已经将学生带入到了春的情境中。接下来我在屏幕上呈现出春天中最有代表性的三种花的图片:梨花,杏花和桃花。先让学生们来认一认这些图片,他们似乎很有办法,先是挑出自己最有把握的答案(白色的是梨花,红色的是桃花,剩下的就是杏花了)。我会对他们的表现进行及时的肯定。接下来,让他们借助拼音拼读这几个生词,然后请几个学生进行拼读,并及时加以正音。这种直观教学结合游戏的方法同样适合其他生词的教学。接下来呈现图片及词语时,同学们便可以很快地拼读出小动物的名称及植物的名称。在整堂课的教学中,孩子们脸上洋溢的笑容足以说明他们喜欢这样的课堂,喜欢这样的学习方式,喜欢在这样的教学游戏中学习。

三、教会识字技巧

(一)帮助学生正视自身的主体地位,激发识字兴趣

俗话说:“兴趣是最好的老师。”做任何事情,有了兴趣,才会有动力,有兴趣才会有发展的潜力,有兴趣才能使我们积极主动。低年级的学生在课堂中比较好动,要想吸引他们的注意力,提高他们的学习兴趣,在教学中必须充分保护和肯定他们的好奇心,只有这样,才能达到良好的教学效果。除此之外,还应该帮助学生变被动识字为主动识字,鼓励学生自主识字,在自主阅读课文时圈出生字在文中所对应的词语,自主拼读。当学生能够正确拼读生字的时候,教师要及时给予肯定和表扬,激发学生的识字兴趣,从而养成学生主动识字的习惯。

(二)用他们熟知的语言进行师生对话,帮助识字

低年级的孩子刚入学时很难快速准确地定位自己的角色,他们的生活及学习经历大多是天真和充满童趣的,面对这样的一个群体,该采用什么的方法,帮助他们尽快进入学习正轨呢?开始,我的心里充满了惶恐,渐渐地,我发现这群孩子,在一起嬉戏玩耍时,他们总会有自己独特的沟通语言,经过一段时间的观察,我开始慢慢地走进他们,走进他们的游戏中,开始懂得他们的语言和习惯,在理解他们的"暗号"后,我会将他们的语言运用到实际的课堂教学中,果真收到意想不到的效果。

(三)在丰富的语言实践活动中帮助学生识字

语文教学内容与实践活动是紧密联系的,且活动形式也是活泼有趣的,在教学中,我尝试用多种实践方式来激发学生的识字兴趣,如:角色扮演,知识类竞赛,文本游戏以及在校内开展户外观察等不同的形式。使得学生在实践中反复练习和巩固生字新词,从而更加牢固地掌握生字。

总之,在低年级的识字教学中,教师应该结合儿童的认知特点及心理发展规律,创设有利于孩子识字的情境,激发他们的识字兴趣,教会他们合适的识字技巧,从而更好地学习生字。同时,也为今后的高年级语文学习打下良好的基础。

数学教学中如何启迪学生思维方向

合肥市肥东县第四中学　赵时菊

在数学教学中，切实地抓好学生思维的训练和培养不仅能将学生的思维活动纳入一定的逻辑轨道，使他们循着一定的思维路线进行正确的思维，而且可以帮助他们克服思维的盲目性，打消思维中的阻碍，有效提高学生的思维素质。本文从数学教学法中如何启迪学生思维的顺向性、逆向性和散向性诸方向加以论述。

一、启发诱导，启迪学生思维的顺向性

顺向思维是直接利用已有的条件，通过概括和推理得出某一正确的结论思维方法。在习题分析中常常是抓住问题的已有条件与结论之间的相互关系，利用顺向思维，探究解题方法。

例如：已知 $x^2-3x+1=0$，求 $\sqrt{x^2-2+\frac{1}{x^2}}$ 的值。

解：$\because x^2-3x+1=0$

$\therefore x\neq 0$

$\therefore x+\frac{1}{x}=3$

$\therefore x^2-2+\frac{1}{x^2}=(x+\frac{1}{x})^2-4=3^2-4=5$

$\therefore \sqrt{x^2-2+\frac{1}{x^2}}=\sqrt{5}$

只要建立已知元素与求知元素之间的相互依存关系，就可以确定解题步骤和计算方法。

二、正逆引导，启迪思维的逆向性

逆向思维是一种突破习惯思维束缚的反向思维方法。它是从问题出发寻求与问题相关的条件，从一个方面起作用的单向联想转化为从两个方面起作用的双向联想的思维方式。如由原例题成立，应该引导到逆例题是否成立；一个恒等式由左边很难推导到右边，引导学生从右边推得左边，或者两边同时地变更形式教学中的分析法，反证法，变更结论法等具有思维得逆向性。

例如：$m(a+b+c)=ma+mb+mc$

$\therefore ma+mb+mc=m(a+b+c)$

三、变通思路，启迪思维的散向性

思维的散向性是思维分散于不同的方向，即从不同的角度、方向、侧面去思考。掌握思维的散向性能够促进思维敏捷、思路开阔，思维的散向性具有产生多种新颖设想的能力，应用题的一题多解；运算公式的多种变形，公式的基本变形，推广变形，反向变形，增繁变形等。

当学生明确了解题的多种方向，无疑对正确解答是有好处的。一旦向某个方向去解题时思维得到阻碍，马上转换另一方向。例如：

已知$\frac{x}{x^2+1}=\frac{1}{3}$，且$x>0$，求$x\sqrt{\frac{x}{x^6+1}}$的值。

解：$\because x>0,\frac{x}{x^2+1}=\frac{1}{3}$

$\therefore \frac{x^2-1}{x}=3, x+\frac{1}{x}=3$

$\therefore x^2+\frac{1}{x^2}=(x+\frac{1}{x})^2-2=7$

又$x\sqrt{\frac{x}{x^6+1}}=\sqrt{\frac{x^3}{x^6+1}}$

$\therefore \frac{x^6+1}{x^3}=x^3+\frac{1}{x^3}=(x+\frac{1}{x})(x^2+\frac{1}{x^2}-1)=3*(7-1)=18$

$\therefore$原式$=\sqrt{\frac{1}{18}}=\frac{\sqrt{2}}{6}$

四、加强类比启迪思维的横向性

类比是让学生从两个对象类似之处的比较之中，提出新的命题。方法如：方程形势类比到不等式形式、数和形类比（我们既可通过与“形”的比较推测“数”的有关性质，又可以通过与“数”的比较去推测“形”的有关性质等等）。

五、重视归纳启迪思维的纵向性

归纳是让学生在解决教师专门设计的一些具体的特殊总是以后，归纳抽象出一般问题，是人们认识客观法则的方法之一。教材中从具体数字抽象成代数字母；从不同的对应法则抽象成函数关系式；从具体的实践问题抽象归纳为“模型”，从而产生了模型数学，模型思维等等。注意到跷跷板纵向法，若干结论螺旋式纵向法，在纵向前进的同时，要求学生掌握“退”的解题策略，华罗庚说过，善于“退”足够“退”，“退”到最原始而不失重要性的地方是学好数学的一个诀窍。

六、善于观察猜想，启迪思维的跃向性

任何发明创造总是以猜想、假设为先导的。教师应首先教给学生猜想途径：即各种解题思路；猜想方法：在解题中常常猜想出合理的方法；猜想结论：解题的结论常常需要猜想，关于求定值、定向、定点等问题，猜想的结果必是一个常量。

教师的每一堂课，必须体现以教师为主导，学生为主体，充分挖掘教材内在因素启迪学生的思维。

七、巧用“错误”，启迪思维的曲向性

当代最具有影响的科学哲学权威卡尔·波普尔说过“避免错误是一种可怜的愿望”。在学生具有不同的思维方向去思考问题时，往往出现种种错误。教师应怎样正确看待错误，利用这种错误，思维的曲向性是教学的一种重要手段，心理学研究表明：刺激能够引起人的大脑兴奋，增强记忆。课堂上利用“错误”不仅是一种刺激的手段，而且能够使学生解题思维得到严谨。

八、构造反例,增强思维的跃向性

培养思维跃向性,既然对现成知识永不满足,对别人的结论不轻信,那么就要有充分的理由,构造相应的反例。

综上所述,经常在教学中启迪学生的思维,学生思维水平就会逐步提高,学习效果也会明显增强,思维素质对于教学过程而言,就是一个思维的“发散——收敛——发散”的过程。至于各阶段的比例如何乃是我们今后研究的课题,愿与同行们共同探讨,不妥之处望不吝指教。

参考文献

[1] 陈艺菊.把握教材的特点,更新教学策略——谈谈小学数学第七册的一些做法[J].数学学习与研究,2009(13):46.

[2] 张春霞.群读类学的教学策略初探[J].小学教学参考,2018(31):10-11.

[3] 徐静静.培养好学善问的教学策略[J].汉字文化,2017(23):55-56.

浅谈如何引导农村中学的学生写好作文

淮南市寿县金钥匙希望学校　周登刚

一、农村学生写作遇到的问题

学生的生活是丰富多彩的，农村的环境也越来越好，这些本来是学生作文的好素材。可是，在教学实践中，我们发现学生一写作文就觉得无话可讲，无事可写。我想最主要的原因还是，农村很多学生的家长常年在外，甚至只有过年才回来几天，离多聚少。学生从小就没有养成良好的阅读习惯，到了小学，才开始接触文章，缺乏适合阅读的课外书籍来源。文章读的少，词汇积累的自然也就少，所以无法形容心中所想所见，也不会观察生活。

农村的学生普遍存在的作文语言贫乏的问题，语言主要靠课外阅读来积累。由于农村的条件限制，农村学生几乎没有获取书籍的渠道，课外阅读的量少导致学生语言贫乏。

教师要利用农村的美丽风光，朴素的农民，激发学生的兴趣，端正学生写作的态度，引导学生写自己的生活，教会学生观察人物的方法。

二、引导学生作文写农村的人、物、景

我们的同学拿到作文题目后，苦思冥想，也搜罗不出来一两件材料可用，更不要说材料符不符合题意，是否典型了。在生活中如果不去做一个善于观察的有心人，许多有用的材料就会从自己笔尖下溜走，写起文章来必然笔重千斤。作为一名农村的语文教师，我们要因地制宜，引导学生留心观察农村的人、物、景。如果我要写一个人，首先就要确定我们要观察的对象，然后观察人物的外貌（肖像、言谈、举止）。当然农村学生身边的人大多从事农业劳动生产工作，所以肯定和城市人有明显的差异，这些不同，往往就是农民的特点，如“大大咧咧

地笑，扯着嗓子谈论，说到庄稼地就像一位教授在讲课，滔滔不绝。”等等。当我们把这些记录下来，不就是一个典型的农民形象吗？如果非要农村的孩子写一个工人，大游乐场，科技馆，学生必然会失去写作的信心，没见过的人、物、景，学生无法提笔来写。即使写了，也是编造的多，不利于学生养成良好的写作习惯。农村的学生虽然没有公园，但有一望无际的田野；虽然我们没有游乐场，但有小溪、小树林、田埂地头；虽然没有科技馆，但有大地的科学、庄稼的知识、各种捕捉鸟雀鱼虾的技巧。春天来了，我要让孩子们踩一踩刚解冻的大地，看一看柳枝抽芽，闻一闻金黄的油菜花，扑一扑蝴蝶。夏天到了，我要让学生听一听白杨树的演奏，看一看风吹麦浪。秋天来了，观看家人收割庄稼的场景，听长辈们说说丰收的喜悦，仰望没有城市灯光污染的纯净的星空，让学生画一画灯笼一样的柿子。冬天，我要和学生们一起看雪景，打雪仗，堆雪人。要求学生把这些观察到的全都记在日记里。曹文轩的《草房子》中有一批栩栩如生的人物，他们当中有孩子，也有大人，他们每一个人都有各自的特点，这些人物都以各自的方式在这个舞台上扮演着自己的角色，演绎着一幕又一幕悲剧、喜剧。我相信，通过长期的积累，学生一定也能写出有特色的文章来。

所以，我们要有意识的将学生的目光引向农村的生活，引向学生们熟悉的生活，让学生随时随地的观察自己熟悉的世界，这有助于帮助学生获取写作材料。

三、引导学生丰富作文语言

一篇好的作文，骨架再好，灵魂再美，离开了优美的语言，文章也显得苍白无力，读来平淡无味，词语的匮乏是许多学生害怕写作文的一个重要原因。为了帮助学生解决词语匮乏的问题，使学生消除害怕写作的心理，就必须引导学生多积累作文语言。让学生写作时，能用合适的词句来表达自己所见、所闻、所想。

（一）多挖掘课文

课文是我们学习的范文，也是我们积累写作素材的重要途径，课本中选取的作品均是名家优秀的文章，他们的文章往往语言优美，手法多样，涉及面广，不仅有大量的成语典故，还有地理、天文、物理等各种学科里面的知识。所以，要引导学生多挖掘现有课文中的词语。

(二)多读课外书

有的同学,认为学习语文,就是把课本反复看就可以了。其实,课本只是例文,学了一篇文章后,应当广泛阅读其他文章。广泛的阅读,可以接触大量的优秀词句,在阅读课外书籍时,要引导学生多背,多摘抄。时间一长,就会在写作文选择词语的上游刃有余,信手拈来,再也不会用一些模糊性的词语。

(三)多组织口语交际活动

积累了大量的词语,不代表学生就能写出语言优美的作文。许多老师都会在课前几分钟,让学生读读优美的小文章。这还是停留在词语积累的层面。我们要积极组织学生进行口语交际活动,给学生运用词语的舞台。让学生在说话中,正确使用词语。鼓励学生勇于说出自己的所见所想。并将这些记录成文。叶圣陶先生曾经说过:"习作的自然顺序应该是:我认识事物,心中有感,感情的波澜冲击着我,我有话想说的愿望,便丞想倾吐,于是文章就诞生了。"一个乐于表达自己想法的学生在写作文时,真情自然会流露在文章里,这样就会让平时积累的词语发挥最好作用。

四、引导学生修改作文

学生认为写作的过程就是选题、构思、选材、成文的过程。其实还少了一个环节:修改。鲁迅先生说过:"写完后至少看两遍,竭力将可有可无的字、句、段删去,毫不可惜。"叶圣陶也强调修改:"写完了一篇东西,看几遍,修改修改,然后算数,这是好习惯。"古往今来,凡是文章写得好的作家,无不注意修改自己的文章。可见,修改对于写作非常重要。

(一)修改是什么

我们根据命题,以及自己的立意写出文章来。可是,这时的文章稿子只不过是未经上釉着色的土坯。只有经过淬火般的修改,方能称得上作品。我们要将这"土坯"进行思路的推敲、句子的调整、引用诗词的核实、不足的增补、多余的删去,直到我们觉得完美为止。郑燮《词钞自序》云"为文须千斟万酌,以求一是",讲的就是这个道理。

（二）如何修改

首先，我们要看主题立意是否紧贴题意。中学生习作，一般就是命题作文、半命题作文和材料作文。虽然命题方式不同，但是一旦题目拟定，我们构思立意也就大致明确了方向。我们修改时，首先要看的就是文章的主题是否明确，如果立意与题目太远，就需要重新构思，或者重写。如果立意符合，则要看看选择的材料是否典型，新材料要有方法说，旧材料要新切入。充实的材料可以丰富文章的内容。最后，我们要看看文章的结构和词句。结构也是文章的谋篇布局，即文章内容的组织安排，一篇文章文辞再好，主题再鲜明，如果文章杂乱无章，会严重影响文章主体思想的表达。词句的修改主要集中在修改词句搭配不当，词语乱用等方面。

五、引导学生互相批改

（一）如何练习修改

我们可以多进行片段练习。这样就可以在一堂课上既练习习作，又练习修改文章。我在作文课上，首先进行片段的仿写，或者是命题习作。写好后，让学生分成小组活动，每组选择一篇进行修改。各小组先默读文章，按照主题、立意、材料等方面依次进行修改练习。

（二）让学生会改作文

好的作文都是改出来，教师可以指导学生养成在写完作文后修改作文的习惯。读一读，看看是否符合题意，中心是否明确，语句是否通顺，有没有错字、别字、漏字。

（三）让学生互相批改作文

作文课上，要经常开展作文朗读和作文互评互批。学生在批改别人的作文时，首先要通读全文，勾出错了的字词句。然后要精读一次，做好旁批眉批。最后要再读一遍，思考文章总的评价。

参考文献

[1] 姚友良.基于写作关键能力谈写作教学的改变[J].中学语文(教学大参考),2018(25):40-43.

[2] 高宇.浅谈中学生写作能力的培养[J].基础教育论坛,2017(11):59-60.

[3] 梁沛红.提高农村中学生写作能力探究[J].珠江教育论坛,2012(1):62-63,69.

如何上好音乐欣赏课

淮南市潘集区泥河中学　朱　红

一、学生对音乐欣赏课的态度和看法

为了更清楚了解学生对音乐欣赏课的态度和看法，我对自己班学生进行了简单的调查，调查总人数为52人，结果如下：

（一）是否喜欢音乐欣赏课？

选　项	喜欢	不喜欢	无所谓
人　数	36	6	10
百分率	69.2%	11.5%	19.3%

（二）你能否说出三部以上音乐作品？

选　项	能	不能
人　数	30	22
百分率	57.7%	42.3%

（三）学生希望老师怎样讲解音乐作品？

选　项	详讲	略讲	不讲
人　数	32	16	4
百分率	61.5%	30.8%	7.7%

（四）音乐是否对你的生活有影响？

选　项	有	没有	不好说
人　数	28	15	9
百分率	53.8%	28.9%	17.3%

（五）对音乐欣赏课你认为学校应该一周设几节课？

选　项	一节	二节	三节
人　数	7	30	15
百分率	13.5%	57.7%	28.8%

从调查的结果来看，大部分学生对音乐作品比较喜欢，他们认为开设音乐欣赏课是应该的，也是必要的。究其原因主要是这类题材都有一个感人的故事，音乐也都写得很美且很有个性。另外，教师对于作品所涉及的故事应该予以详细的讲解以便学生理解音乐。更有学生认为音乐越来越为人们所重视，对生活有一定影响，并且随着生活水平的不断提高，音乐也将越来越为人们喜欢。

二、音乐教师应该如何讲解音乐作品

作为音乐老师，应如何讲音乐作品呢？其实在上这类欣赏课时，我们可以找一些具有典型性，又被大多数人所熟悉的音乐作品，有针对性地进行欣赏和教育，所以我选了《梁山伯与祝英台》这部作品。在上欣赏课时，我们应根据作品题材的不同、风格的不同甚至作品的写作手法的不同，去分析作品。下面，我就说说自己的一些看法。

首先，音乐教师对《梁山伯与祝英台》这部爱情题材的音乐作品要有正确的认识和看法。

爱情是人类进入文明的一个重要标志。作为人类文明的结晶——音乐艺术当然不可能不涉及爱情 。可以说，自从产生了音乐艺术，便有了爱情题材的音乐作品，甚至可以说，是人类爱情的火花激起了人类创造音乐的灵感，燃起了人类音乐艺术的熊熊烈火。千百年来，在人类不懈的努力下，音乐艺术不断走向辉煌，爱情起着举足轻重的作用，爱情题材在众多题材中始终处于一个重要的位置。

人类文明发展到今天，音乐艺术已经渗透人们生活的各个方面中，成为人类生活的重要组成部分，缺少了音乐，人们的生活就会索然无味。可以毫不夸张地说，没有音乐的生活就不是完整的，而音乐缺少了爱情题材作品，也就失去了它应有的光彩。

现行音乐教学大纲，把音乐课定位于“音乐欣赏”。既然是欣赏课，就必须广泛接触音乐作品，而爱情题材的作品则是必不可少的。在这方面，不光是音乐课，其他如美术，语文课中爱情题材的作品也都占了相当大的比例。所以说，音乐教材选取爱情题材作品是正常的，也是必要的。

其次，音乐教师应对自己的教学对象有正确的估计和评价。

由于学生在心理与生理上都已基本成熟，因而他们的学习兴趣具有一定的广泛性和深刻性，在学习过程中又具有独立性和自觉性。他们不仅喜欢学习课本中的知识，也喜欢自主阅读一些课外参考书和有关的报纸杂志、经典名著等，看电视节目也有一定的选择。在广泛接触各种媒体的同时，他们还喜欢深入地去思考和探讨各种问题。

由于生理和心理方面的原因，他们对爱情题材方面的话题比较敏感，作为教师我们要正视客观现实，从学生实际情况出发，在讲解爱情题材作品时应以一个朋友的身份同学生一起平等探讨，切忌过多的说教。要引导学生把注意力集中到艺术与音乐方面，并且相信学生的自制能力与鉴别能力，不必担心学生学了爱情题材的作品就会去早恋。相反，如果我们不能给他们提供高雅的爱情题材作品，不能给他们以正确的引导，他们反而可能会误入歧途，进而迷恋一些庸俗的甚至是低级的音乐作品。

第三，对爱情题材的音乐作品要敢讲、会讲、讲透、讲好。

既然课本内容选择了爱情题材的作品，学生们对爱情题材作品也普遍持欢迎态度，那么，作为音乐教师，我们就应该努力把它们讲好。怎么样才能讲好？笔者认为除了上好音乐欣赏课所应做好的一般工作之外，讲好爱情题材作品还应着重注意两点：

一要以音乐为本。首先要明确爱情题材作品同其他题材的音乐作品一样，都是音乐作品，而其中的爱情故事只是为音乐创作提供一个思路。也就是说音乐是主要的，爱情故事是从属于音乐的。

以小提琴协奏曲《梁山伯与祝英台》的呈示部为例：

《梁山伯与祝英台》的呈示部严格按照奏鸣曲式的格式写成，即主部——连接部——副部——结束部，前面加有简短的引子。主部主题为G大调，副主部为主部主题的属调即D大调。

引子部分表现了江南水乡的秀丽风光，人们为这喝彩叫绝的是长笛的华彩乐句。主部主题为爱情主题，表现了“梁祝”草桥结义、相敬相爱的情景。副部主题表现“梁祝”三年的同窗生活。然而给人们留下深刻印象的是主部那富有民间风格，优美而深情的旋律和副部那充满生活气息，活泼而欢快的旋律。连接部则纯属小提琴技巧的表现，几乎与故事无关。在结束部中“梁祝”分别时的描写虽然细致入微，“梁祝”的“对话”也很有特色，但毕竟也是通过深情与压抑的旋律来表现的，人们的注意力仍然在音乐上。至于“梁祝”是怎样分的手，分手前到底说了些什么则完全靠个人对音乐的理解。

综合以上，我认为在讲解这部作品时，应该多一些欣赏，少一些说教。音乐是一种情感艺术和美的享受，学生一旦对某一作品有了兴趣，学习音乐知识也就有了动力，这远比单纯讲解乐理要事半功倍，比如学生大多喜爱《梁山伯与祝英台》，在欣赏期间插入“协奏曲”“奏鸣曲”“回旋曲式”等术语的讲解，学生更乐于接受。并且教师也很轻松地将乐理方面的知识灌输给学生，通过直观的旋律和曲式结构，加深学生印象。

所以说，我们在讲爱情题材作品时应以音乐为本，把音乐作品讲清楚。

二以故事情节为线索，帮助学生理解音乐。我们在讲爱情题材作品时，要多做些准备工作，找参考、查资料，力争把作品表达的故事情节搞清楚，把作曲家的创作背景弄明白。在此基础上，我们可以以故事情节为线索，用故事情节在学生和作品之间搭起一座桥梁，帮助学生更好地理解音乐。在讲主人公的爱情故事的时候，我们应向学生指出，高尚、纯真的爱情是我们应该歌颂与赞美的。

明确了上述两点后，我在上这节欣赏课之前，做了大量的收集工作。而在上课之前让学生也去收集有关“梁祝”的资料以备上课之用。这样教师与学生就有了互动，在讲解时更加轻松。在上欣赏课时，首先要学生了解这部音乐作品的背景，对作品进行简单的分析，如不同阶段音乐节奏的变化，时而欢快，时而凄凉，不同乐器出现时所奏出的不同音乐又表现了人物怎样的心理状态。

从感性上去感受音乐、感受梁祝二人的纯真的爱情，再以故事情节为线索一步步深入，当大提琴猛地加入时，仿佛封建势力的那种压迫。这就要学生引导用理性的思维结合当时的社会背景去思考这种爱情的可贵与至死不渝，从而以纯真的爱情去反衬黑暗的封建社会和封建礼教的残酷，教育学生珍惜美好的生活，为明天生活的美好而努力。这样，通过对爱情题材音乐作品的欣赏同样能够起到正面教育学生，正确引导学生的目的。

总之，我们在讲解爱情题材作品时，既要克服保守思想，做到敢于讲，又要注意把握分寸，把学生的注意力引导到音乐方面来，做到善于讲。这样，我们既能使学生欣赏了音乐作品，拓宽了学生的视野，又陶冶了学生的情操，使他们树立起高尚的爱情观，从而很好地完成教学任务。

通过这节欣赏课，我感触颇多，明白了作为音乐教师要想上好欣赏课，不光让学生去欣赏作品聆听优美的旋律，还要让学生从音乐故事中明白一些道理。教师应当提高自己的音乐素养，扩展自己的音乐知识面，既要懂音乐，还要懂教育，从而树立正确的审美观和价值观。

而作为教师，对音乐欣赏课应注意以下几点：第一，多一些情趣，少一些枯燥。音乐虽然是学生喜欢的课，在教学中，同样需要教师挖掘情趣于教学之中。第二，多一些综合，少一些单一。音乐是一门综合性艺术，它与美术、舞蹈、戏剧、影视等姊妹艺术有着千丝万缕的关系。第三，多一些开放，少一些封闭。随着时代的发展，社会的进步，音乐教育也在发生着变化，作为教师要打开思路，积极探索当前的教育思想理念，不能回避有关爱情题材的音乐作品。第四，多一些创造，少一些"填鸭"。创新是一个民族发展的灵魂，音乐教育也需创新，有创新才能有发展。在音乐教学中，要给学生多一些创造的机会。

参考文献

[1] 董堂星.当前高中《音乐鉴赏》教学的几点思考[J].音乐大观，2011(10)：135.

[2] 李丰意.音乐鉴赏教学存在的问题及解决策略[J].教学与管理，2011(6)：140-141.

[3] 张波.试论高中音乐鉴赏教学的创新性[J].儿童音乐，2011(3)：43-45.

城中小学留守儿童家庭教育存在的问题及对策研究

淮南市寿县寿春镇城中小学　鲍金阳

没有家庭教育的学校教育和没有学校教育的家庭教育，都不可能完成培养人这一极其细致而复杂的任务。这表明家庭教育在孩子的成长过程中是不可或缺的。父母是孩子的第一任老师，在家庭教育中扮演着不可替代的角色。但是随着劳动力的加速流动，出现越来越多的留守儿童。

一、"留守儿童"概念的提出

留守儿童，是指父母双方或一方到外地打工，留在原本生活的地方的孩子们。他们大多不满16周岁，与自己的父亲或母亲中的一人，或者与上辈亲人，或者与父母亲的其他亲戚、朋友一起生活，有的甚至独自生活。

"留守儿童"一词最早出现在1994年。随着我国经济社会的快速发展，务工的农民越来越多。大部分农民工不得不把子女留在农村，导致了大量留守儿童的出现。到2004年，留守儿童已是一个非常庞大的社会群体，引起了社会和国家的广泛关注与重视。

二、"留守儿童"的家庭教育

（一）父母和代理监护人存在家庭教育意识薄弱、文化水平偏低的现象

通过访谈可以看出，年轻父母教育意识薄弱，或者家长虽然知道家庭教育的重要，但为了生活不得不外出打工；还有父母离异造成孩子只能跟随祖辈生活。通过对代理监护人的访谈，可以看出代理监护人的责任意识不强或没有意识到自己在留守儿童成长过程中的重要性。他们认为孩子的成长成才主要取决于孩子自己和老师。同时留守儿童的委托监护人可能存在重男轻女思想，在

教育投入上大多男孩比女孩多。

留守儿童的教育中存在以下问题:监护人教育的方式很随意,监护人教育水平较低,监护人教育精力不足。父母不在身边造成家庭内部结构的改变,代理监护人与留守儿童在教育过程中产生的矛盾,这些都会给孩子成长带来影响。父母和孩子之间的关系疏远,孩子情感依恋和安全感的缺失,都会给留守儿童生理和心理的顺利发展带来很大的负面影响,从而阻碍留守儿童各方面的成长。长期下去,就使得留守儿童在生活上得不到应有的关怀,学习上得不到正确的指导,良好的习惯不能养成,所以学习成绩会下滑,更有甚者会误入歧途。

父母和代理监护人大都是初中以下文化水平,祖辈监护的文化水平普遍更低,有的甚至没有接受过学校教育。这样的家庭环境对留守儿童的成长也会产生不利影响。例如,日常的行为习惯和正确的安全知识等方面的教育。

(二)父母和代理监护人家庭教育方式存在的问题

笔者通过对留守儿童父母及代理监护人家庭教育方式进行了调查,其调查结果如表1所示:

表1　关于留守儿童父母以及代理监护人家庭教育方式的调查表

父母以及代理监护人家庭教育方式	选择人数(人)	所占比重
命令式	93	58.13%
平等式	28	17.50%
哀求式	39	24.37%

从家庭教育方式的调查情况看,父母及代理监护人在家庭教育方式过程中,他们要么把自己的位置放得过高,过于威严,要么把自己的位置放得太低,过于宠爱孩子。只有父母及代理监护人和孩子双方处于平等时沟通才能达到最佳的教育效果。极端的教育方式不利于双方融洽的沟通,也不利于留守儿童的成长。

(三)父母和代理监护人家庭教育内容失衡

在家庭教育活动中,家庭教育内容至关重要。除了父母和代理监护人的教育素质、教育方式之外，在家庭教育活动中，如果没有安排合理的家庭教育内容，那么整个家庭教育也是缺少核心的，会沦为没有灵魂的家庭教育。正是由于父母及其代理监护人存在以上的局限性，才使得家庭教育过程中的教育内容出现了失衡的局面。

1.重“智教”轻“德教”

留守儿童的父母更多的是关心孩子的学习成绩和日常生活，而对于孩子的内心世界的关心则较少，个别留守儿童父母及其代理监护人忽视了孩子良好行为习惯、优良品德和健全人格的培养，不注重对留守儿童进行道德方面的教育。忽视道德教育的重要性，不利于儿童形成自尊、自爱的完善人格，不利于留守儿童社会道德的形成。这样当孩子面对生活中各种问题时就不能明辨是非，容易走向道德败坏的深渊。

2.重“物质”轻“内心”

父母和代理监护人对孩子内心世界的关心、亲子或者长幼之间的沟通时间很少，他们更关心的是孩子物质生活，给钱给物，对孩子的精神世界和心理世界关心很匮乏。这样会造成留守儿童不能形成正确的人生观、价值观、世界观，对自己的未来没有明确的理想目标，自我认同感混乱，甚至产生严重的心理问题。

三、“留守儿童”走出家庭教育困境的对策

（一）学校教育方面

学校教育是影响留守儿童成长的主渠道，学校应该努力与家庭教育、社会教育形成合力，促进留守儿童的健康发展。我所在的学校成立了“留守儿童之家”“家长学校”和“心理咨询室”，在少先队开展的活动中促进学生成长。主要做法如下：①积极贯彻落实《少先队辅导员工作纲要（试行）》内容，我校德育领导组对中队辅导员进行培训，帮助中队辅导员了解《少先队辅导员工作纲要（试行）》的主要内容、基本要求和实施方法。②认真开展阵地建设，认真抓好少先队黑板报、红领巾广播站、国旗下讲话宣传阵地建设。红领巾广播站每周播送《中小学生日常行为规范》、时事、好人好事、安全卫生常识、生命健康知识。我校广播站中的“阳光之声”，深受留守儿童的喜欢。③抓主题活动的开展。我校每学期组织学生前往寿县博物馆、文化馆参观，让留守儿童们置身浓厚的古城文化氛围中，增强热爱历史文化古城的情感；组织队员以“我看家乡新变化”为

主题开展绘画比赛；召开“我心中的祖国”主题队会，同学们通过一首歌、一篇朗诵、一段小品表演歌颂祖国的伟大成就；组织“感恩小队”深入“寿县光荣院”为院内公寓打扫卫生。我校留守儿童占学生总数的三分之一，我们在班级开展“手拉手关爱留守儿童行动”，我校引导同班的同学与留守儿童“手拉手”结为伙伴，为孩子之间的交流搭起桥梁，使留守儿童感受到了集体的温暖。给父母写一封汇报信，打一次亲情电话，结一个“手拉手”好伙伴等活动的开展，培养了留守儿童自主发展，独立生存的能力。:④办好家长学校。学校充分利用“家长学校”对家长及监护人进行教育，提高他们对教育的认识。通过一些活动有针对性地帮助家长和监护人更新教育观念和方法。特别注意与家长的联系沟通，使他们明白家庭也要重视留守儿童的感恩教育等非智力因素的教育，注重全面的教育培养，养成良好的习惯、性格、品质，积极配合学校做好教育孩子的工作。

（二）社会教育方面

在乡镇、社区分级建立“留守儿童活动之家”，并配备专职、兼职人员，招募爱心工作者，吸引热心公益事业的人士，寻求更多的志愿者加入。一方面巩固已有的关爱活动、扩大关爱活动覆盖面及影响力；另一方面，在社区建立留守儿童活动之家，主要承担本区域留守儿童的校外文体活动、家长的家庭教育指导、学校沟通等任务，力求连接家庭、学校、社区，构建“三位一体”教育关护网络的有效平台。

选派关心青少年工作，具有公益心和儿童教育经验的社会人士指导基层留守儿童工作。在对留守儿童比较集中的社区，可以设置留守儿童社会工作公益岗，招聘专业社会工作者作为儿童社工，针对留守儿童的特殊情况开展相应活动，并且锻炼志愿者的专业技能。

参考文献

[1] 李天燕.家庭教育学[M].上海：复旦大学出版社，2009.

[2] 刘正芳.留守儿童与流动儿童家庭教育面临困境的差异[J].知识经济，2015(3)：55.

[3] 刘丽丽.浅析农村留守儿童道德存在的问题以及对策.[D].太原：山西

财经大学,2012.

[4] 陈晓霞.留守儿童家庭教育问题研究——以黑龙江省N镇为个案[D].长春:东北师范大学,2011.

浅谈农村小学数学课程资源的开发和利用

合肥市肥东县众兴学区中心学校　陈晓燕

数学课程资源是指应用于教与学活动中的各种资源,随着课程的改革,课程资源越来越受到教师关注。但是农村教师受传统观念的影响,在课程资源开发和利用上还存在误区,认为农村信息闭塞、资源匮乏,没有资源可利用。因此,农村教师有必要在小学数学课程资源开发和利用上投入更多精力以提高教学效率。

一、农村教师的课程资源意识

(一)意识单一

农村小学教师大多依靠指定的教材资源,教材怎么设置教师就怎么设计教学过程,不进行挖掘和创新,这导致了学生只能掌握课本知识,遇到灵活的题目时不能及时应变。

(二)能力欠缺

好的教学来自教师的个性和整体性。优秀的教师必须认识自我,有自己独立的教学思想和意识,不随波逐流,人云亦云。为什么现在很多教师难以改变灌输式的教学方式,最重要的原因是当初他们学习也是通过这种方法获得知识,他们不知道这些原理、概念、知识得出的过程,也不知道这些知识与实际生活到底有什么样的联系,所以很多教师只能以同样的方式将自己的知识灌输到学生头脑当中,除了教材,教师也无法给予学生更多的东西。

（三）主体意识不明显

农村教师认为数学课程资源的开发和利用应以专家和学者为主体，其次一些教师习惯于被动接受和在既定教学内容的框架内展开教学，一时不能适应新的教学模式，课程资源开发和创新的意识普遍缺乏。

二、农村小学课程资源的开发和利用

（一）生活资源

数学来源于生活，又服务于生活，数学素养之一是培养学生的数感。小学的第一学段，在运用数及适当的度量单位描述现实生活的简单现象，以及对运算结果进行估计的过程中，发展数感。那么在生活中有很多课程资源就需要我们教师去观察发现和利用。

1. 学生生活经验资源

教师合理利用和开发，利用学生一些生活中的经验，将会使学生更加容易掌握数学知识。在教学一年级“元、角、分”换算时利用学生喜欢购买东西的生活经验，我把课堂变成了超市，把本来抽象的元、角、分知识，转化为生活中的购物场景。值得一提的是本班有一位学习不好不爱发言的学生，在这次课堂表现中都非常积极，原因是这位学生家长是开超市的，她平时就经常与人民币打交道，在这次的学习中利用自己的生活经验出色完成了学习任务。教师让学生既能在轻松的环境中完成学习任务又感觉到数学在我们生活中的作用。

2. 身边生活资源

身边的生活资源比比皆是，作为一名教师我们要用心去观察，合理去利用。比如通过教学综合实践活动“算算我家的开支”让学生自己亲历调查、收集数据的过程。这些实践活动不仅让学生懂得珍惜父母的劳动成果，养成勤俭节约的良好习惯，同时也体现了课标中强调的数学课程内容的选择要贴近学生的实际，有利于学生体验思考与探索。

（二）教材资源

教材只是为了达到教学目标可供利用的课程资源之一，教师要学会创造性地使用教材，充分发挥教材作用，才能使我们的数学课堂更加精彩和充满活力。

1. 灵活运用教材资源

教师不要拘泥于教材，而要站到一定的高度，对教材进行一定的改造，在教学过程中根据学生的实际情况和自己的个性化理解，围绕教学目标的落实，进行课程内容的动态生成与重建，如数学人教版二年级上册“7的乘法口诀”一课，教材中的情境有七巧板玩具，但农村小孩大多没有用过，于是我把情境图改成一个星期有多少天的日历形式出现，内容贴近学生生活，学生易于理解和记忆。

2. 教材资源与其他学科资源整合

事物之间都有着相互联系，各学科之间也是一样，有效地整合其他学科的知识为数学所用是数学课程资源必须关注的问题。如教学计量单位中的“长度”单位时，学生对千米和米的长度意识薄弱，虽然知道城市之间距离通常用千米表示，但在填长江是6300千米还是6300米时，大多学生填了米，这时我就把数学教材资源与其他学科资源进行整合，通过播放介绍长江的视频，让学生感受长江的壮观，同时利用地理学科资源让学生知道长江跨越的省份城市，学生借助其他学科的知识明确了“千米”的概念。

（三）媒体中的数学教学资源

电视、广播、报纸杂志等媒体提供了许多有意义的问题，广大教师要充分从中挖掘适合学生学习的材料。如在执教“折线统计图”这节课时，我让学生观察中国出生人口和死亡人口这幅折线统计图，让学生预测未来人口的发展趋势，学生的回答精彩纷呈。有的学生回答由于二胎政策的放开，医疗条件的提高，未来人口必将增长；有的学生认为中国人口已迈入老年化，加上环境的恶化，中国未来人口必将减少。学生所依靠的理论依据都来自电视、报刊等，学生将这些媒体资源进行整合，成了自己的数学学习资源，同时充分发挥了想象。

（四）教学现场资源

课堂教学是动态发展的过程，这个过程既有章可循，又有不可预测性。良好的教学设计犹如军事家运筹帷幄之中，能决胜千里之外。作为一名教师要想驾驭课堂，平时应多积累教学现场资源。

1. 学生是现场教学资源的建设者

好的课程是由教师和学生共同创造的，归根结底只有学生才是课堂学习真正的主人。如教学“长方形周长”这节课时，我首先和学生探讨了周长的意义，接下来我让学生计算身边某一长方形物体周长，把课堂交给了学生，学生从对身边长方形物体选择、测量、记录，课堂气氛异常活跃，他们不仅是课堂学习的参与者，也是课程资源的建设者。

2. 教学现场的错误资源

人非圣贤，孰能无过。而学生作为知识的初学者，发生错误是不可避免的，这就需要我们教师把学生错误的资源进行收集，对错误进行转化是提高数学能力与学习成绩的重要途径。如教学四则运算时很多学生将“56+48-56+48”的结果算为“0”，教师应当提醒学生做题目之前应观察运算顺序和运算符号，教学现场的错误资源也能培养学生认真审题、细心计算的良好习惯。

三、提高农村教师开发课程资源的能力

（一）强化课程资源开发意识

课程资源的开发是我们每位农村教师应关注并努力实践的工作，合理地对数学课程资源开发将有助于我们的教学，有助于学生对知识的获取。

（二）积极参加各类学习和科研活动

一切实践都是以理论为基础的，没有理论为依据，一切实践都是空谈。教师作为开发和利用资源的主体必然要身体力行、后思后行，要有完备的理论知识基础才能合理开发和利用资源。学校举办的各类培训应积极参加，集百家之长以提高自身知识能力水平。

作为新时代的教师，教学资源的挖掘不能仅限课堂之中，要有探索研究相关因素的能力。开发数学课程资源需要教师有较强的研究能力，多参与科研活动有助于教师提高科研能力，全面提升自身素质，成为一个优秀的教育工作者。

总之，对数学课程资源加以开发和利用是新课程给我们的一项重要任务，我相信只要广大农村教师坚定信念、善于发现、善于研究，农村小学数学课堂必将绚丽多彩，更具生命力。

参考文献

[1] 廖翠莲.浅谈农村小学数学课程资源的开发[J].广西教育,2012(13):17.

[2] 季弘群.浅谈农村小学数学学科教学资源的开发与应用[J].文理导航(下旬),2013(10):22.

[3] 帕克·帕尔默.教学勇气——漫步教师心灵[M].吴国珍,译.上海:华东师范大学出版社,2005.

与“猫”一起玩创客

——浅谈信息技术课中“编程猫”的教学体会

合肥市肥东县教育体育局　程晓敏

人们普遍认为，小孩子的智力水平无法理解编程这样深奥的问题，实际上这种想法完全不符合语言学习理论。大量研究表明，大脑在年轻时更易习得语言，所以孩子越小的时候开始学外语越好，这也是为什么很多家长呼吁幼儿园引入英语课，他们希望自己的孩子在一门核心语言的学习上尽可能赢在起跑线。可家长没想到的是，那些让孩子们迅速掌握语言的大脑机制，也能让他们快速学会编程技能。幼儿园的孩子无法成为C++编程的高手，但他们无疑可以开始培养技能，为将来熟练地掌握编程技能打下基础。国外已经纷纷开始鼓励学校开展编程教学，因为代码将是未来世界的通用语之一。幸运的是，现在各种编程软件不断推陈出新，给我们更多的选择，笔者经过多次编程教学实践探索，认为“编程猫”的课程适合幼儿的编程学习。课程的学习要能引起孩子主动探索的兴趣，为孩子创造出一个属于他们的世界，然后引领他们去探索，才能称之为教育。

很多孩子，尤其是低龄儿童，希望能够通过玩乐的方式而不是传统的方式去学习。现实也证明，孩子们通过玩学到的东西往往也印象更加深刻，效果也更好，所以这个方向还是很不错的。下面我就来介绍我在教学中的体会：

1. 像砌积木一样学编程

在编程猫里，孩子不需要去学、去看、去背那些编程代码，而是跟随“猫老祖”这样的卡通形象，和它们互动，去探索，去玩，来形成自己的逻辑思维。

如果说编程就像建一栋楼房，在很多人眼中，需要钢筋、水泥、红砖，从无到有，盖一栋真正的楼房。而编程猫给孩子的呢？他们不需要懂这些积木是怎么从工厂被做出来的，他们只需要懂该如何把这些积木组合到一起：方的应该和方的拼在一起；想要弄一个轮子，就必须先有一条轴承；想要给房子弄个窗户，就得找一块透明的积木,等等。换到编程上,如果孩子想要那个卡通形象在我们单击鼠标的时候叫一声,就要学会加一个“如果用户单击鼠标”语句(IF语句);如果孩子想要编程猫不断跳舞,就需要学会选择循环语句,让编程猫能按一定规则,不断循环它的动作。例如:“蓝雀重回蓝天”一课中,通过拖曳一块块颜色鲜艳的积木就可以让蓝雀飞起来了。

他们不需要了解这些模块背后真正的代码是怎样,他们目前只需要学会去选择、利用。在此过程中,他们可以建立起编程最基本的逻辑思维、算法思维,而不是死记硬背一堆代码。“编程猫”这样的教育方式好就好在不需要孩子去学习以前的C语言、Basic语言那样的枯燥的命令,它基本已经形象化成为一个图标,这样能够让孩子更好地接受,更早地接触编程知识。

2.学习编程不仅仅是学会编程,更是在学习一种思维方式

学习编程意味着要学习跟正常思维不同的思维方式,计算机要求我们的思维比平时更加逻辑化、顺序化、精确化,所以学习编程还可以提高我们的逻辑推理能力、批判性思维和动手解决问题的能力。实践证明,学习了计算机编程的中小学生,思考问题会变得有逻辑。学会了严密的逻辑推理方法,编程的思路及技能即便不直接用于编程,也可以无形地把它应用到其他学科的学习中。学习计算机编程本质上是在学习一种思维方式——编程思维,它是一种思维体操。

3.教学视频哪里不会看哪里,预习复习两不误

每课的教学视频不超过7分钟,一课一个故事,环环相扣,情节跌宕起伏,在教学中,孩子们大有“追剧”的势头,学生在课前可先看此课,为新课做好准备。现在网络的发展和计算机的普及已经使自主学习成为可能,学生打开相关的视频便可以随时点播学习,其优点有:

(1)视频短小,都是针对学生学习中的疑难问题设计,非常适合学生自学。

(2)时间和地点可以选择,有很大的自主空间,只要有学习的愿望即可实现。

(3)适应不同的学生,视频播放快慢还可调节,让不同程度的学生根据自己的基础和接受程度控制视频的快慢。

(4)由于视频可以反复播放,使那些平时反应慢又羞于发问的学生能够反复观看,较好地解决了后进生的转化问题。

我校刘同学的家长在微信中感叹:我们特别感谢编程猫,感谢你们很用心地陪伴孩子,带给孩子的不仅是快乐,更多的是收获的成就感。其实孩子是很有潜力的,但是在平常的生活中来自父母的压力、限制等压抑了孩子,他们没能调动自己的想象力和主观能动性。通过编程猫的课程,孩子的天赋就显露出来了,这让我们很惊喜,也是我们收获最大的地方。另外,我们还能和孩子一起看,共同进步。

4.开放性任务活动品种繁多,寓理于乐

"猫老祖"在六一儿童节送福利:创作一个运动类游戏,就可加入源码功夫战队,开辟英雄的时代。"端午节"推出"话端午,孝长辈"的活动,不仅让学生们了解端午的习俗,更将孝顺长辈的美德牢记心中。"猫老祖"不仅在节日推出有趣的活动,平时也举办各种比赛。

5.老师后台管理轻松高效,评价交流及时

在老师的管理平台中,可以随时查看学生的作品进度,关注学生的差异,及时反馈交流,真正做到了关注每位学生的成长。

6.营造良好氛围,创建一个和谐的小集体

心理学表明情感是人的心理机制,是一种内动力。积极的情感能使人对某种事物充满爱而去主动求知。为此采用不同方法利用各种教育手段把学生的情感充分调动起来是极为关键的。带学生编程入门还应注重教师和学生之间的关系。我体会很深的是要尊重学生,爱学生。老师通过关怀学生精神生活,对他们进行积极规范地引导,帮助学生树立正确、积极的世界观。教师要让学生明白为什么要学习、学习有什么作用等,解除他们思想上的疑虑产生学好程序设计的愿望,引导学生跟老师一起构成一个和谐愉快的编程小集体。为搞好这个小集体,我校学生还自建了QQ群。他们群名叫"猫战队",同学们可以在上面发言、讨论,我也可通过QQ群跟学生交流,有时我还在QQ群留言鼓励学生。不仅如此,学生还可在"百科""发现"中交流智慧的火花,观摩他人的作品,甚至可以在他人的作品基础上再创作,加入喜欢的战队。

我觉得兴趣就是孩子最好的老师,"编程猫"只是打开学生们脑洞的一把钥匙,编程是构筑孩子们成长中想象力摩天大楼的基石,让他们在探索和玩乐中慢慢蜕变,做个快乐的"猫创客"。

浅谈教师品位

淮南市寿县安丰镇石集小学　黄先敏

“品位”一词，在《现代汉语规范词典》中的注释为：“人或事的品质、价值。”在《辞海》中的解释是“矿石中有用元素或有用矿物含量的百分率，百分率愈大，品位愈高”。在现实生活中，人们将其用来评判、衡量一个人某些方面的水平。时至今日，“品位”已经成了一种只可意会不可言传的衡量标准，并成了很多人不断追去以求达到的崇高境界。人的品位更通俗的解释是，人在行为、作风上所表现的思想、认识、品性等的本质。说某人有品位，就是对于某人的赞扬，说明此人绝对是一块“有用元素”含量极高的“矿石”，实乃“富矿”也；反之，评价一个人没有品位则代表此人是“贫矿”，是为不可造之材也。如今，做一个知品位、讲品位、有品位的人，已渐渐成了社会所倡导和鼓励的趋势。

那么，有“伟大的园丁”“人类灵魂的工程师”等称号的教师又应该具有怎样的品位呢？

众所周知，当前我国实行科教兴国战略、人才强国战略和可持续发展战略，力求通过教育的发展建立“人力资源强国”，并且能够在2020年左右基本实现教育现代化，基本形成学习型社会，最终跻身于世界“人力资源强国”的行列。教师，作为国家教育事业的承担者和先驱者，担负着教育教导祖国接班人、培养祖国需要的多类型人才的重任，其本身的修养及品位相当重要。我们都知道，教师是每个人成长过程中不可缺少的一员，作为引路人，教师教给每一位学生最基本的礼仪道德、科学文化知识等，并且以自己的言行影响着每一位学生。因此，教师的品位应当受到极大的重视。

从古至今，人们对于教师就是极其尊重和推崇的。教师对于个人和社会甚至整个世界的影响作用，使得社会对于教师的要求愈加严格。家长把孩子交给教师教育，是因为信任；国家把未来的接班人交给教师培养，也是因为信任。教师是崇高的职业，教师是能够教导出祖国栋梁之才的工作者。而正是因为全社会的信任，教师这个职业也愈加崇高，教师个人也更加需要注重自身品位的培养。

教师的品位主要分成浅层次和深层次两个方面。浅层次的“教师品位”主要包括穿着、微笑和语言这三个基本要素；深层次的“教师品位”主要由教师的智慧、教师的情感、教师的信念、师德和教学艺术五个部分组成。浅层次的“教师品位”与深层次的“教师品位”互为表里，相辅相成，前者是后者的外在表现，后者是前者的内涵基础。

浅层次的“教师品位”容易被人发觉，人们只要看一看这个教师，和他简单地聊一聊，就能发现该教师的外在品位如何。

穿着，是教师给学生最直接的印象。教师的外部形象也影响着学生的发展，每一位教师都要有着自己的“教育着装哲学”，要懂得“为了教育而着装”。恰当的穿着，表明了教师在特定教育场景中的状态，展示了其作为一位人民教师饱满的精神风貌，体现了教师的生活态度和工作态度。那么，怎样才算是成功的“教育着装哲学”呢？其实很简单，教师在着装方面能做到得体、大方、精神、干练就可以了，男女教师的着装尤其要符合各自的性别角色，不提倡女教师过于男性化的着装或者男教师过于女性化的着装，毕竟为人师表，教师首先不能在学生面前模糊性别问题，而应该用正确得体的着装引导学生的发展。

微笑，是最美好的表情语言。在这个世界的每一个角落，微笑都是一张畅通无阻的通行证，没有人会拒绝微笑。我们每个人在沟通中都应善于使用“微笑”这一表情，教师更是如此。教师承担着教书育人的重担，他在课堂上面对每一个学生的时候，微笑着的表情总要比严肃的表情更容易让学生接受他。微笑是一种积极的表情，是一种阳光向上的心理暗示。懂得微笑的教师，往往更具有亲和力，更有魅力，更受欢迎。教师的微笑，一方面可以鼓励害羞的学生表现自己，积极发言，融入课堂；另一方面可以营造出轻松的课堂氛围，活跃学生的思维和情绪。

语言，是文化的载体，是传达知识的平台之一。语言最能表现一个人，你只要一张口，我就能了解你。教师的语言可以是抑扬顿挫的，也可以是声情并茂的，可以是诙谐幽默的，也可以是逻辑严密的。教师的语言具有音韵美、节奏美、理性美和情感美，是教师传授知识的主要方式。教师要注重训练自己的声音，使其能吸引学生、引领学生。配合相应的教学内容，教师在教学过程中，要掌控自己的语速、声调、音量、发音和语调等。语速快慢适中，声调优美，音量适宜，发音准确标准，语调与内容相称，这样才是一位教师吸引学生的所在。而且，语言是沟通的利器。教师也要利用好语言优势和学生进行沟通，了解他们的思想动向等。

深层次的“教学品位”则需要我们好好去了解这位教师之后才能发现。教师在教学过程中的一言一行都是其内在品位的体现，学生作为课堂的参与主体是最能感受教师内在品位的人。

教师的智慧，体现在教师教学的点点滴滴之中。授人以鱼不如授人以渔，一位优秀的教师会是一个“授人以渔”的智者，而非一个“授人以鱼”的目光短浅者。教师的智慧在于，他能够把握每一个和教育教学相关的场面。面对学生，他能够因材施教，以春风化雨般的温柔温暖学生的心灵，调节学生的情绪，引导学生走向光明的前方；面对学生家长，他能够做好家校沟通工作，给学生在校生活学习提供保障；面对班级突发事件，他要成为冷静的领导者，掌控所有的局面，化解危机。

教师的情感，是爱生如子的高尚情怀。教师在教学过程中，抑或是与学生的沟通交流中，都要有澎湃如大海般生生不息的情感。每一位人民教师，都要学会做一个感情丰富的人。在课堂上，教师要善于用情感和教学情境的联合引领学生走进学习的世界，寓情于景，寓情于理；要善于运用情感和情绪的碰撞与学生产生心灵的碰撞，迸发思维的灵光。在课堂外，教师要让学生感受到浓浓的关心与爱，要渗透学生的日常生活中，而非刻意做作的情感。

教师的信念，是走上三尺讲台挥洒青春与生命的坚定。“学为人师，行为世范”，每一位人民教师和未来的人民教师都把这句话奉为圭臬，并以之为标准要求自己。教师的信念，是教师思想的体现。秉承着自己的信念，教师才能在自己的岗位上发光发热。每一位人民教师，在入职之前，想必在内心深处都有着一番壮阔的誓词——爱生如子，爱校如家，爱岗敬业，怀幸福从教之心，育天下之英才，教祖国之栋梁。

师德，是教师工作的精髓，是教师的职业道德规范。“师爱为魂，学高为师，身正为范”，这十二个字是师德的最好概括。“师爱”是师德的核心部分，即“师魂”。从爱学生的角度来说，就是要做学生的良师益友。在学生的眼中，教师往往是行为的表率，道德的先锋。良好的师德造就优秀的教师，优秀的教师培养优秀的学生，优秀的学生谱写光明的未来。由此可见，师德的重要性。教师在日常生活中要注重自我德行的培养,在教学过程中注重对待学生的恰当态度和行为。

教学艺术,是教师自我风格的挥洒。每一位教师的教学风格都不一样,每一位教师所展现的教学艺术亦不相同。教学艺术是极具形象性、情感性、创造性、灵活性、表演性、个性化和审美性的教学活动。良好的教学艺术能够活跃课堂气氛,构建和谐的师生关系,激发学生的学习兴趣和求知欲。流畅优雅的板书、声情并茂的语言、恰当得体的穿着、温暖的微笑、诙谐幽默的风格等都是教学艺术的具体展现。教师要注重个人教学风格的形成和教学艺术的使用。

《论语》云:"质胜文则野,文胜质则史。文质彬彬,然后君子。"说的是朴实多于文采则显得粗野,文采多于朴实则虚浮,只有两者配合适宜,才是有品位的君子。而教师,正是这样的君子,具有独特的教师品位。不仅教师个人要注重自我品位的培养,教育行政部门、师范院校、教师任教学校等都要重视对于教师品位的培养,调动全社会的力量,相互配合,成就更多的具有良好教师品位的新时代教师。

参考文献

[1] 霍克林.对传统教师责任观的思考[J].天津教育,2009(4):27.

[2] 徐平利.教育良心和教师责任——谈什么样的教师是好教师[J].中国教师,2008(21):48-50.

农村小学语文习作起步教学问题及对策探究

淮南市寿县安丰塘小学　刘　峰

一、农村小学语文习作起步教学存在的主要问题

一般对三、四年级学生的习作的目标是：乐于书面表达，增强习作的自信心；愿意与他人分享习作的快乐，能不拘形式地写下自己的见闻、感受和想象，注意把自己觉得新奇有趣或印象最深、最受感动的内容写清楚。然而部分农村小学教师对于三、四年级的学生习作教学要求理解不够深入，依然按照传统的、固有的习作教学习惯进行小学生习作启蒙教学，习作启蒙教学效果不理想，存在以下问题：

（一）农村小学的部分语文教师不能正确认识生活和习作启蒙教学之间的关系

生活是习作的源泉，习作是离不开生活的。离开了丰富多彩的生活，习作就会成为无源之水，无本之木。而我们长期的习作教学中部分农村小学语文教师人为地割裂生活和习作的关系。进行小学语文习作启蒙教学时，只注意写作方法的指导而忽视了对小学生观察生活、体验生活的指导。结果造成农村小学生习作启蒙教学往往从脱离农村生活的习作题目开始写起，偏重以书本素材为主体的应试训练，忽视生活实践。小学生初次接触习作，又要写自己不熟悉的题目，这使得不少同学的作文枯燥乏味，可以想象这样的习作启蒙教学的效果肯定是不如人意的。

（二）农村小学的部分语文教师对小学生习作启蒙教学的要求不切实际

我们现在对中小学生习作的总体要求如下：中心明确、内容具体、条理清

楚、详略得当、语句通顺、感情真实、思想健康等,然而这些习作要求不完全适合小学生的心智发展水平。可喜的是新课程标准已经降低了对小学生习作的要求,这是符合小学生认知发展规律的。但我们部分农村小学教师,尤其是教龄15年以上的语文老师,他们的小学习作启蒙观念还没有转变。他们还把这些过高的习作要求放在小学语文习作启蒙教学上,结果小学生感觉习作难写,教师感觉习作难教。

(三)农村小学部分语文教师的小学生习作启蒙教学训练缺乏针对性和规划性

农村小学部分语文教师对小学生习作启蒙教学缺乏信心,习作启蒙教学训练有很大的随意性,没有长远小学生习作启蒙教学规划。习作题目的选择往往是根据以往的教学经验,任意选择。题目选择往往不适合小学生习作启蒙教学,因而造成小学生习作写得不好、写得不认真。小学生认知发展水平不高,又是初次接触习作,如果教师的习作题目选择没有科学性,小学生写不好是很正常的。然而,农村小学部分语文教师不理解,抱怨学生语文基础差,甚至个人也懒得认真批改学生的习作。久而久之,教师害怕指导学生习作,学生也害怕上习作课。

二、改进小学语文习作启蒙教学的主要对策

针对以上农村小学语文习作启蒙教学中存在的问题,笔者结合自己的小学习作教学实践,提出以下针对性的小学语文习作启蒙教学改进对策:

(一)引导农村小学生体验农村社会生活,指导农村小学生用自己的语言文字来描述自己的农村生活体验

习作其实就是生活的还原,学生习作也可以说是学生用文字来描述、介绍自己的生活状况和生活体验。在习作教学中,要引导学生走进生活,让学生调动所有的感官去注意、去观察、去研究、去发现、去想象、去感悟,用自己的语言来描述生活,想什么就说什么,说什么就写什么,用所学的文字来记录生活的体验及感受,没有字数、结构、文体、章法的限制,做到"吾手写吾口,吾口表吾心",积极调动学生观察思考和练笔的积极性。这样,学生的习作就会生动起来,就会充满着生活气息。一般小学生应该都能够有条理地描述自己的生活状况,记

录自己的生活体验。教师还可以帮助小学生言之有序地表达,让学生流利地表情达意。

(二)制定科学可行、有针对性、阶段性的小学生语文习作启蒙教学计划

俗话说良好的计划是成功的一半。农村小学语文教师要深入了解学生的身心发展特点以及语文写作水平,然后制定有层次性、有针对性、阶段性的小学语文习作启蒙教学计划。整个小学三、四年级都是小学语文习作启蒙教学阶段,教师要在自己的头脑中形成整体的习作的启蒙教学思路同时也要有自己的分学期、分月、分周习作教学目标,包括习作题目的要求都应该由易到难。习作题目不能随意布置,每个习作题目的设置都是经过深思熟虑的,都是整个习作教学整体规划的一个环节,一个必不可少的部分。小学语文习作启蒙教学只有做到思路清晰、层次清楚、阶段分明才能取得良好的习作启蒙教学效果。

(三)对学生的习作训练要求要符合学生的身心发展规律,因人而异

部分农村小学语文教师对于自己的学生缺乏深入的了解,就提出“高大全”的习作要求。如果学生习作没有达到自己的理想习作要求,就会抱怨学生不努力,唉声叹气,失望悲观。笔者觉得大可不必这样,在习作启蒙阶段的小学生,由于心智的发展不成熟,刚开始接触写作,写得不好是很正常的。只要学生每次习作相比于上一次来说有进步就足够了。学生习作水平的提高是有一定的发展规律的,我们小学语文老师应该看到这一点,把握其发展规律。这样,我们在面对习作启蒙教学的“挫折”时才不会迷失自我,失去信心。此外,学生的心智发展是有差异的,我们不可以对所有小学生都一个标准,应当因人而异,提出切实可行的单个学生习作写作要求。

总之,农村小学语文习作启蒙教学是一个有机的、相互联系、相互影响的整体。我们语文老师在习作启蒙教学中,要重视每一个环节,认真做好习作启蒙教学计划、引导学生体验生活、记录真实情感、对他们提出科学具体有针对性的习作要求,我相信农村小学语文习作教学效果将是比较理想的。

参考文献

[1] 李怀源.驾驭语文课堂的艺术[M].桂林:漓江出版社,2007.

教育游戏与小学数学融合创新探讨

淮南市寿县正阳关镇枸杞小学　孙　静

教育游戏是严肃游戏的一种，是专门针对特定教育目的而开发的游戏，具有教育性和娱乐性并重的特点，以游戏作为教育的手段。设计游戏的时候以成熟的教育理论作为理论支撑，取得教育性和游戏性的平衡，从而通过游戏的方式来完成教育过程的产品实现；教育游戏属于严肃游戏的一个分支。

近些年，寓教于乐的教学方式越来越受到教育工作者尤其是小学教育工作者的重视，通过教育游戏来提高小学数学的课堂教学效率和教学质量是现在小学数学课堂教学工作的重点研究课题。任课教师要合理地运用相关手段来提高学生的学习积极性，通过组织班级游戏的方式来让学生开动脑筋，记忆知识，使小学数学的课堂教学工作保质保量地完成，进而提高小学生的数学学习能力。

一、小学数学与教育游戏之间的关系

小学数学的教学内容主要包括单位转换、计算公式、长度与图形、四则运算等，这些基础知识是学生以后的数学学科和相关理工学科的学习所必需的。小学数学与教育游戏之间密不可分，它们是相互促进的关系。人类在很早以前就已经学会用数学的方式进行娱乐活动，古人许多数学理论都是在游戏活动中发现并总结出来的。小学数学教学与教育游戏相结合，不仅迎合了小学生活泼好动的心理特征，可以提升学生的学习兴趣，激发学生对日常生活现象的求知欲进而唤起对知识的渴望，最终达到有效理解并记忆相关数学知识的教学目的。

二、教育游戏在教学过程中的应用

学生学习的原动力是兴趣，尤其对于年幼的小学生来说，激发他们的学习兴趣对于课堂教学工作实践来说有着十分重要的意义，甚至要将激发学生学习兴趣的工作当做教学的基础性工作来看待。游戏对于小学生的吸引力是不言而喻的，参与到任课教师所组织的课堂游戏中来可以极大地提高学生们的学习热情。将教育游戏与数学教学相结合，可以全方位刺激学生们的感知器官，引导学生动脑、动口、动手、动眼，开发学生的智力、提高学生的语言表达能力和理解能力。小学生极易被新奇古怪的事物所吸引，形象、直观、活泼、新颖的事物可以有效地刺激儿童的大脑皮层，从而激活学习的记忆能力和理解能力，教育游戏就能起到这样的作用。

（一）通过教育游戏来加强学生的学习意识

教育游戏除了要达到教学课堂的日常教学目标之外，更重要的是向学生传授数学的一般规律从而使学生系统性地掌握数学的学习方法，促进学生学习意识的培养，让学生学会从数学的角度来理解学生所接触到的事物。在随堂测验中可以采用游戏竞技的方法，将班级学生分组成几个方阵，进行解题比赛，优胜一方给予相应的奖励，以组队竞争的方式提升学生的学习积极性，使学生一心一意地投入数学学习中来，使学生在一片满足和喜悦中收到事半功倍的效果。在这个过程中，学生愉快、教师轻松，更重要的是通过教育游戏来增强学生的自信心，让学生在日后的学习工作中更加勇敢，不惧竞争。教育游戏通过激发学生的学习意识，让学生的学习在游戏当中不知不觉地进行，并用游戏的方式发现生活中的数学问题并解决问题，通过对学生日常生活所熟知的问题从数学的角度进行解答可以最大限度地培养学生的学习意识，为任课教师日后的教学工作奠定良好的基础。

（二）通过教育游戏巩固课堂所学知识

以“角的认识”这一节课为例，在课堂知识巩固教学中，通过趣味性十足的“拼搭图形”游戏活动，让学生在游戏中回忆自己所学到的数学知识，在将这些知识重新运用到所参与的游戏中去。在这种宽松、有趣味性的课堂游戏中，学生尽情地发挥自己所学到的知识。这种教学方法可以提高学生的学习自信心，让学生在日后的课堂学习中更加积极。明确游戏规则并设置适当的奖惩机制，将机械枯燥的数学习题作业转换成为小学生喜闻乐见的娱乐游戏，用寓教于乐的方式充分发挥学生的学习积极性。任课教师在设计游戏内容时要注意班级学生的个体差异，让不同层次基础知识水平、学习能力的学生都可以在教育游戏中得到收获。设计“画角”“摸角”“剪角”“做角”“找角”等多种游戏，让学生在这其中进行选择，扩大学生的选择范围可以使学生找到自己的长处和不足，任课教师以后的教学工作也会更有针对性。

（三）通过教育游戏来拓宽知识领域

小学数学课堂教学会涉及综合应用与实践、概率的认识、图形与空间、代数等知识模块。任课教师所设计的教育游戏应紧紧围绕这四个知识模块所包含的教学内容，让学生参与到游戏的过程中潜移默化地受到数学思维熏陶，强化自己所学习内容的记忆，并通过教育游戏来拓展教学内容的外延，让学生在数学学科的灵活运用中领略数学的巨大魅力。任课老师可以适当地扩展教学资源，学生数学知识的来源可以不局限于数学课程教材。一些趣味性十足的课外读物也可以作为学生学习数学知识的良好资源。在学生的日常生活中，数学知识资源更是取之不尽用之不竭，例如数独、华容道等深受学生们喜爱的益智游戏。任课老师也要做一个日常生活的观察家，一点一滴地引导学生去认知并思考生活当中所接触到的数学知识。

三、数学课堂中设计教育游戏的原则

小学数学教学课堂上的教育游戏一定遵循以下三个原则:适度原则、适时原则、适当原则。游戏教学也有其自身的局限性而且并非所有的数学教学内容都适合采用游戏教学的方式，任课教师在设计游戏时一定要谨慎考虑课堂教学内容，合理地运用游戏教育手段。游戏教学在轻松活泼的教学环境中更能发挥其效率。

四、结束语

在游戏中引导学生对课堂问题进行主动思考，锻炼学生与其他同学合作交流的能力，这些能力的培养可以大大提升学生的综合素质，从各个方面的研究工作来看，数学课堂教学实践十分适合引入教育游戏理念，教育工作者要不断发扬并丰富教育游戏的开展方式和手段，为以后的数学教学工作奠定扎实的基础。

参考文献

[1] 郁丽娜.小学数学教学中教育游戏的应用研究[J].读与写(教育教学刊),2016(4):206.

[2] 丛秀珍.小学应用教育游戏的探讨[J].课程教育研究,2016(9):43.

如何营造轻松的小学数学课堂氛围

淮南市寿县陶店小学　陶善根

《义务教育数学课程标准(2011年版)》指出:“教学活动是师生积极参与、交往互动、共同发展的过程。有效的教学活动是学生学与教师教的统一,学生是学习的主体,教师是学习的组织者、引导者与合作者。数学教学活动应激发学生兴趣,调动学生积极性,引发学生的数学思考,鼓励学生的创造性思维。”只有在生动活泼的课堂氛围中,才能促进学生智力的发展、知识的掌握和能力的提高,因为在轻松和谐的课堂氛围中,孩子的思维处于积极的状态,情绪是高涨的,思维是活跃的。那么怎样才能创设出轻松的数学课堂氛围呢? 下面从以下几点谈谈:

一、心情愉悦,营造轻松课堂

教师是教学的设计者,课堂的引领者。教师拥有良好的、愉悦的心情才能设计出优秀的教学设计,营造出轻松,充满生命力的课堂。反之,教师闷闷不乐会使整堂课显得沉闷,学生在索然寡味的课堂氛围下学习兴趣会大打折扣。因此,作为一名教师,我们每天要让自己充满激情和活力,相信学生在教师充满激情和微笑的表情下课堂气氛会更加活跃,学习会更加轻松。在某地听课,老师自始至终面带微笑,把自己完全融入课堂之中。当老师提出一个问题时学生不仅敢于发言,而且敢于直接走上讲台毫无保留说出自己的疑惑。相信这不是一朝一夕养成的,教师需要长期以愉悦的情绪感染着学生,才会造就这些可爱、自信的学生。整堂课老师教得轻松,学生学得轻松。

二、尊重学生,营造轻松课堂

自尊心是青少年最敏感的角落,是学生前进的潜在力量,是前进的动力,是向上的能源，是高尚的心理品质。学生是否愿意积极参与课堂活动，教师显得尤为重要。教师在课堂教学中要尊重学生，不论是优生还是学困生，都要充分尊重他们的人格，让学生愿意说，敢于说。不能用“师道尊严”来约束他们，让他们畏惧老师，对老师敬而远之！记得我曾经教过的一个班级，我是中途承担他们班数学课程。在没任教之前就有耳闻这个班不仅学生学习成绩差，纪律也差，因此我做好了充分的心理准备。我第一天进教室，上课铃声已经响了，学生依然在窃窃私语，完全没有停下的意思，我当时没有打断他们的谈话，依旧面带微笑站立在讲台上。其中有的学生意识到了问题的严重，开始安静了，终于在上课铃声响过八分钟后教室安静了。学生以为接下来将是暴风骤雨般的斥责，但我并没有斥责他们。我开口说的第一句话是：“我知道你们很想了解这位新老师，下面我来自我介绍一下，希望你们以后有什么问题直接问我，我会知无不言，言无不尽。下面的时间你们可以自由提问！”学生没有想到结果会是这样，各个兴奋地举起手问这问那。在接下来的学生自我介绍环节中学生也兴趣盎然，整堂课在轻松、愉悦的氛围中结束。从那以后学生经常主动找我交流学习生活上的问题，对我充满信任，整个班的学习氛围明显变得更加浓厚。

三、欣赏学生，营造轻松课堂

欣赏别人，是一种气度，一种发现，一种理解，一种智慧，一种境界。数学课上，我就鼓励那些学困生，引导他们，让他们知道学习活动本身就是一个不断犯错并不断改错的过程。记得我们班一位童同学，本来是一个怯懦不爱说话的学生。有一次上体育课，我发现他打羽毛球很棒，于是我主动表扬了他，他感到很开心，渐渐变得活泼起来了，上课遇到问题也会大胆举手发言，他从老师的欣赏中找到了自信，变得爱学习了，班级同学也因为他的转变，对他刮目相看。我也让其他学生以他为榜样，勇敢向前迈出第一步。发现学生身上的优点，赞赏他们、尊重他们，长此以往相信班级就会充满了轻松、愉悦的学习氛围。

四、亲和数学，营造轻松课堂

所谓“亲和数学”，一方面是指教师要以自身的亲和力、人格魅力，用真心与爱心营造出和谐、亲和的课堂学习氛围与师生关系；另一方面是指数学本身的亲和，这是“亲和数学”更重要的内涵。亲和的教师具有童心。童心可以超越年龄。童心，真诚之心；童心，赤子之心；童心，创造之心。教师拥有童心，才会真正懂得儿童,也才会有创新精神,去创造教育奇迹。

例如,我在教学“分米和毫米”这一课时,我先发给每个同学一把1厘米的小尺量一量练习本的厚度。学生议论纷纷,说量不起来。我就用充满童趣的语言说:“哦,这样啊！那我们能不能给这把‘厘米尺’动动‘手术’,用它量练习本的厚度呢?”学生带着老师的提示,有的把小尺平均分成了两份,有的把小尺平均分成了三份,有的把小尺平分成四份等。看到学生都在按照我的方法积极操作的时候,我对学生说:“此时此刻,老师特别感动,数学家就是像你们这样,通过‘分一分’得到比厘米更小的单位——毫米。”学生在充满童真、轻松、愉快的课堂中认识了长度单位毫米。

数学是抽象而严谨的,而拥有童心的数学老师会站在儿童的立场,努力地使数学具有儿童特质,教学时注重对数学儿童化的改造,把成人世界里抽象而严谨的数学知识改造成儿童世界里能理解的对象。只有这样,数学才是生动活泼、轻松和谐的,才能激发儿童的探索天性,促使儿童积极地感悟数学,形成良好的数学素养。

五、创设游戏,营造轻松课堂

知之者不如好之者,好之者不如乐之者。学生有了兴趣,才会全力以赴去完成学习任务,所以“学”与“乐”是不可分离的。怎样在学中乐,乐中学呢?我相信将学与游戏结合可以让学生学得快,学得欢。游戏不仅可以创设轻松课堂氛围,调动学生学习情感,而且学生可以在游戏过程中受到启发,获得亲身体验,让教育的知识性和娱乐性完美结合。我在教学五年级“可能性”的实践活动“掷一掷”这节课时,先出示骰子(两个),学生觉得很好奇,于是我就对学生说今天我们来玩“掷一掷”游戏。我让学生分为两组,分别选择2,3,4,10,11,12和5,6,7,8,9点数和。大多学生都选择了2,3,4,10,11,12。因为很多学生认为它比5,6,7,8,9多一种可能,可是学生在自己游戏过程中却发现事实并非如此,他们却发现5,6,7,8,9掷出的可能性大于2,3,4,10,11,12。在游戏中他们发现了问题,于是我就列出了表格,再让他们通过表格了解到每个数的分成,从而掌握了这节课的重点。从游戏中提出问题、发现问题,从而解决问题,同时也加深了学生对知识的理解与记忆。

六、学科共进，营造轻松课堂

数学不是一门独立的学科，它和其他学科有着紧密的联系。课堂上善加利用，定能绽放绚丽之花。如在《教学百分数的意义》时我就把它和语文知识进行了有机的结合。我先出示成语：（ ）发（ ）中、（ ）之（ ）九、（ ）里挑（ ）、（ ）战（ ）胜等，学生都很惊讶，怎么数学课有成语填空。学生立马在好奇和疑惑中进入了最佳学习状态。学生兴奋地填完这些成语之后，我就趁学生意犹未尽时引入了百分数意义的教学，整堂课轻松、愉悦，学生也掌握了这节课的新知识。还如教学《乘法口诀》时我让学生说出生活中的关于乘法口诀的故事，学生说了很多，如唐僧师徒取经历经九九八十一难，孙悟空在炼丹炉中七七四十九天练就火眼金睛等。这些既丰富了学生的课外知识，又记忆了乘法口诀，一举两得。

总之，教师在教学中要欣赏学生，尊重学生，融入学生中，做一个倾听者，指引者。教学中每堂课都要精心准备，合理设计。教师做到这些的话，相信学生会在轻松、和谐的课堂中喜欢上数学，学好数学。

参考文献

[1] 赵远.浅谈如何营造良好的小学数学课堂氛围[J].数学学习与研究，2012(14):78,80.

[2] 杜永花.浅议如何营造有趣的小学数学课堂氛围[J].时代教育，2015(3):214.

在语文情境中培养想象能力之我见

合肥市肥东县名族乡牌坊学区中心学校　邢鸿昌

课堂教学是一个动态的变化、发展过程，也是师生之间交流、互动的过程，在这个过程中，必然会不断地产生许多学习信息。其中很大一部分都是教师使用的有价值的教学信息，这就需要教师独具慧眼，善于捕捉并巧妙应用信息于教学活动之中。同时，在语文情境中要培养学生丰富、合理的想象，怎样做到这一点呢？我想应从三方面入手：

一、入情入境中培养再现想象能力

入情入境的关键是创设语文情境，突显文中之情、文中之境。具体方法很多，但概括起来不外三种：

（一）移情

如教学“十六年前的回忆”一课时，先展示李大钊同志的画像，让学生汇报收集到的李大钊同志的资料，突显李大钊同志为国、为党、为民鞠躬尽瘁的高大形象，自然就激发了学生对革命先烈的崇敬之情，此时教师再用一段声情并茂的话加以渲染，表现出李大钊临危不惧，紧接着导入课文，听配乐朗诵，请学生在最感动的地方轻声朗读，此时课文虽未展开，敬佩之情却早已悄然进入学生心中。

（二）化境

“化境”首先是“化入”之意，指让文字情境化入自己心中，其次是“点化”之意，即情境在心中形成后能够伸展、活跃起来。如在教学《匆匆》时，让学生抓住开头和结尾的设问句，引导学生从课文的内容去展开。首先让学生朗读全文，思考一下:课文提出了一个什么问题?作者回答了吗?是从哪里看出来的?从中感受到什么?然后,让学生围绕上述问题,在自读自悟的基础上与同学交流,鼓励学生从不同的角度去展开,可以想到自己的日子是怎样过的,身边的人的日子是怎样过的,作家笔下的人们的日子是怎样过的。还可以想到劝人珍惜时间的诗词、格言等。

（三）换心

换心,也叫"设身处地",这样才能深入体会作者的意图,人物的环境与内心。如教学《董存瑞舍身炸暗堡》中"舍身炸暗堡"一段,我引导学生体会"在万分紧急的关头",董存瑞心里怎么想的?学生展开了热烈的讨论,有的描述了董存瑞复杂的内心活动。这时我均点头首肯,并引导学生怀着无限崇敬之情朗读。"炸药包放在哪里呢?放在河沿上?不行。放在河底更不行,还有什么办法才能炸掉暗堡呢?找找看,有没有什么东西可以垫一下……啊!冲锋号响了,我军发起了冲锋了,敌人的机枪还在猛烈地扫射,亲爱的战友不知要牺牲多少……"由于我放慢并延长这一心理过程,还配上了夸张的动作,学生先是哈哈大笑,后突然醒悟、静思,接着纷纷举手:"老师,不能想这么多了,来不及了!""老师,在万分紧急的关头,董存瑞顾不得多想,毅然举起了炸药包。"最后,教师声情并茂地总结:"是啊!在这万分紧急的关头,所有的念头在董存瑞的脑海只一瞬间就闪过去了,他现在只有一个念头——快!炸暗堡!他没有任何犹豫,没有任何思考,毅然举起了炸药包。因为,在他心中,牺牲战友还是牺牲自己,他不需要思考就自然地选择了后者。"我执教时先扬后抑,都是为了引导学生"设身处地"地"换心"思考,做到了想象的创造性和合理性的统一。

二、悟情悟境中培养想象能力

"悟"是语文教学的一个很高的要求。读中悟情、读中语理。在向"悟"的追求中,我们可以达到的有:情境的纵向升华。对课文的把握有感知、理解、领会、升华四个层次,从"领会"到"升华"需要展开丰富的想象。如古诗教学中,要理解词句、领会情感,但要使情感得以升华,则需要敏锐把握并切身体验诗中主人公情绪的律动与抒情,与主人公形成情感上的共鸣。如教学《宿建德江》时,我引导学生从诗人自称为"客",自述新"愁",描写"月"影中体会主人公的心绪变化,想象主人公远游他乡、暮色沉沉时望着茫茫的旷野、迷蒙的烟雾和凄清孤寂的月影,体味他的绵绵愁思。通过想象,使学生置身于主人公的位置,用主人公的眼光重新观看眼前的景象,一种绵绵的愁便慢慢弥漫在心头,深深地体味了诗的哀愁之美。

三、拓情拓境中培养创造想象能力

(一)把课文情境延伸生活中

如学习《挑山工》最后一段时,我先指导学生谈谈对"因为我需要它"的理解,再请学生想象在画家今后生活、工作中,这幅画会给他哪些帮助,举个例子说。最后请学生谈谈假如你游泰山回来后,你会用什么方法来表达心里的感受,你希望它能时刻提醒你干什么?联系自己的具体情况说一说。

(二)把课文情境迁移到行动中

学习《只有一个地球》后,我请学生列举身边普遍存在的一些危害地球母亲的不良行为和污染因素,接着让学生讨论"今后我们该怎么做",并让学生提出建设性的建议和行动方案。学生提出了垃圾分类回收处理、收集废弃电池、制造垃圾处理器等许多方案。

总之,致力于让学生掌握获取知识的方法,经历学习的过程,并从中体验探究、发展、创造的乐趣。因而课堂上倡导民主,提倡开放,允许并鼓励学生自由发表自己的意见,允许学生按照自己的喜好、习惯选择适合自己的学习方式学习,允许学生随时起来回答问题或质疑教师、同学,做到学生学得主动、学得开心。语文课堂教学呈现的是充满创造趣味的气氛。此时,教学也就成了一种艺术。

参考文献

[1] 赵冬梅.想象力培养"五法"[J].甘肃教育.2014(24):91.

[2] 王艳华,杜文昌.创设丰富多彩的情境,培养学生的想象力[J].新课程(小学).2015(1):130.

我是怎样与孩子沟通的

淮南市寿县梨树初中　袁理军

转眼孩子已经十岁，回头望，从嗷嗷待哺的婴儿到即将步入青春期的少年。三千多个日日夜夜里，有喜悦也有忧伤，有争执也有互助，无论是家长还是孩子，这都是美好的回忆。

孩子就像一张白纸。从其出世那一刻，初为人父人母的我们就需要引导孩子，在孩子整个成长过程中，如何正确认识多样的生存环境及了解自身的需求。首先需要家长以身作则，不断地丰富自己，从而多角度引导孩子的认知。这其中，个人认为不但需要有感性，更应该有理性。要有一定的社会责任，毕竟任何孩子将来都是要走进社会且必须融入社会。

望子成龙，望女成凤是每一位家长的期盼，在孩子成长的每一个阶段，孩子每一次的摔跤、迈出新的一步，带给家长的都是兴奋，在兴奋的同时，值得反思的是成长的速度。拔苗助长现象在当下孩子教育过程中时有发生，如何保证孩子在健康快乐的前提下提升才是重中之重，一味地强求某种模式，都是不恰当的，因材施教是我们追求的方向。大学毕业便去国外定居的朋友回国探亲，谈到他孩子在幼儿园的情景时，对国内的教育模式嗤之以鼻，他似乎忘记了他儿时的教室，儿时的环境，最终的结果是谁也不和他再聊孩子的教育问题。在国外生活多年，让他改变了一些观念，这本身没有错，但是他忘了国情，忘了人的基本生存方式——适应环境而不是去靠单薄的力量去改变环境。孩子的教育也是一样，根据环境，根据孩子的特性去考虑和适应现有的教育模式才是可取的。

随着社会的不断进步，教育模式和整体的教育环境不断在提升，老师、家长和孩子之间的关系也在潜移默化地发生改变，早已不是我们儿时简单的棍棒教育和训斥，更多的是沟通，是朋友式的相处。信息时代，来自各方面的信息对孩子的冲击越来越大，作为家长很难给孩子完全纯净的信息来源，那么就只能随时关注孩子的点滴变化。这就必然需要一个开放的沟通平台，只有这样孩子才能信任家长。而只有孩子敢于提出疑惑，敢于说出自己的观点，才能有沟通的可能，才能发现问题并解决问题，才能从根本上摒弃那些不良信息，防止孩子误入歧途。

在孩子很小时，同样为人父母的朋友来家里串门，发现孩子的积木玩具，竟是大于实际年龄段两至三岁的，很是疑惑，认为操之过急。其实不然，这也是逐步形成的，刚开始是选择适合孩子年龄段的，在玩的时候出现错误或者无法进行下去时，给予的不是简单的训斥，而是陪他一起看图片说明，找出问题所在，平静地听取孩子的想法，引导他自己找出办法将问题解决。慢慢地，他发现同年龄段的已经没有可玩性，会自己提出购买大年龄段的。

在沟通平台的搭建方面，随着年龄的增长，方法多样化对一些孩子来说显得尤为重要。除了面对面的沟通外，我还有很多其他与孩子沟通的方式。孩子大了，自尊心让他未必愿意面对面说出全部想法，一些文字的沟通可以很好地解决了这一问题，但是潜在的问题应运而生，如家长自己和孩子都存在发生争执后不肯很快认错的现象，尽管可以通过文字的沟通解决这一问题，但是却存在另一弊端，那就是这样仅仅解决了短暂的问题，却有部分逃避现实之嫌，还是不能真正完全的面对自己的错误。一段时间后，和孩子约定无论谁对谁错，首先需要的是沟通，三十分钟内必须和颜悦色地相处。尽管这一点有时会让家长的威信受到影响，然而真正这么做，效果超出想象，孩子敢于面对自己的错，也愿意当面总结自己的不足，这也许就是坦诚沟通的效果吧。

成绩的好坏一直是一些家长衡量孩子的标准，我以为这中间忽视了孩子的能力教育。题海战术在某些家长心里根深蒂固，对于这点我不敢苟同，认为应该更加注重培养孩子学习的方法和逻辑思维能力，适度地配合习题练习，这样才能事半功倍。学习的方法包含文具的保管、书籍作业的整理以及时间的合理安排等多方面，作为学生，自己的工具、时间出现紊乱，和士兵忘记带枪炮去战场没有任何区别。孩子的天性就是爱玩耍，出现问题很正常，那么在这些问题的引导上，需要家长做好相应的准备并教会孩子方法。记得孩子刚上小学时，知道的只是带好全部书本按时去上学，回来将所有书本全部拿出来再找对应的练习簿，这样时间会浪费不说，还会发生作业忘记带的现象。针对这样的问题，家长能够做的就是教会他分类，如：配备拉链袋专门装簿本；为避免同样的铅笔

(学校要求的统一型号)小朋友之间拿乱出现不愉快,给每根铅笔头上贴上姓名;尽管当时也有类似校讯通的通知,但是仍要求他带上专用的小册子记录每天的家庭作业,目的在于训练他自己学习方面的事一定要自己做;要求睡觉前一定要自己整理书桌和书包以及将第二天穿的校服摆放整齐等,一些习惯慢慢就自己养成了。

任何人都是矛盾的综合体,孩子也不例外,一方面有起色,另一方面没准就会出问题。我认为这不可怕,可怕的是家长的不作为,无论是自己对孩子还是配合老师对孩子的各种规范教育,都是需要我们作为家长的不断根据环境的变化而变化,根据发生的问题而归类总结,根据一些现象而平等地沟通,只有做好沟通,教会孩子方法,我想孩子才能真正成人成才。

好习惯都是养出来的

——浅谈家庭教育中对孩子数学思想方法的渗透

淮南市潘集区架河第一初级中学　张建议

现代教育应包括三个方面:即家庭教育、学校教育和社会教育,其中,家庭教育尤为重要。家庭教育除了要规范孩子的行为习惯、思想素养外,还应该注重知识的辅导。孩子在学校接受系统的知识的学习,回到家中,家长应起到督促其学习的责任。有能力的家长还要帮助孩子形成自我学习的方法,培养良好的学习习惯。

进入初中,孩子学习的方法和习惯也有所变化。此时,家长也要能与时俱进,想办法来帮助孩子。下面就数学的辅导谈一点自己的做法:如何在孩子学习中渗透数学思想方法。

对于孩子的学习,除了培养能力,数学思想方法在日常家庭辅导中的渗透也很重要。在学习和辅导的过程中,很多规律和结论的得出都是经历了探究的过程,探究其实就是由一些特殊的事例,通过归纳,得出猜想,再对猜想进行论证的过程。猜想经过论证得出规律或定理,之后就可用规律或定理来解决一些实际问题。这样的探究过程,正是由特殊到一般再到特殊的数学思想方法的体现。在平时的辅导中,对结论或方法的延伸,能帮助孩子形成完整系统的知识体系。

在这样的过程中,家长一步步地引导是渗透的关键,可以让孩子在潜移默化中体会思想,形成自己的方法和解决问题的思路。

下面我们就来看一个问题。

特例:如图1,在$\triangle ABC$中,$\angle ABC=50°$,$\angle ACB=80°$,BO,CO分别平分$\angle ABC$和$\angle ACB$,BO,CO相交于点O,求$\angle BOC$的度数。

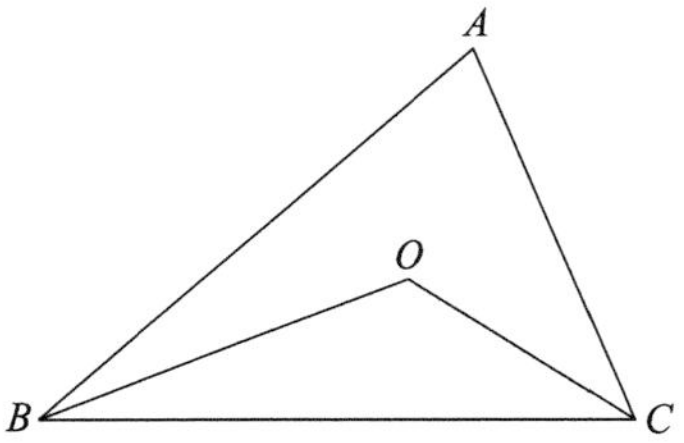

图1

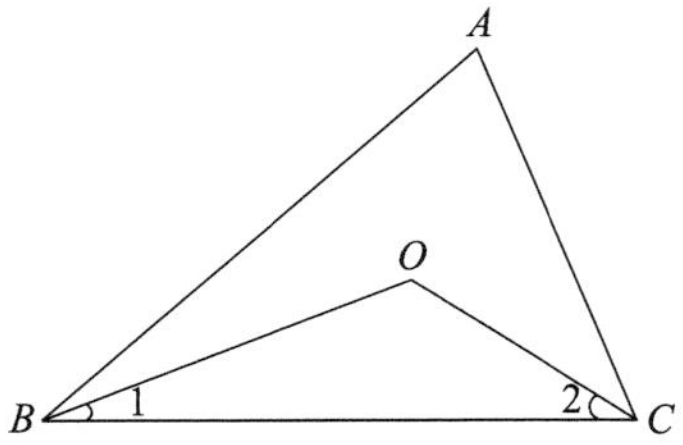

图2

对于此例，孩子学完本节内容后很容易解决，利用角平分线的定义及三角形的内角和就可得出$\angle BOC=115°$。

若$\angle ABC=46°$，$\angle ACB=78°$，则$\angle BOC$的度数又会是多少呢?

提醒孩子利用前面的方法，很快得出结果$\angle BOC=118°$。

此时家长，继续提问：在前面的两个问题中，根据已知的两个角的度数很容易求得$\angle A$的度数。若只给$\angle A$的度数，还能求出$\angle BOC$的度数吗？如图1中，若$\angle A=50°$，则$\angle BOC$是多少度？若$\angle A=56°$呢?

这样去引导孩子猜想$\angle A$与$\angle BOC$的关系：$\angle BOC=90°+\frac{1}{2}\angle A$。

论证：如图2，$\angle ABC=2\angle 1$，$\angle ACB=2\angle 2$，

又知$\angle A+\angle ABC+\angle ACB=180°$，

即$\angle A+2\angle 1+2\angle 2=180°$，

$$\therefore \angle 1+\angle 2=\frac{1}{2}(180°-\angle A)$$

$$=90°-\frac{1}{2}\angle A。$$

$$\therefore \angle BOC=180°-(\angle 1+\angle 2)=90°+\frac{1}{2}\angle A。$$

这表明，$\angle BOC$的度数只与$\angle A$的度数有关。

结论：在$\triangle ABC$中，$\angle B$，$\angle C$的平分线相交于点O，则$\angle BOC=90°+\frac{1}{2}\angle A$。

运用：在$\triangle ABC$中，若$\angle A=70°$，则$\angle BOC=$____；

若$\angle A=48°$，则$\angle BOC=$____。

孩子很快就可利用上面的结论，计算出结果。

在上面的过程中，就体现了由特殊到一般再到特殊的数学思想。

延伸：如图3，在$\triangle ABC$中，$\angle B$、$\angle C$的外角平分线相交于点O，则$\angle BOC$与$\angle A$

有何关系呢？

在家长的引导下，孩子利用前面探究问题的思想方法，很快得出结论：$\angle BOC=90°—\frac{1}{2}\angle A$。此时，孩子能否说明理由呢？

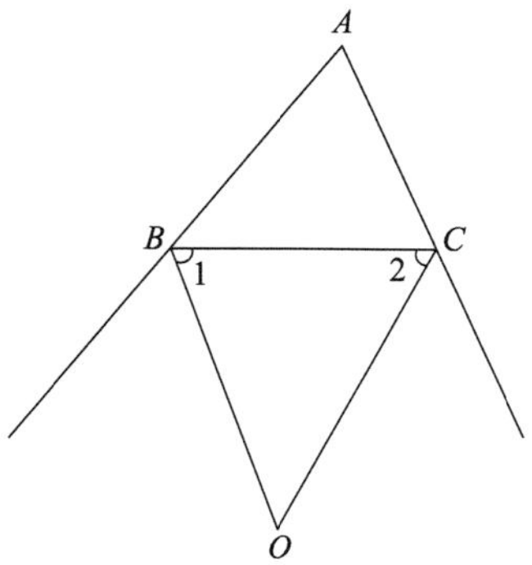

图3

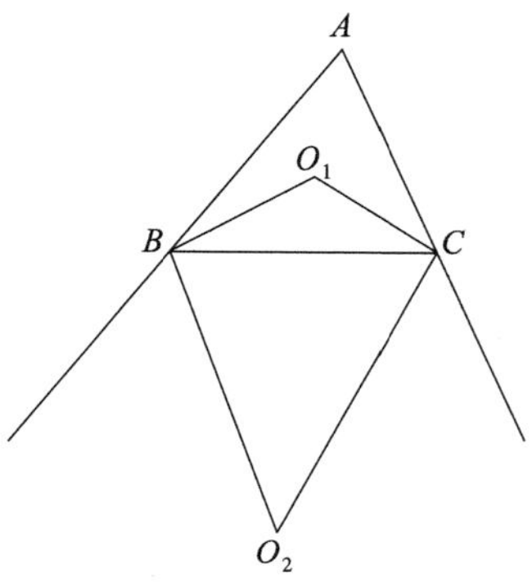

图4

论证：在图3中，$\angle A+\angle ABC+\angle ACB=180°$，

而$\angle ABC+2\angle 1=180°$，$\angle ACB+2\angle 2=180°$，

$\therefore \angle ABC+\angle ACB=180°-\angle A=(180°-2\angle 1)+(180°-2\angle 2)$。

即$2(\angle 1+\angle 2)=180°+\angle A$。

$\therefore \angle 1+\angle 2=90°+\dfrac{1}{2}\angle A$。

又$\angle 1+\angle 2+\angle BOC=180°$，

$\therefore \angle BOC=180°—(\angle 1+\angle 2)=90°—\dfrac{1}{2}\angle A$。

如图4，在$\triangle ABC$中，$\angle B$与$\angle C$的平分线相交于点O_1，$\angle B$与$\angle C$的外角平分线相交于点O_2，则$\angle O_1$与$\angle O_2$有何关系呢？

我们在前面，已经得出结论：$\angle O_1=90°+\dfrac{1}{2}\angle A$，$\angle O_2=90°—\dfrac{1}{2}\angle A$。

所以有$\angle O_1+\angle O_2=(90°+\dfrac{1}{2}\angle A)+(90°—\dfrac{1}{2}\angle A)=180°$。

于是孩子不难得出$\angle O_1$与$\angle O_2$的关系为互补，即$\angle O_1+\angle O_2=180°$。

在上面的例子中，我们还要看到，培养孩子的创新意识，即主动去探索、发现的心理倾向和积极的态度，也是很重要的。在家庭教育中，家长应紧紧抓住实际遇到的抑或偶发奇想的问题，围绕“学会思考”“猜想”“验证”这几点，做足辅导学习中的“文章”，方可使数学思想方法、创新意识的培养落到实处。作为家长还应该鼓励孩子敢于质疑、不盲从,勇于发现发表自己的见解和观点。这样的家庭教育中才会有思维的火花与碰撞,才会产生新的想法和观点。家长要善于营造一个以问题驱动的学习环境,让孩子在这样的环境中活跃思维、开阔思路,并能自主地发现、探索,形成属于自己的知识系统。在家长的引领下,让孩子经历从特例到归纳、从抽象到猜想、从验证到概括的多样性活动,经历发现问题、提出问题,进而分析、解决问题的全过程,使综合与实践真正成为培养孩子创新意识和实践能力的有效载体,真正将数学思想方法转化为孩子自身的数学素养和学习习惯。

参考文献

[1] 金贻哲.数学教学中数学思想方法的渗透探析[J].成才之路,2017(34):59.

[2] 王海健.渗透数学思想方法引领学生自主前行[J].小学教学参考,2011(23):48.

[3] 王聿松,王明一.小学数学思想方法渗透教学调查分析[J].基础教育研究,2018(16):18-19.

四元数体上函数可微的Cauchy-Riemann条件

淮南寿县隐贤太平学校　周广海

一、前　言

四元数是由威廉·卢云·哈密顿(William Rowan Hamilton, 1805-1865)于1843年提出的数学概念,威廉·卢云·哈密顿是历史上最伟大的数学家之一,他于1805年8月3日出生于爱尔兰的都柏林,1865年9月2日卒于都柏林附近的敦辛克天文台。哈密顿是一位罕见的语言奇才,14岁时就学会了12种欧洲语言。他13岁就开始钻研牛顿和拉普拉斯等人的经典著作,17岁时就掌握了微积分,并在光学中有所发现。22岁时大学还未毕业就被聘任为他就读的都柏林三一学院的教授,同时获得"爱尔兰皇家天文学家"的称号。哈密顿在物理学和数学领域里都有杰出的成就,他是一位勤奋工作而酷爱真理的人。

在通往数学的自由或者奴役的道路之上,哈密顿的四元数是一个里程碑。当时他正研究扩展复数到更高的维次(复数可视为平面上的点)。他不能做到三维空间的例子,但四维则造出四元数。根据哈密顿记述,他是于10月16日跟他的妻子在都柏林的皇家运河边散步,突然灵感扑面而来,他在桥上写下乘法表:$i^2=-1$, $j^2=-1$, $k^2=-1$。$ijk=-1$, $ij=k$, $jk=i$, $kj=-i$, $ik=-j$;哈密顿创造了把四元数描绘成一个有序的四重实数:一个标量(a)和向量$bi+cj+dk$的组合。根据上述乘法表,四元数显然是复数的扩充,它将复数作为特殊形式包含在自身之中,它属于超复数。但这种数对乘法的交换律不再成立,哈密顿为此考虑了十几年,最后直觉地想到:必须牺牲交换律,于是第一个非交换律的代数诞生了,在以前的乘法中,乘法是交换的,比如从小学数学开始,"$1\times2=2\times1$"就是一个公理,但这背后其实埋藏无穷秘密。哈密顿的这个创造,把代数学从传统的实数算术的束缚中解放出来,人们开始认识到数学既可来自现实世界的直接抽象也可以来自人类的思维的自由创造，这种思想引起了代数学领域的一次质的飞跃，现代抽象代数的闸门被打开了。

四元数是四维空间的，复数函数是在二维空间里研究的。复变函数有连续性，解析性，可微的Cauchy-Riemann条件等性质。所以，我们可以在复变函数研究方法及成果的基础上，研究并探讨四元数体函数可微的Cauchy-Riemann条件。

二、四元数与四元数函数

（一）四元数的定义及性质

定义2.1　四元数是最简单的超复数（超复数是复数在抽象代数中的引申，例如：四维的四元数coquaternions；八维的八元数biquaternions等）。复数是由实数加元素i组成，其中有$i^2=-1$，相似地，四元数都是有实数加上三个元素i,j,k组成，而且它们有如下的关系：

$i^2=-1, j^2=-1, k^2=-1$。$ijk=-1, ij=k, jk=i, kj=-i, ik=-j$

每个四元数都是由$1,i,j,k$的线性组合，即是四元数一般可表示为$a+bi=cj+dk$的形式。

四元数乘法的结合律仍旧存在但不符合交换律，它似乎破坏了科学知识中的一个最基本的原则，但明确地说，四元数是复数的不可交换的延伸，如把四元数的集合考虑成多维实数空间的话，四元数就代表着一个四维空间，相对于复数的二维空间。

四元数形成一个在实数上的四维结合代数（事实上是除法代数）并包括复数，但不与复数组成结合代数，四元数（以及实数和复数）都是有限维的实数结合除法代数。四元数的不可交换性往往导致一些令人意外的结果，例如四元数的n阶多项式能有多余n的根。

四元数就是形如$a+bi=cj+dk$的数，a,b,c,d是实数$(a^2+b^2+c^2+d^2)$的平方根称为四元数的模。

四元数的例子：

$z_1=3+i, z_2=5i+j-2k, z_3=j+k$,

$z=z_1+z_2=3+6i+j-2k$,

$z=z_1z_2=-5+15i+5j-5k$,

$z=z_2z_1=-5+15i+j-7k$,

$z_1\neq z_2$,

即四元数得乘法不满足交换律。

又因为有：$z=(z_1z_2)z_3=10i-20j+10k$,

$z=z_1(z_2z_3)=10i-20j+10k$,

所以四元数的乘法满足结合律。

（二）四元数函数

复数函数的定义形式上合数学分析中单元函数的定义一样，不过自变量和函数值都取复数值（当然也包括取实数值），同样四元数函数的定义也不过是自变量和函数都取四元数（当然也包括取实数，复数）。

定义2.2　设E为一四元数集，若对E内每一四元数Z，有唯一确定的四元数W与之对应，则称在E上确定了一个单值，函数$W=f(z)(z\in E)$，如对E内每一个四元数Z，有几个或无穷多个W与之对应，则称在E上确定了一个多值函数$W=f(z)(z\in E)$，E称为函数$W=f(z)$的定义域，对于E，W值的全体所成集合M称为函数$W=f(z)$的值域。

例如$z=a+bi+cj+dk$，$W=|Z|$，$w=z^2$都是z的单值函数。$W=\sqrt[n]{z}$的多值函数。

设$W=f(z)$是定义于集合E上的函数并令$z=a+bi+cj+dk$，$W=P+Qi+Rj+Sk$，则P,Q,R,S随a,b,c,d而确定，因而$W=f(z)$又常写成：

$W=P(a,b,c,d)+Q(a,b,c,d)+R(a,b,c,d)+S(a,b,c,d)$ 其中 $P(a,b,c,d)$，$Q(a,b,c,d)$，$R(a,b,c,d)$，$S(a,b,c,d)$都是四元实函数。

如果四个实函P,Q,R,S是随意选定的，四者之间没有什么特别的联系，那么确实没有必要把它们结合起来作为一个四元函数，然而，在四个实函数是紧密相关的一些情况下，把四个关系式写成$W=f(z)$的形式更有利。

例如，设$w=z^2$，$z=a+bi+cj+dk$时w可以写成，$w=(a^2-b^2-c^2-d)+2abi+2acj+2adk$，

所以有以下结果：$P(a,b,c,d)=a^2-b^2-c^2-d^2$，$Q(a,b,c,d)=2ab$，$R(a,b,c,d)=2ac$，$S(a,b,c,d)=2ad$，

在复变函数得学习过程中要描述$W=f(z)$的图形就必须采用四维空间也就

是(u,v,x,y)空间，同时为了避免困难我们取了两复平面，分别称为z平面和w平面。同理在四元数函数上要描述$W=f(z)$的图形那么必须采用八维空间即(P,Q,R,S,a,b,c,d)我们取两个空间即Z空间和w空间。于是我们把四元数函数理解为两个空间上点集间的对应关系，具体地说，复变函数$W=f(z)$给出了从z空间上点集E到w空间上的点集F间的一个对应关系。在点$z\in E$对应$W=f(z)$称为点z的像点。同时点z就称为点$W=f(z)$的原像。必须指出，像点的原像可能不止一点，例如$w=z^2$，则$z=1/-1$的像点均为$w=1$的原像是两点。$z=1/-1$。

定义2.3　如对空间Z上点集E上的任一点Z，有w空间上点集F的点W，使得$W=f(z)$则称$W=f(z)$把E变入F简记为$f(E)\subseteq F$或称$W=f(z)$是E到F的入变换。

定义2.4　如果$f(E)\subseteq F$，且对F的任一点W，有E的点Z，使$W=f(z)$，则称$W=f(z)$把E变入F简记为$f(E)=F$或$W=f(z)$是E到F的满变换。

对于满变换这种对应关系$W=f(z)$，F就是能取到所有值构成的点集，它显然具有下列两条性质：

(1)对于点集E中的每一个点Z，相应点$W=f(z)$是点集F中的一个点；

(2)对于点集F中的每一个点W，在E中至少有一个点Z与之对应即满足。$W=f(z)$。

定义2.5　若$W=f(z)$是点集E到F的满变换，且对F中的每一点W，在E中有一个(或至少有两个)点与之相对应，则在F上确定了一个单值(或多值)函数，记作$z=f^{-1}(w)$，它就称为函数$W=f(z)$的反函数或称为变换$W=f(z)$的逆变换。若$z=f^{-1}(w)$也是F到E的单值变换，则称$W=f(z)$是E到F的双方单值变换或一一变换，于是有$W=f[f^{-1}(w)]$，$z=f^{-1}[f(z)]$，$z\in E$。

三、四元数函数的极限与连续性

(一)四元数函数的极限

定义3.1　设函数$W=f(z)$在点集E上有定义，Z_0为E的聚点，如存在一复数W_0，使对任给的$\varepsilon>0$，有$\sigma>0$只要$0<|z-z0|<\sigma$，$z\in E$就有$|f(z)-w_0|<\varepsilon$则称函数$f(z)$沿E于z_0有极限w_0，记$\lim\limits_{\substack{z\to z_0\\ z\in E}} f(z)=w_0$，由四元数函数极限的定义与复变函数

中的定义相似，于是我们可以得到这样的结论：

(1)若极限存在则必然唯一；

(2)若$f(z),g(z)$沿点集E在点z_0有极限，则其和，差，积，商(在商存在的情况下要求分母不为零)沿点集E在点z_0仍然有极限，并且极限值等于$f(z),g(z)$在点z_0仍然有极限值的和，差，积，商。

注：因为z,z_0是一个四维空间，即z可以沿着不同的路径趋向于z_0，不同于一元函数但与复变函数类似，即$\lim\limits_{\substack{z\to z_0\\ z\in E}}f(z)$与$z$趋向于$z_0$方式无关；

仿照复变函数和一元函数有如下的定理：

定理3.1 设函数$W=P(a,b,c,d)+Q(a,b,c,d)i+R(a,b,c,d)j+S(a,b,c,d)k$

在点集E上有定义，$z_0=a_0+b_0i+c_0j+d_0k$为E上聚点，

则$\lim\limits_{\substack{z\to z_0\\ z\in E}}f(z)=\eta=a+bi+cj+dk$的充要条件是

$$\lim_{\substack{\{a,b,c,d\}\to(a_0,b_0,c_0,d_0)\\ \{a,b,c,d\}\in E}}P(a,b,c,d)=a,\ \lim_{\substack{\{a,b,c,d\}\to(a_0,b_0,c_0,d_0)\\ \{a,b,c,d\}\in E}}Q(a,b,c,d)=b,\ \lim_{\substack{\{a,b,c,d\}\to(a_0,b_0,c_0,d_0)\\ \{a,b,c,d\}\in E}}R(a,b,c,d)=c,\ \lim_{\substack{\{a,b,c,d\}\to(a_0,b_0,c_0,d_0)\\ \{a,b,c,d\}\in E}}S(a,b,c,d)=d;$$

(二)四元数函数连续性

定义3.2 设于E上有定义，z_0为E的聚点且$z_0\in E$，若$\lim\limits_{\substack{z\to z_0\\ z\in E}}f(z)=f(z_0)$即对任意给定的$\varepsilon>0$，有$\sigma>0$只要$0<|z-z0|<\sigma,z\in E$，就有$|f(z)-w_0|<\varepsilon$，则称$f(z)$沿$E$于$z_0$连续；

四元数函数连续性大的定义与复变函数连续性的定义相似，故可仿照复变函数得出以下结论：

(1)如$f(z),g(z)$沿点集E于z_0连续，则其和，差，积，商(在商存在的情况下要求分母不为零)沿点集合E于z_0连续；

(2)如函数$\eta=f(z)$沿点集合E于z_0连续且$f(E)\subseteq G$，函数$W=g(\eta)$沿点集合G于点$\eta_0=f(z_0)$连续，则复合函数$W=g[f(z)]=f(z)$沿点集合E于z_0连续。

定理 设函数$f(z)=P(a,b,c,d)+Q(a,b,c,d)i+R(a,b,c,d)j+S(a,b,c,d)k$于点集合$E$上有定义，$z_0\in E$，则$f(z)$沿$E$在点$z_0=a_0+b_0i+c_0j+d_0k$连续的充要条件是：四元实函数$P(a,b,c,d),Q(a,b,c,d),R(a,b,c,d),S(a,b,c,d)$沿点集E于点$(a_0,b_0,c_0,d_0)$连续。

定理3.3 若四元数函数 $f(z)$ 在点集合 E 上各点连续，则称 $f(z)$ 在 E 上连续；或称 $f(z)$ 是 E 上的连续函数。

四、四元数函数的导数、微分与柯西—黎曼方程

（一）四元数函数的导数

四元数函数的导数定义形式上和复变函数中的导数的定义一致。

定义4.1 设函数 $W=f(z)$ 在点 z_0 的领域内或包含 z_0 的区域D内有定义，考虑比值：$\frac{\triangle W}{\triangle z}=\frac{f(z)-f(z_0)}{z-z_0}=\frac{f(z+\triangle z)}{\triangle z}(\triangle z\neq 0)$。

如果当 z 按任意方式趋向于 z_0 时，即当 Δz 按任意方式趋向于零时，比值 $\frac{\triangle W}{\triangle z}$ 的极限都存在且其值有限，则称此极限为函数 $f(z)$ 在点 z_0 的导数，并记为 $f'(z_0)$ 即有 $f'(z_0)=\lim\limits_{\Delta z\to 0}\frac{\triangle W}{\triangle z}=\lim\limits_{\Delta z\to 0}\frac{f(z)-f(z_0)}{z-z_0}=\lim\limits_{\Delta z\to 0}\frac{f(z+\triangle z)-f(z_0)}{\triangle z},(\triangle z\neq 0)$

这时称函数 $f(z)$ 在点 z_0 点可导。

同复变函数一样，当 $z_0+\triangle z$ 以任意的方式趋向于 z_0 时，比值的极限值都存在且相等，和导数的情形一样，四元数函数的定义形式上与复变函数，实变函数的定义一致。

设函数 $W=f(z)$ 在 z 点可导，于是 $f'(z)=\lim\limits_{\Delta z\to 0}\frac{\triangle W}{\triangle z}$ 即是 $\frac{\triangle W}{\triangle z}=f'(z)+\eta$，$\lim\limits_{\Delta z\to 0}\eta=0$，$\triangle W=f'(z)\triangle z+\mathcal{E}$，其中 $|\mathcal{E}|<|\eta\triangle z|$ 为 $\triangle z$ 的高阶无穷小，称 $f'(z)\triangle z$ 为 $W=f(z)$ 在点 z 的微分，记为 dw 或 $d[f(z)]$，此时也称 $f(z)$ 在 z 点可微即 $dw=f'(z)dz$。特别地，当 $f(z)=z$ 时，$dz=\triangle z$。

所以 $dw=f'(z)dz$ 即 $f'(z)=\frac{dw}{dz}$。由此可见 $f(z)$ 在点 z 可导与 $f(z)$ 在点 z 可微是等价的。

（二）四元数的解析函数及性质

定义4.2 如果函数 $W=f(z)$ 在空间 D 内可微，则称 $f(z)$ 为空间 D 的解析函数，或称 $W=f(z)$ 在空间 D 内解析。

同复变函数的定义一样，空间D内的解析函数也称D内的全纯函数或正则函数。由此可以看出函数$f(z)$在D内解析与函数$f(z)$在D内处处解析是等价的。

定义4.3　若函数$f(z)$在z_0点不解析，但在z_0的任一邻域内总有$f(z)$的解析点，则称z_0为函数$f(z)$的奇点。

例如，$w=1/z$在z空间内以$z=0$为奇点。

可以把数学分析中有关求导法则推广到四元数函数中，于是有：

（1）如函数$f_1(z)$，$f_2(z)$在空间D内解析，则其和，差，积，商（在商存在的情况下，要求分母在空间D内的值不为零）在D内解析，并且有

$$[f_1(z)\pm f_2(z)]'=f_1'(z)\pm f_2'(z),$$

$$[f_1(z)f_2(z)]'=f_1'(z)f_2(z)+f_1(z)f_2'(z),$$

$$\left[\frac{f_1(z)}{f_2(z)}\right]'=\frac{f_1'(z)f_2(z)-f_1(z)f_2'(z)}{[f_2(z)]^2}\ (f_2(z)\neq 0);$$

（2）（复合函数的求导法则）设函数$\mathscr{E}=f(z)$在空间D内解析，函数$w=f(\mathscr{E})$在空间G内解析。若对于空间D内每一点Z，函数$f(z)$的值$\mathscr{E}$均属于G，则$w=g[f(z)]$在空间D内解析，且$\dfrac{dg[f(z)]}{dz}=\dfrac{dg(\xi)}{d\xi}\cdot\dfrac{df(z)}{dz}$。

例题4.1　证明函数$f(z)=z^n$（n为正整数）在z空间内处处可微，且$\dfrac{d}{dz}z^n=nz^{n-1}$。证明：设z是空间内以固定的点，我们有$\lim\limits_{\triangle z\to 0}\dfrac{(z+\triangle z)^n-z^n}{\triangle z}=\lim\limits_{\triangle z\to 0}[nz^{n-1}+\dfrac{n(n-1)}{2}z^{n-1}\triangle z+\cdots+((\triangle z)^{n-1})]=nz^{n-1}$。

例题4.2　设函数$f(z)=(3z^2-4z+5)^{11}$则根据复合函数的求导法则，有

$$f'(z)=11(3z^2-4z+5)^{10}\frac{d}{dz}(3z^2-4z+5)=11(3z^2-4z+5)^{10}(6z-4)$$

$$=22(3z-2)(3z^2-4z+5)^{10}。$$

对于四元数函数$W=P(a,b,c,d)+Q(a,b,c,d)i+R(a,b,c,d)j+S(a,b,c,d)k$，

应用求导法则有：$W'=P'(a,b,c,d)+Q'(a,b,c,d)i+R'(a,b,c,d)j+S'(a,b,c,d)k$。

（三）柯西—黎曼方程（简称C.–R.方程）

假设$W=f(z)=P(a,b,c,d)+Q(a,b,c,d)i+R(a,b,c,d)j+S(a,b,c,d)k$是四元数函

数 $z=a+bi+cj+dk$ 的一个定义在空间 D 内的函数。

当四元实函数 $P(a,b,c,d)$,$Q(a,b,c,d)$,$R(a,b,c,d)$,$S(a,b,c,d)$ 给定时,此函数也就确定了。一般来说,$P(a,b,c,d)$,$Q(a,b,c,d)$,$R(a,b,c,d)$,$S(a,b,c,d)$ 四个四元实函数是相互独立的,即使函数 $P(a,b,c,d)$,$Q(a,b,c,d)$,$R(a,b,c,d)$,$S(a,b,c,d)$ 对 a,b,c,d 的偏导数都存在,函数 $f(z)$ 通常是不可微的。

因此,如果函数 $f(z)$ 是可微的,它的四个四元实函数应当不是相互对立的,而必须符合一定的条件,下面我们来探讨该条件:$W=f(z)=P(a,b,c,d)+Q(a,b,c,d)i+R(a,b,c,d)j+S(a,b,c,d)k$,若在空间一点 $z=a+bi+cj+dk$ 可微,而且设

$$f'(z)=\lim_{\triangle z\to 0}\frac{f(z+\triangle z)-f(z)}{\triangle z},(\triangle z\neq 0),\quad ①$$

又令 $\triangle z=\triangle a+\triangle bi+\triangle cj+\triangle dk$,$f(z+\triangle z)-f(z)=\triangle P+\triangle Qi+\triangle Rj+\triangle Sk$,其中 $\triangle P=P(a+\triangle a,b+\triangle b,c+\triangle c,d+\triangle d)-P(a,b,c,d)$,

$\triangle Q=Q(a+\triangle a,b+\triangle b,c+\triangle c,d+\triangle d)-Q(a,b,c,d)$,

$\triangle R=R(a+\triangle a,b+\triangle b,c+\triangle c,d+\triangle d)-R(a,b,c,d)$,

$\triangle S=S(a+\triangle a,b+\triangle b,c+\triangle c,d+\triangle d)-S(a,b,c,d)$,

则①式可变为:

$$f'(z)=\lim_{\substack{\triangle a\to 0\\ \triangle b\to 0\\ \triangle c\to 0\\ \triangle d\to 0}}\frac{\triangle P+\triangle Qi+\triangle Rj+\triangle Sk}{\triangle a+\triangle bi+\triangle cj+\triangle dk},\quad ②$$

因为 $\triangle z=\triangle a+\triangle bi+\triangle cj+\triangle dk$,无论按什么方式趋向于零时,②总是成立的。下面用控制变量法来研究四元数函数可微的柯西—黎曼条件。

设 $z=a+bi+cj+dk$,$W=P(a,b,c,d)+Q(a,b,c,d)i+R(a,b,c,d)j+S(a,b,c,d)k$,

求 $f'(z)=\lim\limits_{\substack{\triangle a\to 0\\ \triangle b\to 0\\ \triangle c\to 0\\ \triangle d\to 0}}\dfrac{\triangle P+\triangle Qi+\triangle Rj+\triangle Sk}{\triangle a+\triangle bi+\triangle cj+\triangle dk}$ 的值的情况?

(1)当 $\triangle a=0,\triangle b=0,\triangle c=0,\triangle d\to 0$ 时,则有

$$f'(z)=\lim_{\substack{\triangle a\to 0\\ \triangle b\to 0\\ \triangle c\to 0\\ \triangle d\to 0}}\frac{\triangle P+\triangle Qi+\triangle Rj+\triangle Sk}{\triangle dk},$$

即 $f'(z)=\lim\limits_{\substack{\triangle a\to 0\\ \triangle b\to 0\\ \triangle c\to 0\\ \triangle d\to 0}}\dfrac{\triangle P}{\triangle dk}+\lim\limits_{\substack{\triangle a\to 0\\ \triangle b\to 0\\ \triangle c\to 0\\ \triangle d\to 0}}\dfrac{\triangle Qi}{\triangle dk}+\lim\limits_{\substack{\triangle a\to 0\\ \triangle b\to 0\\ \triangle c\to 0\\ \triangle d\to 0}}\dfrac{\triangle Rj}{\triangle dk}+\lim\limits_{\substack{\triangle a\to 0\\ \triangle b\to 0\\ \triangle c\to 0\\ \triangle d\to 0}}\dfrac{\triangle Sk}{\triangle dk}$。

右乘k后得：$f'(z)=\lim\limits_{\substack{\Delta a\to 0\\ \Delta b\to 0\\ \Delta c\to 0\\ \Delta d\to 0}}\frac{\Delta Pk}{\Delta dkk}+\lim\limits_{\substack{\Delta a\to 0\\ \Delta b\to 0\\ \Delta c\to 0\\ \Delta d\to 0}}\frac{\Delta Qik}{\Delta dkk}+\lim\limits_{\substack{\Delta a\to 0\\ \Delta b\to 0\\ \Delta c\to 0\\ \Delta d\to 0}}\frac{\Delta Rjk}{\Delta dkk}+\lim\limits_{\substack{\Delta a\to 0\\ \Delta b\to 0\\ \Delta c\to 0\\ \Delta d\to 0}}\frac{\Delta Skk}{\Delta dkk}$。　③

由四元数的基本公式知道：$i^2=-1, j^2=-1, k^2=-1, ijk=-1$,

$ij=k, ji=-k, jk=i, kj=-i, ik=-j$　④

将④代入③式子得 $f'(z)=-\frac{\partial P}{\partial d}k+\frac{\partial Q}{\partial d}j-\frac{\partial R}{\partial d}i+\frac{\partial S}{\partial d}$，　⑤

整理⑤式后得 $f'(z)=\frac{\partial S}{\partial d}-\frac{\partial R}{\partial d}i+\frac{\partial Q}{\partial d}j-\frac{\partial P}{\partial d}k$;　(I)

(2)当$\Delta a=0, \Delta b=0, \Delta\to 0, \Delta d=0$时，则有

$$f'(z)=\lim\limits_{\substack{\Delta a\to 0\\ \Delta b\to 0\\ \Delta c\to 0\\ \Delta d\to 0}}\frac{\Delta P+\Delta Qi+\Delta Rj+\Delta Sk}{\Delta cj},$$

即 $f'(z)=\lim\limits_{\substack{\Delta a\to 0\\ \Delta b\to 0\\ \Delta c\to 0\\ \Delta d\to 0}}\frac{\Delta P}{\Delta cj}+\lim\limits_{\substack{\Delta a\to 0\\ \Delta b\to 0\\ \Delta c\to 0\\ \Delta d\to 0}}\frac{\Delta Qi}{\Delta cj}+\lim\limits_{\substack{\Delta a\to 0\\ \Delta b\to 0\\ \Delta c\to 0\\ \Delta d\to 0}}\frac{\Delta Rj}{\Delta cj}+\lim\limits_{\substack{\Delta a\to 0\\ \Delta b\to 0\\ \Delta c\to 0\\ \Delta d\to 0}}\frac{\Delta Sk}{\Delta cj}$。

右乘j得：$f'(z)=\lim\limits_{\substack{\Delta a\to 0\\ \Delta b\to 0\\ \Delta c\to 0\\ \Delta d\to 0}}\frac{\Delta Pj}{\Delta cjj}+\lim\limits_{\substack{\Delta a\to 0\\ \Delta b\to 0\\ \Delta c\to 0\\ \Delta d\to 0}}\frac{\Delta Qij}{\Delta cjj}+\lim\limits_{\substack{\Delta a\to 0\\ \Delta b\to 0\\ \Delta c\to 0\\ \Delta d\to 0}}\frac{\Delta Rjj}{\Delta cjj}+\lim\limits_{\substack{\Delta a\to 0\\ \Delta b\to 0\\ \Delta c\to 0\\ \Delta d\to 0}}\frac{\Delta Skj}{\Delta cjj}$。　⑥

将④式代入⑥得 $f'(z)=-\frac{\partial P}{\partial c}j-\frac{\partial Q}{\partial c}k+\frac{\partial R}{\partial c}+\frac{\partial S}{\partial d}i$，　⑦

整理⑦式得 $f'(z)=\frac{\partial R}{\partial c}+\frac{\partial S}{\partial d}i-\frac{\partial P}{\partial c}j-\frac{\partial Q}{\partial c}k$;　(II)

(3)当$\Delta a=0, \Delta b\to 0, \Delta c=0, \Delta d=0$时，则有

$$f'(z)=\lim\limits_{\substack{\Delta a\to 0\\ \Delta b\to 0\\ \Delta c\to 0\\ \Delta d\to 0}}\frac{\Delta P+\Delta Qi+\Delta Rj+\Delta Sk}{\Delta bj},$$

即 $f'(z)=\lim\limits_{\substack{\Delta a\to 0\\ \Delta b\to 0\\ \Delta c\to 0\\ \Delta d\to 0}}\frac{\Delta P}{\Delta bi}+\lim\limits_{\substack{\Delta a\to 0\\ \Delta b\to 0\\ \Delta c\to 0\\ \Delta d\to 0}}\frac{\Delta Qi}{\Delta bi}+\lim\limits_{\substack{\Delta a\to 0\\ \Delta b\to 0\\ \Delta c\to 0\\ \Delta d\to 0}}\frac{\Delta Rj}{\Delta bi}+\lim\limits_{\substack{\Delta a\to 0\\ \Delta b\to 0\\ \Delta c\to 0\\ \Delta d\to 0}}\frac{\Delta Sk}{\Delta bi}$。

右乘i得：$f'(z)=\lim\limits_{\substack{\Delta a\to 0\\ \Delta b\to 0\\ \Delta c\to 0\\ \Delta d\to 0}}\frac{\Delta Pi}{\Delta bii}+\lim\limits_{\substack{\Delta a\to 0\\ \Delta b\to 0\\ \Delta c\to 0\\ \Delta d\to 0}}\frac{\Delta Qii}{\Delta bii}+\lim\limits_{\substack{\Delta a\to 0\\ \Delta b\to 0\\ \Delta c\to 0\\ \Delta d\to 0}}\frac{\Delta Rji}{\Delta bii}+\lim\limits_{\substack{\Delta a\to 0\\ \Delta b\to 0\\ \Delta c\to 0\\ \Delta d\to 0}}\frac{\Delta Ski}{\Delta bii}$。　⑧

将④式代入⑧得：$f'(z)=-\frac{\partial P}{\partial b}i+\frac{\partial Q}{\partial b}+\frac{\partial R}{\partial b}k+\frac{\partial S}{\partial b}j$，　⑨

整理⑨式得 $f'(z)=\frac{\partial Q}{\partial b}-\frac{\partial P}{\partial b}i-\frac{\partial S}{\partial b}j+\frac{\partial R}{\partial b}k$;　(III)

(4)当$\Delta a\to 0, \Delta b=0, \Delta c=0, \Delta d=0$时，则有

$$f'(z)=\lim_{\substack{\triangle a\to 0\\ \triangle b\to 0\\ \triangle c\to 0\\ \triangle d\to 0}}\frac{\triangle P+\triangle Qi+\triangle Rj+\triangle Sk}{\triangle a},$$

即 $f'(z)=\lim_{\substack{\triangle a\to 0\\ \triangle b\to 0\\ \triangle c\to 0\\ \triangle d\to 0}}\frac{\triangle P}{\triangle a}+\lim_{\substack{\triangle a\to 0\\ \triangle b\to 0\\ \triangle c\to 0\\ \triangle d\to 0}}\frac{\triangle Qi}{\triangle a}+\lim_{\substack{\triangle a\to 0\\ \triangle b\to 0\\ \triangle c\to 0\\ \triangle d\to 0}}\frac{\triangle Rj}{\triangle a}+\lim_{\substack{\triangle a\to 0\\ \triangle b\to 0\\ \triangle c\to 0\\ \triangle d\to 0}}\frac{\triangle Sk}{\triangle a}$。

即 $f'(z)=\frac{\partial P}{\partial a}+\frac{\partial Q}{\partial a}i+\frac{\partial R}{\partial a}j+\frac{\partial S}{\partial a}k$。　（Ⅳ）

综上所述，四元数函数可微的柯西—黎曼方程为：

$$\begin{cases}\frac{\partial P}{\partial a}=\frac{\partial Q}{\partial b}=\frac{\partial R}{\partial c}=\frac{\partial S}{\partial d},\\ -\frac{\partial P}{\partial b}=\frac{\partial Q}{\partial a}=-\frac{\partial R}{\partial d}=\frac{\partial S}{\partial c},\\ -\frac{\partial P}{\partial c}=\frac{\partial Q}{\partial d}=\frac{\partial R}{\partial a}=-\frac{\partial S}{\partial b},\\ -\frac{\partial P}{\partial d}=-\frac{\partial Q}{\partial c}=\frac{\partial R}{\partial b}=-\frac{\partial S}{\partial a},\end{cases}\qquad (\text{Ⅴ})$$

注：灵活运用（Ⅴ）的公式，计算四元数函数的实部和各个函数 $P(a,b,c,d)$，$Q(a,b,c,d)$，$R(a,b,c,d)$，$S(a,b,c,d)$ 的偏导数，找出他们之间相应的关系，对四元数函数是否可微的判断有很大的帮助。

例1　讨论函数 $f(z)=|z|^2$ 的解析性。

解：为 $P(a,b,c,d)=a^2+b^2+c^2+d^2$，

$Q(a,b,c,d)\equiv 0$，$R(a,b,c,d)\equiv 0$，$S(a,b,c,d)\equiv 0$。

对各个函数求偏导数有，$P_a=2a$，$P_b=2b$，$P_c=2c$，$P_d=2d$，$Q_a=Q_b=Q_c=Q_d=0$，$R_a=R_b=R_c=R_d=0$，$S_a=S_b=S_c=S_d=0$ 这十六个偏导数在 z 空间内存在且处处连续，但是只有在 $z=0$，即 $a=0$，$b=0$，$c=0$，$d=0$ 处满足四元数函数可微的柯西—黎曼方程。故函数 $f(z)$ 只在 $z=0$ 可微，从而可知，此函数在 z 空间上处处不解析。

并且有 $f'(0)=\left(P_a+iQ_a+jR_a+kS_a\right)\Big|_{(0,0,0,0)}=0$。

例2　讨论函数 $f(z)=a^2-b^2i+j+k$ 的解析性。

解：$R(a,b,c,d)=a^2$，$Q(a,b,c,d)=-b^2$，$E(a,b,c,d)=1$，$S(a,b,c,d)=1$，

对各个函数求偏导数有：

$P_a=2a$，$P_b=P_c=P_d=0$，$Q_b=-2b$，$Q_a=Q_c=Q_d=0$，

$R_a=R_b=R_c=R_d=0$，$S_a=S_b=S_c=S_d=0$，

所以，只有在2b=−2b，即$a=-b$时，该四元数体上函数解析。从而可知，此函数在Z空间上处处不解析。

例3 讨论函数$f(z)=z=a+bi+dk$的解析性

解：因$P(a,b,c,d)=a, Q(a,b,c,d)=b, R(a,b,c,d)=c, S(a,b,c,d)=d$。

对各个函数求偏导数有：$P_a=1, P_b=P_c=P_d=0, Q_b=1, Q_a=Q_c=Q_d=0,$

$R_c=-1, R_a=R_b=R_d=0, S_a=S_b=S_c=0, S_d=1,$

知该各个偏导数满足
$$\begin{cases} \dfrac{\partial P}{\partial a}=\dfrac{\partial Q}{\partial b}=\dfrac{\partial R}{\partial c}=\dfrac{\partial S}{\partial d}, \\ -\dfrac{\partial P}{\partial b}=\dfrac{\partial Q}{\partial a}=-\dfrac{\partial R}{\partial d}=\dfrac{\partial S}{\partial c}, \\ -\dfrac{\partial P}{\partial c}=\dfrac{\partial Q}{\partial d}=\dfrac{\partial R}{\partial a}=-\dfrac{\partial S}{\partial b}, \\ -\dfrac{\partial P}{\partial d}=-\dfrac{\partial Q}{\partial c}=\dfrac{\partial R}{\partial b}=-\dfrac{\partial S}{\partial a}, \end{cases}$$

所以，此函数在Z空间内处处解析。

五、结束语

本文研究的四元数函数的可微的Cauchy-Riemann条件，它不同于复变函数的研究，复变函数研究的二元空间，可在平面即可研究，但四元数函数是高维空间（四维空间），只能在空间内分析探讨，但是四元数函数的研究可以利用复变函数的研究方法来得出相应的结论，利用该结论可以判断一些函数的解析性。

参考文献

［1］钟玉泉．复变函数论［M］．北京：高等教育出版社，1988.

［2］余家荣．复变函数［M］．高等教育出版社，1979.

［3］张树青，周贵学．Bellman猜想在四元数体上的修正［J］．烟台师范学院学报（自然科学版），1994（1）：18−21.

［4］沈以淡．简明数学词典［M］．北京：北京理工大学出版社，2003.

［5］梅向明，黄敬之．微分几何［M］．北京：高等教育出版社，1981.

［6］苏变萍，陈东立．复变函数与积分变换［M］．北京：高等教育出版社，2003.

［7］戴绍虞，潘一飞．有界解析函数的n阶导数估计［J］．数学杂志，2010（2）：109−115.

浅谈如何提高学困生的学习兴趣

淮南市寿县保义学校　朱传芝

一提到学困生，老师们都会头疼，他们给老师的印象大多是：基础差，孤僻冷漠，自由散漫，冲动暴力，意志力薄弱，逆反心理严重，上课爱做小动作。作为学生存在差异是必然的，老师对此绝不能听之任之，而应当采用科学的态度和方法，提高他们的学习兴趣。

一、形成学困生学困的原因

（一）学困生的含义

所谓“学困生”，就是指那些在品质，知识能力、方法等要素的融洽方面存在着偏离常规的结构性缺陷。他们智力正常，但由于学习习惯不好，学习方法不当，或由于社会家庭环境影响，造成学习效果低下，达不到要求的学生。

（二）学困生思维的惰性

学困生思维的呆滞性、保守性、单一性和依赖性可称为思维惰性。学困生思维的懒惰主要有四种表现：基础差；自身心性等影响；非智力因素没有积极作用；授课时老师讲，学生听，使学生心理上的依赖因素无意形成。

（三）学困生形成的原因

通过观察、询问，调查发现产生困难的原因各不相同，其成因是极其复杂和多方面的，但从教育教学角度，将其分为内部原因和外部原因。

1.内部原因

（1）学习方法不当。这部分学生有学习兴趣，在学习上也肯下功夫，但是成绩成绩总是上不去,原因就是学习方法不正确。他们对学过的知识不能进行加工储备,没有掌握基本的学习方法和学习技能。

(2)自卑心严重,缺乏自信心。缺乏自信的学困生,由于他们在群体中的表现不突出,常常受到老师、同学的冷落,感受不到集体的温暖。在心理上就会与周围的人形成一堵"墙",产生自我封闭意识,不愿意与人交流,有意躲避老师。所以老师要与他们谈心,多听听他们的心声,了解他们的心理,引导他们正确面对失败,认识到做任何事都有失败和成功的可能,要有"两手准备"的心态。不要因失败而丧失自信,自怨自艾。

(3)学习不专心,缺乏上进心。这部分学生由于自控力差,上课不专心,对课堂上老师提出的问题、布置的练习不上心,学习被动,无自觉性,缺乏积极思考的动力,不肯动脑筋。甚至违反纪律,不能坚持学习,作业马虎了事,抄袭现象严重,平时贪玩,有不良的学习习惯。

(4)意志力薄弱,缺乏持之以恒的精神,遇到困难和挫折不能知难而进。坚强的意志力是学生形成良好的学习习惯,排除各方面的干扰,克服各种困难,使自己成为全面发展的重要条件。这部分学生意志力薄弱,遇到困难容易放弃,难以克服学习上遇到的困难。

2.外部原因

(1)社会和家庭的原因。社会和家庭对学困生的影响有积极的,也有消极的,社会上不良因素很多,如游戏厅、网吧等不良影视作品等会造成学生厌学、弃学。家庭作为学生成长的第一所学校,它给予学生不仅是物质的满足,更是心灵成长的土壤,一个幸福的家庭潜移默化中培养着孩子的爱心、责任心,对于孩子心理的成长、智力的发展有着不可替代的作用。家庭的变故会致使学生学习中断,心灵遭受重创,使学生出现心理偏差,造成学生学习困难。这些问题若不及时从思想上解决,会导致这部分学生丧失学习自信心,成绩一落千丈。

(2)学校和老师的原因。学校是教书育人的地方,学校的校风、老师的素质、老师的工作方法和态度等都对育人的质量有直接的影响。部分老师缺乏系统正规的训练,基本功不扎实,表达能力差,教学理念陈旧,课堂设计单调,方法呆板,过分强调统一的标准答案,缺乏对学生进行创新和求异思念训练,长期下去使学生形成偏狭的思维习惯。这部分教师不能很好地展示新时期教师的风采,不能调动学生积极性,学生往往因对某位教师失去信心,而对其任教的学科失去兴趣。

(3)教材的原因。随着中国社会政治经济的快速发展,越来越多的农民工走入城市,他们的孩子在城市和农村两个环境中生活,不同地区教材的版本差异也是形成这部分学困生的一个直接原因。

二、提高学困生的学习兴趣的策略

老师要关注每个学生的发展。正如电影《一个都不能少》想要传递给我们的信息:学困生作为班级的成员,我们没有理由放弃他们。作为一名教师,我们不能要求每一位学生在学业方面都表现十分优异,每个学生都想把学习搞好,但是由于种种因素造成他们的学习兴趣低下,甚至厌学。教师应当思考如何提高他们的学习兴趣,下面略谈几点自己的建议:

(一)改进教学方法,提高他们的学习兴趣

为了提高学困生的学习兴趣,增强教学活力,完成教学任务,使课堂学习气氛活跃,学生精力集中,应把单调、呆板的教学方法改为灵活多样、丰富多彩、百花齐放的方式。

1.疑问法

课堂中设置一些问题,引发学生思考,使学生在探索中进一步锻炼自己解决问题的能力,从而产生兴趣和积极性,提高学生的注意力。

2.游戏法

用一些形式自由、内容简单、轻松活泼的小游戏进行放松,这样的一节课,活而不乱,学生学而不厌,可以圆满完成教学任务,达到既定的教学目标。

3.激励法

课堂上,对表现出色的学困生,教师对他们多微笑、点头、摸摸他的头等非言语性动作奖励,对学生表现出一种无声的赞赏。

4.欣赏法

多媒体教学具有形象、直观、生动等特点,有声音、图像、动画、视频等,使学生有一种身临其境的感觉。充分利用多媒体教学,对于提高学生兴趣有很大帮助。

5.故事教学法

在教学中,常自编一些故事,巧妙运用课堂教学技术,可以激发学困生强烈的求知欲,能够收到良好的教学效果。

(二)采取情感倾斜,走进心灵

学困生需要教师的关心和爱护,尤其是班主任,应加大感情投入,用爱去温暖、感化他们,帮助他们摆正努力方向,调节好心态,树立上进的自信心。以爱心换其心。教师对他们的爱往往能打动他们的心灵,使其积极向上,努力进取。以真情动其情。先向学生讲真心话,与他们交谈时态度要和蔼、亲切,让他们有轻松感、安全感和友谊感。以理激其志。对学困生不仅要动之以情,还要晓之以理,用正确的事实和道理,帮助他们辨别是非曲直。以严行导其行。对待后进生要注意严与爱相结合,提出目标,严格要求,让他们向老师预期的方向发展。

(三)设立进步奖,激发学困生学习兴趣

设立进步奖是对学生的一种激励,让学生维持在一种兴奋、积极的状态之中,从而以极大的热情去从事某项活动。作为老师不能把眼睛只盯在优秀学生上,必须要面向全体学生,特别要注意重视和提高后进生,发展他们的个性,一定不要把后进生作为“淘汰兵”。人无完人,我们要多发现他们的优点,调动他们的积极性。那么如何进行奖励呢?在同等教育的情况下,首先奖励那些纪律不好的,一旦有进步就给予奖励。接着给学习成绩有进步的给予奖励,最后对积极参加劳动,不再搞破坏的学生给予奖励。只要他们有进步或某方面有好的变化,及时地给他们进步奖,增强他们的自信心,发现他们身上的闪光点。

一个好的老师,应当是一位出色的“导游”,在辅导学困生中,我深深体会到要培养学困生的学习兴趣,的确是一件难事,这可以说是对教师个人修养与教学方法的挑战。作为教师要有耐心、恒心,做到施之于爱,执之以严,授之以智,深入细致地做学生的思想工作,这样才能使受教育者逐步得到转化。

参考文献

[1] 施琦.浅析后进生学习困难的心理特征及转化策略[J].科技信息,2010(6):81-82.

以生为本　打造高效课堂

——以《余角和补角》为例

淮南市潘集区潘三中学　李传强

教师在课堂教学中既要有自己的独立性，又要根据课堂教学实际情况创造性地运用教材。所以我在这节课中，重新设计了教材的呈现方式，并对教材进行了适当拓展。这节课的重点是突破互为余角概念的形成过程，探索互为余角的性质，然后类比迁移互为补角的概念及性质，学生在“观察——猜测——验证——应用”的探究过程中，既掌握了知识，又发展了能力。以下撷取几个片段作简单剖析：

片段一：创设生活情境，提高学习积极性

生观察：今天我们来参观一下意大利著名建筑比萨斜塔。(教师介绍比萨斜塔)

问题：从一个侧面看，斜塔与地面成一个锐角夹角∠1，与竖直方向成一个夹角∠2，请你猜想一下，∠1与∠2在数量上有什么关系？

生：∠1+∠2=90°。

课件演示：向左平移∠1与∠2恰好组成一个直角。(水平方向与竖直方向是垂直的)

问题：从一个侧面看，斜塔与地面成一个锐角夹角∠1，与另一侧地面成一个钝角夹角∠3，请猜想∠1与∠3在数量上有什么关系？

生：∠1+∠3=180°。

课件演示：向左平移∠1与∠2恰好组成一个平角。

剖析：在平时教学中，往往是平铺直叙的介绍余角、补角的概念，学生学习积极性显然不会很高，本节课中我通过比萨斜塔这一学生熟悉的著名建筑来激发学生的学习兴趣，再恰当运用现代化的教学手段，把图形的“静态”变成“动态”，在动态演示过程中引出概念，增强了直观性，也培养了学生想象能力。这个做法有效地引起了学生的注意，一下子就把学生吸引到课堂上来，不但能使

学生充分理解概念，更提高了课堂教学的效率。这样就把书本上枯燥的概念激活了，使数学知识更加生动有趣，实现了课本知识和学生之间的沟通，增强了学生对几何图形的敏感性，引发学生对几何学习的热爱。

片段二：吃一堑，长一智，在纠错中反思提效

问题：这是我事先准备好的两个角，一个是35°，另一个是55°，两个角拼在一起组成一个直角，请问这两个角互余吗？

生：互余。

师：若将其中一个角移开，那么这两个角还互余吗？

多数学生说：不互余，因为这两个角不在同一个平面内。

少数学生说：互余吧（不自信）。

师：请同学们再仔细朗读并分析一下余角定义。

生：互余，因为余角定义中说只要两个角的数量之和为90°，这两个角就互余，并没有说一定放在什么位置。（其他同学也恍然大悟）

追问1：30°和60°互余吗？

生：互余。

追问2：老师在前面黑板画一个46°角，班长在后面黑板画一个44°角，这两个角互余吗？

生：互余。

师：这是一个直角，我用剪刀将它从顶点处分成三个角，分别标为∠1，∠2，∠3，那么∠1，∠2，∠3互余吗？为什么？

生：不互余，互为余角是指两个角之间的关系。

（也有少数不同的声音，但随着这个学生的回答很快就消失了）

剖析：概念教学中，如何让学生较快地抓住关键特征，并形成深刻的印象，是教学中要突破的关键，也是提升课堂效果的关键，我通过角度的组合、分别让学生认识到，互余是只与度数有关，而与位置无关。教学中余角的两个注意事项，我也不是直接给出来的，而是通过举例故意让学生出错，然后再纠错的方法得出结论，学生的一次纠错比教师一遍遍地讲解效果更好，印象更深刻。

教学中教师在关注学生易错点的同时，应当有意识地设置一些小陷阱，让学生在犯错的后悔中“吃一堑，长一智”，从而提升学习的实效，让课堂变得更加高效。

片段三:动手能力和数学思想的渗透,培养学生的创新能力

(1)动手画:已知$\angle\alpha$,请利用直尺或三角板画的$\angle\alpha$的余角。

(学生动手画)

(2)猜想:图中$\angle\alpha$的两个余角$\angle1$,$\angle2$的大小有什么数量关系?为什么?

(学生猜想并尝试说理)

(3)这个结论用文字语言怎么叙述呢?

生:同角的余角相等。

(4)若$\angle\alpha=\angle\beta$,$\angle\alpha$的余角$\angle1$和$\angle\beta$的余角$\angle2$的大小有什么数量关系?为什么?

(学生猜想并尝试说理)

(5)这个结论用文字语言怎么叙述呢?

生:等角的余角相等。

剖析:在教学中,我为学生的操作、思考和讨论预留了充分的时间和空间,比如,学生在画一个角的余角后,我给予学生足够的观察、思考的时间,并在交流、讨论中拓展了学生研究角的空间,认识一个角与它互余的关系,这提示了隐藏在教材背后的数学概念,有助于学生在以后的学习中融会贯通。在问题的设计上有梯度、有针对性,不同层次的学生都能参与课堂活动,感受到探索、合作学习的乐趣,并从中体会到成功的快乐。

片段四:合理应用类比的思想,提高学生自主探究能力

前面我们已经了解了补角的概念,下面我将时间交给同学们,大家四人组成一小组,希望同学们发挥自己的聪明才智,类比余角的性质,共同探究补角有什么性质。

(学生马上行动起来,积极探索,我巡视指导,很快学生就得出了结论,我再让小组代表上讲台说出结论和理由,学生积极踊跃,完成得很好)

类比思想在数学教学中应用相当广泛,类比相当于找到了一个有效参照物,它的魅力在于它可以使数学知识在学习过程更容易、更生动、更形象,这也有利于培养学生自主探索能力与创新思维的能力。本节课我让学生在已有知识的基础上通过类比,自然而然地归纳总结出补角的性质,提高了学生的联想、反思、比照、创新等能力。既节省时间,效率又高,真正起到了事半功倍的效果。

教学反思

一、在过程教育中提升课堂实效

在很多的课堂中，教师重结果轻过程，将教学重点放在运用上，通过反复练习训练达到目的，学生缺少对性质的发现、思考内化的过程，这种以做代思，以练代悟的做法，最终将数学的重要思想和方法没在题海战术中，不仅加重学生负担，更可能让他们失去向更高层次前进的能力。因此有效的教学要以学生为本，遵循学生的认知发展规律，精心设计多样的教学组织形式，引导学生再发现、再创造，经历知识的发生和运用过程，从而加深对知识的理解。本节课所运用的教学组织形式多样，有层层推进的探究，师生、生生交流、动手操作、反思等，力求让学生充分地参与课堂，这样的课堂才能真正高效，才会对学生感悟数学知识中蕴涵的数学思想方法有积极的影响。

二、信任学生，发动学生，让学生走在老师的前面

要让学生主动地学，就必须让他们成为课堂的主人。学生是教育的重要资源，如何调动这一资源，最大限度地利用这一资源，我以为：第一，要让学生先学，课前老师有计划地让学生先预习，写出或划出自己的疑难之处，学生带着问题来参与课堂学习会更加主动积极，教师根据学生掌握的学习情况可以及时调整教学进度和方式，真正体现以生为本的教学思想，老师的教不仅仅是由知识本身的性质决定的，同时也是由学生的学习特点决定的。第二，班级学生的基础相差较大，每次学习必然有一部分“先知者”，他们作为“领头雁”上黑板为学生讲解，充分发挥学生的主动性，这样教师可以从知识灌输者转变为引导者，从参与化学反应的元素变成了催化剂，于是学生这个巨大的生产力就被挖掘和发挥出来了，这样的课堂也一定会是高效的课堂。

总之，教学中，我尽可能做到教师不代替学生思考，让学生在学习中扮演主角，把教学的重点放在教学情境的设计上，充分调动学生的自主思考能力，培养他们观察、实验、比较、概括等能力，这对提高学生分析问题和解决问题的能力有很大的帮助，也能有效地提升课堂效率。

参考文献

[1] .邬云德.基于过程教育的“证明(第1课时)”课例及说明[J].数学教学研究,2015(9):26-29,45.

农村初中生口语交际现状与训练策略

淮南市寿县彭城初中　鲁礼华

众所周知，识字能力、写字能力、阅读能力、写作能力以及口语交际能力是学生适应社会必须具备的能力。可是在日常教学中，口语交际能力的培养往往被很多语文老师所忽视，这种情况在农村初中更加明显。

一、农村初中生口语交际现状及原因分析

农村初中生口语交际能力欠缺，主要表现在：①很多学生在课堂上没有主动发言的习惯；②普通话不规范，带有浓厚的方言；③语言组织能力差，表达不流畅，思维不明晰，言不达意；④回答问题的声音小，让人无法听清要点，且神态、动作拘谨不自然。后来笔者在淮南师范学院学习时，跟随导师在淮南市几所中学实习，发现那里的学生上课发言踊跃，语言组织能力强，表达流畅，口齿清晰，上课与老师交流自然大方。相比之下农村孩子口语交际能力与城里学生实有差距，这种现状令人忧虑。

于是笔者就从造成这种现状的原因进行研究分析，主要采取座谈的方式。座谈以笔者所在学校（2015年彭城初中在校生363人）学生以及参加淮南师范学院2015国培班两县一区（寿县、肥东县、潘集区）的语文教师为对象。从座谈中发现，两县一区的学生口语交际现状多有相同之处，语文教师对于当前农村初中学生口语交际的现状也有比较一致的看法。归纳起来，笔者认为农村初中生口语交际欠缺主要受以下因素影响：

（一）环境因素制约

农村孩子所处的环境相对比较封闭，大部分时间都在学校或者家中，与外界社会接触的机会较少，与城市孩子相比他们与陌生人交流的机会更少。其

次，农村学生中留守儿童就占了一定比例，他们从小离开父母，有时一年也难见一面，很难得到父母的关怀和呵护，更谈不上与父母交流和沟通了。长此以往，很多孩子性格变得孤僻，不愿和别人交流。此外，农村方言较重，交流中使用方言较多，这也是影响口语交际质量的直接因素。

（二）认识不到位

首先，很多语文老师认为学生的口语交际能力与考试成绩关系不大。况且阅读训练，作文训练等已经占用了老师很多的时间，所以无暇去顾及学生的口语交际能力训练了。其次，学生不了解口语交际的重要性，误解学习就是为了应付考试，口语交际能力与考试分数高低没有直接的关系。甚至认为有的人“能说会道”是自然形成的，无须专门学习和训练。也正是因为这种想法，导致他们不愿意去学习口语交际，面对口语交际训练也是无动于衷。再者，学校的“一把手”不重视，导致口语交际课在农村初中不能得到真正落实。

（三）心理、思维素质欠缺

很多学生心理素质较差，怯于发言，一旦当众说话就会满脸通红，语无伦次；还有的学生说话时思维迟钝，思路不清，缺乏条理性，说话抓不住中心，随意性大。

面对当前农村中学生口语交际能力欠缺的局面，笔者在日常口语教学中进行了一些有益尝试，取得了一定的效果。

二、加强口语交际训练的策略

（一）要重视《义务教育语文课程标准（2011年版）》中提出的学生口语交际能力的培养

《义务教育语文课程标准（2011年版）》提出，在具体的口语交际情境中，培养学生学会倾听、表达和应对的能力，使学生具有文明和谐地进行人际交流的素养，也是现代公民的必备能力。所以，口语训练不是可有可无的，更不能单单从考试的角度来看待口语训练，而是要从有利于学生成长、综合素质的提高以及人格的形成出发，培养学生的表达能力和交际能力。当今社会口语交际能力是一个人最重要的素质之一，当前社会用人单位，“笔试+面试”已是进行人才选拔的常用方式。外交、商务、公关、教师、记者等怎能离开口才!“一人之辩,重于九鼎之宝;三寸之舌,强于百万之师”,由此可见,口语交际能力对于每个人的重要性和必要性。

(二)立足于课堂加强口语交际训练

1.创造和谐民主的口语训练氛围

口语交际能力的培养,要在双方互动的语言实践中进行。口语交际课堂上师生互动,生生互动,尊重学生个性。为学生提供情感交流的空间和时间,学生在融洽而和谐的学习氛围中进行口语交际训练。有了这样的课堂环境,学生在课堂上才充满活力、释放活力。他们思维活跃才能创造出智慧的火花。课堂中老师要善于倾听,和学生一起质疑、讨论、交流。鼓励学生敢于提出自己的见解,大胆交流自己的体会和感受,毫无拘束地进行口语交际。

2.把口语交际课落到实处

每周至少开设一节口语交际课,老师要制定好计划,认真备课,深钻教材,选择典型的案例,对学生进行有序而有系统的训练。口语交际课中尽可能利用形式多样的话题来激发学生的兴趣,鼓励学生积极互动、大胆表述并及时相互评价。要重视对口语交际课的听评课,语文试卷中应有口语交际课的一席之地,并把口语交际课内容纳入中考范畴。唯有如此,农村初中的口语课堂才能得到落实,学生的口语交际能力的提高才有希望。

3.通过多种方法加强课堂口语实践训练

(1)通过朗读来加强口语训练。

诵读是会说的前提,要教会学生会读,尤其是会朗读。语文的使用是一种技能,一种习惯,只有通过正确的模仿和反复的实践才能养成。老师可以在朗读过程中给学生做示范或播放录音,利用教师的“榜样效应”,点燃学生主动学习讲普通话的热情。加强学生语音训练,指导正确发音,规范口头语言,逐步消除方言障碍。另外,轻重音如何把握,节奏快慢如何处理,情感如何变化等,这些朗读技巧都需要教师进行指导。通过在课堂中加强诵读可以形成快捷的语言表达能力和语感,这些一旦形成,就可以避免许多语言错误。课堂中语言材料的诵读是训练语调、语感等的有效途径,能提高学生说话的连贯性和流畅性。所以,语文课堂中的朗读是训练语言语调和流畅性口语表达能力的有效手段。

(2)复述课文。

让学生在理解课文的基础上进行复述,有利于培养口头表达的能力。在语文课上通过多种形式的复述活动让学生加强口语训练,例如简单复述、详细复述,也可个性化复述,引导学生在复述中实践说话。

(3)回答问题。

课堂教学的过程其实就是师生互动的过程,自主、合作、探究学习给学生提供了更多的时间和空间,也为学生的口语交际提供了机会。在语文课堂教学中,抛出问题,让学生展开讨论,积极发言,学生在回答教师提出的问题过程中,即锻炼自己的思维能力,又培养了语言的组织能力。

(4)口头作文训练。

利用口头作文训练课,让学生说自己熟悉的事物、自己的所见所闻或者谈对事物的情感和体会。教师要引导学生观察事物、感受生活,把学生自己想说的话说出来。这样长期坚持下去,既能提高学生的写作能力,又能锻炼学生的口语组织和表达能力。

(5)组织辩论会。

口语交际课老师拟出学生比较关注的话题,组织学生进行辩论赛。如针对“初中生能否将手机带入学校”“初中生上网的好与坏”“如何看待学校欺凌事件”等辩题进行辩论。在辩论中训练学生的表达能力,思维能力和应变能力。此外,还可以开展看说、听说、读说、做说以及讲故事,演课本剧等,让学生积极参与交际实践,激发他们说话的欲望,给他们更多的锻炼机会,达到口语训练的目的。

(6)自我训练。

学生自己利用手机、电脑等录音工具,把要朗读的课文或演讲的材料录音,然后播放。在播放中听自己的录音,找出自己朗读或演讲时的语速、语调、情感等方面的不足之处;或者把自己的录音与现有的朗读或演讲材料进行对比,从中发现不足之处。这样反复进行比较、修正,逐步矫正自己的口语表达,是在短时间内提高自己的口语表达能力的好方法。

(三)在课外实践中锻炼学生的口语交际能力

提高口语交际能力这一目标,仅仅依靠课堂的训练是有限的,还应该在日常生活中引导学生利用课外活动开展学习和锻炼。例如:组织演讲比赛和国旗下讲话;校园小记者采访,校园新闻报道等活动;走出校园参加社区活动,志愿者活动，走进敬老院，社会调查等。这些活动既锻炼学生听说的能力，又可让学生克服胆怯、紧张、害怕的情绪。此外，还应加强课外阅读，学生可以通过课外阅读开阔视野、充实知识、提升修养、美化心灵。

（四）提升口语交际能力，还应重视思维和心理素质的训练

口才训练有两个重要的方面：一是思维环节，二是心理素质。口语交际能力强弱与人的思维是否敏捷，心理素质是否良好密切相关。培养学生的思维能力可以开展诸如汉语情景对话、成语接龙等来训练。心理素质训练也是口语训练的重要组成部分。给学生讲一些演讲家成长的故事，让学生明白口才不是天生的，需要通过后天的努力才能成功。为学生提供更多在公共场合发言的机会，如面试、购物、导游、公开演讲、主持节目等，帮他们逐渐克服胆怯心理。

综上所述，提高口语交际能力的任务艰巨，教师应身体力行，转变思想，不断探索口语训练的有效途径，建立口语训练的桥梁，从而提高学生的口语交际能力，以更好地适应未来社会发展的需要。

参考文献

[1] 常洁.新课标下的语文阅读教学[J].考试(教研版),2012(7):78.

[2] 黄忠建.教学语言艺术[M].成都:四川大学出版社,1991.

[3] 钟启泉,等.当前中小学教育改革中的6大焦点问题[M].武汉:湖北教育出版社,2003.

[4] 吴俊玲,刘万顺.口语交际艺术[M].北京:中国林业出版社,2003.

论怎样指导初中生作文

淮南市寿县板桥中学　张书齐

初中生“写”的能力是其语文能力的综合体现，他们写得怎么样，在一定程度上反映了其“读”“听”“说”的能力水平。

怎样提高学生写的能力，怎样有效指导初中生作文呢？这是摆在每一位中学老师面前的重要问题。下面我就来谈谈对这一问题的粗浅看法。

一、作文指导的原则

初中生作文指导是一种个性鲜明的教学活动。为使这样的指导更高效，我们必须遵循一定的原则去操作。

（一）循序渐进的原则

从写作能力发展的规律来看，初中阶段，学生的视野逐渐开阔，他们的心智正在成熟，自我意识已然苏醒。如果指导得法，就可以使学生顺利地迈入写作的“门槛”。

我们要“先扶后放，循序渐进”。扶，不是包办代替；放，也不是放任自流。扶而后放，就是要让学生逐步摆脱对教师的依赖性、能独立自主地写好作文。循序渐进，扶而后放，不纯然是单一的直线性进程，它需要循环往复、螺旋式上升。而且，由于学生作文能力层次的差异，还应当做到因材施教。

（二）技法传授与作文训练相结合原则

教师要高度重视对于写作技法的传授。正如不掌握间架结构的法则就不能写出规范的汉字一样，不掌握基本的写作技法同样难写出优秀的文章。新版的语文教材在每一单元的“作文训练”之前都有“写作指导”，为我们传授相关的知识技能提供了方便。另外,写作技法的传授和指导不能泛泛而谈,最好能结合学生的习作,让学生在具体的作文训练中有所体悟。

（三）阅读教学与作文训练相结合原则

中学语文课文是经过筛选的范文,它们为学生作文提供了可资借鉴的写作经验,可以有助学生作文能力的提高。而学生作文能力提高以后,又反过来有利于理解课文,提高阅读水平。所以,在语文教学活动中,我们必须注意阅读教学与作文训练的联系,做到读与写密切结合。

（四）课内与课外相结合的原则。

作文指导有两条渠道:一条是课内渠道,一条是课外渠道。课内的作文指导重点在技法的指导,写作兴趣的培养;课外的作文指导重点在写作素材的积累,观察能力的培养。鼓励学生多读书,对于启迪他们的心智,积累语言素材,丰富他们的情感很有助益,这也是课外作文指导的重要方面。书本是学生们的精神食粮,热爱阅读的学生的内心世界必然更丰富,情感必然更细腻,思想必然更深刻。这样的学生提笔作文,应该不会有大的困难,正所谓“读书破万卷,下笔如有神”。教师还应该思考推荐什么样的书给学生,有的老师鼓励学生读作文书,以为这样就能让学生因为多模仿而能较为轻松地作文,我认为这种观点是不对的。我们教师不能太过功利,有那么多的经典在那里,学生的时间和精力那么有限,应该让学生利用有限的时间多读经典。

如果遵循上述的原则,再加强对学生作文各个环节的有效指导,提高他们的作文水平应该不是一件十分困难的事。

二、作文各环节指导的策略

（一）加强对作文审题环节的指导

如果是全命题作文,首先要判断是哪一种文体,如果是记叙文,就要进一步判断是写人的还是记事的;如果是半命题作文,就应该思考加上什么样的词语更容易让自己把握。所谓的“易于把握”就是指自己经历过,有鲜活的生活基础的,触动过自己心灵的。要告诉学生,这一环节决定着文章的走向,值得花费时间认真思考。

(二)加强对作文批改环节的指导

学生的作文为什么一定要经过老师的批改呢？从根本上说，是作文特殊的精神劳动性质决定的。作文是思维与表述的统一，在思维方面，由于事物是复杂的，学生在认识上难以全面正确，不可能“一眼看穿”；在表述方面，由于表述方式的多样性，学生也不容易一下子找到最为恰切的表现形式。所以，作文批改就是要使学生的习作力求思维的深化和表述的完善。

第一，为使作文批改收到好的效果，应以表扬鼓励、正面指导为主。对学生进行正面指导，学生得到的是积极的信息，感受到的是教师对自己帮助的真诚，期待的热切；表扬鼓励，旨在肯定其优点，而优点的肯定具有强化作用，能使学生看到自己的进步，促使他们积极上进。以表扬鼓励为主也并非盲目地吹捧，而是要实事求是。

我们以表扬鼓励为主，是要以学生的实际水平为基点确定参照物的，不能用优秀的范文或作家的标准去要求学生。特别是对作文能力较差的学生的作文，更不能要求过高。要求过高，教师就很难发现学生作文的优点，久而久之学生的写作热情就会下降。

第二，批改学生作文还要多用启发性语言。启发性，就是要求教师的批改不宜面面俱到，而是应该抓住重点，抓住关键，写出有启发性的批改文字。这里的“重点和关键”主要指两个方面：一方面按作文教学计划的规定，这一次作文训练的目的和重点是什么，学生的作文是否达到了预期的目的；另一方面是，在这次作文中，大家的主要优缺点是什么，今后应从哪些方面努力，最好能归纳出规律。

第三，教师在批改学生作文时，应先通览全篇，从整体着眼，了解文章的全貌，对文章的思想内容和表现形式有一个总的印象。特别是文章的中心思想是什么，中心思想表现得是否准确，做好上面的工作以后就可以改文章了。改文章主要改三大方面：一改内容，对于不真实的内容要毫不留情地删除；二改结构，引导学生自然分段，不要让文段意思杂糅，三改语言，主要是改病句、改错字、改标点、改不符合常情的抒情表达、改没有思想内容的空洞说教。

在作文批改结束以后，就可以写批语了。写批语时要注意些什么呢？

首先，要注意尊重学生，有亲近感。教师写评语要变居高临下的“法官”面孔为师生平等地交流思想感情和“以文会友”的“笔谈”。一个有效的办法是采用第一、二人称交互运用的写法。其次，要注意语言表达简明却又不失幽默。简明是为了让学生一看就懂，幽默是为了让学生乐于接受。最后，要注意明确具体，突出重点，不是要逐项罗列、面面俱到。

（三）加强对作文评讲环节的指导

第一，教师对学生的作文评讲要有理论性。作文评讲的目的是通过学生作文的实例来说明应该怎样写和不应该怎样写的问题，使学生掌握写作的方法和技能，提高写作能力。因此，教师在评讲时不能单纯地就文评文，而应就文论理，把学生的作文同他们学过的作文知识结合起来，起到培养学生运用写作理论指导写作实践的能力的作用。

第二，教师对学生的作文评讲要重视发现学生的创造性。作文评讲中，教师要重视学生习作中反映出来的点滴创造性因素，从奇妙的构思到精妙的词句。只要是学生独立思考的成果，即使不够成熟，也应加以鼓励。

第三，教师对学生的作文评讲还要从学生的实际出发。评讲内容不要空讲写作知识、理论，而要从学生作文的实际出发，充分肯定他们的优点，同时指出其不足，认真分析指导。

让我们做好自己该做的事情，用心守望，静待花开。

参考文献

[1] 苏红梅.作文与多积累、强结合、勤练笔、重个性[J].中学语文教学参考，2017(21):67.

[2] 李生忠.浅谈初中生习作训练活动中的兴趣激发[J].甘肃教育，2006(21):26.

[3] 王三虎.浅谈初中作文写作方法[J].语文学刊(基础教育版)，2014(11):109，152.

着意三秋树，能开二月花

——谈作文素材的积累

合肥市肥东县长临镇星二小学　黄俊艳

合肥市肥东县第一中学　黄俊青

又是每周一次的例行作文课，我把作文题早早地发了下去，读完材料，同学们很是高兴。“抓关键句嘛，最后那句，因为我了解它的心！”一番兴高采烈的热议后，同学们迅速拟定了本次作文的标题。

“现在请同学们根据自己的立意及拟写的标题写一篇不少于800字的作文。”“啊！”顿时，底下响起了一片叫苦声。只见同学们有的低头沉思，有的眉头紧锁，有的咬紧笔头，更有甚者，呆若木鸡、一筹莫展。目睹这一现状的我也不禁陷入了深思。

对于已有一定理性思辨能力的学生来说，通过一定的专题课程辅导及训练，作文的审题立意对他们来说已不是难事。但具体到写作层面，却仍有不少同学感到头疼。究其根本，抛开写作技巧的因素，写作素材的匮乏是一个非常重要的原因。正所谓“言而无文，行之不远”，没有内容的强力支撑，同学们的作文自然显得干巴巴、没水分、缺嚼头，老师批改起来也自然不会觉得赏心悦目。

怎样才能改变这种作文课上“学生咬笔头，老师皱眉头”的现状呢？我认为还得从源头抓起，从根本上解决同学们作文素材积累不够的问题。巧妇难为无米之炊，只有解决了素材积累的问题，才不至于在写文章时出现无米下锅的窘事，才不会“书到用时方恨少”。下面，我仅从自己平时语文教学的角度，谈谈学生作文素材的积累。

一、充分利用课本素材

很多同学抱怨平时没有时间阅读，没有积累素材的媒介，其实，这些同学恰恰忘了，从小到大，自己手中正握着一个活生生的作文素材数据库，它就是我们的语文教材。我们学过那么多的名家名篇，我们背诵过那么多的诗词歌赋，这些都是我们作文时可以充分利用的宝贵资源，而不仅仅是老师或家长要求我们背诵的篇目。

我经常举一些成功利用课本素材巧妙写作文章的例子来鼓励孩子们："语文课本从来都是活生生的，有血有肉的。充分利用课内素材可以帮助我们写出丰满的文章。"一篇半命题作文"学会____"，2012届一位学生利用了语文课本中的诗词素材写道：听诗——听的是李白的豪放不羁，听的是杜甫的沉郁顿挫，听的是白居易的朴素直白，听的是李贺的瑰怪绮丽。听得李白一声"我辈岂是蓬蒿人"，听得杜甫一句"飘飘何所似，天地一沙鸥"，听得白居易一声"黄芦苦竹绕宅生"，听得李贺一句"鸾佩相逢桂香陌"。听词——我听得东篱之后一位女子的幽怨"帘卷西风，人比黄花瘦"。我听得高楼之上一位将军的浑厚悲愤"把吴钩看了，栏杆拍遍，无人会，登临意"。我听得十里苏堤，桥头畔，一声哀愁"杨柳岸，晓风残月。"（节选自学生习作《学会听诗词》）通过学生自己的习作，通过身边的例子，让同学们明白，课内素材是一个巨大的资源库，只要我们下功夫，就一定能够积累到丰富的作文素材。

二、阅读积累课外素材

学生学业负担重，学习压力大，这是不争的事实。很多学生也因此抱怨没有时间阅读，更谈不上积累素材。作为语文老师的我们，在考虑到学生实际情况的同时，千万不要忘了我们作为一线教师的职责与任务，不能因为学生课业负担重就放松对他们阅读方面的要求。相反，这更需要我们老师把工作做在前头，指导学生有针对性地阅读、有选择性地阅读。本学期，我给同学们订了《语文报》，这份报纸每月四期，为了防止同学们囫囵吞枣，贪多嚼不烂，我让课代表每周发一期，要求同学们不动笔墨不读书，读书就要有思考，有记录。遇到自己认为有用的素材就要迅速记到摘抄本上，并写下心得体会，老师定期检查。经过近两年的实施，自觉颇有收益。更为重要的是，同学们在这样的过程中养成了随手摘抄的好习惯，久而久之，也就积累了大量的课外素材。

读庄子，同学们积累了"相濡以沫，不如相忘于江湖"；读老子，同学们记录了"上善若水，水利万物而不争"；读孔子，同学们写下了"三人行，必有我师焉，择其善者而从之，其不善者而改之"。读纳兰性德，同学们记住了"人生若只如初见，何事秋风悲画扇"；读仓央嘉措，同学们理解了"没有什么美可以抵过一颗纯净仁爱的心”;读泰戈尔,同学们领略了“生如夏花之绚烂,死如秋叶之静美”。读贝多芬,同学们感受到扼住命运咽喉的强大意志;读史铁生,同学们懂得了乐观面对生活方能从容面对死亡;读刘洋(中国第一位飞天的女航天员),同学们明白了成功需要付出比别人更多的努力。

通过大量的课外阅读,同学们的素材越积越多,写起作文来自然也就能够信手拈来。

三、关注时事热点素材

我经常嘲笑我的学生们“两耳不闻窗外事,一心只读圣贤书”,我也经常“诱惑”他们“外面的世界很精彩”,鼓励他们开阔眼界、拓宽视野、打开心窗、关注时事。“小悦悦事件”后,我和同学们讨论陈阿婆的善行与过往行人的冷漠,引发同学们思考这个社会是怎么了,这个社会到底丢失了什么。2013年度最暖谎言“中国好大爷”王福顺的那句“孩子,你上班去吧,我没事,我有医保”,引发了我和同学们的心灵震撼。玉兔登月、飞天梦圆,我和同学们沉浸在大国崛起、民族复兴的中国梦的自豪与喜悦中。

在师生互动、生生互动的交流过程中,同学们的思维有了碰撞的火花,他们的视野得到了拓宽,眼界得到开阔,而正确的人生观、世界观、价值观也慢慢形成。我引导学生,我们的社会虽有不美的地方,但同学们要看到正能量一直在引领潮流。我告诉同学们,关注这些热点,关注这些时事,无疑会为我们的写作添砖加瓦,使我们的文章有深度、接地气。

四、开展活动共享素材

英国大文豪萧伯纳曾说:“倘若你有一个苹果,我也有一个苹果,我们彼此交换一下,我们仍然是各有一个苹果;倘若你有一种思想,我也有一种思想,我们彼此交流,那么我们每个人将有两种思想。”我也经常对同学们说,好素材一定要大家分享。为此,我特意在每堂课的课前开设了“课前三分钟”活动,让同学们利用这有限的三分钟,将自己积累的素材介绍给大家,以期资源共享。

有同学在“课前三分钟”介绍人物撒贝宁,说他主持法制节目尽显睿智冷静,主持娱乐节目显露轻松幽默,说他用幽默赢得人气,说他超一流的口才值得我们学习。有同学带着大家赏析诗词,“良辰美景奈何天,赏心乐事谁家院”“情不知所起,一往而深”,一曲《游园》,惊起了多少春闺梦里人？还有同学,直击娱乐现场,关注名人动态,挖掘名人成功背后不为人知的奋斗历程,以此励志,发人深思。所有这些,都可以作为素材进入同学们的作文中。这样的活动每天都在进行,即使每个同学只和别人分享了一个素材,全班加起来就是几十个、几百个甚至更多。另外,我还定期组织“读书笔记交流赏读”活动,希望同学们能够取人之长,补己之短,互惠互利,共享素材。

五、一材多用巧积素材

即便这样,仍然还有同学抱怨素材积累不够。其实,聪明的同学不难发现,有些素材其实完全可以有多种用法。如《廉颇蔺相如列传》中“负荆请罪”的素材,经过巧妙加工,可以用于论证以下几个不同的论点:观点一,过而能改善莫大焉;观点二,宽容是美德,是人与人友谊的桥梁;观点三,海纳百川有容乃大。如此,一则素材完全可以变成两则、三则,甚至更多。我经常在班级举这样的例子,动员同学们把自己手头积累的素材拿出来,多角度全方位地思考,开动脑筋,巧妙变身,多多积累,为我所用。

以上就是我在平时的语文教学中经常使用的一点体会。其实,作文素材的积累并非难事,但也绝非一朝一夕就能完成。它需要同学们用对方法、肯下功夫,还需要同学们坚持不懈、日积月累。相信有着老师的灵活指导和同学们的共同努力,即使是三秋的凋零枯树,我们也能让它开出二月的似锦繁花!

参考文献

[1] 孙路路.读书笔记在初中写作教学中的运用研究[D].信阳:信阳师范学院,2018.

[2] 乌晓丽.《廉颇蔺相如列传》教学谈[J].中学语文教学参考,2017(C1):56-57.

小学语文教学实施小组合作学习的意义和策略

淮南市潘集区泥河镇中心小学　乔　磊

20世纪70年代的初期，一种称之为“小组合作学习”的新型学习模式在美国兴起。20世纪90年代，这一新型学习模式引入我国，一些中小学开始小组合作学习的研究与实践，旨在推动我国中小学教学改革。

小组合作学习以小组为学生的学习单位，小组学习成员之间通过分工协作、独立思考和动手操作，互相交流，吸收消化，综合概括，从而获得知识。在学习过程中，不仅有学生之间的竞争，更有学生之间的互帮与合作。较传统的“个体化学习”，小组合作学习更能促进学生的有效学习和全面发展。

一、小学语文教学实施小组合作学习的意义

（一）有利于增强学生的合作意识

长期以来，教师对培养学生合作学习的观念重视不够。而小组合作学习，可以让学生在合作中学会学习，在学习中学会合作，从而让学生养成独立思考、互帮互助的良好习惯，增进同学间的感情交流，改善人际关系。

（二）有利于唤醒学生的主体意识

小组合作学习和传统的师生交流不同，学生可以有更多的机会参与学习过程。学生是学习的主体，这样的做法可以大大提高学生的自学能力和创新能力。小组合作中的学习活动的任务分担、相互交流与成果共享，使学生体验到一种被他人信任和赞同的愉悦，促进了学生自我意识的发展。

(三)有利于培养学生的信息处理能力

在小组合作学习过程中,学生需要围绕一个主题展开讨论,这就需要学生提前掌握与主题相关的第一手资料,也就是通过广泛查阅资料以及其他各种渠道,获取与课程学习内容相关的信息。这样不仅拓宽了知识来源,也培养了学生的信息处理能力。

(四)有利于提高学生的创造性思维能力

在小组合作学习中,教师和学生、学生和学生之间的交互活动是多边进行的,学生的学习环境更为宽松,自主发挥的空间更为广阔,学生能充分利用自己的创造性思维理解学习内容。

二、小学语文教学如何实施小组合作学习

(一)因势利导,坚持"四项原则"

1. 适应性原则

小组合作学习的运用应该适文、适时。所谓"适文",就是要根据不同的教学内容,采取不同的小组学习形式;所谓"适时",就是要求小组合作学习必须以突破教学内容和课堂重、难点为准则。在讲授教学内容和课堂重、难点问题时,能相互交流、共同提高。

2. 合作与竞争原则

学生在同一时间内针对同一问题进行合作学习,可以了解其他同学的认知,从而加深自己对学习内容和问题的理解。在小组合作学习中要求合作的同时,要鼓励学生发表不同意见,以期实现共同提高的目的。

3. 时效性原则

小组合作学习的时效性,是指在提供了充足学习、活动时间的基础上的实效。既要给小组合作学习提出明确的目的要求,也要给学生提供充足的活动时间,以完成感知、认知、整理、反馈等学习目标。大家都知道,识字教学要经过对生字的感知和比较、分析、记忆等环节,阅读理解教学要经过阅读整理、形成观点、反馈信息等几个环节。要完成上述环节,需要给小组合作学习留有足够的时间。

4.鼓励性原则

在实施小组合作学习过程中，教师要坚持正向鼓励为主，让学生敢于、乐于提问质疑，让每个学生都能有机会表现自己并从中体会到成功的愉悦。坚持鼓励性原则，有利于培养学生迎难而上、锲而不舍的精神。

（二）构建和谐团队

小组合作学习要想取得成功，首先要解决合作学习小组的分组问题。为了让学生的个性在愉快和谐、富有成效的情绪氛围中得到充分、健康、全面的发挥，实现知识技能的积累和智商、情商的发展，必须科学地构建合作学习小组。

合作学习小组一般不提倡学生自愿组合。教师应从学生的兴趣、性格、能力、背景、教学内容的特点等方面出发，然后搭配成若干互补型学习小组。建立了合作学习小组后，要明确小组成员的责任，突出每个个体的作用。

合作学习小组一般4-6人为宜。小组人数过多，讨论起来所用的时间过长，学生的意见不能充分地表达；小组人数过少，不利于广泛的讨论。在4人以上的小组中，可以设一个小组长，一个记录员。小组长要协调本组成员之间的关系，促进小组成员畅所欲言，组织解决合作交流中遇到的问题；记录员要记录好本组成员讨论形成的意见。组长应该是合作学习小组的“核心人物”，既是学习活动的组织者又是联络者。能否选好合作学习小组组长，直接关系到合作学习小组学习活动的效率和成果。

（三）发挥教师作用，有效调控合作

在小组合作学习中，教师的角色是参与者、引导者和组织者。教师在开展小组合作学习活动前，要针对教学内容和学生实际情况，选择问题重点。教师在合作学习的整个过程中应当在尊重学生自主性的前提下参与讨论和引导，力争使自己成为学生的“学习导师”“合作伙伴”“交往对象”。“学习导师”包含知识的引领和活动的组织两个方面。“合作伙伴”表明老师也以参与研究，并向学生展示研究结果。“交往对象”包含学习上的交往对象和情感上的交往对象。教师在教学中可以通过暗示、认可、奖励等多种手段来引导学生的合作，激发和维持全体学生的合作学习热情。这对引导学生的合作行为，会产生积极的强化作用。如学生在表述观点时，教师可为学生提供一些发表意见的模式。还有，在小组合作学习过程中，难免会遇到一些问题和困难，这时教师应帮助学生解决

困难，如参与讨论、提供参考意见、做补充说明、提供辅助材料或工具等。学生的小组合作学习有了教师的参与与指导，学生的合作才更得法，交流才更有效。

（四）强化评价机制，丰富评价手段

对小组合作学习进行有效的评价，是检验教学质量和改进教学方法的重要环节。小组合作学习的评价，是为了更好地达到以评促学的目的。小组合作学习的评价，应着重评价学生的创新意识和探索精神，应保护学生独立、合作、探索、创新的积极性，应将学生自评、互评与教师评价结合起来。

1. 学生自评

小组合作学习的主体是学生，活动的评价主体自然也是学生，教师应充分放手和积极诱导学生进行自主评价。学生自评时，要思考自己在整个小组合作学习过程中的表现，谈认识、谈体会、谈收获。通过自评，发现自己在小组合作学习过程中存在的不足和今后的努力方向。

2. 学生互评

学生互评分两个方面：一是本小组成员间互相评价，这可以让学生学会与他人沟通，发现别人的优点，也使得学生通过组内评价更加明确各自的职责和任务，合理运用组内学生自评，可以保护学生的学习积极性，增强学生学习的自信心；二是开展组间评价，组间评价是以小组为单位的评价。主要评价在这个阶段的学习过程中，哪个小组学得最好、进步最大、发言最有新意、活动最有创新等。通过以合作学习小组为单位的组间评价，可以培养学生的团结协作精神和交流技巧。

3. 教师评价

教师的评价在学生心中的地位举足轻重。教师对小组合作学习的评价，直接关系到能否激励学生积极参与合作学习，能否提高小组合作学习的质量。教师的评价一定要有“三性”——鼓励性、指导性和全面性，一定要注重学习小组评价和学生个人评价相结合。

教师在对学生个体和学习小组进行合作学习评价时，要以激励为主。对那些在小组合作学习活动中表现突出的小组和个人，要给予肯定和表扬，尤其要重视对后进生的鼓励。小组合作学习中的评价激励，可以培养学生合作学习的兴趣，端正合作学习的动机，提高学生对所学内容的认知能力。

一些传统的教学评价中，强调的是个体在整体中的位置，热衷于以分数论

英雄、分胜负。由于只有少数学生能获得高分,取得分数意义上的成功,因而大多数学生注定是学习的失败者。小组合作学习的评价观是把“不求少数人成功,但求所有人进步”作为教学所追求的目标,同时也将个人之间的学习竞争变为学习小组之间的集体学习竞争,形成了合作学习小组内同学与同学相互合作,合作学习小组间同学与同学相互竞争的新局面。

三、小学语文实施小组合作学习存在的问题

新课程改革一直强调教育者要转变学生的学习方式。现在,越来越多的老师在课堂上采用小组合作学习这一新型学习方式,小组合作学习已经成为新课程改革的有效学习方式之一,但在小组合作学习活动实践中也存在不少问题,主要有以下几个方面:

(一)准备不充分

准备是否充分是小组合作学习是否成功的关键。在教学检查和观摩教学中,有些合作学习小组明显是临时组成的,其表现是:合作学习小组成员间没有有效互动,合作学习成了学优生表现自己才能的舞台,学困生失去了思考、发言的机会。有些小组合作学习,合作前缺乏必要的准备,合作中次序混乱,合作后没有总结和评价。有些小组合作学习的问题、内容缺乏讨论和研究的价值,白白浪费宝贵的课堂时间。教师对小组合作学习的准备不充分,表现在思想上准备不充分,没有很好地理解和分析教学内容,没有合理地预设合作的契机和环节。这样的小组合作学习,表面上看热热闹闹、轰轰烈烈,实际上参加小组合作学习的学生,或一场热闹、茫然无收获,或大争小吵、离题万里。这样的小组合作学习,完全是表面文章、流于形式。

(二)时间不充足

教学时间是宝贵的,由于认识上的局限,许多教师给学生进行小组合作学习的时间通常比较少。很多教师在宣布小组合作学习开始后,很快就结束小组合作学习活动。结果是大部分学生没机会发言,更无法实现“几个来回、几经碰撞、相互启促、生成共识”的目标。其实,作为教师完全没有必要担心由于消耗过多的讨论时间而影响教学进度。事实上,学生在小组讨论中锻炼的空间更大,发言的积极性更高,能让学生从中实实在在地得到提高,“浪费”这点时间是

值得的。

(三)要求不到位

在交流和调查中我们发现,教师对小组合作学习的要求不到位是一种常见现象。有的教师在小组合作学习的过程中,就没有提出任何要求。由于教师的要求不到位,学生不知道合作些什么,不知道怎样进行合作,也不知道我在合作时应该做些什么。这样的小组合作学习,时间限制、竞争条件、展示准备、汇报要求等,都是糊里糊涂、不明不白。小组合作学习变成了随心所欲、合而不作的"同学聚会"。

(四)评价不到位

教师对小组合作学习的评价主要在两个时间段,一是在学生进行小组合作学习时,二是合作学习小组代表汇报合作学习成果时。我们发现,有些教师的评价存在不到位的问题。不能对学生的学习情况给予及时、准确、积极、有效的指正和激励。有的教师在各小组汇报时不加分析地说"每一位同学表现得都不错"或"各个学习小组表现得都很好",这样不能敏锐地判别学生的学习情况、及时地引导合作学习的走向。还有的教师在进行小组合作学习评价时,只关注对学习小组的评价,不重视学生个体在小组合作学习活动中的个性反映;只关注小组合作学习所取得的结果,不重视学生在小组合作学习过程中的表现和收获。小组合作学习的评价主体和形式单一化,使小组合作学习评价无形中变成了一种走过场和表扬少数人的"新闻发布会"。

小学语文实施小组合作学习,为学生创设了更多交流和自我表现的机会,提高了学生的团结合作意识和团队协作精神,是培养学生创新和动手能力的重要学习形式。但是,小组合作学习仅仅是一种新型学习模式,它不是进行语文教学改革的唯一途径,也不是提高语文教学质量的万能钥匙。在今后的教学改革实践中,需要我们不断探索更加有效的小组合作学习的途径和方法,使这种学习模式更有效、更合理、更完善,从而促使各个层次的学生都能够在宽松愉悦的环境中学习语文知识、提高语文素养。

参考文献

[1] 王坦.合作学习的教学理念析要——合作学习系列讲座之一[J].中小学教材教学,2004(3):46-50.

[2] 王坦.合作学习的理论基础简析[J].课程 教材 教法,2005(1):32-37.

[3] 庞国斌,王冬凌.合作学习的理论与实践[M],北京:开明出版社,2003.

[4] 文涛.论有效的课堂小组合作学习[J].教育理论与实践,2002(12):54-57.

[5] 赵笑梅.小组合作学习的四个基本经验[J].教育科学研究,2001(12):53-54.

[6] 张斌.论合作学习及其对学生行为和态度的影响[J].教育理论与实践,1999(9):42-45.

如何更好指导学生课外阅读

淮南市寿县丰庄小学　常洁

阅读是语文教学中的重要环节，和识字、说话、作文等环节联系密切，是学生获得信息，认识世界、发展思维、获得审美体验的重要途径之一，是语文搜集处理学习中各项基础知识的体现。但学生仅靠教材中的文本积累，阅读量是远远不够的，学生只有通过课外阅读才能更好地积累丰富的素材，形成良好的语感，发展个性，丰富精神世界。

当前，学校和家庭对学生课外阅读的重视程度都不够，总是认为课外阅读对提高升学率和学生成绩毫无用处，认为大量课外阅读会占用学生学习时间还会分心。但实际上，语文学习就是要靠平时大量的阅读积累，课外阅读对学生语文素养的提高有很重要的作用。下面，我就浅谈一下如何指导学生课外阅读。

一、让学生对阅读感兴趣

兴趣是人类最好的老师，是人们从事任何活动的动力。“知之者不如好之者，好之者不如乐之者”，可见只有学生有了阅读兴趣，才能从内心深处对课外阅读产生主动需要。因此，教师要采取一切可能的方法激发学生课外阅读的兴趣，让他们愉悦地进行课外阅读，快乐地接受自己想要学习的语文知识。从要我学，变成我要学，提升学生学习兴趣，才更能充分发挥学生学习主动性。

言传不如身教，教师要经常“现身说法”，教师可以通过讲述自己(或组织学生讲)阅读后的收获和体会，激起学生情感上的共鸣，使其产生强烈的阅读兴趣。同时教师要有全盘的计划和措施来增强学生的阅读兴趣。如让学生搜集一些关于读书的名言，进行评说、欣赏；请一些学生介绍一两本自己喜欢的阅读过的书；给学生上阅读欣赏课等。这样学生就会慢慢和书本成为朋友，才会在课余时间主动地进行广泛阅读。

在教学过程中，教师可以组织各种各样的活动，如讨论会、演讲比赛、小话剧表演等。通过这些活动让学生互相交流所思所得，提高阅读能力，这样学生阅读才不会觉得枯燥。

二、创造良好的阅读氛围

学校和家庭对学生进行课外阅读的支持度不够，总认为学生的课余时间应该都用在做习题，而不是抽出时间进行课外阅读。这样的氛围下，学生很难很好地进行课外阅读，这时就需要教师在学校会议讨论中指出学生进行课外阅读的必要性并拿出具体实施方案，如通过召开家长会、发放告家长书、进行家访、印发相关材料等形式，使家长认识到学生进行课外阅读的重要性以及自身以往观念中的错误和不足，使家长积极支持学生进行课外阅读。

当前我们处在学习型社会，倡导终身学习。因此，阅读不仅仅是孩子们的事，家长在业余生活中也应该多读书，给孩子做个好榜样。教师可鼓励在家中开展亲子阅读，父母和孩子在融洽的氛围中共同进步。在学校和家长的共同努力下，完全能创造出良好的阅读氛围，有利于学生更好地进行课外阅读。

三、教会学生阅读

小学生毕竟年幼，入学时日尚短，阅读能力不强，这就需要教师教学生如何阅读。我在教学中采取的措施如下：

首先，小学生对字词掌握还不够，这就会对学生进行课外阅读造成限制。因此，我加强了对学生字、词、句基本功的训练，为学生提高阅读能力打下坚实基础。字、词、句的教学和训练在整个小学语文的教学中都占重要地位，而在学生开展课外阅读的过程中就更加重要。试想学生如果生字、词掌握不够，不能正确地读准字音、理解词义，又如何能理解句意、读通全文。在字、词、句的训练中还要注重将阅读课文和理解课文结合起来，不能让学生只知其文不知其意。总之，学生只有掌握了充足的字、词、句知识，才能很好地进行课外阅读。

其次，阅读方法的指导有利于提高学生阅读质量、提升其阅读鉴赏能力以及理解所阅读文章中的文化内涵。在教学中，我注意交给学生一些阅读方法，如：精读法、略读法、跳读法、批注阅读法等。“授之以鱼，不如授之以渔”，教会学生这些阅读方法，学生的阅读能力才会得到质的提高。

最后,学生之间的互动交流也必须得到重视。我组织读书交流会,让学生介绍自己最近所读的书以及自己的阅读方法,还组织学生互相交流,分享阅读体会。通过这些交流能让学生扩大阅读量的同时还能在互动中提高阅读能力。

四、利用所拥有的条件

教师在提高学生的阅读能力的过程中要利用所拥有的一切条件。我所在的学校设有图书室,我就教导学生学会从图书室借阅图书,并在一些学生遇到读不懂的部分时给以指导。组织学生互相交流家中自己的藏书,交换阅读。开展阅读指导课,在阅读课上提供一些阅读资源,教学生一些阅读方法。这些都是为了尽可能地增加学生的阅读量。虽然我所在学校只是乡镇小学,条件有限,但充分开发利用现有资源,还是大有可为。

这些就是我对如何提高学生课外阅读能力的一些浅见。总之,提高学生课外阅读能力需要利用可能的一切条件来培养学生的阅读兴趣、创造良好的阅读氛围、让学生学会阅读方法。我们所做的一切,都是为了让学生学会阅读、爱上阅读、发现阅读的魅力。而学生在开展良好的课外阅读的过程中,其语文学习能力也会得到大幅提升。

如何激发学生学习美术的兴趣

淮南市寿县堰口镇大光小学　韩梅

美术课的学习需要适宜的气氛,兴趣是学习美术的重要条件之一。培养学生的学习兴趣,发挥他们的创造力是他们学习美术的动力源泉,让他们在兴趣中追求、在追求中实践、在实践中发展,在这一过程中很好地学习美术。在美术教学中我们能体会到,主动积极地参与获取美术知识的学生,他们都有着非常强的求知愿望。通常这样的学生能较好地掌握美术知识。因此,转变学生的学习态度是学生用主动学习替代被动学习的关键。

一、明确美术学习的意义,提高学生的审美意识

教师通过美术教学,引导学生通过各种方式学习,将知识转化为学生的知识与技能。通过对美术的学习,提高学生解决问题的能力和审美能力,并在这个过程中丰富经验、学会学习,同时发展情感、态度、价值观,并促进学生人格的全面发展。美术教育是素质教育中不可缺失的一项重要内容,是培养人才的重要一环,与其他学科有着密不可分的联系,他们相互渗透、相互作用,是培养德、智、体、美、劳全面发展的人才的重要条件。

二、创设良好的课堂环境

良好的课堂环境能更好地激发学生学习美术的兴趣。

(一)情境导入,以趣激学

合理的情境导入更容易激发学生学习美术的兴趣。学生的好奇心和模仿能力都很强,创设合适的情境能影响整节课的教学效果。美术教师的教学方法对能不能提升学生学习美术的兴趣至关重要,教师应充分发挥自己的主观能动

性,使教学形式多样化。不同类型的课采用不同类型的导入方法。如“大家一起做条龙”这一课,可以采用听歌曲导入的方法,当大家听到自己耳熟能详的歌曲《龙的传人》时,不由自主地跟唱,自然而然地引出课题,把学生带入本课的学习中,收到了良好的导入效果。再如游戏导入等方式都是学生们所喜爱的,这都是激发学生学习兴趣的方法。教学方法没有固定的模式,因此教师要采用灵活多变的教学方法,教学生的同时也要不断丰富自己的教学内容,尽可能地多开发教学资源,更好地激发学生的学习兴趣。

(二)鼓励学生提问

在教学过程中,教师恰当地运用提问,可以吸引并维持学生的注意力,激发学生的学习兴趣,活跃课堂气氛,促进学生积极开展智力活动,养成良好的思维习惯。维特根斯坦是哲学家穆尔的学生,有一天,罗素问穆尔:”谁是你最好的学生?”穆尔毫不犹豫地回答:“维特根斯坦。”“为什么?”“因为,我的学生中只有他一个人在听我的课时,总是流露出迷茫的神色,老是有一大堆问题。”后来维特根斯坦的名气超过了罗素。有一次有人问维特根斯坦:“罗素为什么落伍了?”他回答说:“因为他没有问题了。”不要怕学生有疑问,鼓励学生提问也是激发学生学习美术的良好途径。

三、用爱保护学生学习美术的兴趣

一名好的教师不仅要关心学生的学习,更要关心学生的生活和心理,用爱去保护他们。我在担任特岗教师期间经历过这样一件事情。由于我任教的学校比较偏远,很多学生父母外出打工,家庭贫困,留守儿童占了班级人数的大半。这些学生大部分由爷爷奶奶监护,存在着严重的隔代教育问题。还有的学生没人管理,只能自己照顾自己,这些学生生活上及心理上有着不同程度的问题。针对这些情况我经常主动找他们谈心,努力帮助他们解决生活上和学习上的困难。其中有一名学生我尤为关注,他在美术课堂上非常顽皮,经常做小动作,不认真听课也不和其他同学交流,总是捣乱。一天放学,外面雨下得很大,我撑伞准备走,突然我看到那个男生无助地站在廊檐下,孤独地看着其他同学被家人接走,他的眼睛里写满了羡慕。我收回刚迈出的脚步走到他面前,问道:“有人来接你吗?”他弱小的声音像猫一样,再没有课堂上的顽皮,“没有人来接我,我爸妈在外地打工,哥哥在外面上学,爷爷去世了只有奶奶在家,但是她年纪大了,身体很不好。”虽然这种情况在留守儿童中并不少见,但是从他口中说出这些我还是抑制不住内心的伤感。我说:“走,老师送你回家。”第二天我又买了一些生活用品送到他家,这时他说了一句让我一辈子难以忘怀的话:“老师,你是我学校里的妈妈,我以后上课再也不捣乱了。”其实孩子的世界很简单,他们需要的不过是最基本的关心和理解,我想我们教学的同时更应该用爱来保护他们的心灵、保护他们的学习兴趣。

四、良好的评价机制

我们既要重视教学也要注重教学后的评价,有效的评价也是教学的一部分,适时的鼓励性评价可以更好地激发学生对美术的兴趣,教师的鼓励评价让学生感受到了成功的喜悦,而成功的喜悦能增加学生学习的动机和克服困难的信心,从而减缓因为怕学不好而产生的心理压力。比如教师在课堂上可以多用“你的思维能力很强”“你的主意很棒”“你的动手能力不错”之类的评语,鼓励支持学生,给他们创造一个宽松、愉快的学习氛围。在学生出现错误时,应给予正确的指导,保证学生的自尊心不受伤害,使他们不排斥对这门课的学习,在不断鼓励学生的基础上激发学生的学习兴趣,把学生对美术的追求提到更高的层次。

五、充分利用教学资源

很多学校没有专业的美术教师,也没有美术教室,教学资源也极其匮乏。导致教学形式单一、课堂气氛沉闷。这样的课堂大大抑制了学生学习美术的兴趣,学生的想象力和创造力也得不到激发和培养。因此,在美术的教学过程中要利用一切可利用的教学资源。比如有条件的地方可利用多媒体课件等,美术是视觉艺术,多媒体集色、声、光于一体,学生喜欢变化活动的东西,教师在美术课中应尽可能地通过具体直观的形象,创设活泼生动的教学环境。这些都会给学生以强有力的视觉冲击力,大大激发他们的学习兴趣。缺乏现代化设备的学校可以带学生走出课堂到校园写生,激励学生关注细节,发现生活中处处都有美,并用绘画的形式把他们记录下来,从而让学生在感受自然、走进自然、亲近自然的过程中提高学习美术的积极性。

六、利用美术与其他事物的联系激发学生学习美术的兴趣

(一)美术与各学科的联系

各学科之间都有着密不可分的联系,比如,让学生为语文课本中的故事绘制插图,为日记、作文画插画。再如,数学课的几何图形也与绘画息息相关。

(二)美术与环保相联系

我们知道保护环境是每一个人的责任,教师可以启发学生利用收集来的废弃物品进行再利用,制作出可供摆设的立体形象、生活用品、观赏的模型等。还可以举办小型的校园展览,让更多的学生了解并参与用美术来进行环境保护,让学生带着情感完成自己的美术作品。

让学生带着兴趣学习才是成功的教学。教学艺术就在于设法引起学生的兴趣,有了兴趣就肯用全部的精力去做事。在教学过程中,教师要充分调动学生的主观能动性,使学生愿学、乐学。学生通过对美术的学习,体会美术活动带来的乐趣,并通过将美术与其他学科相结合,在实践中发展美术,促进学生的全面发展。

参考文献

[1] 李雪冰. 如何有效激发学生学习美术的兴趣[J]. 祖国, 2016(13):209.

[2] 刘长君, 王海霞, 冯兆海. 利用校园资源激发学生学习美术兴趣探讨[J]. 成才之路, 2016(12):89.

[3] 万岭强. 浅谈利用多媒体教学激发学生学习美术的兴趣[J]. 美术教育研究, 2018(2):131.

小学生习作兴趣培养的策略

淮南市寿县众兴镇明德小学　吴其银

习作教学是语文教学的一个非常重要的组成部分，它能提高学生的语言表达能力，激发学生的想象力，培养学生健康的生活情操。作文教学和其他课程的知识传授与技能训练相比，它在学生形成正确的人生观、价值观中的影响更为重大。《义务教育语文课程标准（2011年版）》（以下简称《课标》）在小学习作教学的课程目标、教学策略和评价建议等方面有很多新的表述。

在《课标》中的习作目标中特别重视鼓励学生在作文中自由表达，放开种种束缚，培养学生的创新精神，从学生的生活视野和感性经验中选题立意，引发真情实感，求得习作中的个性化，并使独特性的导向更为鲜明突出。

现阶段的小学习作教学需要改革与创新。改革与创新的着眼点是教师在习作教学中采取高效有用的方法，让学生产生习作的兴趣，只有学生对习作有浓厚兴趣，才会努力去完成每一篇习作，这样的习作才会融入学生的情感。习作也就不再是学生应付老师的作业，而是学生表达自己情感的有效方式。要提高小学生作文水平就必须要提高学生习作的兴趣，因此如何激发小学生的习作兴趣应该成为每一个语文老师研究的课题。

一、本课题的意义和理论依据

（一）习作对于小学生的重要意义

习作是小学生个体生命的成长性、创造性的表现，是以思想修养、生活经历、知识积累和文字技巧四个方面为主的自身素质的综合表现。

小学生作文反映的是小学生对客观世界的认识，学生通过作文来表达自己对这个世界的一切想法以及一些感情诉求，作文提高了学生的想象力并丰富了学生的情感世界。

叶圣陶说过："关于作文教学，我想，大概先得想想学生为什么要学作文。要回答似乎并不难，当然是：人在生活中、在工作中随时需要作文，所以要学作文，……写封信，打个报告，写个总结，起个发言稿，写一份说明书，写一篇研究论文，诸如此类，不是各行各业的人经常要做的事吗？因此要求学生要学好习作文，在中学阶段打下坚实的基础。至于作诗、作小说，并不是人人所需要。学生有兴致去试做，当然绝对不宜禁止，但是这并非作文教学的目标。"由此可见，学生习作文是为现实而用的。

（二）习作兴趣研究的理论依据

从作文教学来说，要在教学中使学生感到有习作的需要，激发他们的兴趣，使他们产生要把所见、所闻、所想一定要写出来不可，不写不快的感觉。这样的作文就是一种最佳境界的作文。为使学生感到有习作的需要，激发学生的习作兴趣是十分必要的。

兴趣在心理学上指的是：人们力求认识某种事物或爱好某种活动的倾向，表现为人们对某种事物、某项活动的选择性态度和积极的情绪反应。一切有成效的工作必须以兴趣为先决条件，兴趣能开发大脑的潜能。如果通过兴趣学习把有意识记与无意识记，右脑和左脑等充分均衡地调动起来，大脑潜能就可以得到有效的开发。

兴趣对小学生学习的作用可以概括为以下三点：

1.兴趣是促进认知的重要动力

学习是在教师指导下，学生掌握知识和获得技能并进行的复杂的认知活动，学习兴趣推动了这种复杂的认知活动。学习兴趣是学生获得文化科学知识和探求真理的导师，是学生认识世界、了解世界的内心意向，是学生学习自觉性和积极性的重要因素，是学习获得成功的先决条件。兴趣是最好的老师，因此只有当学生自身对学习产生浓厚兴趣时，才能积极主动地去学习。

2.兴趣是学习动机形成的重要内因

"知之者不如好之者，好之者不如乐之者。"浓厚的学习兴趣让人产生持久稳定的注意，使感知更灵敏、思维更活跃、想象力更丰富、记忆更牢固，进而更好地接受教学信息。浓厚的学习兴趣使学习者全身心地投入学习中，感觉不到疲倦，迸发的学习热情往往能得到意想不到的收获。

3.兴趣——影响学习效果的重要因素

学生的学习兴趣和求知欲是影响教学效果的重要原因素,学生只有对所学的学科产生兴趣,才会产生“我想学”“我要学”的念头。“我想学”促使学生积极主动地去学习,“我要学”会激发出更强的学习动力。

马斯洛提出的创造过程三阶段:即兴、酝酿、灵感,给了我们启示:兴趣是学生作文走向成功的基石。因而,教师要培养学生的习作兴趣,最终达到使学生乐于习作的目的。

二、小学生习作兴趣的现状及成因

(一)小学生习作兴趣状况调查

为了更好地了解小学生习作兴趣的状况,掌握第一手资料,在2011年的实习期间对实习学校的五年级学生进行了访谈。通过对学生的访谈了解到:

小学低年级学生对于习作文还是很有兴趣的,但是到了高年级,很多学生对于习作的兴趣大大降低,认为习作文完全是为考试服务的,只是一味地迎合阅卷老师的欣赏品味,从而得到高分,于是渐渐失去了习作的兴趣。如:在访谈中问到学生喜欢作文吗,大多数的同学说“以前喜欢写,现在不怎么想习作文”。问为什么时,学生说写了这么多作文其实题目都差不多,考试就考那几个题目,会写就行,其他的不写也没关系。

很多学生觉得作文难写,其实是无话可写,缺少习作素材的积累。现在的小学生几乎人手一本作文集。他们认为提前备好几篇范文,到考试时随机应变,或许能拿到一个满意的成绩。如:访谈中就有部分同学说不喜欢甚至是讨厌习作文。他们觉得习作文根本无处下笔,不知道写什么。每次考试都是套用一些范文的格式拼凑一篇,或者直接背几篇范文考试的时候写上去就好了。

还有少数学生寄希望于老师的作文指导。结果发现:作文课上老师通常情况只是布置作文命题,其他时间就由他们自由发挥了。即使在习作前,老师对学生们进行了作文指导,到习作时学生们也常感到缺乏灵感,无从下笔,最终导致习作兴趣的丧失。在访谈中有少数学生也说他们喜欢习作文,但是没有人指导他们,他们希望得到老师的帮助,想要写好作文。

（二）小学生习作兴趣低的原因

1. 从学生方面分析

（1）学生的习作目的不明确。

对小学生而言，语文老师在低年级就开始指导他们进行简单的习作了。经过几年的训练，学生已经具备基本的叙事、抒情等表达能力，但是不少学生听到习作时仍会表现出犯愁或是厌恶的情绪。

这里面不排除教师对学生习作指导不力的因素，但更主要的原因是学生对习作产生了错误的主观认识，学生习作的根本目的也并不十分明确。学生习作的主要动力是作业和考试的压力，他们对习作目的缺乏正确的认识。

在这种情况下，学生习作的自主意识并不强。在学生眼里，习作文成了应付考试、得考高分的一个工具。试卷怎么要求的，他们就怎么练。个性化作文、创新作文最终还是屈服于成绩之下了。

（2）学生缺少对生活的观察。

叶圣陶先生曾说："生活如源泉，文章如溪水，泉源丰富而不枯竭，溪水自然活泼地流个不歇。"生活是作文之源，小学生要想写好作文，就必须向生活索取素材。一些学生长期受困于由家庭和学校两点一线式的单调生活，大自然的春夏秋冬，周围的人情冷暖、世事变迁，都与他们无关，很少有时间去直接感受丰富多彩的外部世界，习作的困难就可想而知了。当然，学生"没什么好写"的原因中的一个方面是生活面狭窄，另一方面是学生不善于在生活中发现素材。其实生活里处处都有可写的地方，一缕阳光、一片草坪、一棵大树……都有它们独特的魅力。只是我们的学生缺少发现的眼光，不能够多角度地观察生活，不能够静下心来细心地观察生活。

（3）课外阅读上存在问题。

提高语文作文习作效果的真正源泉来自课外阅读。俗话说得好："熟读唐诗三百首，不会作诗也会吟。"课外阅读是课内阅读的补充和延伸，其意义在于，开阔学生的视野，提高表达能力。但是通过调查分析得知，当前小学生的课外阅读都存在一些问题，具体体现在时间的分配、内容的选择、方法的运用等这几个问题上。

①从时间分配看，由于各科抢占课外时间和网络等的影响，学生用来进行课外阅读时所用的时间少且不集中。

②从阅读内容看，由于学校对课外阅读不重视，学生在课外读物的选择上比较盲目，缺乏必要的指导。

③从阅读方法上看，学生还没有掌握有效的读书方法。

④作文训练的定型化、模块化。

古人云："言为心声。"就是说，作文应该是学生表达内心想法，倾诉情感的一个平台，是学生丰富的内心世界的外在表现。然而，当前我们的习作教学却进入模式化的训练，每种类型的作文都有所谓的高分范文，作文训练进入定型化、模块化的"死胡同"。久而久之，学生习作的秘诀就是：依照范文而"套"出来的"佳作"，他们孜孜不倦地去研读各类范文，自己的爱好、兴趣都可以全然不顾。

2. 从教师的方面分析原因

(1)教师对作文教学思想上不够重视，将其视为次要任务。

由于种种原因，作文教学成了教师教学中的次要任务，这无疑是作文教学的悲哀。在小学阶段，教师在指导习作的时候应注意个体习作的发展性、渐进性、系统性，如果只注重高分而缺少全局意识，会使学生的习作能力停滞不前，最终受害的还是学生。

(2)教师缺少明确的作文教学计划，作文教学方法陈旧。

大多数教师每次作文课就按照"习作知识传授——学生课上行文——作文批改讲评"的简单模式，在作文的批改方式上过于单一，大多数教师并没有采取适合实际情况的批改方式，而只是采用"阅"或"分数"的形式来代替点评。这样的教学方式很难激发学生的习作欲望。

(3)教师缺乏必要的文学素养。

"素质教育，关键是教师"。习作教学效果不理想往往跟授课教师的语文素养和教学水平有关。如果语文教师都不能写、不爱写、不擅写又怎么能指导学生呢？那些毫无新意的模式化评语又怎能激起学生习作的兴趣？因此，教师多写是很有必要的。教师起了带头和模范作用，学生自然用心地去写。

(4)受到功利思想的影响，应试作文频出。

社会上的一些人对一所学校的评价，几乎只看这所学校的学生成绩。以学习成绩论英雄，无论其他方面怎么样，成绩不好就是不行。评价一位语文教师也是看他教的学生的语文成绩好坏，而不问其语文素养怎么样，习作能力怎么样，教学能力怎么样。在这样的压力下应试作文就产生了。教师只得在应试作文的方法和技巧方面进行大量的指导，在这样的环境下，学生写的作文往往内容匮乏、主题不明、枯燥无味。

三、培养小学生习作兴趣的策略

作文应该是一种快乐的体验和享受。学生只有体会到习作的乐趣，才能产生习作的动力。学生只有把习作当作一件快乐的事情，才能积极地投入习作过程之中。

（一）注重素材积累，激发学生的习作兴趣

1.观察生活 从中积累素材

陆游曾告诫其后人："汝果欲学诗，工夫在诗外。"学诗如此，习作又何尝不是？生活中处处有习作的素材，取之不尽，用之不竭。习作材料的缺乏造成了学生习作时无事可写，无理可说，无情可抒。如果教师不能通过引导学生观察认识生活去积累习作素材，而仅在习作技巧上做指导，是解决不了学生习作过程中存在的问题的。

"问渠哪得清如许，为有源头活水来"，好的作文就要有深厚的素材积累。教师引导学生从生活中积累素材可以从以下几个方面入手：①要教育学生关心周围发生的事情，热心各种公益事业，积极投身到生活中去。②要引导学生多关心别人的疾苦，乐他人之所乐，忧他人之所忧，急他人之所急，想他人之所想。让学生去关爱别人，与别人同甘共苦，才能激起感情的涟漪。③要让学生从不同的角度去观察生活，发现生活中别样的美。

总之，要积极引导学生走进生活，注重培养、激发学生观察、体验、感悟生活的热情和兴趣，为习作打好坚实的基础。

2.重视课内外阅读

（1）注重教材的情感资源。

课内阅读是激发学生情感的主阵地，教师应该根据不同的文体特点，采用不同的教学方法，让教材在习作情感资源上发挥应有的作用。现有的语文教材中有许多美的因素，我们应在课堂教学中挖掘教材本身的美，引导学生深入体验美、感悟美，进而提高他们的习作兴趣。

（2）重视精讲、自读的结合，达到对习作规律的认识。

目前，小学课本中的文章都具有较高的习作水平，学生可以通过学习课本

中的文章积累习作素材和习作方法。通过对课文的讲授向学生有意识地提供作文习作方法，提高学生的习作能力，激发学生学语文和习作文的兴趣。

(3)强调课外阅读，以读促写。

古人云："劳于读书，逸于作文。"人们可以通过阅读来搜集信息、发展思维、认识世界。对小学生而言，读书应是生活中不可缺少的一部分。学生文化的积累离不开读书，读书不仅扩大了学生的知识面，而且在阅读的过程中潜移默化地影响了学生的语感。通过阅读，学生既能积累习作的素材，同时又提高了习作技能，可谓一举多得。

(二)巧设命题，维持学生的习作兴趣

学生的习作欲望部分取决于作文命题，因此命题是作文教学的重要环节，作文的命题好坏是一次作文成败关键所在。作文的命题要从学生的生活实际出发，根据学生的年龄特点，有针对性、适用性，让学生对习作充满兴趣。具体表现如下：

1.命题体现作文教学的整体性

作文命题，是整个习作训练中重要的一环，教师该有整体计划，环环相扣，做到有主有次，有分有合。让学生感到自己是一步一个台阶，每步都有一个提高，而不是想到哪就教哪，毫无计划。

2.命题联系学生的实际生活

作文命题想要得当，就必须联系学生的实际生活，贴近学生的生活经验，让学生有东西可写，不至于无处下笔，变"要我写"为"我要写"。因而，作文题目要从学生生活实际出发。

3.命题符合学生的心理特点

意思就是作文命题首先要了解学生心理各方面的具体情况，然后从学生的心理特点出发，让学生有话可说，有情可言。具体方法如下：①命题应简练明确，新颖独特。每个语文老师都应该了解学生在想什么、喜欢写什么样的题目、不喜欢写什么样的题目，一个好的作文题目能让学生尽情地抒发自己的真实情感。作文命题要能直击学生心中所想，使他们有不吐不快之感。②命题应具有选择性。教师在命题时，要准备多个题目来应对全班不同阶段的学生的需求，难易不等，类型不一。即使全班学生写同一道作文题，也要对不同学生提出不同要求，区别对待。③命题应民主化，调动学生积极性。命题应该是自由命题

或只给个大致的方向，不限题材，不限体裁，给学生自由、畅快的感觉，让学生愉快地作文。在这种符合学生心理需要的状态下进行的习作训练，能有效地克服学生的惧怕心理和厌烦心理。④情境作文命题要精心设计。所谓“情境作文”，是指教师在命题时应根据学生的生活实际和作文教学目标来为他们创设一个能够“说话”的氛围和情境，激发学生习作的兴趣，使他们入情入境，启发想象，引发联想。

（三）师生共同参与作文评改，提升学生的习作兴趣

传统的作文评改方式导致大部分学生长期处于接受者和被审批者的地位，甚至部分学生觉得自尊受到伤害，就会对作文习作产生抵触厌恶的情绪。作文习作应该调动学生的积极性，无论是优秀习作，还是典型病例，师生都可以共同讨论，共同进步。

评改作文，不能凭教师的主观感受，应有据可依，要抓住重点，分条展示，并明确告诉学生本次作文的评改依据。在评改作文的时候应该注意以下几点：

1. 讲评示范作文

以范文为镜，学生从中可以看到自己作文的不足之处，从对比中得到启发。这样不仅能提高了学生对课文的欣赏鉴别能力，还能培养学生运用知识的能力及习作能力。

2. 贴近学生，有针对性地讲评

语文教师讲评往往是先读几篇范文，跟学生直接讲范文的优点，教学生模仿范文，这导致学生的作文大多是生搬硬套。在实际教学中教师应该根据学生的实际，启发学生去了解范文的优点，去解决学生作文中存在的各种问题。学生只有学会了思考，才能写出好的文章。

3. 作文讲评体现层次性

教师在讲评学生作文时应把好作文、差作文都进行讲评。好作文能让学生学习到好的习作方法和技巧，差的作文能让学生知道哪些错误不应该出现在自己的作文中。这样大家都能看到自己的长处和问题，为今后的进步打下基础，作文评讲也会变得生动有趣了。

4. 学生互评作文体现其主体地位

文章的评改是作文过程中的重要一环，是提高作文能力的极其重要的过程。评改过程不能由教师唱“独角戏”，或搞“一言堂”，要充分发挥学生的主观

能动性和积极性。同时，作文的评改是一件极其烦琐的事情，这就更应激发学生的内在需要，激发他们对作文评改的兴趣，帮助他们树立从评改中提高习作水平的信心。因此，建议在进行这一环节的作文教学时，推荐采用作文互评的方式，学生在互评的过程中发现自己的不足之处，同时学习别的同学的优点。扬长避短，长期如此，必然使学生的习作水平得到提高。

习作是学生个体生命的发展性、创造性、成长性的表现，是以思想修养、生活经历、知识积累和文字技巧四个方面为主的自身素质的综合表现，是学生对世界认识的体现，是学生表达自己情感的重要方式。本文希望通过对学生习作兴趣培养的探讨，得出一些有利于提高学生习作兴趣的教学方法，使学生爱上习作，乐于习作。

参考文献

[1] 吴立岗.小学作文教学论[M].南宁：广西教育出版社，2002.

[2] 肖弟云.浅谈小学生习作的引导和训练[J].德阳教育学院学报，2006(1)：100-101.

[3] 范央莉.小学生习作素材的积累策略[J].考试(教研版)，2007(6)：99.

[4] 石井.小学生习作心理浅探[J].中小学心理健康教育，2010(11)：40.

[5] 龚德喜，雷文红，刘世怡.小学生习作教学的思考与实践[J].科学咨询(教育科研)，2005(20)：46.

[6] 李梅.如何提高小学生的写作兴趣[J].新课程学习(基础教育)，2010(9)：114-115.

[7] 周丽萍.怎样引导学生乐于写作[J].云南教育(继续教育版)，2006(1)：32-33.

[8] 刘锦容.新课程背景下，初中生写作兴趣培养研究[D].天津：天津师范大学，2008.

[9] 郑云海.培养作文兴趣、发挥创新思维[D].昆明：云南师范大学，2005.

浅谈小学高年级英语写作技巧

淮南市寿县正阳第一小学　熊应菊

进入小学高年级阶段，不仅要锻炼他们的口语表达能力，还需要锻炼学生的写作能力，这样才能让学生更加全面地学习英语。小学高年级英语教学中比较重视英语阅读和写作能力的培养，教师需要在平时的教学中慢慢引导学生进入写作之门。

一、小学高年级英语写作教学的不足

（一）只重视听和说，不重视写

现在英语是学校必修的一门课程，很多教师比较重视学生口头表达能力的培养，希望学生可以用英语流利地表述自己的观点，课堂上也重视他们听说能力的锻炼，对于写作方面没有过多的安排，不太重视学生写作能力的培养。存在只重视听和说，不重视写的问题。无论是教材的设置还是教师的讲解，都过于注重听与说的活动而忽视写作的训练，这是由于教师认为写作教学枯燥无味，太浪费时间，而且教师也没有研究出一套有效的方法来促进学生英语写作能力的提高。对于写作能力培养的轻视将对学生以后的英语学习造成极其不利的影响。

有些教师在进行小学高年级教学时，认为他们已经掌握基本的写作能力，在课堂上训练会耽误他们学习其他英语知识的时间。而且学生的英语程度不同，很多学生写出来的文章可能存在很多的错误，批阅起来比较花费时间，这些错误的想法导致教师不重视小学高年级学生英语写作能力的训练和培养。

（二）教师没有采取有效的写作培养方法

教师没有转变教学方式，依然采用以前的方法锻炼学生的英语写作，效率不高，而且学生练习的积极性也会受到影响。单调的教学方式使学生失去了对英语写作的兴趣及信心，在小学六年级的英语写作教学中，教师采用“填鸭式”的教学方法，促进学生应试技巧的掌握，而不注重从根本上提升学生的英语素养，因此学生在英语写作中因为词汇量不够，无法将自己想要表达的思想用英语写出来。且教师只是要求他们在课堂上根据教师出的题目进行写作，训练的方式比较单一，效果也不明显。有些学生没有正确认识英语写作的作用，只是根据教师的要求进行写作，不能在实际生活中进行运用。学生更适应传统的教学方法，当教师重视他们写作能力的培养，要求他们根据所处的环境进行写作时，他们能够运用的词汇量比较少，不能很准确地表达内心的想法。有些学生没有掌握英语语法，写出来的作文存在很多的问题。学生刚开始接触英语时会非常感兴趣，学习的热情会比较高，但如果他们没有掌握合适的学习方法，教师也没有根据每个学生的自身情况进行引导，他们会慢慢失去对英语的学习热情。教师需要研究小学高年级英语课本中的内容，结合学生的情况，制定合理的教学计划，调动课堂的气氛，激发学生英语写作的兴趣。

（三）中文式的英语写作

学生对中文的知识结构理解得比较透彻，以至于他们在学习英语时可能会把中文学习的方法套用在英语学习中，用中文的知识结构和语法学习英语，出现很多的错误。特别是写作中，很多学生喜欢根据中文意思翻译成英文，没有根据英语的语法结构搭配，就会出现语序混乱的状况。

（四）教师对英语写作的重要性认识不足

首先教师对英语写作要重视，意识到写作是知识的整合。许多学校的教师没有把英语写作纳入教学重点，就算有一些老师将其纳入教学重点之中，也只在每周安排一节课进行写作训练，在其他的教学时间里，便不再进行相关的练习，这样的做法使学生不能很好地巩固写作知识，无法提高写作能力。

（五）不重视课后巩固

课堂上学习的知识，在课下需要进行复习。学生接受知识快，忘记得也快，需要及时进行巩固。当教师教授学生新的内容，小学高年级的学生很快就可以理解，可是如果不及时复习，下课后很容易就忘记了。要想锻炼写作能力，需要先学习英语单词和语法，理解它们的意思，记熟了，理解透了才能灵活地运用它们。教师需要先让学生消除心理阴影，试着慢慢从简单的对话开始去写。这就需要英语老师要将功夫下在平时，学生需要在课前预习，课下复习，这样才能为写作打下良好的基础以培养学生写作技能。

二、小学高年级英语写作技能培养和训练方法

（一）将学生活跃的思维与自己动手相结合

在英语的教学中，可以让学生先积累英语知识，然后在课堂上出题目让学生根据自己对题目的理解进行写作。例如教师出“My hobby……”这样的题目，学生可先根据自己的兴趣爱好填写题目，然后利用掌握的词汇进行写作。教师可以把写的比较好的文章在班上跟其他学生分享，让大家一起学习。对于文章中常出现错误的地方，教师也可以拿出来跟学生讲解，让学生知道问题的具体原因，在下次的写作中避免出现类似的错误。也可以在课本上的对话交流中，让学生结合当时的语境，做出不同的回答。例如，A买了一件裙子，可是回到家穿在身上发现不合适，如果你是他的朋友，你会给A什么建议。学生可以自由发挥，把自己的想法写在作业本上，让教师检查。这样可以让学生有感而发，有感而写，从而使他们爱上写作。

（二）将模仿写作与自由发挥相结合

只要有足够的词汇量，模仿写作对于学生来说相对简单一些。因为教师已经给了相应的范文，只要在原文的基础上做简单的改动，就能够完成简单的模仿写作，对于学生的创造性要求较低。比如先仿写句子，再仿写短文。

在模仿写作中，我们要给学生范例，比如诗歌的写作，不少学生不知道该写什么。我们就可以给他们不同的范例，指导他们格式、押韵，启发他们从哪些方面写。

学生的思维自由会让他们更有兴趣，所以教师在进行写作训练时，需要采取合适的方法进行训练，这样才能提高学生的写作能力。课本上学习的知识比较有限，如果可以引导学生结合生活进行写作，可以更好地开阔学生的思维。而在平时，教师可以布置一些英语周记的作业，让学生自由记录下发生的事情。这样的任务属于自由写作，是高创造性的，有意思，却难度高。这就需要学生能够灵活运用学过的句型甚至课外补充一些英语知识和词汇等，锻炼他们的写作技巧。也可以利用在母亲节或者父亲节，教师让学生写关于这方面的内容，可以把自己写作的内容朗读给父亲或者母亲听。或者制作具有纪念意义的卡片，在上面利用英语写出对父母的感谢。这些方法他们都很感兴趣，在写的同时让学生的写作能力得到了锻炼，又提高了效率。培养小学高年级学生学习英语的热情，教师需要根据他们的学习情况，对学生采用不同的训练方法，因材施教，重视英语知识的积累，掌握正确的语法，给他们创造自由发挥的空间，这样有利于提高他们的写作水平。

模仿写作结合自由写作，长期坚持，能够让学生的写作水平有显著提高，也能提高学生对于写作的兴趣。

（三）将阅读和写作相结合

阅读是写作的精髓，书看的越多，语言表达的能力也就越强。所以学生要想写好英语作文，首先得大量地阅读一些英语范文。不仅要熟读还要记下文中好的短语、句子及段落。课本也要读透，读懂，因为课本中的文章都是一些很好的范文，文笔流畅，语言规范，精彩的课文段落需要背诵。如果平时多读多背好文章，好句子，谚语、俗语，写作时就会起到画龙点睛的作用。

所以，在平时学习中多留意、多收集素材，写作时就不会手忙脚乱、无从下手。只要平时坚持多读、多背好句子、好文章，便可轻松写出满意的文章。教师教给学生英语知识，还需要结合学生自身的学习能力教给他们合适的学习方法。重视课堂上知识的积累，还需要让学生阅读英语书籍，掌握大量的英语词汇，学习书籍中的写作方法，这样可以让学生慢慢积累英语知识，这对于写作有很大的帮助。教学中可以鼓励学生阅读书籍，利用空余的时间多动手去抄、去写，以提高英语写作的能力。在选择英语书籍时，可以先让学生阅读比较简单的书籍，当他们的阅读能力有一定的提高时，可以让他们阅读难度大一些的书籍，慢慢提高阅读能力，当阅读的知识量达到一定的程度后，学生的写作能力也会有所提高。除了阅读书籍，还可以让学生做一些练习，把书籍中比较好的句子摘抄下来，锻炼语感。

此外，在平时的阅读练习中，甚至是听力练习中，我们也会经常接触一些比较简单易懂的短文。这些短文都可以当作范文，让学生多读多看，进而潜移默化地掌握技巧。

最后，平时教师可以给学生提供一定的阅读文本，让学生提高词汇量，这样在表达时不至于因为不会某个单词而无法写出好的作文。

总而言之，写作技能的培养需要在多读、多写、多练的基础上慢慢进步，是一个循序渐进的过程。这就需要我们教师早抓、稳抓、坚持抓。

参考文献

[1] 唐凌珊．浅谈新课标下小学高年级英语写作能力的有效培养[J]. 中国校外教育，2013(1)：100.

[2] 王雪梅．小学高年级英语写作训练的尝试[J]. 中小学外语教学（小学篇），2009(10)：25–29.

[3] 汪钦卿．提高小学高年级英语写作训练有效性的尝试[J]. 中小学外语教学（小学篇），2010(11)：15–18.

农村学校如何走出教育教学管理困境

淮南市寿县刘岗镇三义小学　杨　洁

教育教学管理是学校管理中的重要组成部分，教育教学管理的成功与否可以决定一所学校工作的成败。本文结合我镇几所学校近几年来在教育教学管理方面存在的不足以及教学质量下滑现象，对农村学校目前教育教学管理中存在的问题以及如何走出困境谈谈自己的看法。

一、全员聘任制名存实亡，绩效分配难起作用

教师全员聘任制目的在于把竞争激励机制引入学校管理，促进人才的合理流动和配置，创造一个择优上岗，各尽所能的工作环境，增强学校内部的生机和活力，调动教职工的工作积极性，提高办学效益。可是，在教师聘任实际操作过程中，全员聘任制只是走形式而已，根本不存在高职低聘或者是低职高聘现象，聘任证书和任职资格完全相同，大家走走过场，一团和气。这样的聘任制在实际工作中，起不到任何的激励作用。一些年龄大些的教师是做一天和尚撞一天钟，得过且过，不思进取，熬年龄，等职称，按资排位，不逾矩；年轻教师在这样的氛围里也会随波逐流，看不到希望，找不到动力。有想法的年轻教师会想办法离开农村学校或改行，剩下的年轻教师则步着老教师的后尘。教师队伍"铁饭碗"一天不打破，校长负责制不能真正地实行，农村学校的教师队伍管理则永远都会是道难题。

另外，在绩效工资分配过程中存在许多不利于激励机制的因素，一是不能科学地制定考核办法。教育部在《关于做好义务教育学校教师绩效考核工作的指导意见》中，对于绩效考核只规定了基本原则、主要内容和考核方法，没有具体实施办法和操作层面上的指导，只是提出要基层积极探索绩效考核的有效方法，对各类人员的考核没有明确的统一标准，各学校也找不到一把人人认可的

尺子来衡量，即使绩效考核办法能制定出来，也难以使每位教职工满意。二是不同学科之间的标准如何制定。语、数、英等学科系数怎么确定，音、体、美等学科系数又怎么确定？学校做法不同，各自有各自的标准。一些学校非考试科目教师的绩效工资标准定得比较低，这样一来，严重挫伤了那些非考试科目教师的工作积极性，在平时的教学中很难全身心投入，长期下去，农村学校的素质教育也就成了一句空话。

二、地区收入差距存在，教师很难安心从教

不同行业和不同地区的工资收入存在差距，这也是农村学校教师难以安心工作的重要原因之一。如我校教师多年来无住房和休息室，家住附近的教师可以早出晚归，家住远一些的教师为了不影响上班，只能在附近租住民房，无形中增加了家庭支出负担。在这种收入环境下，不少农村教师开始谋求第二产业，希冀脱贫致富。譬如我镇有一所初中，二十世纪九十年代有在校学生一千多名。虽然那个时候学校基础设施和办学条件很差，但每年毕业学生中能够升入省、市示范高中继续学习的能有好几十人，但是，随着教师自谋第二职业的人数越来越多，放在教书育人上的心思便少了，学校的教学质量也一落千丈，学生升学率逐年下滑。家庭条件好些的学生家长就把学生送到了寄宿制学校，家庭条件差一些的学生家长则把孩子送到周边办学声誉好一些的公立学校。由于没有了生源，该所初中被撤并，教师们也被分流到了周边的小学任教。

这种人去楼空的现象当然与当前的大环境有着密不可分的联系：适龄学生人口减少，私立学校的兴起以及学生随迁到父母外出务工地就读，那些不能安心教学私自搞创收的教师固然有师德方面的不足，但是，教师收入低，仍然是农村教师难以安心从教的一个方面。当地部门可针对农村教师经济收入比较低、住房条件差的现实状况，对这些群体进行有针对性扶持，帮助那些边远农村教师解决住房困难、就医治病难等问题。理解教师的困难处境，积极帮助他们解决实际问题。近年来国家在对贫困边远地区的教师的补贴也越来越多，希望在不久的将来，所有的农村教师都能够安心从教。

三、继续教育意识淡薄，校本研修难落实处

由于地域条件、历史原因等因素的影响，农村教师年龄结构相对老化。这些教师的最高学历是转正后全员培训或在职培训取得的大专水平；近几年招聘

的特岗教师占总数的25%,这些年轻人虽然学历很高,但对教育教学工作缺乏经验,需要培训和实践锻炼。所以,农村地区教师的继续教育工作尤为重要。但是,纵观这几年来的继续教育,教师们虽然参加了形式多样的学习活动,但往往流于形式。具体表现在一是培训时间不合理,大都是利用假期中对教师进行培训,教师所学到的理论很难与教学实践相结合;二是培训对象欠科学,大多数培训项目,对象主要是针对所谓的骨干教师,而那些非骨干教师则很难有机会去接受培训;三是在培训方法结构上,很多地方进行的统一培训,没能根据不同教师的教学专长和教学水平去设计培训内容,从而造成被培训者很难有培训兴趣,好多培训没有人愿意参加,不少学校临时找人充数。有的学校则是因为教师人数少,以没有人上课为理由而拒绝派人参加培训。因此,有关部门虽然安排了培训活动,但是培训的效果很难让人满意,这样无疑就造成了时间和资金上的浪费。

农村教师数量严重不足,他们课程任务重,教师很少有时间进行校本研修。个别学科,教学计划、备课笔记传抄几年甚至十几年的事情。教师抄在备课笔记本上是为了应付检查,上课则是另一套。教师就在重复抄袭中应对上级的检查,对新的教育教学理念置若罔闻,对于教材的重难点很难把握,教学方法因循守旧,教学效果可想而知。对于新的教学技术不了解,不学习,不运用。某校的班班通设备安装几年就基本上没有使用过。教师不愿意参加研修活动,业务能力得不到提高,也就很难提高课堂教学质量。另一方面,一些年轻力强的教师刚刚成长起来,就被那些条件优越、待遇丰厚的学校挖走了,农村学校干了一件"替他人做嫁衣裳"的事情。这也是好多农村学校不愿意培养年轻教师的原因之一。

学校要发挥教研组的指导和监控的功能,调动学校教研的积极性,"以校为本、区域互动、校际联动、促进均衡",实现联动、分享、共赢。要坚持服务型、过程化、展示性、激励性的教研机制,改变教师"被教研"的状况,引导教师自我制定专业发展计划,促进教师专业成长,最大限度地发挥教师的积极性、主动性和创造性。加大检测评比、听课质量、政治业务学习、教研活动、考勤考绩的管理、年度考核、评优评先、绩效工资等互相挂钩,切实制定有实效性且便于操作的教学管理制度,保证教学质量提升。

四、师德师风建设不力，教师敬业精神不足

农村学校更要围绕师德要求，对教师进行师德师风教育，不是一时或一个阶段的事情，要做到长期如此；这不是学校搞一两次教育活动就万事大吉，学校应当加大重视力度，组织好教育活动。要让教师真正做到对事业有忠心，对学生有爱心，对工作有雄心，对学习有恒心。只有教师爱岗敬业，才能推动学校的发展。学校应成立由校长挂帅，教务处、教研组负责人参加，教师代表参与的教学常规管理领导小组。制定一些精要易行的管理制度，对老师、学生、教学的管理做到有章可循，避免随心所欲的校长"一言堂"。并且做到每项制度的公布都广泛征求意见，得到师生的认可，从学校利益出发，让多数人受益，让违纪者信服。在执行教学常规过程中，首先要严格制定各种纪律制度，其次是学校领导要做表率，身体力行，制度面前，人人平等。

我们相信，上级部门协调工作，基层教师尽职尽责，农村学校提高教育教学管理质量指日可待。

参考文献

[1] 王占强.农村学校提高教学质量的有效措施[J].教育艺术,2015(9):26.
[2] 张振东.探讨农村教学管理工作的实施[J].新课程(下旬),2014(21):81.

学，然后知不足

——初中英语教学观摩研讨会有感

淮南市潘集区潘集中学　胡　娟

很荣幸，我有机会参加在安庆举办的“安徽省第六届初中英语教学观摩研讨会”，收获良多，感触颇深。“虽有嘉肴，弗食，不知其旨也；虽有至道，弗学，不知其善也。是故学然后知不足，教然后知困。知不足，然后能自反也；知困，然后能自强也。故曰：教学相长也。”十几节全省优秀教师的优质课，全神贯注地听下来，对这段话理解也更透彻了。品味着上课老师们展示的精华，反省着自身存在的不足，坚定着完善自我、提升自我的决心。

十几个老师，各有各的优势；十几节课，各有各的精彩。每个人、每节课，都有太多值得我学习和借鉴的地方，现在我围绕合肥琥珀中学吴婷婷老师和淮南市第七中学常静老师的课，谈谈自己的收获。

一、吴婷婷老师的课

（一）导入朴素自然

吴老师在和学生互致问候后，问“What's the date today”。在学生回答后，自然地过渡到了“What's the important festival in China”。学生答出“Spring Festival”后，看似平淡无奇地谈起了“What do we often do on Spring Festival”。其实是想引入“What about in other countries”。然后大屏幕呈现美国时代广场人们欢庆新年的多张图片，让学生有直观的感受，为下面的“Reading”做好铺垫。观看图片时，吴老师还问了“Where……？ What……？ How……？”三个问题，让学生边看边思索，并顺利过渡到新课内容，与今天要解决的主要问题无缝对接。一个好的导入，会让学生很快进入课堂角色，吸引学生的全部注意力，为后面的成功教学打好基础。

（二）过程行云流水

良好的开端是成功的一半，后面的内容更是实力的展现。吴老师用的也是很常规的方法，先泛读，把5段的大意给出来，让学生“Look through and match”，这是比较容易的问题，符合由浅入深、由易到难的教学原则。学生们面对此题，减少了紧张、增强了信心，为师生间的合作铺平了道路。泛读之后，开始精读。精度的检测仍然和一道题相结合“Fill in the table”：

New Year's Eve in New York	What do people do
New Year's Eve	
While waiting	
Just before 12 o'clock	
As soon as 12 o'clock	
After 12 o'clock	

在学生准备题目的过程中，吴老师放起了背景音乐，在优美的歌声中，学生既完成了作业，又怡悦了心情。而且这首歌和要填空的第二行还有联系，它真实反映了美国人庆祝新年的实况，也让学生于不知不觉中了解了异国文化。在学生完成作业后，吴老师还和学生一起唱起了这首歌。歌声结束，吴老师话锋一转，很快过渡到本课的另一个重点“Make New Year's resolutions”。按说“resolution”这个单词非得用汉语解释了，可吴老师却十分巧妙地把它处理成选择题的形式“They make resolutions for the coming year”。猜测并选择划线单词的词义，选项是A.a New Year's gift，B.a New Year's plan and wish。正确选项学生很容易找到，而且英语解释英语，符合英语教学原则，并顺势回归文本，让学生细读第2、3、4段，找出课文里如何庆祝新年，然后再深入为什么要如此庆祝新年。吴老师对文本的处理，一环扣一环，行云流水般流畅自然，妙不可言。

（三）结尾画龙点睛

吴老师在处理好本课的文本内容后，最后用自己的智慧将本课升华。她先说自己的新年愿望“I won't be fatter and fatter, my students will like me more and more…”然后让学生看了4个外国人的“New Year's resolutions”。在学生有了这么多语言输入之后，让学生说出并写下自己的“resolutions”也就水到渠成了。

为了给学生降低点难度，吴老师还给出了句型“My……is to……; I will……; I want to……; I'm going to……”。吴老师在个别指导的同时，将一张彩色的大纸贴在黑板上，当作同学们的“Wishing wall”，让同学们把自己写好的2014年的新年愿望读出来、贴到许愿墙上。之后师生一起观看了世界上不同国家的人们庆祝新年的“flashes”，并得出“Different cultures, the same nice wishes”的结论。

按说，课上到这里已经可以完美收场了，可吴老师还没有结束。于是她又和同学们一块欣赏了一段歌曲，然后问“Do you want to know more?”，而当学生异口同声肯定回答后，吴老师却说“But no more, if you want to know more, please surf the Internet”，并加上“This is today's homework”，老师引发学生求知的欲望，并让学生自己去实现自己的愿望，而不是把所有的东西直接呈现，培养了学生动手动脑探索的能力。紧接着，吴老师找到班长，让班长收着同学们的许愿墙，等到明年的时候看看大家的愿望实现了没有。老师对学生的关爱之心，呼之欲出，学生怎么会不热爱这样的老师？如此结尾，也许是精心设计，但无丝毫拼凑之感，让所有听课的人打心眼里赞赏——画龙点睛！

二、常静老师的课

常老师的整节课一气呵成，首尾呼应；语言知识、文化常识、情感态度得到充分体现，堪称完美。

（一）多媒体运用恰当

常老师开场白“There are so many teachers here. I find you are a little nervous. I am a little nervous, too. Now let's do some interesting things and get relaxed.”，很自然地引入了“Words Talent Show”。导入既开门见山，又不露痕迹。最吸引眼球的是，幻灯片做的也很出彩。幻灯片先打出“Talent”，然后从这个单词里跳出来“a”和“n”组成了新单词“an”，接着再跳出“e”“a”和“t”组成单词“eat”。用最直观形象的做法，让学生很快明白了自己需要做的事情：照样子，尽可能多的组新词。

常老师的生词教学全用图片进行辅助，让学生记忆深刻，于不知不觉中就把单词印在了脑海里。由于“Before reading”的铺垫，“While reading”环节学生兴趣高涨，课堂气氛活跃，充满激情地完成老师布置的任务。

（二）教学方法灵活

在“After reading”部分，常老师拓展了一个“Share reading”，她选择了与 Liu Wei, Helen Keller, Gan Xiangwei 有关的三个故事，每 3 人一小组，每组只阅读一个故事，读完之后由一个学生用常老师给的框架说出这个故事。有三个学生主动走上讲台说故事，但由于紧张，说得不是太流畅。此时的常老师，不是单调的一句“Good”，而是给出了恰当的鼓励和热情的话语，让孩子们没有挫败感，反映出她雄厚的教学基本功和灵活的教学机智。

（三）板书设计科学

在 reading 环节，为了让学生理解和记忆更深入一层；最后让学生总结学到的东西，常老师板书：

Talent Show

Popular

Like in common

Not everyone likes them.

看似随意的板书，后面却明白原来是匠心独运。

本节课最后，常老师和学生一起总结，在对原版书有增删的同时，最后的板书排列成了一个五角星的样式，大致如下：

Talent

Take it seriously

Ask for help　　Never give up

Love　What you did　Effort

仔细找找，可发现她这节课的中心“Talent”。这么精心设计的板书，这么完美的首尾照应！

三、由彼及己

欣赏了这些优秀课例后，为了让自己做个更称职的英语教师，我会从以下几方面努力：

首先，努力提高个人素质。素质，是一个人通过长期积累而具有的一种优秀的品质，提高素质当然不是一朝一夕的事。我会在平时坚持读有益的书籍，尤其是英语书刊；每天多听并朗读英语；随时随地向同行学习，珍惜每一次学习机会；待人接物、与人沟通时，一定讲究礼貌，形成良好的人际关系。另外，常写总结，把每一个哪怕是不成熟的思想记录下来，作为以后借鉴和提升的基石。

其次，积极参加英语活动。每参加一次活动，都是一次经验的积累、一次实践的检验、一次自我的升华。小到学校教研组内的一节公开课，每位听课教师总会提出自己的见解，或是赞扬或是建议，都会给上课教师以启发和收获；大到参加各种类型的比赛，无论成功与否，总会积累宝贵的经验，发现自己进步的空间，还会结识一些原本不认识的同行，互相学习，共同进步。

最后，课前做好充分准备。当课准备的充分时，就上得心应手、游刃有余；当课准备的仓促时，就上得杂乱无章、底气不足。在四十五分钟的课堂上，没有人知道下一秒钟会发生什么，也无法预测学生对我的提问和要学的内容有怎样的反应。但是，有一点毫无疑问：课前准备越充分，越能从容面对一切可能出现的情况，教学机智也会随时光临有准备的教师。

学习，让我们发现别人的优秀，并化成自己进步的动力；学习，让我们发现自身的不足，并化成自己学习的压力；学习，让社会前进的脚步更加便捷和轻快。愿大家都能珍惜每一次学习机会，在充实自我后，让教与学良性循环，真正实现教学相长。

参考文献

[1] 张玉美.从“教材”到“学材”，从“感想”到“敢想”——观摩小学英语公开课教学有感[J].英语教师，2017(10)：145-148，152.

浅析如何科学开展综合性语文实践活动

淮南市寿县大店初级中学　黄　敏

学生是学习的主体,学生是具有主观能动性的人,在语文学习的过程中,他们不是被动的而是具有主动的选择性的要求。任何教育活动都应该对学生的成长有利,都应该为学生的健康发展服务,综合性语文实践活动也应该如此。

一、科学制定活动计划,使活动开展得有条不紊

任何一项语文活动都必须要在有计划的前提下进行才能实现既定的目标,语文老师在进行综合性语文实践活动前要先给本次活动制定一个科学的计划,以保证活动能够很好地进行,综合性语文实践活动是让学生在课堂教学之余去充分享受语文的乐趣,张扬自己的个性。

(一)计划要周密

制定任何一项计划都必须考虑周全,尽可能全面地考虑活动中会遇到的问题,这样会尽量避免意外事故的发生。综合性语文实践活动是一项较为复杂的语文活动,活动不会拘泥在某一空间和时间,也不会拘泥于某种固定的形式,所以在活动中人、时、地等因素都有可能会发生意外,所以教师一定要在计划里考虑到这一点,未雨绸缪,一旦发生了意外也可以妥善处理。计划周密对活动的实施效果也会有很大的帮助。

(二)计划要合理

综合性语文实践活动是语文教学的重要的组成部分,语文教学的目的就是培养学生全面发展,综合性语文实践活动的目的也是一样的,所以活动要针对学生的需要,适合学生的年龄及身心发展的要求,根据语文学科的特点,教师在

制定活动计划时必须考虑到学生的需要,活动要体现学生的需求,在满足学生的全面发展的要求还注意到学生的个性张扬。

(三)计划要有度

综合性语文实践活动的计划必须要在语文教学的计划活动框架下进行,该计划要受整个语文教学计划的约束,为语文教学计划补充新鲜的血液,计划要有度,不得游离于整个语文教学计划之外。

综合性语文实践活动的计划的制定要体现语文教学活动的要求,要适应学生全面发展的需要,教师在制定计划时,一定要做到科学合理。

二、科学确立活动目标,让活动开展有的放矢

语文是母语教学课程,是一门实践性很强的课程,学习资源和实践机会无处不在,无时不有。综合性语文实践活动要求语文教学走出封闭的课堂,让学生在实践中去感受生活、体验生活、热爱生活。所以教师在开展活动时必须确立一定的目标,才能使活动开展有的放矢,为实现“三维目标”服务。

目标的确立要体现学生对语文知识的把握:语文是一门工具性学科,该学科涉及的知识广博深厚,语文以其博大精深的文化底蕴让学生在掌握知识的同时领略到中华民族文化的魅力,感受民族文化的美,感悟民族文化的真,接受民族文化善的熏陶,语文教学活动是知识传承的阶梯,所以综合性语文实践活动目标的确立必须体现学生对语文知识的把握。

目标要适应对学生能力的培养:综合性语文实践活动要以培养学生的实践能力,参与意识和创新能力为目的,在实际活动中锤炼学生能主动地进行探究,在实践中学习,并能够应用语文知识解决实际问题。因此在确立活动目标时我们必须抛弃传统观念,让学生在实践中提高语文能力,重新构建语文教学体系,让学生的语文综合能力得到全面提高。

目标要以培养学生积极向上的情感和价值观为准绳:语文的功用是使学生,热爱祖国的灿烂文化,培养积极向上的人生观和价值观。综合性语文实践活动其目标的确立也必须以此为根据,学生是正在成长着的人,对学生品质的塑造要与社会主义核心价值观的要求比照,在综合性语文实践活动中要处处体现对学生情感和价值观的培养,教师对活动目标的确立要从根本上反映情感和价值观目标的培养,才能真正实现活动的目标和意义。

综合性语文实践活动目标的确立必须体现“三维目标”,老师所确立的目标要对学生知识、能力的发展负责,要对学生的情感和价值观的培养负责,要以社会主义核心价值观要求为指导,以全面发展要求为目标。

三、科学选择活动方式,促进学生身心健康发展

语文是一门人文性学科,语文教学必须本着为学生的健康发展服务,对语文实践活动的要求是:从学生的日常生活、社会生活和相关的需要中去挖掘活动的素材,对已明确的语文知识和能力进行整合,让学生在活动中习得和应用,所以在选择综合性语文实践活动方式时教师应该选择有利于学生的身心健康发展的活动方式。

方式的选择要做到照顾全面:学生会存在有个性差异,尤其在农村学校,他们在生活、学习和思想等方面都存在不小的差异,这就要求老师要全面了解学生,在选择活动方式时要尽量做到既考虑到全面又能照顾到个性差异。另外老师还应注意到那些“学困生”和有明显缺陷的学生,要尊重他们的人格。

方式选择要多形式多渠道开展:老师在选择活动方式时要注重“动”中带“活”,最大限度地让学生享受到活动带来的愉悦,激发学生的热情,让学生自己在活动中动手实践,保证每个学生都能在活动中有所收获。

方式选择要灵活、新颖、有创新性:开展的活动不能墨守成规,要能充分调动起学生的积极性,让学生有兴趣能积极主动地在活动中找到自我,全身心地融入活动中,方式灵活而且要具有创新性,不拘泥于某一种形式,学生在老师的指导下能够认真思考、主动反思、积极动手,这才是一堂成功的语文实践课。

四、科学指导学生品评活动感受,保证下次活动再上新台阶

活动结束后老师要及时指导学生畅谈活动感受,在讨论的过程中老师尽量不要发表自己的看法,让学生主动品评收获和不足,老师鼓励学生反思自己在活动中的行为表现,最好能用文字的形式把活动所得写下来,也算是对活动内容的记录。学生是活动的主角,他们最有发言权,所以老师要引导他们积极地发言,尤其要说出本次活动的不足之处,这样会有利于下次活动的开展。以品带动学,以品带动练,保证下次活动再上新台阶。

生活多么广阔,语文就有多么广阔,充分利用语文课程资源开展积极的语文实践活动,让学生走出课堂在实践中培养健康向上的情感、价值观,作为语文

老师应该做到科学地开展实践活动，从计划的制定到目标的确立，从方式方法的选择到活动过程的步骤安排等都应该服务对学生"三维目标"的培养。

参考资料：

[1] 齐瑞峰.初中语文教学实践研究[J]. 中国校外教育. 2017(5):50.
[2] 张华.初中语文分层教学实践研究[J]. 文教资料. 2012(36):142-144.

悉心呵护　润物无声

淮南市寿县众兴中学　余秀章

最近在网上看到了一个小故事，故事讲述了一位五年级的班主任老师在开学的第一节班会课上就信誓旦旦地向全班同学保证，所有的孩子都是她的宝贝，她一定会平等地对待所有学生。但是事情却随着工作的进展和时间的推移发生了连她自己也意想不到的变化。她看到一位同学过去四年的学生档案记录，这位学生从最初的活泼开朗、聪明好学、成绩优秀到如今的衣着邋遢、孤僻内向、学习困难，原因是其母病故。于是这位班主任开始留意并接近这个孩子，并且在圣诞节晚会等一些场合给予特别的关照，她明显开始关注和偏爱这位学生了。渐渐地这位学生开始变得灵动起来，成绩进步很快，直至顺利进入中学，后来这位学生成了医学博士！在每一个成长进步的阶段，这个学生都会给老师致信表示感谢，在他的婚礼上新郎母亲的座位上坐的就是他亦师亦母的班主任！

阅读了这篇文章后，心里久久不能平静，回想自己几十年来的教育工作，特别是班主任工作中的德育工作，何尝不是如此呢。

有研究表明：心理发生变化的高发区在青春期，中学生存在的问题很多，产生这些问题行为的原因固然是多方面的，但与学生心理不够成熟有极大的关系。结合长期的班主任工作经历，我总结了农村中学生心理问题的产生，主要有以下几个方面的原因：

一、家庭对孩子物质上的过度给予

农村中学很多的学生家长长期在外务工，为了弥补心理上的亏欠就给予孩子经济上的满足。和以前的学生相比较，老师们会发现，他们已经不太在乎语言上的表扬和小小的物质奖励。这造成了一部分学生失去了勤俭节约、艰苦朴素的美德。

二、学习压力过大造成的焦虑和畏惧

受应试教育的影响，从小学到高中，一些学校和教师还是一直强调分数，因此分数就成为学生沉重的心理负担，从而影响了他们创造力的发挥，导致学生恐学、厌学。

三、留守老人对留守儿童的宠溺

农村中学的一些班级留守儿童人数过半，大部分学生家长外出务工，把孩子交给祖辈照顾，爷爷奶奶把孩子当成心头肉、手中宝，缺少思想教育，这也使孩子逐渐养成娇纵、自私的个性。

四、爱的缺失

留守儿童因家庭教育的缺失，其在日积月累的情感饥渴状态下容易产生心理问题，而隔代监护又不能及时发现并疏导。

五、家长的极端态度

极端表现之一是父母对孩子的要求过高，甚至苛刻。要求孩子每次考试必须在前几名，稍有退步就给孩子施压，这样做极大地打击了孩子的自信心。极端表现之二是对孩子的要求过低，认为认识几个字就行，没必要读那么多书。说自己没读过书，也照样挣大钱。

了解了学生出现心理问题的原因，我们接下来就要做到如何真正走进他们的内心，对症下药。要有针对性地运用正确的方法，寻找合适时机，及时疏导学生，把他们引上正轨。作为班主任更应多观察学生，了解学生，并及时引导。

第一，班主任要善于发现问题，深入学生生活的各个环节。学生在平时生活、交往、学习过程中出现问题时，班主任要追根溯源，找到问题的症结所在。

第二，发现问题后不能急躁，心理问题解决需有一个过程，甚至是比较缓慢的过程。这就要求教师要有耐心，潜移默化，春风化雨。

第三，因材施教尤为重要。要针对学生的年龄、性格、家庭状况及问题产生的原因等，寻找合适的契机进行教育方能达到预期的效果。

第四，用欣赏的眼光看待学生的优点，用平和的心态对待学生的缺点。不急不躁不放松，给学生转变的时间，营造促使学生转变的氛围。

第五，教师还应把表扬、鼓励、引导、宽容和爱融进教育工作的每个瞬间，要相信学生，把批评留到最后。

以下是我亲历的一个案例。

时值九年级开学不久，我所在的班级突然出现学生频繁丢东西的现象，有一天一位女生刚买的复读机不见了，当她再次要求我彻查时，我知道是时候了。

这时，男生小赵（化名）在我的脑海里浮现，他平时少言寡语，不太喜欢参加集体活动，成绩中等，是刚从别班调到我班的一位留守儿童。站在讲台上，看着眼前的这位文静有些腼腆的男生，我心里有点隐隐作痛。以我多年的班主任工作经验，小赵不是单纯地拿东西，或许还有更深的心理原因，我要怎么做才能帮他解除困扰又悄无声息地保护好这颗稚嫩的心灵呢。

我想起曾在电视里看到一则新闻：一个十六岁的孩子暑假打工时，一念之差偷拿了同宿舍工友的钱，结果厂方报警，事情真相大白后，这个孩子受到了相应的处罚。我当即决定利用当天自己的一节数学课的间隙时间，以此为契机进行一次心理健康教育，进而达到解决问题的目的。

我首先把看到的新闻给学生讲述了一遍，当学生们丈二和尚摸不着头脑之时，我让同学们谈谈听了新闻后的感受，同学们开始讨论，有惋惜、痛心、生气等。于是我在黑板上写出“良好行为习惯的养成及其重要性”几个大字，让同学们检讨自己平时的不良行为。至此，我感觉时机成熟了，就把讨论的焦点引到我们班的丢东西现象，同学们又开始七嘴八舌开了……我话锋一转：“同学们，想知道我看了新闻的感受吗？”（教室里顿时安静下来）看了新闻之后，我很痛心，那个孩子才十六岁啊，一念之差的结果会给他的心灵造成多大的伤害，甚至会成为一生的阴影，所以，同学们，假如我们班有同学有了类似的行为，我们要不要原谅他？（学生：要！）我们要不要给他时间？（学生：要！）我们相不相信他？（学生：相信！）我们有没有足够的耐心等待？（学生：有！）……班会在一片融融暖意中结束了。

两周后的一天清晨，那位女生的复读机重新在桌肚里出现了，当时我们相视一笑，心领神会。当天我就在班里向同学们保证，从今往后我们班再也不会丢东西了！教室里顿时响起热烈的掌声，赵也欣喜地鼓掌，从他的笑容里，我知道他走出来了，从他的眼神里，我坚信我的不露痕迹的做法是对的。从此，我们班真的再也没有丢东西的事情发生了。

总之，新时期农村中学的德育工作任重而道远，教书育人，乃教师的职责。而德育工作是具体的，不是抽象的，瞬间绽放的精彩胜过冗长的说教，确定目标以后采用适合他们特点的方式，拟定教育内容，一定能收到预期的效果。悉心呵护，润物无声，这是我从教多年的德育工作经验，也是我德育工作坚守的准则。

参考文献

[1] 吉红，王志峰．大学生心理健康与调适[M]．北京：中央编译出版社，2006.

[2] 缪克成．德育新论[M]．上海：百家出版社，1992.

[3] 刘华山．心理健康概念与标准的再认识[J]．心理科学，2001(4)：481.

寻找源头涓涓水　引领学生款款文

——提高学生习作水平之我见

淮南市潘集区平圩中心学校　王秀丽
淮南市潘集区泥河中心学校　王　慧

“天下文章一大抄，看你会抄不会抄”。这句话在今天仍被部分小学生津津乐道，每当要求写作文时，学生们便一股脑地找来一大摞作文选。聪明的学生会在书上找一篇符合此次习作要求的文章进行精心地仿写，少部分学生则会不假思索照单全收。长此以往，学生养成依赖的心理，何谈“文章本天成，妙手偶得之”。究其原因，主要是许多小学生不注意留心生活，不善于观察生活，心中无“物”，自然无话可说。有些学生有了大量的材料，是想写，却不知道怎样表达。那么如何解决以上几个问题呢？我认为要引导学生找到写作的源泉，学会表达的方法和技巧，方可水到渠成。

一、丰富写作素材

要写出诚实的自己的生活，空口念着是没有用的，应该去寻找它的源头，有了源头才会不息地倾注出真实的水来。只有丰富了学生的写作材料，他们才能有话可写。在多年的作文教学实践中，本人认为应从以下方面入手。

（一）走进自然，拥抱生活

学生们每天的生活要么在学校，要么在家中，二点一线的生活范围狭小、单调、乏味。每天重复着同样的生活模式，不仅局限了孩子们的眼界，还严重扼杀了孩子们的创造力。作为一名在三尺讲台耕耘了十七年的中青年教师，我认为不能再拘泥于传统的习作教学方法，应该有计划、有组织、有目的地带领学生走出校门，走进大自然，开展一些有意义的活动。让学生在了解自然，认识社会的过程中，活跃思想，激发写作兴趣，提高习作能力。例如：组织学生去春游，让学生到自然界中去寻找春天，品味春的气息；带领学生去参观新四军碑林，祭扫烈士陵墓，让学生在浓郁的革命氛围中，体悟今天的幸福生活来之不易，要珍惜大好时光，努力学习；组织学生到田间地头，让他们感受丰收的喜悦和劳动的艰辛；等等。参观祭扫烈士陵墓回来之后，一位学生这样写道：看到碑文上一行行记录历史的文字，听着老师一句句深情的解说，我脑海中仿佛浮现出那一幕幕惊天地、泣鬼神，被岁月尘封的画卷，是他们的勇敢和忠诚才坚守了革命的信念，是他们的鲜血和生命才捍卫了民族的尊严，是他们钢铁般的意志激励了后人，不忘历史，才能成就未来。此刻，我手中的扫帚轻盈了许多，而我的心却变得沉甸甸的了。面对着这样的结尾，我与学生产生共鸣了，欣喜的语言流注于笔端："只有真情实感的文章才能感动人，你的这篇文章通过亲身祭扫陵墓，了解历史，发出沉重的感叹，字里行间流露出缅怀革命先烈，继承革命遗志的热情，老师为你能写出这样的文章而自豪。"

（二）学会观察，善于积累

观察，望词生义就是用眼睛看，但这种解释是片面的，人的观察活动，更多的情况下是看、听、触、嗅、尝等感官共同参与的，在指导学生观察时要让他们调动各种感官。如观察夏雨，雨来临时，问有什么感觉；雨下起来以后，让学生观察雨点，雨帘，以及落到地上的朵朵水花；让学生听雷声，听雨滴落到地上的声音；也可让学生感受一下雨打在身上的感觉。这时看、听、触、感全部用上，学生对雨的认识更加全面，感悟更加真切，深刻，作文就会真实生动。

指导学生观察时还要根据不同的观察对象，确定不同的观察点，寻找一条观察路径，掌握一定的观察方法。再如观察雨，首先要有观察点，然后再确定观察顺序，由远及近，由上到下等，这样才能全面培养学生的观察能力。如今夏，有一次我正在讲课，忽然乌云密布，雷电交加，雨就要来了。不一会儿，豆大的雨点便落下来。此时学生们早已是"人在曹营心在汉"了，我索性让学生们走出教室，细心观察雨景。雨过之后，我要求学生把自己所看、所听、所感写下来。随即，一段段优美的文字便呈现在我的眼前。"雷在西北方向隆隆地滚动着，好像被那密密层层的浓云紧紧拥抱着，挣扎不出来似的，声音深沉而迟钝，大雨快要来了。""一阵清凉的微风从那窗口吹进来，顿时凉爽极了，这时闷雷似乎冲出了乌云的包围，"轰隆隆"一声巨响，像爆炸似的响着滚动过来，大雨眼看就要来了。”“片刻，倾盆大雨从天而降，粗大的雨点打得窗玻璃‘噼里啪啦’直响，落到地上就溅起一朵朵美丽的水花。向远望去，草坪上的小草更绿了，花池里的花儿更艳了，就连随风飘动的柳条儿也更精神了。”

多么生动的语句啊！学生们通过自己的观察写出了所见、所闻、所想，生动、形象而又富有生命力。

二、激发热情，学会表达

只有材料，不会选材，不会组织，不知怎么写也是不行的。写作教学的关键是怎样丰富学生的语言表达能力，教给学生写作的技巧，让学生写出想说的话。

（一）评改助力，激写作热情

为激发学生的写作热情，我特别在评改的方式方法上下功夫。教授四年级二班语文课时，一名学生描写看到一位大姐姐救助小孩后的感受：“那位大姐姐远去的背影越来越小，而她的形象在我的心里越来越高大。”评改时，初看概括性较强，但细细琢磨，描写过于模糊。于是我眉批：“感受较深，说明你被救助小女孩的姐姐感动了，你能否仔细思量，让大姐姐的形象更清晰点，让你的感受与你的文章联系得更紧密些。老师相信你！”赞赏就像一盏灯光，学生从老师的暗示中找到了方向。“雨停了，太阳出来了，一道弯弯的彩虹挂在天上，像大姐姐穿的那件外套。其实这样的好心人很多，爱之花开放的地方，生命便能欣欣向荣。”之后的作文中，这名学生始终保持着文章真实性的优点，同时更注意文章情感色彩的使用。

再有，教师要让所有学生都有机会读自己的作文。由于要展示自己的作品，学生们都不甘示弱，不会再应付了事，往往会在比较中找到自己的不足，使学生养成自觉的练笔习惯。

（二）读经典文，学写作技巧

古人曾说过：“文以意为主”，“意犹帅也”。虽说作文强调真实，但作文必定不是“照镜子”，而是要通过构思把要表达的意思表达出来。因此教师要给予学生必要的指导，指导最有效的方法就是多读经典文，因为经典文有着其他文字无法替代的示范性、引领性。一名学生模仿《落花生》写了《山芋》：“掩藏在根底的芋头，默默地凝望着芋叶，它不嫉妒芋叶夏时的生机盎然，不讥讽秋芋叶在秋霜中残败，它只悄悄地依偎着土地，一刻不停地吮吸着来自根叶的养分，静静地结出果实。”

读经典文，可以让学生仿结构。例如，《飞夺泸定桥》按时间顺序叙述，《索溪峪的野》总分结构等。读经典文，还可以让学生学语言。各册的语文篇目，都是运用语言的典范，是学生积累词汇，丰富语言的好范例。

学生们通过读经典文，可以活跃思维，提高观察力，能够一步一个脚印地打下坚实的写作基础。

（三）与生同行，示下水范文

古人大多著书立说，以示后学，而教师大多勤于教而疏于写。其实教师一旦“下水”亲自动手，鼓动性、示范性就明显表现出来。因为对学生来说，教师的下水文离他最近，是他最需要吸取的营养。

我与学生同行试着下水范写：“幼年，我爱痴望月亮，吴刚伐桂的故事在花开花落中植根于童稚的心房。”范写的引领作用显而易见，激发了孩子写诗的热情，点亮了孩子智慧的火花。孩子不仅写出了属于自己的诗歌，有的还给我的诗画上了插图。

（四）多措并举，拓写作思路

人民教育出版社小学语文课本，文章体裁多样，图文并茂。我们可以从中挑选部分文章通过仿写、缩写、扩写、续写等方式来拓宽学生的写作思路。如学习《卖火柴的小女孩》之后，要求学生写假如卖火柴的小女孩来到我们的中间，你会说些什么。学了《奴隶英雄》，我要求学生把它改写成记叙文。学了《将相和》一文，让学生结合插图充分发挥想象，运用描写、叙述等方法，把负荆请罪的故事补充完整，使其有血有肉，更富有感染力。学了古诗《早发白帝城》之后，让学生以李白的口气把其改写成记叙文。学生这样写道：

“清晨，天气格外晴朗，我启窗东望，看见天边出现了一道美丽的朝霞。霞光映红了整个白帝城，也照亮了我的心。我多么高兴呀！皇帝终于相信我了，我今天就要回江陵，回到日夜思念的皇帝身边了。

轻快的小船顺着江水漂流直下，不一会儿，就行至三峡，这儿的景色真可谓天下独绝。江水清澈见底，两岸的高山耸立，好像有压下之势。向山上望去，树木郁郁葱葱、密密层层，林中不时地传来一阵阵猿猴的叫声，我还没来得及细细观赏，小船已越过了一道又一道的山岭。”

采用多种方式写作文，这样不仅激发了学生的写作乐趣，提高了写作能力，还培养了他们的创新思维。

小学的作文难就难在无话可说，有话写不出来，写出来又不具体。小学作文最重要的是要教会学生用心观察生活，体验生活，并从中寻找发现一些规律，从而受到一定的启发，这样学生就有可能也愿意把自己想说的话写出来，不再将作文视为畏途，继而养成良好的读书习惯。学习写作是一条漫长而艰苦的路程，教师不能急于求成，要求学生的作文水平在短期内能有显著提高，要慢慢引导他们，授之以渔，循序渐进。学生们有了充足的写作材料，有了扎实的语言功底，掌握了一定的写作技巧之后，我相信他们习作时就容易写出真实的感情，作文自然会“瓜熟蒂落，水到渠成”。

参考文献

[1] 王献章.为学生习作打开一扇窗[J].教育实践与研究，2015(3):33-35.

[2] 赵海燕，朱英英.论写作教学中的读者意识[J].教育观察(下半月)，2017(6):57-59.

[3] 王素琴.精彩习作 始于评价——小学中高年级习作评价有效性初探[J].教育实践与研究，2017(3):17-21.

利用周记对学生进行心理健康教育

淮南市寿县大顺九井小学　王新娜

孩子渐渐长大,自尊心也会逐渐变强。会有很多的小心思,在学习和生活中也会遇到各种问题和麻烦,有很多问题学生不愿意和家长或者老师去倾诉,长此以往,会导致他们扭曲问题的性质,出现心理问题,严重的可能还会走上"歪路"。作为班主任,应该全面地去关心学生,利用周记去了解孩子,及时与他们沟通,做个生活中的"知心人",引导他们走上正确的道路。

儿童对成年人往往封闭心扉,不愿意对家长或老师说心里话。为了更好地了解学生心态,减轻他们心理负担,提升教育教学质量,作为小学语文教师,我提倡学生写周记。通过周记,我可以触摸到学生的心路历程,用自己的经历为他们导航。

下面谈谈我近年与学生在周记中进行心灵沟通情况。

一、给学生以自信

有一位女生,在周记中写到对老师的学识和才能的敬佩,而自己是一个自卑的人,为了弥补他表现出一种外表冷冷的"自强",不愿意跟同学们打成一片,更加拒人于千里之外;又担心考不上心目中的中学,没脸见父母和老师。

我就在她的周记本上写道:"你的话让我想起了过去。像你这么大时,我和现在的你有许多的相似之处,准确地说,我当时比不上现在的你。你有许多优点,你的善良、谦让,你优美的文笔,你的勤奋,都给老师留下很深印象。人是这个世界上最珍贵的,人与人之间在人格上是平等的。成绩的高下不会使人产生人格上的差异,更何况是你这样一个勤奋的学生呢。抬起头来走自己的路,将自卑永远抛弃！我相信,将来的你会比现在的我强许多。"

后来,我在她的周记上又进行了几次笔谈,帮助她逐渐恢复了自信。她与同学的关系融洽多了,距离也拉近了。

二、为学生心理减负

在小升初考试前夕,同学们普遍有来自内心和外界的双重压力,在周记中他们会表露出来。有位同学这样写道:“我最大的缺点就是每个晚上在做题的时候,只要遇到几个一时半会儿想不出的题目,我就不想再写下去,以致后面的许多题目都没做。其实我也不愿意这样,但总是不能控制自己。”我就写:“为什么不能每个晚上都静下心来,认真地做题呢?让自己充实地过好每一天,多好啊!写个计划,给自己设定长中短目标,目前当然是短目标,准备考哪个中学。每个星期订一个小目标,准备每天自己支配的时间复习些什么。坚持下去,会有成效。”果然,他订了个短目标,安下心一题题地做,后来,考上了省重点中学。

有位女生,这样写道:“我突然发现我自己的心理有点不正常,都快一个月了。在这段时间里,我几乎每天都很害怕,都很紧张,我也不知道为什么。我似乎感觉自己的身体很重,背上像压着一个大包似的,跳也跳不起来,蹦也蹦不动。有时,我真的感觉自己是不是心理上有毛病。”我告诉她:“静下心来,别烦。你要考试,别人也要考试,怕什么?人家能考好,你也能考好,说不定比人家更好;你考不好,人家也不一定能考好,说不定比你更差。尽自己最大的努力去考吧。放下思想负担,不要老是想我考不上,要利用有限的时间认真复习。考不上最好的中学还可以上别的中学,在中学里还可以继续努力,将来考上重点高中,还可以想其他办法。过重的心理负担对你迎考不利。”随后,我与她多次谈谈心,减轻她对考试的恐惧感。

有位同学感觉别人看不起他而怨天尤人。我就对他说:“我觉得你不要背上思想包袱。别人越是认为你不行,你越要努力,学个样子给人看看,用实际行动证明我行。社会处处充满竞争,一生都要自己奋斗,埋怨解决不了问题,暂时的落后,不代表你的将来。只要奋斗,永远奋斗下去,总有成功的时候。你当时的那种心态,完全可以理解。一个人只要自信,长期坚持向自己的目标努力,终有成功的一天。我推荐一篇《骆驼寻宝记》,相信你会有所悟的。”

三、关注学生早恋

小学生早恋情况比较少,但是毕业班的学生还是出现过这种情况的。引导他们正确对待这种感情是教师的职责之一。由于我对学生如同朋友,和他们说心里话，替他们保密，从不训斥责怪，因而他们即使有了早恋的事，也愿意在周记上与我交流看法。

在有位同学的周记本上，我这样对他说："小学几年是你长知识、长身体的最好时机。错过了，将来会后悔莫及。恋爱是你成年之后的事，二十几岁的时候，你的思想和身体都成熟了，知识比较丰富了，又有了一定的经济基础了，到那时再谈不迟。这就像植物生长需要阳光、空气、土壤和水一样，一个人谈恋爱也需要思想、身体、知识和经济。而这四样，目前你都没有达到，这时早恋只会让你吃到青苹果，又苦又涩，同时荒废时日。所以现在你要用理智战胜感情。能做到吗？"

后来，他慢慢意识到这种情感萌芽发生得过早，自己小心地让它蔫了。

有位同学在感情破裂后，十分痛苦，无心学习。我就在周记中写："忘掉一个你很在乎的人的确不易，但现在的情形使你不能不忘。你已经掉进感情的漩涡，老师站在旁边，肯定要伸手拉你。我不希望这个漩涡冲掉你的前程。一厢情愿不会有美好的未来。咬咬牙狠狠心，抓住老师的手，从漩涡中走出来。"我多次努力，使这位同学终于意识到那仅仅是一个单相思的美梦，只有懂得放弃，才会真正学会拥有。

四、让学生学会宽容

一位同学在周记中说："班主任将代表全校同学在开学典礼上发言的机会给了另一位同学，班主任瞧不起我，我内心无比寒冷。"我就写道："老师很大度，也大意，不是小心眼的人，不计较小事。他从不有意冷落学生。你不要多虑，要像上学期一样活泼、开朗、爱发言。全校将近200多名学生，只有一个学生代表发言。其他200多人是不是都该心中无比寒冷？前两天，黄老师和我谈话，还夸你作文好，口头表达能力好，学习态度认真，可欣赏你呢。天有阴晴，人有喜哀。雨过天晴，一片灿烂。"

下一次的周记中，她这样说："敬爱的老师，听了您的话，我顿时如掉进了一个蜜罐子里，心里的疙瘩终于解开了。我会重新振作起来，继续努力！阳光总在风雨后，为我加油吧！"我感到很欣慰。这位同学又恢复了青春活力。

同学之间闹点矛盾是常事，作为教师要善于发现和解决。有位同学与笔友出现了矛盾，分开了，情绪极度低落。我就几次为她解惑，希望她振作起来。后来，她在周记中写道："通过老师的提醒，我们已经不是笔友了。我也学会去面对现实，有良好的心理接受能力和不勉强别人做什么的心态。老师，您说得对，我真的是太谢谢您。以前和笔友的交谈中，我曾答应过她我会为她折一千个纸鹤，现在我们虽然不是笔友了，也应该兑现。今天带来一千零一只纸鹤。老师觉得我这样做对吗？”

我就这样写：“人生总会有这样或那样的烦恼，要学会面对现实，敢于承认事实，要有良好的心理承受能力。学会宽容，不勉强别人做什么，学会尊重。朋友贵在知心，贵在交心。合适就做笔友，不愿意还可以做朋友，也可以结识新的朋友、新的笔友。”

在多年的周记批阅过程中，作为教师，我平等地对待学生，他们也愿意将心里话写在周记上，当然我会为他们保密。在以人为本的当代，我愿用周记构建师生之间心灵相通的桥梁，让他们有健康美好的心理状态。

参考文献

[1] 谌启标.论对话与德育[J].思想教育研究，2005(2)：22-24.

[2] 丁桂金.谈如何做好新形势下小学德育工作[J].好家长，2018(59)：22.

[3] 刘远交.关注课堂 化无痕为有痕——谈数学课堂的德育渗透[J].新课程(上)，2018(7)：230.